中国社会科学院　学者文选

罗尔纲集

中国社会科学院科研局组织编选

中国社会科学出版社

图书在版编目（CIP）数据

罗尔纲集／中国社会科学院科研局组织编选．—北京：中国社会
科学出版社，2001.7（2018.8 重印）
（中国社会科学院学者文选）
ISBN 978 - 7 - 5004 - 2970 - 8

Ⅰ．①罗…　Ⅱ．①中…　Ⅲ．①罗尔纲—文集②中国—历史—
研究—文集　Ⅳ．①K207 - 53

中国版本图书馆 CIP 数据核字（2001）第 022836 号

出　版　人	赵剑英	
责任编辑	周兴泉	
责任校对	李小冰	
责任印制	李寡寡	

出　　版	中国社会科学出版社	
社　　址	北京鼓楼西大街甲 158 号	
邮　　编	100720	
网　　址	http：//www.csspw.cn	
发 行 部	010 - 84083685	
门 市 部	010 - 84029450	
经　　销	新华书店及其他书店	

印刷装订	北京市十月印刷有限公司
版　　次	2001 年 7 月第 1 版
印　　次	2018 年 8 月第 2 次印刷

开　　本	880×1230　1/32
印　　张	12.5
字　　数	295 千字
定　　价	75.00 元

凡购买中国社会科学出版社图书，如有质量问题请与本社营销中心联系调换
电话：010 - 84083683

出 版 说 明

　　一、《中国社会科学院学者文选》是根据李铁映院长的倡议和院务会议的决定，由科研局组织编选的大型学术性丛书。它的出版，旨在积累本院学者的重要学术成果，展示他们具有代表性的学术成就。

　　二、《文选》的作者都是中国社会科学院具有正高级专业技术职称的资深专家、学者。他们在长期的学术生涯中，对于人文社会科学的发展作出了贡献。

　　三、《文选》中所收学术论文，以作者在社科院工作期间的作品为主，同时也兼顾了作者在院外工作期间的代表作；对少数在建国前成名的学者，文章选收的时间范围更宽。

中国社会科学院

科研局

1999 年 11 月 14 日

目　录

编 者 的 话

　　罗尔纲（1901—1997 年），广西贵港市人。1930 年在上海中国公学毕业后，随校长胡适学考证。1932 年，从辨伪考信走上研究太平天国史的道路。1934 年，入北京大学文科研究所考古室整理艺风堂金石拓本。1937 年，入中央研究院社会科学研究所研究清代兵制。1954 年，由中国科学院经济研究所调入近代史研究所，任一级研究员。建国后曾长期在南京从事太平天国文物、文献资料的调查发掘与整理编纂工作，并兼任南京大学教授。1956 年，他主持创建了太平天国历史博物馆。1964 年工作完竣，始返北京工作。1997 年，在京病逝。

　　在 70 多年的治学生涯中，他出版了有关太平天国史、清代兵制史和《水浒传》研究等的学术专著约 50 种，发表文章 400 余篇，计 800 余万字，搜集、整理、编纂出版太平天国文献和资料3000 万字。他对太平天国史和清代兵制史的研究作出了突出的贡献，被誉为成绩卓著的历史学家、考据学专家，太平天国史学研究一代宗师，深为国内外学者所推重。他的研究工作既体现了他的治学态度和方法，又反映了他努力学习马列主义，不断提高理论认识，不断批判继承祖国史学传统，形成了他独特的风格。综观他的一生，其治学有以下几项特点：

一、披荆斩棘，辨伪求真。他受五四时期辨伪求真风气的影响，对太平天国史料真伪产生怀疑，为了求真和传信，他立志对太平天国史料先做一番考订的苦功夫，也就是他所说的"清道夫"的工作。为此，他数十年如一日，坚持不懈，在这块真伪不分、荆棘丛生的太平天国史料园地上辛勤耕耘，共撰写了13本考证文集，约300万字。对涉及太平天国史的重大史实、重要史料、有关人物等等，都一一作了考证、辨伪、订谬。其中如《洪大全考》、石达开假诗考、李秀成自述原稿考等都是名篇。有学者论他这项工作"不知为多少人扫清障碍，开拓了通往历史科学殿堂的道路"①。对于他一生最大一部力作《太平天国史》，他更是全部以考证的结论，严肃认真，一丝不苟地去写成，受到了众多学者的赞扬。

二、善于独立思考，敢于探索创新。他认为科学事业要靠众人来推动，有一得之见，即可发表出来，供大家讨论，以推动问题得以及早解决。只要他认定自己是对的，就毫不瞻前顾后。他从不人云亦云，他的结论常是见人所未见，言人所未言，因此常常不易为人所接受，甚至遭到激烈的反对。但他有那样一种胸怀：一个科学家应该想到的不是当时人们对他的辱骂或表扬，而是未来若干世纪中人们将如何讲到他。终其一生，善于独立思考，敢于探索创新的学术事例是很多的。譬如他批判吸收中国纪传史体裁，类别区分、寻求便易等优点，又采用增加"序论"，作综合概括的叙述，去弥补纪传体"大纲要领，观者茫然"②的缺陷，改革而成综合体裁。他以新创的这种体裁写成的《太平天国史》，以纵

---

① 钟文典：《困学丛书》序，广西人民出版社1989年第1版，第8页。

② 章学诚：《章氏遗书》卷二《史篇别录例议》。

向看，可知历史发展的脉络，从横向看，则能了解丰富具体、生动复杂的史实。整部史书有骨有肉，也是一部百科全书式的历史著作。①为我国的撰史方式作出了有益的尝试。又如他首创了运用书学八法去考定《李秀成自述原稿》的真伪。再如他考定《水浒传》原本只有七十回，著者为罗贯中，其主题思想是要反对宋王朝建立新政权的，而其后续加的二十九回半，则是以宣扬忠义为幌子，来发泄著者对朱元璋诛杀功臣的不平。这样就推翻了《水浒传》只反贪官、不反皇帝，是一部奴才传的论断，为《水浒传》恢复了光辉的名誉。他虽然知道这个问题已经悬而未决四百多年了，近60年来又统一于原本为百回本《忠义水浒传》一说，要突破这个框框不是轻而易举的事，但他一如既往，坚信科学真理是会愈辩愈明的。

三、虚怀若谷，从善如流。他能为科学而坚持真理，也能为科学而修正错误。他认为："一个科学工作者必须勇于承认错误，欣然去改正错误，在一生不断地改正错误的过程之中，向前迈进，然后方有利于人民的科学研究事业。"②我们翻开他的著作，就会看到不少例子。如这是接受某某的意见而改正的，那又是受了某某的启发而放弃的。像《太平天国史》引证到的人，"至少在50名以上，其中好些是中青年"③。所以这部书也可以说是融会众长、采纳百家之言的结晶。

四、刻苦学习，锲而不舍，不断前进。他编了一本《困学集》、一本《困学丛书》，都取义于古语"困而知之"。他说："因为我一生治学，都是从不知，经过困难，奋力学习以求知的。"④

① 茅家琦：《太平天国史研究的全面总结》，《近代史研究》1992年第5期。
② 《太平天国文物图释》自序，三联书店1956年第1版，第9页。
③ 郭毅生：《太平天国史研究的一座丰碑》，《历史研究》1992年第4期。
④ 《困学丛书》自序，广西人民出版社1989年第1版，第1页。

例如他制作清代人口表，不懂统计，便向财会人员学习；研究太平天国的天历，不懂历法，就请教历法专家董作宾；研究太平天国壁画，不懂绘画，就请教画家陈之佛、傅抱石；研究太平天国建筑，不懂建筑，就请教陈从周教授。建国后，又努力学习马克思主义，自觉否定自己的错误观点，检查旧著，努力在辩证唯物主义与历史唯物主义指导下，从事历史科学研究，使得自己的工作，发生了质的飞跃。他的著述虽然发表了，但马上又继续搜集新史料、吸收新的研究成果，修订、补充自己的著述，例如他注李秀成自述原稿，锲而不舍，前后经过 50 多年，不断增订，出了六版，一版比一版提高，终成传世之作。由于他刻苦学习，锲而不舍，不断前进，所以才能够在学术上常葆青春。

　　这本选集，是从他写的约四百篇文章中选出来的，分作四组。第一组太平天国史，我们选了《太平天国史》自序。此序详细说明他 40 多年来，探索改革纪传体史书体裁的经过。《我对裴松之注〈三国志〉体例的批判与继承》一文，则说明他根据《李秀成自述原稿》的具体情况定出训诂和事实考证并重的注书原则。《说考据》是他对多年来从事考据工作的总结。我们还选了几篇有代表性的文章，其中如《洪大全考》，他通过左右联系、前后溯源、层层深入多重考证，终于解决了太平天国史上一桩百年公案。《太平天国的军师负责制》是他对太平天国政治体制的新发现，对研究太平天国政体和天地会组织形式具有一定的历史意义和理论意义。第二组清代兵制史，我们选了《中国近代兵为将有的起源》。此文提出清代兵权在咸丰朝以前是掌握于中央的，其从中央落入将帅之手，则始于咸丰年间曾国藩创建湘军这一个假设。后来，他写了《湘军新志》，从正面论证了这一个假设。又写了《绿营兵志》，从反面论证了这一个假设。得出了行湘军制度，则兵为将有，行绿营制度，则兵为国有的结论。《晚清兵志》导言，则主要介绍他对晚清兵制的基本观点。第三组《水浒传》研究，我们选了《水浒真义考》等 3 篇。他对《水浒传》的探索，始于 1929 年，直到晚年，又用十年的功夫，从各方面进行了系统的研究。此项研究，最能显示他善于独立思考，敢于打破框框的治学精神。第四组金石文字研究，我们选了他两篇作品，由此可见他在治学之初，即受到乾嘉学派治学方法的锻炼。

罗文起

2000 年 4 月

洪 大 全 考

一　所谓洪大全及世人对洪大全问题的态度

梁启超在《中国历史研究法》论《史料之搜集与鉴别》一章里，有一段话说道：

> 有事迹纯属虚构，然已公然取得第一等史料之资格，几令后人无从反证者。例如前清洪、杨之役，有所谓贼中谋主洪大全者，据云当发难时，被广西疆吏擒杀。然吾侪乃甚疑此人为子虚乌有，恐是当时疆吏冒功，影射洪秀全之名以捏造耳。虽然，既已形诸章奏，登诸实录，吾侪欲求一完而强之反证，乃极不易得。兹事在今日，不已俨然成为史实耶？窃计史迹中类此者亦殊不少，治史者谓宜当以老吏断狱之态临之，对于所受理之案牍，断不能率尔轻信，若不能得确证以释所疑，宁付诸盖阙而已。

这一个成为历史疑案的洪大全，便是太平天国壬子二年三月初三日（即清咸丰二年二月十七日）太平军在广西永安州破围之役，清朝钦差大臣赛尚阿在大败之后，称为当场追剿生擒的"逆首"。这人，被执之后，就给赛尚阿解到北京去，用来做献俘的人物。

清咸丰二年三月庚申咸丰谕军机大臣等述广西巡抚邹鸣鹤的奏章道：

> 据邹鸣鹤奏克复永安州城生擒逆首先行驰报一折，据称二月十七日丑刻，贼匪冒雨突围由东路奔逃，我兵跟踪追剿，歼毙数千人，擒获逆首洪大泉[①]一名。因山径陡险，大雾迷漫，镇将遂致阵亡，贼众现已分窜等语[②]。

同月辛酉谕内阁述赛尚阿的奏章道：

> 赛尚阿奏收复永安州城生擒逆首并现在剿办情形一折，永安州城逆匪逃出分窜，我兵四面兜剿，叠有斩戮。现获之洪大泉，即逆首洪秀泉之谋主，现已派员槛送京师[③]。

四月丙申，洪大全被槛送到京师，奉旨著军机大臣会同刑部严审定拟具奏[④]。会审的结果，以合依谋反大逆不分首从凌迟处死，枭首示众复奏。奏人，得旨：洪大全著即凌迟处死、枭示、派刑部左侍郎书元、署右侍郎陆应谷前往监视行刑。洪大全事迹始末见于清朝文书的如此。案这一场永安破围大战，清将长瑞、长寿、董光甲、邵鹤龄四总兵同日阵亡。清军在惨败之后，乃有献俘之举，这是一件最使人怀疑的事。所以历来怀疑洪大全事迹不乏其人，到梁启超不过再重新提出罢了。

但是，世人对洪大全问题的态度也并不是一致的。我们追溯这个问题，自咸丰二年起一直到今天为止，一百多年来，可以分做五个时期：

（一）否认洪大全地位时期　（清咸丰初年）

---

① 案洪大全的姓名系影射洪秀全而来，清朝文报改秀全为秀泉，故大全之"全"亦作"泉"。本文引用清朝文书时均照录。惟行文则一律作"全"。

② 王先谦：《咸丰东华续录》卷十四。

③ 同上。

④ 同上。

（二）记载歌咏洪大全事迹时期 （清同治时代）

（三）否认洪大全事迹时期 （清光绪末年）

（四）怀疑洪大全事迹时期 （五四时代）

（五）争论洪大全事迹时期 （从 1934 年到近年）

当献俘之初，洪大全还未解到北京的时候，有一个遵旨陈言的给事中陈坛在附片中力论洪大全乃赛尚阿当无可如何之时不得不张皇装点出来的一个赝品，其人不过供太平天国驱策，并非著名渠魁，实不值解京的话道：

广西拿获贼匪伪军师洪大泉，经赛尚阿遴派随带司员步军统领衙门员外郎联芳、户部员外郎丁守存槛送来京，计四月内可到。维我朝故事，凡解京正法者，皆实系逆首方可示天威而昭武功。今闻洪大泉不过供贼驱策，并非著名渠魁。从前查奏逆首姓名亦并无此人。嗣因贼众窜出永安，于无可如何之时，不得不张皇装点，借壮国威，并以稍掩已过。臣愚以为京师之耳目易掩，而天下之耳目难欺。此端一开，恐将来获贼者均不免张大其辞，希图冒赏。且恐逃匪闻而窃笑，愈以张其玩侮之心。尤可虑者各省盗贼勾结，气类原属相通，一有疏虞，更关国体。应请特降谕旨将洪大泉之不值解京明白宣示，饬令沿途督抚无论该犯行抵何处，即行就地正法。其押解该犯之联芳、丁守存想于军营不甚得力，听其自行回京，毋庸再赴广西。庶在事文武咸知警畏，而贼匪闻之，知圣意必欲将真正逆首洪秀泉等悉数擒获，愈足寒贼胆而励军心矣[1]。

按陈坛此奏是根据以往军前查复太平天国领袖姓名的奏折内并没有洪大全这一点来提出意见，这是一条极有力的证据。所以咸丰

---

[1] 《皇朝经世文统篇》卷三十七。

得了此奏，在给内阁的上谕里便说道：

> 该给事中另片奏贼伪军师洪大泉拟请毋庸解京等语。洪
> 大泉籍隶衡州，系从贼伙党，原非首要之匪。现既槛送在途，
> 仍著解至京师，以凭讯究①。

这时，除陈坛与咸丰外，有一个帮助广西巡抚邹鸣鹤、提督向荣守桂林的临桂在籍翰林院侍讲龙启瑞，做有一首长篇《纪事诗》，他在自注"谓言当大捷，献俘堪铺张"的诗句里说道：

> 擒洪大全解送京师，实非贼中要领②。

又当洪大全被献俘停在桂林的时候，有一个在桂林做巡抚邹鸣鹤的幕客后来用半窝居士的笔名（这人真姓名大约是浙江海宁俞凤翰）撰有一部《粤寇起事记实》记洪大全事也说：

> 军中讳败为胜，事所常有，惟奏获洪大全之事，则过于
> 虚谬矣。此贼起解之时，槛车停于桂林城外，观者甚众，问
> 其姓名踪迹，嘿无一语。又问能作诗词，乃风雅之士，何以
> 从贼。始云识字无多，不能吟咏，被贼掳去，逼胁入党，非
> 渠魁也。所有擒获递解情形，皆比部某君粉饰，此贼途中所
> 作诗词，亦系比部代撰。斯事凭空结构，粤中人人嗤笑。（比
> 部某君为军机章京，随大帅至粤。）

可见当献俘之初，就在清朝方面来说，内而朝中，外而军前，上自皇帝，下至廷臣、士绅都否认洪大全在太平天国的地位，以为"仅系从贼伙党，原非首要之匪"。这是第一个时期。

到了清咸丰四年（1854年）张德坚编《贼情汇纂》始在首逆事实里立有《伪天德王洪大全》一传③。但张德坚对洪大全被擒时

---

① 《清文宗实录》卷五十七。
② 《浣月山房诗集》卷三。
③ 《贼情汇纂》卷一。

穿着囚服及论者称扬洪大全才识两点还有传疑之词。洪大全事迹
全盘肯定，实始自清同治四年（1865年）清朝两湖总督官文监修
的《平定粤匪纪略》。此书在叙述太平天国金田起义那一段事迹
里，便特地先插入洪大全的小传道：

> 湖南衡山县人洪大全，幼颖慧，甫八龄，能默诵《十三
> 经》，阴自负。知秀全倡乱，即往依附，遂为部署队伍，马匹
> 旗帜器械渐备，返屯金田①。

这样一来，太平天国要等待洪大全到来部署队伍，然后才在金田
起义，洪大全便宛然是个"谋主"的身份了！所以到永安破围之
役，就大书特书道：

> 二月，贼溃围东窜，官兵收复永安州，阵擒伪天德王洪
> 大全槛送京师②。

《平定粤匪纪略》这样的肯定洪大全事实，并不仅仅是出自封建皇
朝记载上习惯的铺张笔调，而且，据我们追考，此书编撰者之一
就是帮助赛尚阿捏造洪大全的作伪者丁守存③，这几段话虽不一定
是丁守存的手笔，但倒完全是据自他的意见来写的。这就是说，
洪大全事实的肯定也还是出自捏造者之手。这是第二个时期。

但是，到了清光绪末年，就有人来重翻旧案。韩孔厂在跋黄
钧宰《金壶七墨》记洪大全事里提出他的意见说：

> 以吾所闻于故老，实无洪大全其人；即有，亦不过一极
> 寻常流辈。吾考之群籍，洪秀全曾自称天德王（此说亦非
> 确），初起时有将名洪天德（见王氏《甕牖馀谈》），却无洪大
> 全封天德王之事。说者谓洪氏初起，气势锐甚，官军莫敢撄

---

① 《平定粤匪纪略》卷一。
② 同上。
③ 《平定粤匪纪略》官文序。

其锋，赛尚阿督师久，惧谴责，乃捏造此人以欺朝廷，后世秉笔者多不察，展转钞录，几成故实。中国历史之多诬，即此一端可见①。

韩孔厂不但否认洪大全的地位，他根本就否认洪大全的事迹，他说："以吾所闻于故老，实无洪大全其人。"这是第三个时期。

到了五四以后，梁启超对洪大全问题持不轻信、重证据的态度，他认为这一个"既已形诸章奏，登诸实录"的史案，必须求得一个强有力的反证方才可以把它推翻，但是，"断不能率尔轻信，若不能得确证以释所疑，宁付诸盖阙"。梁启超这一种态度，正反映着当时梁启超等人对考证历史的态度。这是第四个时期。

近二十年来，研究太平天国史的工作者对洪大全问题起了争论，得出两种相反的结论：第一种结论是否定洪大全的，是我作出的，有专文论述的还有朱谦之②；第二种结论是肯定洪大全的，有俞大纲、萧一山、简又文、郭廷以、谢兴尧、荣孟源③。这是第五个时期。

我们回溯这五个时期，知道洪大全问题一开始提出，人们就予以否定，中间虽然经过一个肯定的时期，而把它肯定下来的还是出于捏造洪大全的作伪者丁守存之手。这是一个开始就有问题的历史问题，并不是到了我们时代才提出来的。因此，我们对待

① 《近世中国秘史第二编》。

② 朱谦之：《天德王之谜》，见《现代史学》五卷一期。

③ 俞大纲：《读罗尔纲贼情汇纂订误后论洪大全事迹》，见1934年9月1日《大公报·图书副刊》第四十二期。萧一山《汉大明统兵大元帅黄告示跋》，见所著《太平天国诏谕》。简又文《"天德王之谜"——洪大全案之研究》、《洪大全案之再研究》，见所著《太平天国全史》332—364页。郭廷以《洪大全问题》，见所著《太平天国史事日志》153—175页。谢兴尧《天德王洪大全传》，见所著《太平天国史事论丛》。荣孟源《天地会领袖洪大全》，见华北大学历史研究室编《太平天国革命运动论文集》。案郭廷以对洪大全称天德王一点虽有疑问，但基本上是肯定洪大全的。简又文是承认我考证《洪大全供》为赛尚阿捏造的，但却极力肯定洪大全在太平天国的重要地位。

这一个问题，不论站在肯定方面或否定方面，都必须把对方所列举的证据驳倒，指出它的不可信，把自己的证据拿出来，说明它的真实性，并且，还必须把有关洪大全问题的一切历史上问题都解释得通，然后方才可以得到一个正确的结论出来。

二　洪大全问题的争论

近今对洪大全问题的争论，起于 1934 年秋天我在《大公报·图书副刊》上发表的一篇《贼情汇纂订误》。我在此短文中，根据若干条史料对《贼情汇纂》内《天德王洪大全》所记事实提出怀疑。当时俞大纲看了我这篇短文后，在《图书副刊》上发表一篇《读罗尔纲贼情汇纂订误后论洪大全事迹》，引故宫文献馆所藏《洪大泉供》做证据，证明太平天国实有天德王洪大全其人，"与秀全骈比为王"但他"本非洪、杨旧党，号称王位，实等虚设"。又说洪秀全之所以尊崇洪大全，想"大全亦有实力之凭藉耳。今者史料之集证，依常识之判断，则大全之所凭藉者，当为三合会之党徒，与署天德年号之会匪，实二而一者也"。最后论大全之被擒，因萧朝贵不听令，当是洪、杨有意为之。此实为两种势力（复明之民族思想与宗教改革观念）消长之必然趋势。洪、杨中人之所以迄不认有大全其人，盖即讳其与三合会有一度之携手，以自扞其教义。对我的怀疑，提出不同的意见。

1935 年萧一山在所著《太平天国诏谕》一书《汉大明统兵大元帅黄告示跋》一文内论天德王洪大全事迹根据《洪大全供》与俞大纲的意见进一步发挥，加以肯定，说：

> 大全之称天德王，为秀全所尊，并非为秀全所封。二人在永安，同称"万岁"，居朝内正屋，俨然两头政治之规摹焉。……大全必有可以被尊之资格在也。此资格当包括两种：

一曰实力之凭借，二曰名义之尊崇。……然则大全之实力为
何？曰天地会是已。名义为何？曰大明天德皇帝是已。

接着又说：

此时天地会与太平军合作，殊无疑义。在秀全诸事草创，
党派之见，必不甚严，故乐予容纳，以增厚己力。在大全则
散漫之余，秀全新起势锐，同气相投，亦可借以振作，故能
融两派于一炉也。秀全即因其旧称而尊之曰天德王。

最后萧一山还引申俞大纲的意见论自洪大全被执后太平天国即排
斥三合会（即天地会别名），拒绝与三合会联络说：

然洪、杨既别倡所谓天父、天兄之说，即已与洪门之旧
规隔离。两种思想，颇不相容，故天地会头目不久辄散去
（见《中国秘密社会史》）。而大全亦不免被陷身死焉。……洪
秀全后日之排斥三合会，亦由于此。若从他方面观察，则秀
全所以不赞成复明者，或以明后之假托已为大全所占，秀全
固不甘为其臣属乎？不然，三合会又何负于太平军，而必深
闭固拒如此。（太平军不与三合会联络，有请援者亦遭拒绝，
如上海刘丽川是已。故三合会起事者，皆不旋踵而失败。）

萧一山这一个意见，影响了二十年来撰述太平天国史的工作者。
他们根据萧一山所论述的洪大全事迹，说明是太平天国宗派思想
的表现，并且指为太平天国革命主观方面必败的一个原因。洪大
全问题所以直到今天还成为太平天国史上一个大问题就在于这里。

我在俞大纲发表《洪大泉供》以前，没有看到这篇文件。当
时我看了这篇文件，以为研究洪大全有无其人其事，应该从研究
此供下手。因为当时赛尚阿所以能够证实有洪大全其人其事的是
此供，今人所以坚信实有洪大全其人其事的也以此供为惟一的根
据。但我们却不能说有供即有其人其事，我们应该先问那篇供的
可靠性。古来捏造人证的事件是常有的事，就举太平天国史事来

说吧，例如丙辰六年七月燕王秦日纲围金坛，这月十六日（夏历二十二日）金坛清守将李鸿勋遣军出筑垒，大败归，城中震动。到了太平军解围去，清守城将吏为了要掩败冒功，就捏说在太平军营里面搜获文卷得秦日纲战死月日，才知道在这一天把秦日纲打死。后来李滨撰《中兴别记》就根据来大书特书，并且加以论断说："是战虽猛浪致挫，然除一巨酋也。曩长沙军炮毙伪西王萧朝贵，先亦不知，获贼党讯供始知之。此则证以伪牒，庶盖可信。"其实秦日纲并不是在金坛战死，而是因天京事变帮助韦昌辉乱杀无辜，韦昌辉伏诛，他也被诛死。后来太平天国朝天朝主的位次，便取消了北王、燕王的位置，以明正他们的罪状。现有秦日纲围金坛时的部下大将、《李秀成自述原稿》与跟随秦日纲的爱尔兰人肯能（Canny）的详细报告[①]，以及"朝天朝主图"[②]为证。然而作伪者竟欺骗了当时人，还欺骗了后来的记述史事的人。这件事说明文卷或供辞之类的文件一样的可以伪造的，有了作证的文件还要先鉴定它的可靠性，断不能一见证件，不问真伪就信它所证的事件为实事的。所以我们要考证洪大全之有无其人，断不能认为有供，即有其人其事，必须先去考证他的供所记的事实是否与太平天国史事相符。如果这篇供与太平天国史事没有什么违背，那末，这篇供可以断定是真的；供这篇供的人，也可以断定是确有其人其事的。反过来说，如果这篇供与太平天国的史事不符，那末，这篇供可以断定是假的，所谓供这篇供的天德王洪大全，也可以断定是给清钦差大臣赛尚阿捏造出来的人物。我就根据我的看法进行考证，在此不过一千四百字泛泛的铺张叙述的供

---

① 麦高文（J. Macgowan）：《太平天国东北王内讧详记》，载 North - China Herald No. 354, May 9, 1857。

② 原件存伦敦不列颠博物院东方部。

辞之中，提出七条违反太平天国宗教信仰与太平天国史事不符之处。这篇论文，发表在 1936 年清华大学出版的《社会科学》第一卷第三期，后来又收在《太平天国史丛考》一书内。我这篇文章发表后，俞大纲说他同意我的考证，并且说把他一年前的意见取消了。山东日照县人牟乃纮也由书店转来一封信，告我清钦差大臣赛尚阿的心腹幕僚当时在大营主办奏稿后来又押解洪大全进京的丁守存的故乡山东日照县父老说丁守存在押解洪大全进京时，在路上把瘖药给洪大全吃，所以洪大全到京后即不能发言，所有供辞，都系假造这一个重要的口碑。

　　在几年之后，简又文在所著《太平军广西首义史》注释里，有《"天德王之谜"——洪大全案之研究》一文，他一方面说他与萧一山的说法，"大体上彼此却是同调"，另一方面却同意我的考证，说："罗氏凭种种证据以确定洪大全的供辞是赛尚阿所伪造，则允推的论。"

　　简又文的意见先在《大风》杂志上发表。朱谦之看了，对简又文采取的态度不以为然，他发表了一篇《天德王之谜》加以考论，他在结论说："洪大全其人之为捏造，反证很多，只要我们注意到当时太平天国方面的记载，……可不辨自明。至于《洪大全口供》的真伪问题，罗尔纲在《洪大全考》里根据八种原文件，证明了这一篇口供有七个地方违反太平天国宗教信仰及与太平天国史迹不符，无论在情在理，我们都不能替他解释辩护，这完全是一篇赛尚阿所伪造无疑。然而近来尚有人如简又文氏虽一面承认'大全供辞殊不足为据'，一面仍承认'大全本系一名读书人出身的、具有理智化的头脑'。一面承认'大全之供辞，系由清吏录出，其中经过几许之改窜，或增减'，一面仍然承认'确有洪大全其人其事'。这种不轻下断语的态度，当然是一个科学的考证家应有的态度。然而洪大全的口供，既经罗尔纲详加考证，认为伪造，洪大全其人其事经我这里反复的证明，知道完全为清方捏造，那末这问题便已完全解决，以后凡是研究太平天国史的人，也就用不着对于《天德王之谜》再抱什么模棱两可的态度了。"

由于朱谦之与简又文的争论，我也来检查我的考证。我检查出从前的考证是侧重供辞的考证，而对洪大全的本人究竟是怎样一个人物，只在《馀论》中提出几点推测。因此，我认为有从新考证的必要。1946 年，我写成了《天德王洪大全考》，此文内容除包涵旧考对供辞方面的考证外，另对洪大全的本人究竟是怎样一个人物方面也加以考证。我先对简又文为了证明太平天国实有洪大全其人其事，而提出的四项最主要论证予以反驳，指出他根据的证据的不可信，然后提出我对洪大全本人身份历史的初步看法。此文收在《太平天国史辨伪集》一书内，到 1951 年春天才出版。

1950 年荣孟源先生写了一篇《天地会领袖洪大全》，收在为金田起义百周年纪念而出版的《太平天国革命运动论文集》一书内。荣先生是相信《洪大泉供状》的真实的，但他与萧一山的说法略有不同，萧一山认为洪大全是大明天德皇帝，与太平天国天王洪秀全同称万岁，俨然两头政治的规摹。荣先生却认为上帝会领袖洪秀全与天地会领袖洪大全都同奉假想的天德皇帝为总领袖，在天德皇帝之下，洪秀全代表上帝会，洪大全代表天地会，两人合作，地位是平等的。他说：

> 洪秀全称"天德太平王"，其意义当是天德皇帝部下"广西首领之一曰太平王"。洪大全称"天德军师"，其意义也当是天德皇帝部下的军师。上帝会领袖洪秀全，天地会领袖洪大全，两人合作，名义上都是天德皇帝的部下，地位应该是对等的……

> 天德皇帝本是天地会所假托的人物，上帝会既然奉之为

主，那末上帝会以天地会领袖洪大全为天德皇帝底代表，是合理的。因此，洪大全就说：洪秀全"尊我为天德王"……

太平军是上帝会领袖的部队，洪大全以天地会领袖的资格来参加，是一个人来，并没有武装实力。这时太平军固然要用"天德"，即要用洪大全的名义来号召天地会会员"同心同力以灭清"，对洪大全非常尊敬。但是洪大全却不能不顾到自己身居客位，必须注意使上帝会的人"眼前不疑心我"。于是他"不以王位自居"，"又不坐朝"，而"自居先生之位"。由此可知，洪大全是太平天国底七大领袖之一，其地位几乎和洪秀全相等，而在杨、萧等人以上……

可知洪大全以天地会领袖的资格参加太平天国，其名义为天德军师。太平天国以假想的天德皇帝为总首领，在天德皇帝之下，太平王洪秀全代表上帝会，天德军师洪大全代表天地会，地位是平等的。太平天国是上帝会领导的，一切实权在上帝会手中，一切制度以上帝会为主体，洪大全身居客位，而自己又无部队，所以并没有实权，在名义上其地位和洪秀全相等，居于杨、萧诸人之上，实际上却在洪秀全之下，也不能指挥杨、萧诸人。洪大全是太平天国的重要领袖，是上帝会联合天地会的旗帜，是无可怀疑的事实。

荣先生不仅肯定了洪大全是代表天地会的领袖，肯定了洪大全在太平天国中的重要地位，称他做上帝会联合天地会的旗帜，而且还进一步肯定了洪大全在太平天国革命运动中的作用。他说：

天地会领袖洪大全参加太平军，在太平天国中与洪秀全、冯云山、杨秀清、萧朝贵、韦昌辉、石达开"成为七个人的领导集团"，表示上帝、天地两会密切合作。革命力量团结在一起，对于革命运动的发展是有重大意义的。

......

　　洪大全以天地会领袖的资格参加太平军，他自己并没有部队，却有号召天地会参加太平军的作用。上帝会使洪大全参加太平天国最高的领导集团，是完全正确的处理。……天地会在洪大全号召之下参加太平军，因为接受上帝会的领导，因为洪大全自己并没有部队，所以不会形成对抗上帝会的力量。洪大全既然是太平天国的领袖之一，有他存在，上帝会也不能排斥天地会。这样发展下去，上帝、天地两会间的裂痕，不见得不能消除；洪大全、杨秀清等人间的裂痕，也不见得不能克服。

　　永安突围，洪大全牺牲了，太平军中失去了天地会的领袖，杨秀清等排斥天地会就无所顾忌了。不到两月，最早联络天地会的冯云山在全州又牺牲了，杨秀清等排斥天地会更无所顾忌了。

......

　　洪大全牺牲，上帝会排斥天地会，陷各地天地会起义军于失败，也就是削弱太平天国的革命力量，阻碍革命运动的发展。

　　总之，上帝会尊重洪大全，就是表示和天地会合作，以上帝、天地两会合作的原则，再推广为联络北方的捻党，西南西北的回族，假如太平天国以上帝会为核心，团结中国各族人民，组成反满反封建的统一战线，那末马克思、恩格斯所希望于太平天国者，"中华共和国——自由、平等、博爱"是会实现的。可惜洪大全一死，上帝会就排斥天地会，这种宗派思想，终成为"太平天国失败的重要原因"。

在荣孟源先生的论述下，洪大全在太平天国革命运动中是有非常重要的作用的，洪大全之死，是太平天国的巨大的损失，对革命前途有极重大的意义。荣先生全文大意略如上述。

荣孟源先生的论文，首先对我在 1935 年所写的那篇《洪大全考》加以批评。他说："以太平天国的史迹与教义来对照《洪大全自述》，确是考证洪大全问题的一个基本方法。但是罗尔纲把太平天国底制度和教义，都当做静止的东西，而且要求'都相符合'，'没有一点抵触的地方'，那是形而上学的方法，容易陷于错误。"又说："其次，简单地说某某文献上'有'或'没有'洪大全的记载，也不是科学的考证方法。在这里必须注意材料底阶级性，即哪一个阶级的人，在什么条件之下，为什么目的产生的这个材料。"荣先生的提示，确实是研究历史问题的准则。但是，运用马克思主义指导历史研究，必须根据具体的事实，进行具体的分析，而不是作为教条。马克思主义是最尊重历史事实的，而不是不顾历史事实的。如荣先生说我引天王禁止称大哥如有犯者杀的诏旨证明《洪大全供》所说"我叫洪秀泉为大哥"的话之为捏造，是用洪大全死后的太平天国史迹与教义去考证洪大全，那是不懂得辩证唯物主义与历史唯物主义的方法，一切都依条件、地方和时间为转移去观察问题，犯了方法上的错误。但是，荣先生要提出这一个批评，必须先肯定太平天国有这样一个事实：在洪大全死前，太平天国准许称大哥，洪秀全也以大哥自称，然后才能批评我是把太平天国的制度和教义当做静止的东西，犯了形而上学方法的错误，否则这个批评便失去根据。荣先生并没有注意到这一个基本事实。据太平天国刊刻的"天命诏旨书"所载，清道光二十八年戊申拜上帝会便以"天父"称上帝，以"天兄"称耶稣，以天父、天兄下凡的神迹团结群众。拜上帝会的说法，上帝是天父，耶稣是上帝的长子故称天兄，洪秀全为上帝的次子故称二兄，冯云山为上帝第三子，杨秀清为上帝第四子，韦昌辉为上帝第五子，杨宣娇为上帝第六女，萧朝贵为帝婿，石达开为上帝第七子①。据此，知天兄即大哥，故洪秀全诏旨说："大哥独一，天兄耶稣是也。天兄耶稣而外，有人称大哥者，论天法该过云中雪也。"又考谢炳《金陵癸甲纪事略·洪秀全传》明记洪秀全自称上帝次子的年代说："道光戊申己酉秀全自称天父二子，又以天父下凡附杨秀清，天兄下凡附萧朝贵。"这时候，就是拜上帝会在广西桂平紫荆山秘密进行革命的时期，洪秀全以天父称上帝，以天兄称耶稣，自称天父二子，所以冯云山、杨秀清等就以二兄称洪秀全。这是一件历史事实，是太平天国宗教的根本说法，在起义前是如此，在起义后也如此，天父、天兄的说法，在太平天国革命里面始终没有什么改变，所以我所据那一篇"不得妄干名号诏旨"虽然是太平天国癸好三年所发的，也同样可以作证。因为我引这篇文献做证据的目的，是要证明洪大全不得以大哥称洪秀全，洪秀全也断不会以大哥自居冒犯他的宗教的大不韪，而不是证明在洪大全未死前太平天国有没有禁止他人称大哥的问题。荣先生又说我考证《洪大全供》所记"石达开称为天官丞相右翼王，秦日昌称为地官丞相左翼公"一段与太平天国官阶不符，是用太平天国四、五年间的制度，来考证太平天国元、二年间的官制，也犯了同样的错误。考太平天国刊刻的《天命诏旨书》中保存有太平天国辛开元年十月二十五日在永安的封王诏，关于封石达开一节明白地说："又褒封达胞为翼王，羽翼天朝"，今天原刻本尚存，可以查对，石达开的王号是"翼王"，并不是"右翼王"，其上也没有加上天官丞相的职衔。考张德坚《贼情汇纂》，谢炳《金陵癸甲纪事略》两书《石达开传》记石达开王号都作"翼王"，不作

① 据谢炳《金陵癸甲纪事略》洪秀全、杨秀清、萧朝贵、冯云山、韦昌辉、石达开各传。

"右翼王"，也都没有记石达开曾任天官丞相的职位。又考《贼情
汇纂·秦日纲传》（即秦日昌）说："初封天官正丞相"，《金陵癸甲
纪事略》说："初授天官正丞相"，《李秀成自述原稿》也明确地说
在广西永安州时"永安水斗军营是天官丞相秦日昌守把"，据此，
知秦日纲初封就是天官丞相，而不是什么"地官丞相左翼公"。太
平天国官制是有变革的。但我考证石达开、秦日纲在永安时的官
爵，就用太平天国在永安时颁布的《封五王诏》和忠王李秀成及
当时人记太平天国在永安时石达开、秦日纲最初的封爵的记载来
考证，我没有把制度当作静止的东西，用太平天国后来的制度研
究永安时制度的地方。

荣先生批评我不懂得注意材料的阶级性，他提出我考证中所
引两项记载来批评，他先批评我论如果太平天国确有天德王洪大
全其人其事，《李秀成自述原稿》不会遗漏这一个重要人物的一节
说：

> 《李秀成自述》中没有提到洪大全，不好拿来作否定洪
> 大全的根据。因为太平天国初期，洪大全以天地会领袖的资
> 格来参加革命，后来上帝会排斥天地会，上帝会中的李秀成、
> 太平天国后期的领袖李秀成，在《自述》中不提洪大全是有
> 道理的。

荣先生的论点是建筑在所谓"后来上帝会排斥天地会"的一个
"臆断"上。太平天国并没有同有些研究太平天国史工作者所说自
洪大全被俘后就排斥天地会，拒绝天地会加入太平天国那一回事，
证据昭然俱在，这是一件绝不能抹煞的历史事实。荣先生的论点
既然是建筑在臆断上，所以是没有根据的。荣先生又批评我引清
朝给事中陈坛、咸丰上谕及龙启瑞《纪事诗》说明当时清朝帝王、
廷臣以至军前士绅都一致不信《洪大泉供》一节说是陈坛有意歪
曲事实，说是咸丰有意惩罚赛尚阿，陈坛迎合咸丰，因此不惜否

认咸丰元年周天爵的奏折和咸丰上谕。又说龙启瑞是地方士绅，为了自己升官，不敢与皇帝抵触，他的话别有用心，也不足全信，说：

> 罗尔纲根据咸丰二年三月二十九日（一八五二年五月十七日）陈坛的奏折和奕䜣的上谕，以及后日龙启瑞的《纪事诗》三个材料，就说"一致"似乎武断；而且对于这三个材料的可靠性，似亦未曾深究。陈坛说："今闻洪大泉不过供贼驱策，并非著名渠魁。从前查奏逆首姓名，亦并无此人。"但是早在咸丰元年四月初十日（一八五一年五月十日），广西巡抚周天爵的奏折，就说过太平军"头目数十人，而洪大全、冯云山为之最"；同日奕䜣的上谕也说："贼首韦政（正）、洪大泉、冯云山……等既经访得确实"；可见陈坛是有意歪曲事实。咸丰二年二月初四日（一八五二年三月二十四日），劳崇光擒斩南宁、太平一带起义军领袖颜三，奕䜣还"赏给头品顶戴，以示奖励"；而赛尚阿"现获之洪大泉"，奕䜣说是"洪秀泉之谋主，为贼中著名头目"，连下四道上谕给邹鸣鹤与赛尚阿、徐广缙与叶名琛、程矞采，以及内阁，统通说："擒获逆首洪大泉"，认为太平军是"穷蹙奔逃，正可乘其仓皇涣散，分路截击。"在奕䜣眼中，洪大泉的地位比颜三大多了，但是对于赛尚阿并无一字奖励，反而说："总兵长瑞等同时阵亡……赛尚阿调度失宜，著交部议处。"可见奕䜣有意惩罚赛尚阿。后来奕䜣得知太平军围攻桂林，乌兰泰身受炮伤，三月十九日（五月七日）上谕，赛尚阿"降四级留任"。这时候陈坛上个奏折，硬说以前的奏折中，未曾见过洪大全的名字，借此以降低洪大全的地位，才可以给赛尚阿加上一个"张大其词，希图冒赏"的罪名，来迎合奕䜣。果然奕䜣"披览所奏"，认为"深契朕衷"，当日上谕就说洪大泉籍隶衡州，

系从贼伙党，原非首要，不再说洪大全是"著名头目"了；并且据奏斥责赛尚阿："广西军务，赛尚阿未能迅速奏功，叠予薄惩……若再旷日无功，朕亦岂能宽宥……国典具在，朕非不能执法之主也。"奕䜣有意抹杀赛尚阿的"功绩"，官僚们自然都尽力逢迎，于是四月二十六日（六月十三日）军机大臣刑部会奏，虽然肯定"洪大全投入洪秀全贼营，代为谋主……复受伪封（指洪大全为天德王）"，但是不敢说洪大全是"著名头目"，而是含混其词的说："谋反大逆，不分首从，凌迟处死。"可知三月二十九日陈坛的奏折和奕䜣的上谕，为了惩罚赛尚阿，不惜否认咸丰元年周天爵的奏折和奕䜣的上谕。像这样歪曲历史真象的"材料"，是不能作为研究之根据的。

至于龙启瑞是地方士绅，当时总办广西团练，所言似应可信。但是团练与官兵有矛盾，龙启瑞夸张"绅民集团练"的功劳，攻击官军将领"不用乡兵引导"，宣传清军在广西失败，是因为不重用团练，以致"团练撒手，不可为矣。"他对于赛尚阿讽刺说："丞相古视师，何必亲戎装……既少司马法，又非调和良，譬之麟与凤，焉能触不祥。"而且他为了自己升官，又怎敢与皇帝抵触。那末，他在《纪事诗》中说："谓言当大捷，献俘堪铺张。"自注说："谓擒洪大全解送京师，实非贼中要领。"是别有用心的，不足全信。

关于荣先生所论陈坛为了要迎合咸丰，有意歪曲事实，不惜否认咸丰元年四月初十日周天爵奏和同日咸丰上谕一层，荣先生所据《剿平粤匪方略》著录的周天爵奏和咸丰上谕其中"洪大泉"的名字，乃是清皇朝史官修纂这部《方略》时偷偷地加上了的，原来的文件并不如此。荣先生论点所根据的证据，乃是一条假证据，他根据假证据得出的结论，当然是不正确的结论。这是坚信确有洪大全其人其事的最主要的一条证据，我在下文要对它作详细的鉴定。在这里，要对咸丰有意惩罚赛尚阿，陈坛迎合咸丰及龙启瑞不敢与皇帝抵触的话是否属实先加以讨论。考清律例凡统兵将帅有心贻误军机的"斩立决"，失误军机的"斩监候"。赛尚阿以钦差大臣出督广西军，不仅糜饷老师，而且丧军失地，使在金田起义崎岖困阨作战于紫荆山的太平军，一天比一天壮大，一直打到湖南长沙来。就清律来论，赛尚阿就不是有心贻误军机应"斩立决"，也是失误军机应"斩监候"，同样是犯了死罪的。但当赛尚阿被革职拿问解到北京的时候，咸丰传谕问他："因何办理太颟，抑或被人欺朦"，这就暗示赛尚阿教他把罪过推到别人身上去，开始就有意开脱他。咸丰三年三月，军机大臣会同刑部依律拟定赛尚阿罪"斩监候"，咸丰不得不如所议。但到五月，就把他释放交直隶总督讷尔经额差委，不久命留京随同僧格林沁等办理巡防事务。咸丰的意思是使赛尚阿得借军功免罪。果然，到了咸丰五年，僧格林沁等就迎合咸丰意旨以赛尚阿当差愧奋，奏请免罪。咸丰就把他的死罪除去了，改为发军台效力赎罪。没有多少日子，又释回交署察哈尔都统穆隆阿差委。咸丰六年，命操练察哈尔蒙古官兵。咸丰十一年就署正红旗满洲都统。这一个犯了死罪的赛尚阿终于在咸丰的恩赐下得到享受封建皇朝的富贵而终。我们根据清史馆大臣画一传档《赛尚阿列传》所载上述一系列事实，可以证明咸丰的对赛尚阿不仅仅不是如同荣孟源先生所说是"有意惩罚"他，而且，恰恰相反到了他犯了死罪，还多方来开脱他，使他一生得享富贵而终。这就可见荣先生所论咸丰有意惩罚赛尚阿，陈坛为了要迎合咸丰，有意歪曲事实，龙启瑞为了自己升官，不敢与皇帝抵触，甚至说咸丰本人，为了要惩罚赛尚阿，他在咸丰二年三月十九日所发的上谕也不惜否认自己在咸丰元年四月初十日所发的上谕的分析是没有历史事实作根据的。

以上是根据荣孟源先生对我的批评所作的检查。我从检查中看出，荣先生的分析不是根据具体的事实进行具体的分析，而是建筑在假证据或臆断上的。因此，他的分析就不可能得到正确的结论。

现在，我要进一步对荣孟源先生论文所提出证明洪大全确为太平天国重要领袖的证据加以讨论。在荣先生论文中，有两条主要的证据：一条是引《剿平粤匪方略》著录的咸丰元年四月初十日入奏的广西巡抚周天爵的奏折和同日咸丰的上谕已称洪大全与冯云山为最重要的太平天国领袖，以证明洪大全确是太平天国金田起义时领导集团的主要人物。另一条是引沈懋良《江南春梦庵笔记》所载太平天国晚年在天京建有天堂路通碑纪念死难功臣，其中有憼王洪大全的名字，以证明洪大全确是太平天国重要领袖，所以才建碑来纪念他。这两条证据一前一后地肯定了洪大全在太平天国的地位，由于荣先生坚信这两条证据，所以认为这是毫无怀疑的事实。这两条证据，是荣孟源先生的主要证据，也是郭廷以、简又文坚信洪大全在太平天国中重要地位的最主要的证据。因此，我们应该在这里首先对它们是否可信加以认真的严肃的鉴定，特别是第一条我们必须用全力去详细地加以研究。

先来鉴定第一条证据。为了便于讨论起见，应该把荣孟源先生等所据《剿平粤匪方略》著录的咸丰元年四月初十日入奏的广西巡抚周天爵奏和同日咸丰上谕抄录于下。案《剿平粤匪方略》卷四咸丰元年四月初十日记事著录周天爵奏道：

> 初十日丙寅周天爵奏言："臣观现在贼情形势，惟韦正、洪大泉、冯云山、杨秀清、胡以洸、曾三秀头目数十人，而洪大泉、冯云山为之最。"

又著录这一天咸丰命军机大臣传谕李星沅、周天爵、劳崇光、向荣等道：

> 贼首韦正、洪大泉、冯云山、杨秀青、胡以洸、曾三秀

等既经访得确实，即当设法悬赏购线，使贼党自猜，攻剿更
易得手。该大臣等总宜相机筹办，毋令日久勾结，再致蔓延
为要。

据《剿平粤匪方略》所载周天爵此奏及咸丰上谕都确作洪大全。
如果它确是真史料，当太平天国克复永安前五个月，在广西武宣
与太平天国作战的广西巡抚周天爵的奏报里面已经有了洪大全之
名，并且说明他乃是最首要的领袖，那末，它就可以证明洪大全
确是太平天国领导集团中最首要的领袖，并非赛尚阿的捏造，而
自陈坛以来对洪大全的怀疑论者的一切证据都一扫而空了。这是
一条何等主要的证据！

但是，这条证据是有问题的。据我们把其他与《剿平粤匪方
略》同是根据档案来纂录的史籍对勘的结果，只有《剿平粤匪方
略》一种作"洪大泉"，而其他各种都作"洪秀泉"。考当时根据
档案来纂录的史籍著录有周天爵此奏或咸丰接到周天爵奏后所下
谕旨的除《剿平粤匪方略》一书外，计官修史有《文宗显皇帝实
录》、《文宗显皇帝圣训》两书，史臣私家纂修的有王先谦《咸丰
朝东华续录》、潘颐福《咸丰朝东华续录》两书。查《文宗显皇帝
实录》卷三十一，咸丰元年夏四月丙寅记载未著录周天爵此奏，
但却著录有咸丰接到周天爵奏后所下的谕旨。其全文如下：

谕军机大臣等，周天爵奏急奖有功并陈目前贼情各折
片，……贼首韦正、洪秀泉、冯云山、杨秀青、胡以洸、曾
三秀等既访得确实，知其习教伎俩，即当设法悬赏购线，使
贼党自猜，攻剿更易得手。该大臣等总宜相机筹办，毋令日
久勾结，再致蔓延为要。

《实录》载咸丰谕旨作"洪秀泉"而不作"洪大泉"与《方略》不
同。又查《文宗显皇帝圣训》卷六十八授机宜载此谕亦作"洪秀
泉"而不作"洪大泉"也与《方略》不同。我们再看清朝史臣私

家纂修的史籍，查王先谦《咸丰朝东华续录》卷八咸丰元年四月丙寅记载，将周天爵此奏及咸丰谕旨都著录在内。其著录周天爵奏文如下：

> 周天爵奏……观见在贼情，惟韦正、洪秀泉、冯云山、杨秀青、胡以洸、曾三秀头目数十人，而洪秀泉、冯云山为之最。

其著录咸丰谕旨道：

> 上谕军机大臣等，周天爵奏急奖有功并陈目前贼情各折片，……贼首韦正、洪秀泉、冯云山、杨秀青、胡以洸、曾三秀等既访得确实，知其习教伎俩，即当设法悬赏购线，使贼党自猜，攻剿更易得手。该大臣等总宜相机筹办，毋令日久勾结，再致蔓延为要。将此由四百里各谕令知之。

王先谦《东华续录》最可与《方略》对勘：王先谦《东华续录》所著录的周天爵奏及咸丰谕都作"洪秀泉"而不作"洪大泉"，与《方略》都作"洪大泉"而不作"洪秀泉"不同；而其所录咸丰谕作"洪秀泉"而不作"洪大泉"则与清政府官修史的《实录》、《圣训》全同。又查潘颐福《咸丰朝东华续录》卷八，未录周天爵奏，但也著录有咸丰此道谕旨，其列举太平天国领袖姓名亦作"洪秀泉"而不作"洪大泉"，与《实录》、《圣训》、王先谦《东华续录》全同，而与《方略》不同。

我们在论《方略》与《实录》、《圣训》、《东华续录》等书校勘的结果前，应该要记得《实录》等书与《方略》一样都同是根据档案原件纂录的，它们并不是根据第二手的材料互相钞袭而来。在此种情况之下，《实录》等书断不会有错误相沿的事发生。我们明白了这一种情况，就可以下一个判断：《实录》、《圣训》、王先谦、潘颐福《东华续录》四书与《方略》都是同据档案原件纂录而成的，它们并不是互相钞袭而来。今《方略》一书所录周天爵访查太平天国领袖姓名奏及咸丰谕作"洪大泉"，而《实录》、《圣训》、王先谦、潘颐福《东华续录》四书则都作"洪秀泉"，不会只有《方略》一书独不误，而《实录》等四书都误的事。而况《实录》一书，为封建皇朝国史所本，本纪即据此而成，文字校对更不容有错误。所以我认为《方略》一书独作"洪大泉"，是有作伪的嫌疑，它的真实性存在着极大的问题。

　　不但在与其他史籍的对勘上可以看出纂修《剿平粤匪方略》的史官作伪的嫌疑，在《方略》的本身上也可以找得它的作伪的破绽。案《方略》所载周天爵此奏入奏于咸丰元年四月初十日，他上奏时正在武宣军营。考在周天爵上此奏以前，清朝广西军前将帅都早已知道太平天国首领之一为洪秀全。《方略》卷三载咸丰元年正月初五日谕道：

　　　　上命军机大臣传谕李星沅、周天爵、劳崇光、向荣曰："广西浔州府属之金田村贼首韦正、洪秀泉等恃众抗拒，水陆鸱张。"

《方略》同卷又载咸丰元年二月二十四日李星沅、周天爵、向荣等奏道：

　　　　李星沅、周天爵、向荣奏："探闻逆首韦正、韦元炌、洪秀泉极为凶悍。"

上引两条史料，其第二条李星沅、周天爵、向荣的会奏尤为重要，因为它可以证明清朝前方将帅连周天爵本人在内，在他武宣上奏前一个多月已经知道太平天国领袖之一为洪秀全了。虽然那时候清朝方面还不十分明白太平天国的最高领袖是洪秀全还是韦正，但确已知道洪秀全是太平天国最高领袖之一，或者就是最高领袖，却毫无疑问。我们据这一点考证来判断，《方略》所载咸丰元年二月周天爵第一次奏报太平天国领袖已列有洪秀全之名，到他元年四月第二次所上访查太平天国领袖姓名原奏里面，断断不会不列有洪秀全的姓名的。今奏中无洪秀全之名，而竟列有"洪大泉"，洪秀全何处去了？我们即使退一万步说，承认赛尚阿伪造的《洪大全供》所说洪大全为太平天国谋主，与洪秀全同称万岁为事实，则周天爵此奏也不过在太平天国领袖里面加多洪大泉一个名字，最多也不过说他是最重要的领袖，作："臣观现在贼情形势，惟韦正、洪秀泉、洪大泉、冯云山、杨秀青、胡以洸、曾三秀头目数十人，而洪秀泉、洪大泉、冯云山为之最"而已，何至尽没洪秀全姓名而以洪大全代之？这很显然的暴露出了纂修《方略》的史官掩盖不住的作伪的所在。这是《方略》史官作伪留下来的第一个大破绽。

又考《剿平粤匪方略》卷十一载有礼科掌印给事中陈坛"应诏陈言奏"，奏后有上谕，谕后并有史官案语，以表扬咸丰纳谏爱民的"圣德"。但却把陈坛此奏所附弹劾献俘失实洪大全不值解京的附片删了。查王先谦《咸丰朝东华续录》卷十四未录陈坛此片，但录有上谕，其论洪大全解京事即与论陈坛应诏陈言事同在一谕之中。今将王先谦《东华续录》与《方略》所录的校勘，又看出《方略》并把这一段论洪大全解京问题的上谕删了。我们知道，《剿平粤匪方略》一书，对一切凡有关太平天国事件的章奏谕旨都收在内，岂有对这一件乃荦荦大事的论洪大全解京事的附片及上谕反删而不录的道理？这就因为陈坛此片及咸丰此道上谕是证明洪大全为赛尚阿捏造最有力的人证，《方略》史官既窜改了周天爵奏和咸丰上谕，就不得不把陈坛的弹劾献俘失实片和咸丰论洪大全不值解京的上谕删去，以埋没证据，企图使人看不出他们的作伪。正因为如此，经过我们把它与其他史籍对勘，却给我们看出了他们有意作伪的行为。这是《方略》史官作伪留下来的第二个破绽。

我们再查《剿平粤匪方略》所载洪大全事迹，在他被俘以前，其姓名仅一见于卷四所载咸丰元年四月初十日周天爵奏。在元年四月初十日以前，清朝谕奏提到太平天国领袖的有卷三咸丰元年正月初五日上谕及同年二月二十四日李星沅、周天爵、向荣奏，都没有洪大全之名，已见上引。在元年四月周天爵奏之后，谕奏中提及太平天国领袖的又有八处，兹条列于下：

（一）咸丰元年六月十五日上命军机大臣传谕赛尚阿曰："广西剿匪以韦正、洪秀泉等大股为最急。"（卷五）

（二）咸丰元年七月十六日赛尚阿奏言："粤匪自洪秀泉等大股而外，刘八一股，众至逾万。"（卷六）

（三）咸丰元年七月二十五日赛尚阿奏："查逆匪前股分驻新墟、安众、莫村、盘龙一带，韦正、胡以洸、萧朝贵、杨秀青在内，后股在紫金山内花雷、茶地、大坪村等处，洪秀泉、冯云山在内。"（卷六）

（四）咸丰元年闰八月十九日上谕："洪秀泉等欲由水路潜逃，尤应严密防范，若首逆未能擒获，只杀馀匪以塞责，朕惟知将赛尚阿重惩不贷，懔之！"（卷七）

（五）咸丰元年闰八月二十六日，上命军机大臣传谕赛尚阿曰："贼首洪秀泉等是否与韦正等俱窜入城内？"（卷七）

（六）咸丰元年九月初三日，上谕赛尚阿、邹鸣鹤曰："前据赛尚阿奏获犯供词有太平王坐轿进永安州城之语，是否即系朱九涛？抑系韦正？并洪秀泉是否即系狗头山朱九涛之匪党？俱著确查具奏。"（卷八）

（七）咸丰元年十月初五日赛尚阿、邹鸣鹤奏言："金田逆匪自称太平天国确有历次所获犯供及伪衣伪印可凭。其匪首确系称太平王。惟该伪王究系韦正、抑系洪秀泉，供词往往不一。臣等各路密发侦探，多有指为洪秀泉者。缘此会匪本由洪秀泉、冯云山煽惑韦正倾家起衅，始推韦正为首，后仍推洪秀泉为首。而洪

秀泉又一姓朱，则向有此说。但未闻有朱九涛之名。"（卷九）

（八）咸丰元年十月十五日，上谕赛尚阿曰："务将贼首韦正、洪秀泉等设法诱擒，不可任其窜逸。"（卷九）

《方略》这八处记载太平天国的领袖姓名，并没有一处记有洪大全之名，一直到了咸丰二年三月初十日载广西巡抚邹鸣鹤奏捷之报，才大书特书"擒获逆首洪大泉"（卷十一），洪大全之名方才再度出来！我们看了这八条记载要问：如果咸丰元年四月周天爵之奏确作"洪大泉"，则据《方略》所录周天爵奏，在太平天国首领里面，"洪大泉、冯云山为之最"，据后来赛尚阿所奏的《洪大泉供》，则洪大全乃太平天国的谋主，与洪秀全同称万岁，何以如此首要的一个人物，自这一年四月一见于周天爵奏之后，直到这一年年底清朝八次访查太平天国的情报或论及其首领的谕奏里面都没有提到洪大全的名字？这一点无论怎样解释都是说不通的。尤其是第一条咸丰元年六月十五日咸丰谕赛尚阿说："广西剿匪，以韦正，洪秀泉等大股为最急"的话最要注意，因为当时赛尚阿初到广西督师，咸丰怕他不明敌情，故将此情况告他。咸丰的话就是根据自广西军前将帅的奏报来说的。若周天爵此奏确作洪大全，则咸丰这道给赛尚阿的上谕便应说"韦正、洪大全等大股"，而不应说"韦正、洪秀泉等大股"了。又第三条咸丰元年七月二十五日赛尚阿之奏，报告太平天国首领驻扎情形，所列首领姓名有洪秀全、冯云山、韦正、胡以洸、萧朝贵、杨秀清六人，若确有洪大全那样一个与洪秀全并肩称万岁的人物，赛尚阿所得的情报，断不会独遗漏了他的。我们这样将《方略》所载咸丰元年四月周天爵入奏前后的有关太平天国领袖姓名的谕奏都胪列出来，便越发教我们明白给事中陈坛所奏"从前查奏逆首姓名，亦并无此人"的话乃千真万确的事，也就叫我们越发怀疑《方略》所载咸丰元年四月周天爵奏和咸丰上谕中"洪大泉"的姓名，乃纂修

《方略》的史官把周天爵原奏和咸丰上谕"洪秀泉"之名改换而来。纂修《方略》的史官以为改换周天爵此奏一处便可以了，却顾不到未改之处尚多，破绽是终归掩盖不住的。这是《方略》史官作伪留下来的第三个破绽。

我发现《剿平粤匪方略》的作伪是在1947年，到1950年冬天南京筹备太平天国起义百周年纪念，我们首先在故宫博物院南京分院所藏的清朝《剿捕档》中发现《洪大泉上咸丰表》，接着就发现咸丰元年四月初十日的咸丰上谕。请看！清朝档案中所保存的咸丰这篇上谕并没有作"洪大泉"。兹将这篇上谕节录于下：

> 军机大臣字寄钦差大臣李、总督衔专办军务周、暂署广西巡抚劳、提督向，咸丰元年四月初十日奉上谕：周天爵奏急奖有功并陈目前贼情各折片清单披览均悉。……贼首韦正、洪泉、冯云山、杨秀清、胡一洸、曾三秀等既访得确实，知其习教伎俩，即当设法悬赏购线，使贼党自猜，攻剿更易得手。该大臣等总宜相机筹办，毋令日久勾结，再致蔓延为要。将此由四百里各谕令知之。

据此知咸丰上谕原作"洪泉"，并没有作"洪大泉"。周天爵原奏今天还没有发现，咸丰上谕作"洪泉"应该是根据自周天爵原奏而来的。当时故宫博物院南京分院的同志发现这篇档案后，钞了一份送给我，在上面加声明说："原作'洪泉'，是否夺字不可知。"案文字有脱漏叫做"夺"，即失误之意，而不是删削。这个声明提示我们，不要见作"洪泉"，就立即断定它原来确是如此，还须考虑它是否脱漏所致。这是科学家对待问题的严肃态度，我认为很对，因此，我对此加以追查。我要查查周天爵在上这篇奏章期间有没有其他文件记述到这件事，他怎样写这个人物的姓名。查清光绪五年（1879年）八月二十三日《申报》刊载有一篇《原任广西巡抚周文忠公言广西时事书》。考周天爵谥文忠。据《申报》附注，这封信是"丹徒吴畅亭从冷摊购得的，系文忠公亲笔"。据汪鋆《十二砚斋随录》录此信开头说："咸丰辛亥三月十三日前两湖总督周文忠公天爵有书致二南先生"，知是清咸丰元年三月十三日写的。这一封信，除《申报》刊载外，汪鋆《十二砚斋随录》系录全文，平步青《霞外攟屑》则系删节，都有改动，惟《申报》记明是照亲笔函刊出，故本文以《申报》本为据①。周天爵在这封信中，述在武宣县三里墟之战说：

　　　　贼大元帅洪泉、冯云山皆亲身督战。

在论太平天国用兵又说：

　　　　贼匪用兵，全是洋人之法，以洪泉系西洋人传天竺教者。
　　　　此人为军师，军令死一队长则一队全斩，又饮以药水，其剽
　　　　忽不及闽、献，而深沉过之。

又考英人密迪乐（T. T. Meadows）《中国人及其革命》译有一封周天爵于1851年4月中旬（即清咸丰元年三月中旬）给湖北巡抚述与太平军作战的信说：

　　　　贼匪头目五人。洪泉为首，次冯云山，次杨秀清、次胡
　　　　以先、曾三秀。洪泉不是洪姓，他是个夷人②。

案上录清咸丰元年四月初十日咸丰上谕，系在接到周天爵这封奏折后下的。这一天，是周天爵奏折到北京入奏的日子。他在广西上奏时当在三月二十日左右。周天爵写给周二南信是同年三月十

---

　　① 我在1954年重写此文时，所见周天爵这封信是汪鋆《十二砚斋随录》的著录文。该书著录此信，将原信"洪泉"改作"洪秀泉"，我据来论证，因而作了错误的解释。到1959年我才录到《申报》刊本，把它编入《太平天国史料丛编简辑》内。但在编纂时并没有留意到两本的不同。直到得读蔡少卿同志《关于洪大全的身份》一文（刊于《历史研究》1979年第六期），始知其不同。我对蔡少卿同志的教正，十分感谢，谨在此致其谢忱！

　　② 密迪乐（T. T. Meado WS）：《中国人及其革命》（The Chinese and the Rebellions）1856年伦敦出版，第157页。案这时湖北巡抚为龚裕。

三日，写给湖北巡抚信是三月中旬，三封文件正是同时写的。在两封信中都同样作"洪泉"，这说明他的写法是一致的，那么，在同时上奏的奏折中，也必是同写作"洪泉"的。据上考证，可知在档案发现的咸丰上谕作"洪泉"，乃是根据周天爵原奏而来的。档案上并没有作"洪大泉"，纂修《剿平粤匪方略》加一个"大"字，改作"洪大泉"，并把陈坛的《弹劾献俘失实片》和咸丰论《洪大泉不值解京上谕》删去不载，把证据埋没，使这一部为记载"中兴"而纂修的《剿平粤匪方略》达到了宣扬"圣武"的目的。由于发现了《剿平粤匪方略》的作伪与证明它的作伪，就肯定了荣孟源先生等所举出的这一条证明洪大全确为太平天国领导集团的重要领袖的最主要证据，是一条作伪证据，是一条完全不能作证的"假证据"。

荣孟源先生等所举第二条主要的证据，是根据沈懋良《江南春梦庵笔记》的记载，说太平天国立碑纪念死难功臣，书各人姓名封爵，称洪大全为憨王，可证洪大全确有其人，确为太平天国的领袖。《江南春梦庵笔记》这一节记载的原文如下：

> 洪逆镌石碑一，上横四大字，曰"天堂路通"，下列小字曰东王杨秀清、西王萧朝贵、南王冯云山、腾王袁振发、信王秦日纲、奋王罗大纲、彰王林凤祥、经王曾立昌、进王罗道南、祥王吉文元、豫王胡以洸、开王李开芳、抚王朱锡琨、信王廖敬年、钦王吴如孝、斑王冯遇隆、烈王曾天养、齐王范运德、曾王黄益芸、英王陈玉成、憨王洪大全、元王曹天秀，盖伏诛诸贼也。

案《江南春梦庵笔记》乃是一部大伪书，所谓著者"武昌沈懋良"及他的种种事迹，完全是作伪者虚构伪造出来的。我已写了一篇《太平天国史料里面一部大伪书——〈江南春梦庵笔记〉考伪》详加考证，刊于《太平天国史料辨伪集》内，请读者参看。在这里，专对这一座所谓"天堂路通碑"来论。据《江南春梦庵笔记》说此碑题名共二十二人。根据这些人名封爵来考查，其中如袁振发、罗道南、廖敬年、冯遇隆、曹天秀五人姓名事迹在太平天国文献里全不可考。又曾立昌、吉文元、朱锡琨、黄益芸、范运德等五人虽确为太平天国前期人物，但王定安"贼酋名号谱"对那班到太平天国晚期得追封王爵的开国功臣如林凤祥、李开芳、林启容等都谱及，而曾立昌等却未见入录，他种史料也未记有此事。以上十人和本文考证的洪大全，姑置不论外，其余杨秀清等十一人都是事迹昭然可考的，但碑中所书各人封爵，只有杨秀清、萧朝贵、冯云山、胡以洸、陈玉成五人不误，案秦日纲的封爵为燕王①而不是信王，吴如孝为顾王②而不是钦王，林凤祥为求王③而不是彰王，李开芳为请王④而不是开王，碑中所题封爵都与太平天国原封爵不符。又案罗大纲、曾天养两人生前未封王，死后也未得追封，忠王李秀成被俘后，曾国藩曾以此事向忠王询问原因，忠王说："其事甚乱，无可说处"⑤。而此碑妄为捏造罗大纲封奋王，曾天养封烈王。我们据此来判断，如果太平天国确如此书所载立有此纪念碑，那末，碑中所书各人封爵断断不会有此错误。且得题名在纪念碑上的仅二十二人，人选是很严格的，其中如袁振发、罗道南、廖敬年、冯遇隆、曹天秀五人，何致于在太平天国记载中连姓名都不可考？此外，林启容追封勤王，与林凤祥、李开芳同时追封，有文献为证⑥，何以碑上没有林启容的名字？又

---

　　①　据《忠王答辞手卷》、张德坚《贼情汇纂》、谢炳《金陵癸甲纪事略》、杜文澜《平定粤匪纪略》、王定安《贼酋名号谱》都同。

　　②　据《李秀成自述原稿》，王定安《贼酋名号谱》同。

　　③　据《忠王答辞手卷》。

　　④　同上。

　　⑤　同上。

　　⑥　同上。

太平天国后期颁布的《朝天朝主图》，东王、西王、南王、翼王、豫王等都有座位，惟北王韦昌辉、燕王秦日纲因罪被诛除爵，所以没有座位，《朝天朝主图》既没有秦日纲的座位，纪念碑上也断断不会有秦日纲的名字，可知都是虚构无疑的。这一条伪史料也不能给荣先生等作证。

根据上面考证，看出了荣孟源先生和郭廷以、简又文等所提出洪大全确为太平天国重要领袖的最主要两条证据：《剿平粤匪方略》所载咸丰元年四月初十日广西巡抚周天爵奏和同日咸丰上谕，沈懋良《江南春梦庵笔记》所载天堂路通碑，都是伪造的史料，都是不能作证的假证据。荣孟源先生等所根据这两条主要的证据，既然都是伪造的史料，所以他们得出的结论就不能成立。

三　天地会的历史和太平天国与天地会的关系史实否定了洪大全在太平天国的重要地位及在太平天国革命运动中的重要作用

我们在上面提过洪大全问题所以到今天还成为太平天国史一个重要问题，就是因为有一部分研究太平天国史的工作者认为：洪大全是太平天国的重要领袖，洪大全在太平天国革命运动中有重大作用，他是太平天国联合天地会的旗帜，自从他被俘后，太平天国就排斥天地会，这种宗派思想，终成为太平天国失败的重要原因。

论者所说洪大全既是这样的一个重要人物，我们应该去考查天地会的历史和太平天国与天地会的关系史实：首先要考查天地会制度会不会产生一个代表全会势力的人物？其次考查当太平天国金田起义永安作战的时期天地会有没有一个代表全会势力的人物和在太平天国的领导集团里面有没有这样的一个人物参加？最后要考查是不是如同有些人所说洪大全被执后太平天国就从此排斥天地会、拒绝天地会的参加？

关于太平天国与天地会的关系史实，我已在《太平天国与天地会关系考实》一文详加稽考①。在这里只把结论照上面说的层次论述于下：

第一，天地会制度会不会产生一个代表全会势力的人物？天地会的组织自称某某山、某某堂。天地会的制度，各地都可以成立山堂，各不相统。清末曾入天地会党的陶成章论天地会制度的弊病说："政体主共和，同盟者一体看待，多得与闻秘密之事，故党势最易扩张。其职员之升迁亦易，故分会之成立亦易。藉是之故，起义者常连络不绝，然各山堂分峙，虽有交通，不相节制，故接应之者常寡。"又说："各山堂分峙，不相统一"②。由于天地会这一种组织制度，根本不可能产生出一个统一指挥的局面，也就是不可能产生出一个统一全会的大领袖。太平天国时代各地天地会起义的事实充分说明了这一个事实。

第二，当太平天国金田起义永安作战的时期天地会有没有一个代表全会势力的人物和在太平天国领导集团里面有没有这样的一个人物参加？案金田起义在清道光三十年十二月初十日，那时候，广西天地会各山堂正在广西各地纷纷起义。而在先一年十一月在湖南新宁起义，攻入广西转战湘、桂、黔三省边界的天地会李沅发，已在金田起义前半年被扑灭，湖南没有天地会起义。到了明年九月，即太平天国辛开元年秋克永安州后，清湖南疆吏也只有在衡州破获天地会秘密机关的奏报，其时湖南仍没有天地会

---

① 此文收在我著的《太平天国史事考》一书内。

② 陶成章：《教会源流考》，此文曾收在我编的《天地会文献录》内。

起义的事件。所以当太平天国初兴时，天地会只在广西纷纷起义，若果如论者所谓天德王洪大全系天地会大首领，他统率了天地会的势力与太平天国联合作战，他本人与天王洪秀全并肩称万岁的话，那末，洪大全所统率的天地会势力便应该是这时候在广西起义的天地会。但是，我们试来稽查当时在广西军营总理粮台的严正基《论粤西贼情兵事始末》所载当时天地会在广西起义，是由各山堂随时随地自发的起义的，他们的人数不一、或分、或合、旋起、旋散的。这种现象，反映出了当时天地会没有一个统一的指挥，也并没有一个统一全会的大领袖的真实情况。尤其重要的是在广西督师对抗革命的清朝钦差大臣李星沅访查当时在广西及粤、桂边境起义的天地会党股数、堂名的详细奏报，说明他们是"每股各有堂名，各有头目"的，他们的"旗帜图章字样，亦非一律"的，他们不但没有共同拥戴一个最高的领袖如同太平天国拥戴天王洪秀全那样，而且，连一面统一的旗帜都没有。据此可知当太平天国金田起义永安作战的时期天地会是没有一个代表全会势力的人物的。再来检查一下在太平天国领导集团里面有没有一个代表天地会全会势力的人物参加？关于这一方面，可以举出一条强有力的证据证明在太平天国的领导集团里面是没有这样的一个人物参加的。据咸丰元年（太平天国辛开元年）十二月初九日，即在太平天国永安州突围所谓"天德王洪大全"被俘前两个多月，清朝大营翼长姚莹有一封报告给钦差大臣赛尚阿说揭得太平天国颁布的《救世安民谕》，其中有"三合会上，洪门歃血之言"，是因为惧怕清军"招东勇日众，故作此语。"考佚名《桂林独秀峰题壁诗》记帮助清军的壮勇说："募民千万系巾红，名号衣冠迥不同"，自注说："各路壮勇来援数万，皆戴红巾。"案天地会党人以头系红巾做标帜，这些系红巾的壮勇都是天地会党人。当时清朝统治者正在利用天地会来对抗太平天国。所以太平天国在这一道唤起人民讨伐清朝的檄文里，就不得不特别专对天地会说："查尔们壮丁，多是三合会党，盍思洪门歃血，实为同心同力以灭清，未闻结义拜盟，而反北面于仇敌者也！"提醒他们天地会创会的宗旨在于灭清，叫他们自己反省当初加入天地会时，洪门歃血、结义拜盟的目的何在，责他们不应该做清朝壮勇，反去帮助敌人。假使真同论者所说太平天国初兴时曾与天地会联盟，"天德王洪大全"统率了或者是代表了天地会的势力与太平天国并肩作战，同天王洪秀全同称万岁的事，那末，这时候，太平天国与天地会在广西永安州正站在同一战线上，面向同一的敌人，何致于会有天地会党人帮助清朝当壮勇对抗太平天国的事！即使有一些不明大义的天地会党人帮助了清朝，太平天国的布告也只应该这样对他们说："你们的大领袖天德王洪大全就在我们这边与我们天王同称万岁啊，你们赶快归队吧！"或者就由天德王洪大全自己出布告命令他们归队，哪里会有以第三者的口吻，说出"查尔们壮丁，多是三合会党"的话呢！这一件铁的事实，说明了在太平天国领导集团里面，并没有一个所谓代表天地会全会势力的天德王洪大全在内。

第三，有些人所说洪大全被俘后太平天国就从此排斥天地会，拒绝天地会的参加是否事实呢？这完全是一件臆想的事实。一部太平天国与天地会关系史，是太平天国主动争取天地会加入的历史。首先要指出的是金田起义的时候，在桂平县大湟江上，有天地会党罗大纲、大头羊张钊、大鲤鱼田芳等请求加入太平军。太平军的条件是必须改从他们的信仰，服从他们的纪律。张钊、田芳等怕太平军法严，不愿接受这种条件，转去投降了清军。罗大纲却欣然接受条件，率他的部下来加入，罗大纲后来就成为太平天国的名将。太平天国辛开元年十二月在永安州作战的时候，有一部分天地会党人忘记了他们反清的革命宗旨，却投到清政府的一种叫做"壮勇"或者叫做"壮丁"的临时召募的军队里去,他们头上扎着天地会反清标志的红巾,成千成万地应清政府的召募,来帮助清朝反抗太平天国。所以太平天国就颁布了一道《救世安民谕》把天地会立会的宗旨来提醒他们,希望他们反省,把他们争取过来。太平天国壬子二年夏天,在洪大全被俘之后三个多月,也就是论者所谓太平天国开始排斥天地会的时候,却恰恰是湖南道州、郴州等地天地会五万多人加入到太平天国来。当时太平军只有五、六千人,天地会加入的人数比较它全部人数多了约十倍。太平军在广西全州蓑衣渡受了大损失,入湖南永州境后,由于得到天地会的纷纷加入,实力得到补充,并且扩大,一入道州,势遂复振。这是太平天国军事发展上有决定性的大事。到了太平天国定都天京后,留在湖南、广西、广东的天地会就纷纷响应太平天国,而太平天国也派出干部来策动他们,联络他们。上海小刀会(天地会的支派)刘丽川起义以前,太平天国就先派有干部李闻风在上海做联络,到天京接到刘丽川起义消息后,东王杨秀清就下檄李闻风希望刘丽川"率众来归"。而镇守镇江大将罗大纲又在仪征各码头制造皮逢小船六百只,有冲清军水营直下上海接应刘丽川的计划。后来刘丽川这一支起义军失败了,领导者大半牺牲了,其中有一个领导叫做潘起亮的,他打出重围,加入了太平天国。太平天国辛酉十一年克复宁波,建立海关,叫做天宁关,以潘起亮做监督。明年,太平军退出宁波,在浙江上虞、余姚一带大战的时候,潘起亮就去招集小刀会,预备入浙江与戴王黄呈忠共同反攻宁波。天地会加入太平天国在军事上有决定性意义的,还有太平天国乙荣五年冬天,广东天地会在江西加入翼王石达开部下那一次。当时太平天国由于靠了这一批天地会新力量的加入,就把曾国藩紧困在南昌,并且得有余力分兵回来打垮了围困天京三年之久的清朝江南大营,把太平天国前期的军事力量发展到最高峰。这一批加入石达开部下的广东天地会，后来到太平天国甲子十四年天京失陷后，他们就同太平军转战江西、福建一直打回到广东去。在太平天国壬戌十二年的秋天，还有一次在那一个曾做海盗后来投降清朝布兴有部下的广东天地会，在浙江余姚起义加入太平天国把洋枪队统领美国侵略分子华尔（F. T. Ward）打死的大事件。以上所列举的种种事实，是充分地证明太平天国自始至终都是在主动地争取天地会的加入，以及天地会在太平天国全部革命运动中所发生的作用的种种真实情况，完全没有如同有些人所说自从洪大全被俘后，太平天国就从此排斥天地会，拒绝天地会的参加那一回事。

根据上面从天地会的历史和太平天国与天地会的关系史实全面去考察洪大全问题，考察出了天地会制度根本不会产生一个代表全会势力的人物。当太平天国金田起义永安作战的时期，天地会并没有一个代表全会势力的人物，在太平天国领导集团里面也没有一个代表天地会全会势力的人物参加，而在全部太平天国与天地会关系史上，太平天国始终都是主动争取天地会加入的历史，完全没有如同有些人所说自洪大全被俘后太平天国就排斥天地会，拒绝天地会参加的事。这样，就否定了论者所说洪大全在太平天国的重要地位，和在太平天国革命运动中的重要作用。

四　捏造的洪大全供和伪造的洪大全上咸丰表

甲　三篇虚假文件的原文

洪大全被俘后，在广西永安州时有一篇钦差大臣赛尚阿上奏的《洪大泉供》，行经河南信阳州时，又有一封由押解人员丁守存等交刑部上奏的《洪大泉上咸丰表》，到抵北京解交刑部后，又再有一篇由军机大臣与刑部会审洪大全后会奏洪大全的供辞。这一封所谓《洪大泉上咸丰表》根本是伪造的，赛尚阿所奏的《洪大泉供》和军机大臣与刑部的会奏洪大全的供辞也是捏造的。兹将这三篇虚假文件的原文先著录于下：

〔一〕永安洪大全供

《洪大泉供》见清咸丰二年钦差大臣赛尚阿奏折附单，三月十七日朱批："即有旨，钦此。"原件存故宫博物院。其全文如下：

据洪大泉供：我是湖南衡州府衡山县人，年三十岁。父母俱故，并无弟兄妻子。自幼读书作文，屡次应试，考官不识我文字，屈我的才，就当和尚，还俗后，又考过一次，仍未取进。我心中忿恨，遂饱看兵书，欲图大事。天下地图都在我掌中。当和尚时，在原籍隐居，兵书看得不少，古来战阵兵法，也都留心。三代以下，惟佩服诸葛孔明用兵之法，就想一朝得志，趋步孔明用兵，自谓得天下如反掌。数年前游方到广东，遂与花县人洪秀泉、冯云山认识。洪秀泉与我不是同宗，他与冯云山皆知文墨，屡试不售，也有大志。先曾来往广东、广西，结拜无赖等辈，设立天地会名目。冯云山在广西拜会也有好几年，凡拜会的人，总诱他同心合力，誓共生死。后来愈聚愈多，恐怕人心不固，洪秀泉学有妖术，能与鬼说话，遂同冯云山编出天父、天兄及耶稣等项名目，称为天兄降凡，诸事问天父，就知趋向，生时就为坐小天堂，就被人杀死，也是坐大天堂，藉此煽惑会内之人，故此入会者固结不解。这是数年前的作用，我尽知的。我是道光三十年十二月间，等他们势子已大，我才来广西会洪秀泉的。那时，他们又勾结了平南县监生韦正（即韦昌辉），广东人萧潮溃，杨秀清等，到处造反，抢掠财物，抗官打仗。拜会的人，有身家田产，妻室儿女，都许多从他，遂得钱财用度，招兵买马，胆智越大。又将会名改为上帝会。我来到广西，洪秀泉就叫为贤弟，尊我为天德王，一切用兵之法，请教于我。他自称为太平王，杨秀清为左辅正军师东王，萧潮溃为右弼又正军师西王，冯云山为前导副军师南王，韦正（即韦昌辉）为后护又副军师北王。又设立丞相名目，如石达开称为天官丞相右翼王，秦日昌称为地官丞相左翼公。又封胡以洸、赖汉英、曾四为侍卫将军，朱锡琨为监军，又有曾玉秀为前部正先锋，罗大刚（即罗亚旺）为前部副先锋。此外又有旅帅卒长等名目，姓名记忆不清。旅帅每人管五百人，卒人每人管百人或数十人不等，打仗退后即斩，旅长卒长都要重责，打胜的升赏。历次被官兵打死者亦不少。我叫洪秀泉为大哥，其余所有手下的人，皆称我同洪秀泉为万岁。我叫冯云山等皆呼名字。去年闰八月初一日攻破永安州城，先是韦正同各将军先锋旅帅带人去打仗，杀死官兵。我同洪秀泉于初七日才坐轿进城的，止有我两人住在州衙门正屋，称为朝门，其余的人皆不得在里头住的。历次打仗，有时洪秀泉出主意，多有请教我的。我心内不以洪秀泉为是，常说这区区一点地方，不算什么，那有许多称王的？且他仗妖术惑人，那能成得大事。我暗地存心，藉他猖獗势子，将来地方得多了，我就成我的大事。他眼前不疑心我，因我不以王位自居，都叫人不必称我万岁，我自居先生之位，其实我的志愿，安邦定土，比他高多了。他的妖术行为，古来从无成事的。且洪秀泉耽于女色，有三十六个女人，我要听其自败，那时就是我的天下了。那东王杨秀清统掌兵权，一切调遣，是交给他管。那韦正督军打仗，善能合战，是他最勇，常说他带一千人，就有一万官兵也不怕。在永安州这几个月，城内就称为天朝，诸臣随时奏事。编有历书，是杨秀清造的，不用闰法，我甚不以为然。近因四路接济不通，米粮火药也不足用。官兵围攻，天天大炮打进城内，衙门房屋及外间各处都被炮子打烂，不能安居。因想起从前广东会内的人不少，梧州会内的人也不少，就起心窜逃。二月十六日，是我们的历书三月初一的日子，发令逃走。是分三起走的，头起于二更时韦正带二千多人先行。二起是三更时候，杨秀清、冯云山等共约五、六千人拥护洪秀泉带同他的妇女三十多人，轿马都有。第三起是我同萧潮溃带有一千多人，五更时走的。我离洪秀泉相去十里路远，就被官兵追上。萧潮溃不听我令，致被打败，杀死千余人，将我拿住了。我们原想由古东去昭平、梧州，逃上广东的。出城时各人带有几天的干粮，如今想是各处抢掠，才有用的吃的了。那晚走的时候，东炮台火起，是烧的住屋，都是众兄弟主意，在城外着火，城内便好冲出。至我本姓，实不是姓洪，因与洪秀泉认为弟兄，就改为洪大泉的。洪秀泉穿的是黄绸衣黄风帽，那东、西、南、北王戴的是黄镶边红风帽，其余丞相、将军、军帅、军长等，每逢打仗，都穿的黄战裙，执的是黄旗。我在州衙门，也有黄袍黄风帽，因我不自居王位，又不坐朝，故不穿戴的。所供是实。

〔二〕信阳州洪大全上咸丰表

《洪大全上咸丰表》，见故宫博物院《剿捕档》内。南京图书馆藏钞本《粤逆纪略》也录有此文，据最末一行录者注说："癸丑三月初五日由郑梅士署中板上钞来"，据此知当时曾刻板传布。其全文如下：

罪臣洪大全跪奏，为陈情破贼事，圣主陛下：罪臣生在岭南，长在湖南，自九岁温习经史，日诵万言，至十二岁已学成文武才具，始应童试，满拟指顾鸣珂，内为国家陈治安之策，外为边疆展御侮之能。谁料命途多蹇，不为试官所容，自是之后，无岁不考，考辄无名，俗人以为耻，致臣陨命者数矣。伏闻圣主龙兴，每县增置生员，臣以为必预恩泽，奈复不为车顺轨所取。臣惭愤入寺为僧，长老待臣甚薄，臣不能堪。已而贼首太平王遣使以黄金三百两聘臣为军师，臣以为会匪必无能为，天命未改，国法犹在，因此往李星源营中效用，意图灭贼以立功名，奈李星源辱骂不肯收用。臣往山中自缢，遇贼将胡以晄见而解脱，引臣见太平王。贼深奇臣才，号臣为赛诸葛，封天德王，臣实不敢当。奈贼势方张，不容不受，感其恩遇，为之尽力，屡败官兵。及贼据永安州，多行无礼，臣常以疏谏之曰："弟观兄所为，大类秦政、屈丐。秦政自谓功德高三皇五帝，而兄鄙羲、农而非尧、舜；秦政以十月为岁首，而兄灭闰月；秦政杀降王，而兄杀降兵；秦政掘孔墓，而兄鞭挞遗像；秦政烧书，而兄以经史置污秽中。屈丐蒸土为城，而兄筑重城以自固；屈丐号其城门曰招魏、朝宋、服凉、平朔，而兄欲吞九州万国。观兄所为，狂悖之至也。"贼由是不悦。贼僭号改元，不许群下剃发，多杀无辜，伪立三十六官。臣又谏之曰："昔袁术在淮南，董昌在浙西，皆连城数十，妄自尊大，不旋踵而亡。今兄据手掌之地，崇虚名而受实祸，非良策也。昔李文成蓄发，旋就灭亡，兄宜戒之。兄又高拱深宫，多掠子女以自娱，委事于庸儿，肆行凶虐，以刀锯鼎镬威左右，罪甚于高洋、闽、献，事将如何？"贼大怒，因此疏臣。有说臣者曰："昏主之下，难以久居，不赏之功，奸邪侧目。今军师威名日著，不如潜兵入宫，杀太平王而代之，不然，后将噬脐。"臣叹曰："我昔为试官所不容，屡濒于死；复受李星源之辱，解带自缢。幸遇

太平王，脱贫贱而致富贵，言听计从。夫人深亲信我，我图
之不祥。彼纵负我，我实不忍负彼。"贼多杀降兵，妄称天
父、天兄以愚众人，独臣以为不可，斥之曰："祸莫大于杀已
降，白起、项羽、李广可鉴也。兄不能以才武制群下，而专
用妖言，张角、孙恩、吕用之、徐鸿儒何足法哉。开辟以来，
未闻以妖术成功者，宜急改之。"贼滋不悦。俄而杨秀清说太
平王曰："君自谓谦恭下士，宽仁得众，人乐为之死，孰与赛
诸葛?"太平王曰："皆不如也。"萧潮溃曰："既知不如，何
不早图之，不然，必为后患。"太平王曰："我方倚之以平荡
中原，今大功未就，而先戮智计之士，恐失群下之望。"遂不
许。已而密谓臣曰："弟有兵书，何故不肯授我?"臣对曰：
"弟有此书，能利人亦能害人，故不敢妄以相授耳。"太平王
曰："弟每战辄身先士卒，一旦陨命，谁可以代弟者?"臣曰：
"观诸将刚而自矜，酷而无谋，皆不足以代弟之任也。"太平
王曰："既如此，我当学弟之兵书，与弟同享富贵，不然将斩
弟。"臣曰："兄如用我，当为兄画策，如不用我，我必不能
见笑于孙膑、李靖也。生杀惟命，兵书不可得也。"至十二月
二十六日，赛中堂进围永安州，臣又献奇计，贼不能用。臣
愤曰："鼠子不足与谋，我死无日矣!"遂私自夜遁，欲往峨
嵋山修行，为贼追兵所获，锁入空室，严兵防护，臣屡次求
死，皆不许。杨秀清曰："不如杀之以警诸将。"太平王曰：
"昔齐杀斛律光而国亡，梁杀刘郭而国亡，唐杀林仁肇而国
亡，今战争方始，安可先戮良将乎?"爰暨今年，贼势日蹙，
臣终不为之设一谋，但曰："有尔天父、天兄在，我安用哉!"
贼忌臣益深，而终不肯杀臣者，欲得臣兵书故也。至二月十
六日，贼挈家眷夜走昭平，将臣手用大锁缚住，更用大链锁
臣颈，防卫周密，被臣略施小计，暗遁深谷，贼四面追寻皆

不见，大惊曰："彼殆投官军去矣，将若何！"已而太平王闻臣走，将监押官尽斩之，传令有能获臣者，即封为天德王。臣隐在谷中，备闻其语。贼徒既不见臣，震恐丧魄，以故官兵追及，贼不能御，是日盖二月十八日正午时也。贼自造反数年，未有此败。臣自谷中出降官军，官军数苦臣，争欲杀臣，独全玉贵以为不可，生缚臣以献诸将军。臣乃说诸将军曰："贼携妻孥同走，各顾其家，更兼连日饥疲，心忙足肿，今复遭此败，贼徒丧胆，莫有斗志，此天亡之时，不可失也。且贼首尽聚于此，若官兵乘胜急追，彼智不及谋，勇不及怒，一鼓可尽歼也。今若缓之，彼得简兵成备，以御官军，则难制矣。"而诸将军以臣新降，不知心腹，遂按兵不动，失此机会，六州铁不能铸此错矣。臣窃笑诸将之无能也。至次日辰时交战，贼出兵才千余人，而官兵十倍，前锋稍却，大众悉溃。臣又谓诸将军曰："贼虽小胜，然数日饥劳，必不能穷追，况我兵甚众，若能与之力战，可以反败为胜。况据此险山，两面合击，今若遁逃，路狭人多，自相践踏，必大挫衄，此自弱也。"诸将又不能从，争先逃命，踹死无数，臣亦几被踹死者数矣。赖全玉贵、张金燦竭力扶臣，幸保残生。至十九日，引见赛中堂，中堂以礼相待，臣为写书离间贼党，奈无送书之人，将箭射去。二十日，赛中堂复以礼送臣进京。臣视死如归，并无惧怯，乃两手头颈皆被锁伤，而足腹背皆被踹伤，昼夜恸楚，所以不即自裁者，盖欲上为国家平淫虐之贼，下为生民解倒悬之苦，兼欲报数月锁缚之大仇也。臣在贼中立功不少，出战未尝败北，贼不能赏，反忌臣才，臣深恨之。倘生不能剪此贼，死当为厉鬼以灭贼也。臣观会匪盈天下，而湖南、福建、两粤尤多，若不早除，必将蜂起。臣本欲言天下大计，奈恐触众官之怒。昔宗泽上表数十，皆为黄潜善所匿；脱脱击破张士诚，哈麻反以败闻；况臣疏远，兼负重罪，纵有奇谋良策，安能上达圣聪耶？人之将死，愿竭愚忠。天下之所以未安者，文官贪酷而无能，武官庸懦而怯死耳。陛下欲保民，而官府淫刑以逞；陛下欲求才，而官府疾才如仇；大河以北，臣不能知，大江以南，臣略知之矣。以故贼得因以为资，摇动南服。贼之初起，本无他长，因疾试官之不公，县令之贪暴，遂构逆谋。臣窃观贼中文学之士，其才皆过于翰林进士，而曾不得一名，是以甘心为贼所用也。贼兵不过万人，馀党皆分据远方，未能猝聚，而官兵以数省之兵讨之，三年不能克，诸将之无能，亦可知矣。臣在乌都统营中二日，细察士卒亦多精锐，所以不能制贼者，将不得其人也。贼以区区之众，当天下万分之一，鏖战三年，杀伤无数，非贼之强，贼之人材过于官军也。然贼之所恃者惟臣，臣既归降，贼亦无能为矣。臣在贼中秘谋颇多，贼按臣旧法，犹可以延数月之命。今为目下平贼之计，勒试官不得卖秀才举人，豪右不得欺凌贫民。下赦书于南国，使会匪悉焚其妖书，各安生业，一无所问，剪其羽党，使贼无以为资。令贼首自相捕斩者，即除其罪，此一策也。令诸将简精兵为前列，优以重赏，约日齐奋，有进无退，胜则疾追，此一策也。分守险要，制其入湖南、广东之路，巡逻必严，探候必谨，使贼不能越险而过，粮尽援绝，势将自溃，此一策也。行此三策，而贼犹不能扑灭，则非臣亲行不可。愿陛下缓臣旦夕之诛，臣请以尺组系太平王之颈，致之阙下，报臣前日之仇，万死无恨。若必戮臣以快贼心，臣亦愿面见圣容，陈国家大计，用兵秘谋，使臣流名于后世，菹醢之戮，其甘如饴矣。愿陛下如殿试之制，面试臣才，看臣筹略何如。陛下倘能用臣计，屠此小丑如反掌耳。贼闻臣来，必不敢以锋刃相拒，就其逆命，设奇破之容易矣。赛中堂虚怀引士，臣在贼中亦知其忠良，今又蒙其礼款，遣参将苏斌领兵二十名护送，昼夜监守，颇能用心。又臣多上书于联芳、丁守存，亦蒙优礼相待，此皆国之忠臣，伏惟陛下详察。臣不胜惶恐待罪之至，谨拜表以闻。兹因手怵，书法不佳，在信阳州力疾手书，临表瞻望，不知所云。

咸丰二年三月二十四日辰时谨写，身抱重病，不曾起稿，死罪。

〔三〕军机大臣刑部会奏所述的洪大全供

清朝军机大臣刑部奉旨会审洪大全后会奏洪大全的口供，见故宫博物院清朝《剿捕档》，《剿平粤匪方略》卷十二也有著录，惟略加删节。兹照《剿捕档》著录。这封会奏由大学士军机大臣祁寯藻领衔先说明洪大全解到京后奉旨会审的经过，然后叙述洪大全的口供及按律定罪缘由说：

缘洪大泉籍隶广东南海县，自幼跟胞叔洪云秀在湖南衡阳县读书应试，并未入学，旋在衡山白云寺披剃为僧，阅看兵书，潜蓄异志。咸丰元年二月间，洪大泉前往广东一带地方闲荡，与洪秀泉伙党胡以晄会遇，胡以晄引至贼营与洪秀泉见面，彼此投契，结拜弟兄。维时洪秀泉伙党有冯云山、韦正（即韦昌辉）、萧潮溃、杨秀清、石达开、秦日昌、赖汉英、曾四、朱锡琨、曾玉秀、罗大纲（即罗亚旺）并胡以晄等，藉添弟会名目裹胁贼匪，到处抢掠财物，屡与官兵打仗，俱系洪大泉主谋。洪大泉又自领贼匪与官兵打仗三次。洪秀泉僭称为伪太平王，封洪大泉为天德王、冯云山等俱受伪封。闰八月初一日，逆伙韦正等攻破永安州城，与官兵抗拒，后因四路接济不通，官兵围攻甚急，起意窜逃。本年二月十六日烧毁民房，乘便冲出。韦正等拥护洪秀泉带领贼匪五千余人，与洪大泉一并逃窜。十八日。走至郁丛山地方，被官兵追击，经尽先守备全玉贵将洪大泉拿获。解至军营讯供，该大臣奏奉谕旨派员押解来京，交臣等会同严审，据供前情不讳，应即拟结。查律载谋反大逆，不分首从，凌迟处死等语。此案洪大泉投入洪秀泉贼营，代为谋主，抗拒官兵，攻破永安州城，复受伪封，实属罪大恶极。……合依谋反大逆、不分首从、凌迟处死律，凌迟处死，枭首示众。该匪亲属，据供止有胞叔洪云秀在衡阳县居住，应令湖广总督、湖南巡抚一体严缉，务获究办。

乙　三篇文件的对勘

我们先将这三篇虚假的文件加以对勘，列对照表于下：

	赛尚阿上奏的《洪大泉供》	《洪大泉上咸丰表》	军机大臣刑部会奏
姓名	"我的本姓实不是姓洪，因与洪秀泉认为兄弟就改为洪大泉的。"	"罪臣洪大泉跪奏。"	"自幼跟胞叔洪云秀"，又说："该犯亲属，据供止有胞叔洪云秀在衡阳县居住。"
籍贯	"我是湖南衡州府衡山县人，……当和尚时，在原籍隐居，……数年前游方到广东。"	"臣生在岭南，长在湖南。"	"籍隶广东南海县，自幼跟胞叔洪云秀在湖南衡阳县读书应试。"

续表

	赛尚阿上奏的 《洪大泉供》	《洪大泉上咸丰表》	军机大臣刑部会奏
参加革命	"数年前游方到广东，遂与花县人洪秀泉、冯云山认识。"又说："我是道光三十年十二月间，等他们的势力已大，我才来广西会洪秀泉的。"	"贼首太平王遣使以黄金三百两聘臣为军师，臣以为会匪必无能为，天命未改，国法犹在，因此往李星源营中效用，意图灭贼以立功名，奈李星源辱骂，不肯收用，臣往山中自缢，遇贼将胡以晄见而解脱，引臣见太平王。"	"咸丰元年二月间，洪大泉前往广东一带地方闲荡，与洪秀泉伙党胡以晄会遇，胡以晄引至贼营与洪秀泉见面，彼此投契，结拜弟兄。"
封号	"我来到广西，洪秀泉就叫为贤弟，尊我为天德王。"	"贼深奇臣才，号臣为赛诸葛，封天德王，臣实不敢当。"	"洪秀泉僭称为伪太平王，封洪大泉为天德王。"

　　根据上面从姓名、籍贯、参加革命、封号四方面对勘的结果，看出军机大臣刑部会奏所叙述的《洪大泉供》是和《洪大泉上咸丰表》相同，而和赛尚阿在广西上奏的永安《洪大泉供》不同。在姓名方面，永安《洪大泉供》明说他的本姓实不是姓"洪"，因为与洪秀全认为兄弟，才改为洪大全的。而《上咸丰表》却自称"罪臣洪大泉"，会奏还特别记明抚养他长大的胞叔就是姓洪的洪云秀了！这是第一点不同。在籍贯方面，永安《洪大泉供》明说他是湖南衡州府衡山县人，所以说在湖南做和尚时是"在原籍隐居"，到广东去说是"游方到广东"，词意很明白。而《上咸丰表》却说"生在岭南，长在湖南"，会奏说得更详细，说他是广东南海县人，自幼跟随胞叔洪云秀到湖南衡阳县去。这是第二点不同。在参加革命方面，永安《洪大泉供》明说是几年前游方到广东，

便与洪秀全、冯云山认识，到道光三十年（1850年）十二月间，就到广西参加起义。而《上咸丰表》却说是先拒绝洪秀全的聘请，到清朝钦差大臣李星沅军营投效，因受李星沅辱骂，到山中自缢，遇太平天国将领胡以晄解救，引见洪秀全，会奏也说他在咸丰元年（1851年）二月间，前往广东一带地方闲荡，与洪秀全党人胡以晄会遇，由胡以晄引他去见洪秀全。会奏只把先拒绝洪秀全聘及投效李星沅军营两层删去，其余所记基本上是与《上咸丰表》相同的。在这一方面，《上咸丰表》和会奏跟永安《洪大泉供》不同之处有二：第一，永安《洪大泉供》说与洪秀全的认识是直接的结合，而《上咸丰表》和会奏却说是由胡以晄居间介绍；第二，永安《洪大泉供》说与洪秀全的认识始于起义前几年，到道光三十年十二月，即金田起义的时候便来参加，而《上咸丰表》和会奏却说明始于咸丰元年二月间，即李星沅做钦差大臣在广西督师的时候。这是第三点不同的地方。在封号方面，永安《洪大泉供》说是"尊我为天德王"，而《上咸丰表》和会奏却说是封为天德王。"尊"的意义与"封"不同，尊是对上说的，洪秀全尊崇洪大全为天德王，即使不是把他崇奉在自己的上面，至少也不会把他屈居在己之下；封是对下说的，洪大全受了洪秀全所封，那末他便只不过是洪秀全的下属罢了。这是第四点不同的地方。

我们从对勘中看出以上这四点的不同，这里面就提出了一个问题，就是：《上咸丰表》和会奏为什么跟永安《洪大泉供》有此不同呢？

就当时有关情况联系起来看，《上咸丰表》和会奏的四项记载是比永安《洪大泉供》合理得多的。在姓名上说，永安《洪大泉供》自述本姓实不是姓"洪"，因与洪秀全认为兄弟才改为洪大全。但是，与洪秀全认为兄弟的有杨秀清、冯云山、韦昌辉、石达开，他们都不曾改姓"洪"，何以洪大全独要改姓？这是一点破绽的地方。《上咸丰表》和会奏所记便没有这一点破绽，会奏并且增添一个胞叔洪云秀出来使人对洪大全的姓氏不致引起疑窦。在籍贯上说，永安《洪大泉供》自述是湖南衡州府衡山县人，据《李秀成自述原稿》说太平天国起义领导人物是天王洪秀全、东王杨秀清、西王萧朝贵、南王冯云山、北王韦昌辉、翼王石达开、天官丞相秦日昌（即秦日纲）七人。案洪秀全、冯云山是广东花县人，杨秀清、韦昌辉是广西桂平人，萧朝贵是广西武宣人，石达开、秦日纲是广西贵县人，他们都是两广人。在一群两广领导集团中，插入一个湖南人，是有点突兀的。所以咸丰便有"洪大泉籍隶衡州，系从贼伙党，原非首要"的论断。《上咸丰表》自述说"生在岭南，长在湖南"，会奏说籍隶广东南海县，自幼跟随胞叔洪云秀到湖南衡阳县去读书，这样，把湖南人的洪大全改为广东人，把洪大全与洪秀全有了一层同乡的联系，就使人觉得他们的结合自然的多了。在参加革命说，永安《洪大泉供》自述是在起义前几年便与洪秀全、冯云山认识，到道光三十年十二月金田起义时就来广西会合，按在永安突围前，清朝广西督师将帅访查太平天国领袖姓名的奏报都没有洪大全其人，何以在敌张军覆之后，乃忽然有被称为太平天国谋主洪大全者以生擒献俘报闻？这是最启人疑窦的地方。当时给事中陈坛就拿着这一条根据向清廷提出"洪大泉不过供贼驱策，并非著名渠魁"，不值献俘的奏请。《上咸丰表》和会奏所记便把与洪秀全结合的时间缩短，从起义前几年的认识退后到起义后两月，从道光三十年十二月的来会改到咸丰元年二月始加入。这虽然还不能弥缝这一破绽，但已经比较永安《洪大泉供》略胜一点儿了。因为咸丰元年二月二十一日，洪秀全已在武宣东乡称天王，闰八月初一日即攻克永安，如果要说洪大全是太平天国谋主的话，那末，洪大全的参加革命至迟不得后于这一年的二月。所以《上咸丰表》和会奏记洪大全参加革命日期虽仅后于永安《洪大全供》所记来会的日期不过两个月，但已经退后到了最后的限度。在封号说，永安《洪大泉供》说洪秀全尊他为天德王，在以前的奏报中并没有洪秀全崇奉他人或与他人并肩称尊的报告，这一点当然又是启人疑心的地方，所以《上咸丰表》和会奏便改"尊"为"封"，使洪大全作为洪秀全的下属，受洪秀全所封，那便不致于使人触目就起疑心了。这四处不同的地方，《上咸丰表》和会奏处处都比永安《洪大泉供》是比较近情理的。

我们检查出了这一种具体情况，从这一种具体情况去了解所以不同的意义，不是如同荣孟源先生所说是"洪大全不会随便暴露出真名实姓与籍贯，以便敌人去残害同族和乡里"，因为从这三篇文件的时间先后来看，洪大全最初在广西永安州的口供并没有暴露出真姓名和籍贯，而到了被献俘行经河南信阳州写《上咸丰表》时，和后来到北京解交刑部受审时，却暴露出了洪云秀现居住地湖南衡阳。洪大全不是掩饰，而是一次比一次暴露得更多。荣先生论一个革命者不会随便暴露出真名实姓与籍贯，使敌人得去残害同族和乡里，他确是掌握着"阶级分析的方法"的。可是辩证唯物主义、历史唯物主义的方法，是从具体情况出发的，并不是从"想当然"出发的。荣先生没有把洪大全文件不同的内容与发生的时间先后看清楚，就贸然加以论断，所以便不免陷于错误了。关于对勘出来的参加革命时间的所以不同的意义，也不是如同荣孟源先生所说是由于"洪大全戏弄敌人"，因为我们从洪大全文件，特别是这一篇出自清朝统治者之手全部伪造的所谓洪大全《上咸丰表》（考证详见下节）看来，彻头彻尾都是诋毁革命、向清皇朝叩头乞怜的语句，连一丝一毫戏弄敌人的气味都没有，这正是这几篇伪文件最显著的特色，原文件著录在上面，大家都已经看见，可知荣先生的论断不是从具体情况出发，所以也错误了。其实，这一种具体情况显示出的真正意义，乃是伪造的《上咸丰表》和军机大臣刑部会奏对赛尚阿上奏的永安《洪大泉供》有意的修改而成。也就是说：《洪大泉供》是捏造的，《上咸丰表》是伪造的，军机大臣刑部会奏洪大全的口供也是捏造的，但永安《洪大泉供》捏造在先，有许多不近情不近理不妥当的地方，所以后来又伪造《上咸丰表》来修正它，使人不致疑心，到了军机大臣刑部会审就根据伪造的《上咸丰表》进一步修正永安《洪大泉供》来定洪大全的罪状。这就是军机大臣刑部会奏所以与《上咸丰表》相同而与永安《洪大泉供》有不同的原因。

　　《上咸丰表》是赛尚阿的心腹幕僚在献俘行到半路时伪造的这点，我们在下节再提出证据讨论。现在，我们要问军机大臣刑部会审为什么也用《上咸丰表》来修正永安《洪大泉供》替赛尚阿弥缝掩饰呢？

　　我们上面已经说过，当时洪大全献俘事件的虚伪，不仅是在广西桂林亲见其事的人们都"人人嗤笑"，不仅是在桂林的官僚说是"献俘堪铺张"，不仅是朝臣根据以往的报告否定洪大全事实，说是"张皇装点"、"稍掩己过"的工具，而且，就是咸丰也说是"从贼伙党，原非首要之匪"。这样的一个虚伪的大事件，摆在当日军机大臣和刑部的面前交给他们处理，他们只有两条路子可走：一条是揭出永安《洪大全供》的虚伪，明正赛尚阿欺君之罪；另一条是替赛尚阿弥缝掩饰，把永安《洪大泉供》破绽的地方改正，然后把所谓洪大全其人明正典刑，以掩"天下之耳目"。就当时清皇朝内部的情势看来，先从赛尚阿与咸丰的关系来说，赛尚阿以首相督师，清皇朝认为好似"千金之弩，轻于一发"①一样，是一

———————————

　　①　见《曾文正公奏稿》卷一《敬陈圣德三端预防流弊疏》论咸丰命赛尚阿督师的话。

件万分不得已的事，他既是咸丰的亲信重臣，处境又这样的艰苦，所以咸丰虽明知洪大全献俘事件的虚伪，也不愿一旦因此案而加以不赦的欺君大罪。就是后来到了太平军入湖南，攻长沙，犯了贻误军机的死罪，不得不把他褫职速京治罪，但还使他一生得以富贵终身，更可知咸丰不愿因此案而明正其罪。再就赛尚阿与会审洪大全的军机大臣刑部等朝臣的关系来说，赛尚阿自道光二十一年（1841 年）在军机大臣上行走，久任军机大臣，咸丰元年（1851 年）又授文华殿大学士，为当朝首相①，同寅相护，原是乾、嘉后清皇朝的政治风气，当日承审的军机大臣和刑部尚书岂能独破积习奋然与赛尚阿为难，而况赛尚阿又是当朝首相，军机大臣刑部会审洪大全的首席大臣又是那一个眼看清皇朝就要没落而向天祷求速死的腐朽的老官僚祁寯藻②！所以他们一方窥承咸丰的意旨，一方为同寅回护，只有替赛尚阿掩饰弥缝一条路可走。

我们把永安《洪大泉供》、《上咸丰表》、军机大臣刑部会奏三篇文件来对勘，看出后两种与前一种有不同的地方，并且就当时各方面的具体情况联系看起来，知道所以有不同之故，是由于三篇文件都是捏造或伪造的，最初捏造的永安《洪大泉供》有了不近情不近理的破绽地方，启人疑心，所以后来伪造的《上咸丰表》和军机大臣刑部会奏就把那些不近情不近理有破绽的地方修正，使人不致疑心，我们还从赛尚阿与咸丰的关系上和与朝臣的关系及军机处的历史上，追寻出了当时奉旨会审洪大全的军机大臣和刑部所以来替赛尚阿掩饰弥缝的缘故。

---

① 据《清史列传》卷五十二《赛尚阿传》。

② 案军机大臣刑部会奏以祁寯藻领衔，故知他为会审洪大全的首席大臣。至祁寯藻祷天求速死事，见《祭弟文》手稿，请参看《太平天国史料考释集》内《祁寯藻祭弟文跋》。

丙　永安洪大全供考伪

上面三篇伪文件，永安《洪大泉供》是一篇详细的自述，至于信阳州《上咸丰表》的内容，以诋毁革命、向清皇朝叩头乞怜的话多，而自述个人历史的话少，军机大臣刑部会奏洪大全的口供也只有在按律定罪的叙述中作了简单的提要，所以我们要考证赛尚阿捏造的洪大全事件的虚伪应该以永安《洪大泉供》为主要的对象。

据赛尚阿上奏的《洪大泉供》的自述说，洪大全在金田起义前几年，就到广东与洪秀全、冯云山结识，他是洪、冯最早的一个革命同志，比杨秀清等还早，所以他对洪秀全领导的拜上帝会革命的秘密活动，是"尽知的"。到道光三十年十二月金田起义时，他就到广西来参加领导金田起义。洪秀全尊他为天德王，一切用兵之法，都请教于他。他叫洪秀全为大哥，其余所有手下的人都称他同洪秀全为万岁，他叫冯云山等都叫名字。攻克永安州之后，只有他与洪秀全两人住在朝门，其余的人都不住在里面。如果这篇供辞确是事实，以与洪秀全并称万岁在太平天国地位如此重要的洪大全，那末，他在这篇所谓《洪大泉供》的自述中，对所述的太平天国历史应该是很真确的，这样才符合于他个人在太平天国中的地位和历史。现在，我们要考证这篇供辞是真还是伪，就根据这一个认识去鉴定它。鉴定的结果，我们很清楚地看出了它里面与太平天国史实不符及违反太平天国教义的地方。在下面，可以举七条反证出来。

第一条是记叙立会的话　供辞述洪秀全立会的经过及拜会的手段道："数年前游方到广东，遂与花县人洪秀泉、冯云山认识。洪秀泉与我不是同宗。他与冯云山皆知文墨，屡试不售，也有大志。先曾来往广东、广西，结拜无赖等，设立天地会名目。冯云山在广西拜会也有好几年。凡拜会的人，总诱他同心合力，暂共生死。后来愈聚愈多，恐怕人心不固。洪秀全学有妖术，能与鬼说话。遂同冯云山编出天父、天兄及耶稣等项名目，称为天兄降凡，事问天父，就知趋向，生时就坐小天堂，就是被人杀死，也是坐大天堂，藉此煽惑会内之人。故此入会者固结不解。这是数年前的作用，我尽知的。我是道光三十年十二月间，等他们的势力已大，我才来广西会洪秀泉的。那时他们又勾结了平南县监生韦正（即韦昌辉），广东人萧潮溃、杨秀清等，到处造反，抢掠财物，抗官打仗。拜会的人，有身家田产，妻室儿女，都许多从他，遂得钱财用度，招兵买马，胆智越大。又将会改为上帝会。"这段话是明指天地会为洪秀全、冯云山所设立，认洪、冯的编造天父、天兄的说法为天地会拜会聚众的手段，而以洪秀全直到道光三十年（1850年）十二月金田起义后，势力大了，才将天地会改为上帝会（应作拜上帝）。考天地会的设立，据它的传说始自康熙十三年甲寅（1674年）[1]，它的活动见于正史的，乾隆五十一年（1786年）已有台湾林爽文起义之役，供辞指天地会为洪秀全、冯云山所创，这是第一个谬误的地方。天地会崇奉的神是五祖与万云龙，拜会的仪式是焚香拜把，歃血结盟[2]。供辞认洪秀全、冯云山那种假托天父、天兄降凡的拜上帝会宗教为天地会的拜会聚众的手段，这是第二个谬误的地方。洪秀全在道光二十三年（1843年）附会《劝世良言》自行洗礼，劝人拜上帝，明年与冯云山入广西宣传。据太平天国颁行的《太平天国》一书的记载，道光二十七年（1847年）的秋天，洪、冯两人已在桂平紫荆山制定宗教仪式、立十款天条以教育会众，和选择险固、钞送教义等等活动，所以拜上帝会的成立，至迟不得后于道光二十七年的秋

---

① 据《贵县修志局发现的天地会文件》，见我编的《天地会文献录》。

② 同上。

天。供辞说拜上帝会是洪秀全到道光三十年十二月后，势力大了，才把天地会名目改称来的，这是第三个谬误的地方。

第二条是记韦昌辉、萧朝贵、杨秀清三人籍贯的话　供辞说："那时他们又勾结了平南县监生韦正（即韦昌辉），广东人萧潮溃、杨秀清等，到处造反。"按"忠王李秀成自述原稿"说："东王杨秀清住在桂平县平隘山，在家种山烧炭为业，……西王萧朝贵是武宣县卢陆峒人氏，在家种田种山为业，……北王韦昌辉桂平县金田人氏，此人在家出入衙门办事，是监生出身"，1942 年冬天，我到金田调查，遇到一位旧住大冲村的老年人曾德周，他是当年那个聘请冯云山入紫荆山教书的曾玉珍的曾侄孙，他的高祖母杨氏又正是杨秀清之姊。他对我说杨秀清的里居道："杨秀清，平隘山新村傍东王冲人，新村是平隘山一小部分，入木山乡（瑶山）的路口。新村出即东王冲，那里离大冲八里路。东王冲从前本来没有名称，后来乡人因为纪念东王，所以叫他的故居做东王冲。"曾德周又说："萧朝贵在平隘山附近有祖墓。"他所说萧朝贵祖墓一节，与咸丰三年九月二十六日广西巡抚劳崇光奏桂平境内有萧朝贵远祖及其母萧盘氏墓的话相合[①]。我回到桂平城，在韦昌辉的胞侄韦以琳后裔韦绍勖家得到《韦氏族谱》，知韦氏迁居桂平金田村，到韦昌辉已经八代[②]。据我调查所得，与《李秀成自述原稿》互相印证，可知韦昌辉并不是平南县人，萧朝贵、杨秀清也都不是广东人。

第三条是记石达开、秦日昌、胡以晄、赖汉英、罗大纲这几个人封爵的话　供辞记道："又设立丞相名目，如石达开称为天官丞相右翼王，秦日昌称为地官丞相左翼公，又封胡以晄、赖汉英、

---

① 《剿平粤匪方略》卷六十二。

② 请参看拙著《金田采访记》，此文收在《太平天国史迹调查集》内。

曾四为侍卫将军，朱锡琨为监军。又有曾玉秀为前部正先锋，罗大刚（即罗亚旺）为前部副先锋。"这一段话，除了曾四、曾玉秀两人事迹无考①，朱锡琨的封爵不误（朱锡琨封爵供辞所记得不误者，系另有原因，考证详下节），赖汉英曾否任侍卫将军无文献可以确定外，而所记石达开、秦日昌、胡以晄、罗大纲四人的封爵都与太平天国史实不符。案《天命诏旨书》太平天国辛开元年（1851年）十月二十五日，洪秀全在永安所下的定称谓封诸王诏有道："今特褒封左辅正军师为东王，管治东方各国。褒封右弼又正军师为西王，管治西方各国。褒封前导副军师为南王，管治南方各国。褒封后护又副军师为北王，管治北方各国。又褒封达胞为翼王，羽翼天朝。以上所封各王，俱受东王节制。"此诏明说封石达开为翼王，与东、西、南、北王并列为王，而与西、南、北三王同受东王节制。其爵为王位，而不是丞相；其封号为"翼王"，而不是"右翼王"。《李秀成自述原稿》及张德坚《贼情汇纂》、谢炳《金陵癸甲纪事略》两书中的《石达开传》所记石达开的封号都同。供辞说："秦日昌称为地官丞相左翼公"，案秦日昌即秦日纲，《贼情汇纂》一书著录有秦日纲的门牌款式一纸，所书秦日纲职衔是"太平天朝天官正丞相秦日纲"②，《李秀成自述原稿》记秦日纲守永安时事写他的职衔也道："永安水斗军营是天官丞相秦日昌守把"，又考《贼情汇纂·秦日纲传》说："初封天官正丞相"，《金陵癸甲纪事略·秦日纲传》说："初授天官正丞相。"可见秦日纲在永安时，他最初的封爵是"天官正丞相"，而不是"地官丞相"；在天官正丞相之下，也没有"左翼公"这一个不伦不类

---

①　曾玉秀大约是清咸丰元年三月乙丑谕军机大臣所说的曾三秀，据该谕仅记曾三秀与洪秀全等宣传事，而未记及他的封爵。

②　《贼情汇纂》卷八《贼文告贼馆门牌印据船票牌》条。

的尾巴。供辞记胡以晄的封爵为侍卫将军，按《贼情汇纂·胡以晄传》前后的封爵道："初封春官正丞相，住江宁府署，加封护国侯，改封护天侯，旋封豫王"①。《李秀成自述原稿》所记胡以晄在太平天国克复南京前后的官爵也相同，李秀成在自述他最初参加太平军的话里说道："自粤西而至，我本为兵而来，前之内政，具（俱）不经我手。后至南京，破城之后，那时我已随春官丞相胡以晄理事。"据此知胡以晄初封即为春官丞相，因为胡以晄是太平天国起义的一个重要人物，地位与秦日纲相等，所以他的职位不须经历侍卫将军等较低级的官阶，我们是可以完全了解的。供辞又记罗大纲的职名为前部副先锋，按《贼情汇纂·罗大纲传》记他在克复南京前的封职道："初封左二军军帅。壬子四月，在全州升土一总制，管带中一军。十月，在岳州升金官正将军。十二月升殿左一指挥"②。据此可见罗大纲并不曾有过前部先锋的职名。再考同书《伪官制》所录太平天国职官表及"昔有今废伪官名目"条中都没有"前部副先锋"这个名目③。故供辞所记，不但与罗大纲封职不符，而且，也与太平天国官职不合。

　　第四条是自述天德王名号的话　供辞说："我来到广西，洪秀泉就叫为贤弟，尊我为天德王，一切用兵之法，请教于我。"案"天德王"这个名号，与太平天国宗教信条最是违背。太平天国辛开元年十月二十五日洪秀全在永安颁布的定称谓封诸王诏书有一段论称谓的言论道："天父上主皇上帝，无所不知，无所不能，无所不在，样样上，又无一人非其所生所养，才是上帝，才是天父，上主皇上帝而外，皆不得僭称上，僭称帝也。继自今，众兵将呼

---

①　《贼情汇纂》卷一《首逆事实》。
②　《贼情汇纂》卷二《剧贼事略上》。
③　《贼情汇纂》卷三。

朕为主则止，不宜称上，致冒犯天父也。天父是天圣父，天兄是救世圣主，天父、天兄才是圣也。继自今，众兵将呼朕为主则止，不宜称圣，致冒犯天父、天兄也。"此诏详论除天父而外，都不得称上称帝，除天父、天兄而外，不得称圣，故洪秀全自己只称王而不敢称帝，只称主而不敢称上称圣。又说命东、西、南、北、翼五王为王爷，乃是"姑从凡间歪例，据真道论，有些冒犯天父"。洪秀全对于他的宗教信条的遵奉是严厉到这个地步的。那末，洪大全是个什么人，反居然得此与天（即洪秀全宗教所认为万物主宰的天父）齐德的"天德王"的称号？有些人说"天德王"的名号，乃是洪秀全尊崇洪大全的，所谓"尊"，明不是被封，而"天德"二字，不必出之洪秀全的制作①。案此说也不对。考洪秀全曾有不得妄干名号诏，严谕天下人不得犯天父、天兄的名号，如有人敢犯天父、天兄名号的，论天法都该斩首不留。（请参看本节下条考证引文）洪秀全不但笃守他的宗教如此的严厉，而且，他还要以他的宗教以统一天下。那末，即使太平天国里面果真有一个属于另一个集团的所谓天德王洪大全这个人物来参加，太平天国也断不会用他原来自封的"天德王"称号来尊崇他的。而况做贼心虚，处处怕人看破，到了伪造《上咸丰表》和军机大臣刑部会奏时，就把"尊我为天德王"改为"封为天德王"，那些人又将如何去解释呢！这一条作伪，是伪供辞里面最大的一个破绽。

　　第五条是自述称洪秀全为大哥的话　供辞说："我叫洪秀全为大哥，其余所有手下的人，皆称我同洪秀全为万岁。"考"大哥"之称，为太平天国的厉禁，除天兄之外，有人敢称大哥者斩。《贼情汇纂》录有一篇天王洪秀全不得妄干名号诏道："天王诏曰，咨尔清胞，名份昭昭，诰谕兵士，遵命遵条。普天大下，皇帝独一，

---

　　① 萧一山：《太平天国诏谕·汉大明统兵大元帅黄告示跋》。

天父上主皇上帝是也。天父上主皇上帝而外有人称皇帝者，论天法该过云中雪也。天下大哥独一，天兄耶稣也。天兄耶稣而外，有人称大哥者，论天法该过云中雪也。继自今，诏明天下，以后犯者勿怪也。钦此"[1]　（按"云中雪"是太平天国称刀的隐语[2]。该过云中雪，就是该斩首的意思）。洪秀全尊耶稣为天兄，故严禁天下人称大哥，如有冒犯此禁条的，论天法该处以斩首的重刑。洪秀全自称是天父的第二子，耶稣的弟弟，所以那几个给洪秀全称为清胞、正胞、达胞的杨秀清、韦昌辉、石达开等，都叫洪秀全做"二兄"，而洪秀全自己也以"二兄"自居。张汝南《金陵省难纪略》说："洪贼称三伪王曰清胞、曰昌胞、曰达胞，伪王称之曰二兄"便是。太平天国颁行的《天父下凡诏书》中论袍服一节记洪秀全等对话道："天王诏曰，'前日胞等具本启奏，言现下天父赐得绸帛不甚过多，不知胞等袍服足用否？如不足用，尔二兄宫中袍服既足，发出些与胞等共穿也。'东王对曰：'小弟等既蒙天父及二兄鸿恩赐得亦有，不用发出也。'天王诏曰：'现今尔二兄之袍服既足，不用缝也。'北王启奏曰：'二兄为天下万国真主，富有四海，袍服虽足，亦要时时缝来。'东王启奏曰：'求二兄赦小弟之罪，容小弟直言启奏。袍是不足方要多，若云既足，缓些再缝，方见二兄节用爱人之德。正弟又何启奏要时时缝也？'天王赞曰：'清胞真是古之所谓骨鲠之臣，正胞尔虽是爱兄之心诚，终不若清胞直言无隐，更为可嘉也。自后在尔幼主之世，凡为臣者当如清胞今日之直言，方尽为臣之道也。'东王对曰：'小弟虽足为为臣者法，但后日幼主以后，亦要法我二兄海底之量，能受臣直谏，方尽为君之道也。自古以来，为君者常多恃其气性，不纳

---

[1]　《贼情汇纂》卷七《贼文告》。

[2]　《贼情汇纂》卷五《伪军制下·贼中军火器械隐语别名》。

臣谏，往往以得力之忠臣，一旦怒而误杀之，致使国政多乖，悔之晚矣。'天王赞曰：'清胞所奏，件件皆是金玉药石之论，事事皆是至情至理之言，洵为万世之典章也。前天兄耶稣奉天父上帝命降生犹太国，曾谕门徒曰，后日有劝慰师临世，尔兄观今日清胞所奏，及观胞所行为，前天兄所说劝慰师圣神风即是胞也'，东王对曰：'非弟能以药石进二兄，实二兄能从谏如流也。历代迄今，岂无直谏之臣，要其君之能纳不能纳耳。二兄欲以弟言为万世法，惟愿万世之主，自幼主始，皆如我二兄纳谏如流之英主，则千万世年受天之祐矣。'"又考《贼情汇纂》所载太平天国本章式中有杨秀清、韦昌辉、石达开上洪秀全的本章五种，其中行文有须称呼洪秀全之处的四种，也都称他为"二兄"[1]。在这一个小小的称谓里面，实含有太平天国宗教极大的教条。今供辞说"我叫洪秀泉为大哥"，这一个称谓，正冒犯太平天国最严厉的教条，是跟它的教义和法令绝不相容的。

第六条是记天历造历人的话　供辞记道："编有历书，是杨秀清造的，不用闰法，我甚不以为然。"考天历的创制，洪秀全在太平天国己未九年（1859 年）十月初七日所颁布的《改定天历诏》说是道光二十七年（1847 年）冯云山因革命活动被囚桂平县监狱时，由天启天使传给他。此诏所说"当前南王困桂平，见天启天使将天历畀南王看"的话，乃是太平天国宗教故神其说的惯例，实在是说太平天国天历乃冯云山被囚桂平县监狱时所创。案《贼情汇纂·冯云山传》记冯云山的才智道："粗知文义，为村塾师，兼通星卜，……一切伪教章程及行军号令皆云山与卢贤拔所订。"[2] 此传所记，可与《改定天历诏》互相参证。《贼情汇纂》而外，诸

---

① 《贼情汇纂》卷七《贼文告》。
② 《贼情汇纂》卷一《首逆事实》。

书所记都同以冯云山为太平天国典章制度的创制者。杨秀清是个种山烧炭的人，没有读过书，张汝南《金陵省难纪略》记杨秀清对给他读奏章的书手自述的话说："五岁丧父母，养于伯，失学不识字，兄弟莫笑，但缓读给我听，我自懂得。"我去金田调查，曾德周也对我说："杨秀清不识字。"[①] 我们知道杨秀清是一个卓越的领导者，但却不是一个创制典章制度的人。这种历理精微的历法，在太平天国人物中，只有那富于创制天才的、通星卜的冯云山方才能够创造出来的。今供辞说天历为杨秀清所创，我们稽考天王《改定天历诏》及有关文献与金田现存口碑知道是谬误的。

　　第七条是记天王在永安发令破围日子的话　供辞记道："近因四路接济不通，米粮火药也不足。官兵围攻，天天大炮打进城内。衙门房屋及外间各处都被炮子打烂，不能安居。因想起从前广东会内的人不少，梧州会内的人也不少，就起心窜逃。二月十六日，是我们的历书三月初一的日子，发令逃走。"考天王永安破围诏令收在《天命诏旨书》内，此书太平天国原刻本存法国巴黎东方图书馆。在这篇诏令之前，标明下诏的日子为"壬子二月三十日"，在日子下面，又注有"时在永安"四字。其全文如下"天王诏令通军男将女将，千祈遵天令，欢喜踊跃，坚耐威武，放胆诛妖，任那妖魔千万算，难走天父真手段，江山六日尚造成，各信訫[②]爷为好汉。高天差尔诛妖魔，天父天兄时看顾。男将女将尽持刀，现身着衣仅替换，同心放胆同杀妖，金宝包袱在所缓。脱尽凡情顶高天，金砖金屋光焕焕。高天享福极威风，最小最卑尽绸缎，男着龙袍女插花，各做忠臣劳马汗。钦此"。据此，知洪秀全在永安颁布破围诏令的日子乃在太平天国壬子二年二月三十日，而不

────────────

① 见我写的《金田采访记》。

② 案"訫"即"魂"，太平天国讳鬼字，故改"魂"为"訫"。

是三月初一日。或许有人以为洪秀全另有一篇三月初一日发的破围诏，这一个推测是没有根据的，历史事实证明它是错误的。第一，我们读上录破围诏所说："男将女将尽持刀，现身着衣仅替换，同心放胆同杀妖，金宝包袱在所缓"的话，知道洪秀全在永安所发的破围诏正是这一篇诏令。第二，据洪秀全在《天命诏旨书》卷端的声明，当时他所下的诏旨都收在此书内，假使三月初一日洪秀全另有一篇诏令的话，那就必定收在此书内。今此书内只有上录的壬子二年二月三十日发的破围诏，并且注明时地，可知当时发的破围诏，就只有这一篇。又考天历干支较夏历干支提早一日，这一年天历三月初一日丁酉相当于夏历二月十五日丙申，而不是相当于夏历二月十六日丁酉，供辞说"二月十六日，是我们的历书三月初一的日子"的话也是错的①。

以上七条考证，我们根据的史料共十二种：（一）《广西贵县修志局发现的天地会文件》，（二）《太平天日》，（三）《天命诏旨书》，（四）《天父下凡诏书》，（五）《天王改历诏》，（六）《李秀成自述原稿》，（七）咸丰三年清朝广西巡抚劳崇光的调查报告，（八）张德坚《贼情汇纂》，（九）张汝南《金陵省难纪略》，（十）谢炳《金陵癸甲纪事略》，（十一）《金田韦氏族谱》，（十二）我写的《金田采访记》。这十二种史料，《贵县修志局发现的天地会文件》是天地会文献，《太平天日》、《天命诏旨书》、《天父下凡诏书》、《天王改历诏》都是太平天国的文献。李秀成在克复永安前即参加革命，在永安破围前后，他是身经其役的人，所以《李秀成自述原稿》是一部可供我们考证的当时当事的太平天国人物的记载。咸丰三年清朝广西巡抚劳崇光的调查报告，是调查太平天国广西领袖籍贯及祖坟的调查报告。张德坚《贼情汇纂》是曾国

---

① 请参看我著的《天历考及天历与夏阳历历日对照表》一书考证。

藩特务机关根据战争中掳掠得的太平天国文件及奸细调查报告编纂而成的，所以它所著录做样式的太平天国诏旨、诰谕、本章、门牌等，都是根据原文件照式著录的，而所记太平天国人物的封职也都是根据掳掠得的太平天国文书记载的。张汝南、谢炳都在天京，所以张汝南《金陵省难纪略》、谢炳《金陵癸甲纪事略》两书是两部被称为详确的记载天京事迹的著作。《金田韦氏族谱》是韦昌辉侄儿韦以琳修的族谱。我的《金田采访记》是记录当年与冯云山、杨秀清有关系的人后代的口碑。这十二种史料，作为考证上面所列举的《洪大泉供》中的问题来说，都可以说是第一等史料。我们上面的考证，便是根据这十二种史料提出确证来的。案供辞全文不过一千四百多字，在这篇泛泛铺张的文件中，我们已经指出七条违反太平天国宗教信仰和太平天国史事不符的地方出来。据供辞自述，金田起事前，洪秀全等立会聚众的经过道："这是数年前的作用，我尽知的"，那末，如果真有洪大全其人其事，这篇供辞，不但不应有如此谬误，而且，应该比《李秀成自述原稿》所叙太平天国初期史事更为正确。因为李秀成他自己曾说过："自粤西而至，我本为兵而来，前之内政，具（俱）不经我手。"而《洪大泉供》却声称一切尽知。但是，我们比较两者所记同一时期的事迹，《李秀成自述》虽简略，但除记石达开、秦日纲两人籍贯一点有误外，尚未发现违背太平天国宗教和太平天国史事不符的地方。即以所记石达开、秦日纲两人籍贯一点来论，李秀成所以误记石、秦两人籍贯为桂平县白沙墟人，大概是因为他们或者是他们的部队在白沙墟起义，白沙墟是桂平、贵县交界的一个镇，石达开的家乡贵县奇石那帮村即与白沙为近邻，所以误认他们为白沙墟人。李秀成的错误是可以理解的。而上述《洪大泉供》所误的七点，都是与太平天国的史事和它的宗教信仰最关重要的地方，却竟然谬误如此，可见此供断不是一个所谓太平天国谋主与天王洪秀全并肩称万岁的"天德王洪大全"所供，是可以断定的。

但是，我们还得考虑一个问题，就是这一篇所谓《洪大泉供》是否赛尚阿把那一个俘虏苦打成招，锻炼成狱得来呢？考赛尚阿奏说："因远道解京，未便刑讯"[①]，办理洪大全献俘事件重要当事人赛尚阿幕僚明心道人撰的《发逆初记》叙审讯洪大全情况也说："坚不吐实，未便刑讯"。此俘虏既"坚不吐实"，又"未便刑讯"，那末，此洋洋千余言的供辞，可知不是由苦打成招，锻炼成狱得来，而实实在在是由赛尚阿捏造而来的。赛尚阿和他的幕僚明心道人已经不打自招出来了！

五　追究赛尚阿捏造人证的根据

上面我们从内容方面提出七条反证来证实《洪大泉供》是清朝钦差大臣赛尚阿捏造的假证据，所谓太平天国谋主天德王洪大全是赛尚阿捏造出来的假人物。现在，我们还要打破沙锅纹（问）到底去追赛尚阿捏造人（天德王洪大全）证（供辞）的根据出来。

本来，我们要考证赛尚阿捏造供辞的根据，原不是一件容易的事，还好在他作伪的方法虽巧，覆盖虽工，但仍然有蛛丝马迹可寻。据我考证，赛尚阿捏造供辞的根据，是从（一）掳获文件（二）俘虏供词（三）侦探消息等三项编造而成。赛尚阿在奏报访查洪秀全确称太平天国一折中，即奏明系从这三条路子去访查，他说道："金田逆匪自称太平天国，确有历次所获犯供及伪衣伪印可凭。其匪首确系太平王。惟该伪王究系韦政，抑系洪秀泉，供

---

① 赛尚阿此奏是清军机处档案，存故宫博物院文献馆，此处是据萧一山《天德王洪大全考》引文。（见《文史杂志》第三卷第七、八期）

词往往不一。臣等各路密发侦探，多有指为洪秀全者。"① 由此可见，赛尚阿侦查太平天国情况是以掳获文件，俘虏供词，并各路侦探消息为根据，他在这三方面平时已经积聚了许多材料，所以到了他后来捏造天德王洪大全供时，便得根据这些材料来做假。兹分述于下：

（一）掳获文件

据《清文宗实录》、《剿平粤匪方略》所载赛尚阿掳获太平天国文件有两次：一在咸丰元年（即太平天国辛开元年）八月进攻桂平县新墟的时候，《清文宗实录》记咸丰谕军机大臣述赛尚阿的奏章道："赛尚阿奏进剿新墟现在前后两路诸营逼进贼巢一折，并单开各路堵截零匪情形，及搜获逆书伪示各件。……伪军师杨秀青遍贴伪示，编造妖言，逼胁愚民，实堪痛恨。"② 一在咸丰二年（即太平天国壬子二年）正月二十八日，合围永安州的时候，《剿平粤匪方略》记赛尚阿奏道："昨于二十八日弁兵捡回逆书一本，居然妄改正朔，实属罪大恶极。臣惟有激励将帅，痛加剿洗，必克期鹩灭，以靖妖氛。"③ 这两处所录赛尚阿掳获太平天国文件的奏报与考证赛尚阿捏造供词最关重要。第一点是赛尚阿奏疏认"伪军师杨秀青遍贴伪示，编造妖言"，以太平天国的宗教典籍为杨秀清所编造，与供辞所谓"编有历书，是杨秀清造的"，先后致误如出一辙！第二点是使我们知道赛尚阿获有天历，所以得有根据来编造"二月十六日，是我们的历书三月初一的日子，发令逃走"的话。这一段话，上节已经考明与天历实际日序有一日之差。

---

①　《剿平粤匪方略》卷七。
②　《清文宗实录》卷四十。
③　《剿平粤匪方略》卷七。

此一日之差，正是证实赛尚阿确从夏历干支与天历干支对照而来的证据。因为赛尚阿不明天历干支较夏历干支提早一日，他误认天历的日序与夏历虽异，而两者干支的序次却是相同的，以干支对照即可推定天历与夏历对照的日子，故以为夏历二月十六日丁酉，即天历三月初一日丁酉，不知夏历二月十六日丁酉，已经是天历三月初二日戊戌，实在少算一日了[①]。假使赛尚阿不是先获得壬子二年天历书，他何从知道这一年天历干支以与夏历干支对照而致有此一日之差？唯有得到天历书，才能知道天历干支；唯有从干支对照才会有此一日之差。今考赛尚阿奏果然在永安破围大战半月前获到壬子二年天历书，这不但是一条证明赛尚阿确系根据捕获文件来编造供辞的铁证，也是一条证明这一篇《洪大泉供》乃是捏造的铁证。第三点是使我们知道赛尚阿获有太平天国颁行的书籍可据，赛尚阿称谓"逆书"，指为"妖言"。据辛开元年（1851年）十月二十九日的《天父下凡诏书》及《天命诏旨书》中自辛开元年三月十四日至十二月初三日那几篇天父、天兄的圣旨命令，都是永安破围前的诏旨，满纸都是天父下凡，天兄显圣这一类神迹权能的记载，故赛尚阿得了这类文件做根据，才能够编出："洪秀泉学有妖术，能与鬼说话，遂同冯云山编出天父、天兄及耶稣等项名目，称为天兄降凡，事问天父，就知趋向，生时就为坐小天堂，就是被人杀死，也是坐大天堂，藉此煽惑会内之人"的话。再据上引赛尚阿奏访查洪秀全称太平天国一折自称有"伪衣"可凭一节，可知赛尚阿并得太平天国的衣冠为根据。按太平天国的衣冠如红风帽、黄绸衣、黄风帽等都给赛尚阿捕得，咸丰元年闰八月赛尚阿奏道；"知州冯玉衡率勇冲贼后队，毙匪二

---

　　① 关于天历干支礼拜较夏历的干支、星期，及阳历的礼拜提早一天，请参看我著的《天历考及天历与夏阳历日对照表》一书。

百余名，贼尸内有戴红风帽黄衣一名，黄绸衣黄风帽贼妇一名"①。
所以赛尚阿便得据此来编造："洪秀泉穿的是黄绸衣黄风帽，那
东、西、南、北王戴的是黄镶边红风帽，其余丞相、将军、军帅、
卒长等，每逢打仗，都穿黄战裙，执的是黄旗"的话。至于"天
德王"的名号也是据自查获的天地会告示来捏造的。案"天德"
是天地会起义所用的名号，起自康熙年间②。到道光末，天地会在
广东、广西起义，仍用天德名号以为号召。1853 年（即太平天国
癸好三年，清咸丰三年）出版的法人卡勒与伊凡合著的《中国叛
党起源志》其中载有"奉天吊民伐罪明室世袭亲王朱的布告一通，
言奉天德旨悬赏购两广总督徐广缙首级，贴在广州北门，末署天
德二年六月二十五日。"据著者附注是 1850 年 7 月 13 日，但据该
书上文则 1850 年应为 1851 年之误。不过，无论其为 1850 年（即
太平天国纪元前一年，清道光三十年）或为 1851 年（即太平天国
辛开元年，清咸丰元年）那时候都在永安破围前。又考《粤匪杂
录》（北京图书馆藏本）内收有奉天承运太平天国总理军机大元帅
万大洪讨伐清朝布告一通，末署天德二年正月日示（伦敦不列颠
博物院藏万大洪布告钞本无年号）。同书又收有特授开国军师平满
统兵大元帅杨秀涛告士民谕，也署天德二年二月日示。可见在赛
尚阿捏造供辞之前，天德名号乃是各地起义的天地会用来号召群
众而为人所周知的名号。所以赛尚阿便根据这个名号捏造出一个
"天德王"加到"洪大全"的头上来。案自洪大全被俘后，天德布
告尚有发现，如咸丰二年四月十八日武昌发现署有天德年号的布
告③，又咸丰三年夏小刀会黄德美克复厦门，黄德美布告自称汉大

① 《剿平粤匪方略》卷七。
② 据《康熙东华录》卷八十三康熙四十八年正月丁酉刑部奏。
③ 据《钦定剿平粤匪方略》卷十三两湖总督程矞采奏。

明统兵大元帅，说奉大明天德皇帝旨征夏，署天德癸丑年四月二十六日①。如果洪大全确是天德王，那末洪大全被俘死难后，哪里还有一个天德皇帝？可知"天德"实在是当时各地天地会起义时用作号召的名号，而所谓"天德皇帝"乃天地会假托的最高领导，当时并不曾实有其人。赛尚阿乃以之加于"洪大全"头上，捏造一个"天德王洪大全"出来，我们即从上述这几篇现存的天德布告中便已经证明其为虚伪的了。

（二）俘虏供辞

《洪大泉供》据自俘虏供辞的有两处。《洪大泉供》说："去年闰八月初一日攻破永安州城，先是韦正同各将军先锋旅帅带人去打仗，杀死官兵。我同洪秀泉于初七日才坐轿进城的。"这里同洪秀全坐轿进城一节，就是根据半年前俘虏的供辞来捏造的。咸丰元年闰八月己酉，咸丰谕军机大臣等述赛尚阿的奏报道："赛尚阿奏官兵续获胜仗击毙窜匪多名一折，又片奏获胜情形。……再据单开获犯供词有太平王坐轿进城，大头人都在城内之语"②。半年前的俘虏供辞只说"太平王坐轿进城"，半年后赛尚阿捏造的《洪大泉供》便加多了一个"天德王"，造出"我同洪秀泉于初七日坐轿进城"的话，其根据之迹与作伪之点是显然可见的。又《洪大泉供》中叙述太平天国领导者及重要人物的姓名、籍贯、官爵地方，也是据自一篇俘虏供单，这篇供单，附在上面所说的万大洪讨伐满清布告之后，作为一种附件，标题"计开名目"四字，在标题之下，注明系长白清供出，说长白清"系湖南乡勇，被贼获去，见有膂力，赏银念两，派作奸细而来"。案《长白清供单》与

---

① 　原件藏伦敦不列颠博物院东方部。
② 　见《咸丰朝东华续录》卷十。

《万大洪布告》是两种独立的文件，何以《长白清供单》却作为《万大洪布告》的附件，其故颇难解释，此点可置不论。至《长白清供单》内也没有注明长白清在何时何地被俘讯供，所以要考证赛尚阿是否确系根据它来捏造人证，还应该先要解答下面三个问题：

（一）长白清在何时何地被捕？

（二）赛尚阿曾否得见《长白清供单》？

（三）是长白清被捕受审时根据《洪大泉供》来说呢？还是赛尚阿根据《长白清供单》来捏造《洪大泉供》呢？

关于第一个问题，先谈长白清在何时被捕。《长白清供单》中虽未注明长白清在何时被捕，但其中述有冯云山年貌、封爵可供我们考证它的时间。因为冯云山封王在清咸丰元年（即太平天国辛开元年）十月，冯云山战死广西全州是在清咸丰二年（即太平天国壬子二年）四月，《长白清供单》既述及冯云山封南王，那时候必在冯云山封王之后，又述及冯云山的年貌，我们知道，清朝统治者审讯俘虏要取得革命领导者年貌的目的，是为了妄想在战役中去俘获他们，那时候又应该在冯云山战死之前，约在咸丰二年正、二月间，即在太平天国永安破围赛尚阿捏造供辞之前被捕。至于长白清在何地被捕，我们据供单注文"湖南乡勇，被贼获去"的话看来，当时在广西起义的是太平天国，在永安作战的时候就有湖南乡勇参加清朝正规军抗拒太平天国[①]，可见此处清统治者所指为"贼"的当是太平天国。而清朝统治者捕获长白清之后，就向他审问太平天国领导者的年貌封爵，从供单的本身也就可以证明长白清当是从太平天国而来。太平天国俘虏了长白清，因为他归

---

① 当时参加清朝正规军在永安对太平天国作战的湖南乡勇，有文献可考的有乌兰泰部下的江忠源所募的湖南乡勇。

附了革命，就派他来清朝军营侦探敌情，所以长白清被捕的地点可能就在赛尚阿军营附近。第二个问题，是赛尚阿曾否得见《长白清供单》？我们的回答是肯定的，赛尚阿一定得见《长白清供单》的。因为长白清无论在何处被捕，而赛尚阿是钦差大臣，督师在广西抗拒太平天国，既然审讯出了长白清所说太平天国领导者的供单，就必定要把这篇供单飞递赛尚阿军营给他做抗拒太平天国的资料，清朝统治者对付革命军的这一种作法，曾经翻过清朝文书的人都知道的，所以赛尚阿得见《长白清供单》是可以肯定的。第三个问题是长白清被捕受审时根据《洪大泉供》来说呢？还是赛尚阿根据《长白清供单》来捏造《洪大泉供》呢？在回答这一个问题之前，我们要先加说明，就是《长白清供单》与《洪大泉供》所说太平天国领导者和重要人物的籍贯、封爵两者差不多是相同的，但大都是讹误的，这种情况，就只有不是长白清根据《洪大泉供》，就是赛尚阿根据《长白清供单》来捏造《洪大泉供》才会有。现在我们要问是谁根据谁呢？这已经转到常识的问题来了，据供单注明，长白清是一个初做乡勇后来被俘归附革命的人，他被捕受讯，他站得稳革命立场的就会信口开河去应付敌人，如果他站不稳革命立场的，也不过是把所知所闻告诉了敌人，不管怎样，他都无须根据《洪大泉供》———一个被作为献俘的革命首领的供辞翻版作为自己的口供的。而况，我们姑不论已考明长白清被捕在太平天国永安破围前，即使长白清被捕是在所谓"天德王洪大全"被俘以后的事，这一个"乡勇"，又何从得见由赛尚阿捏造的经赛尚阿奏报到清朝皇帝的《洪大泉供》？可知只有是赛尚阿根据《长白清供单》来捏造《洪大泉供》的了。

案《长白清供单》有两种钞本：一种是《粤匪杂录》钞本，一种是伦敦不列颠博物院钞本。《粤匪杂录》本全文如下：

計开名目（长白清供出，系湖南乡勇，被贼
　　　获去，见有膂力，赏银念两，派作奸细
　　　而来）

洪秀全　四十岁，身长，面赤微麻，黄须，广东花县人，
　　　　自称太平王，即洪秀。

杨秀涛　三十四岁，面麻，有须，花县人，封东王，秀
　　　　全姨夫，即杨秀清、杨寿涛。

萧朝贵　三十岁，面白，无须，安县人，封西王，秀全
　　　　姨夫。

冯云山　三十二岁，面白，微须，花县人，封南王。

韦　正　即昌辉，二十五岁，身高，面黑，微须，广东
　　　　太平人，封北王。

秦日昌　三十七岁，面白，微须，花县人，丞相左翼公。

石达开　三十九岁，面黑，微须，广东巨城人，封右翼
　　　　公。

赖汉英　三十七岁，侍卫将军，秀全妻舅。

赖汉先　三十四岁，未封职。

胡以晓　侍卫将军。

曾　四　侍卫将军。

曾玉秀　前部正先锋。

罗大纲　前部副先锋。

伦敦不列颠博物院本全文如下：

計开名职

洪秀全　封太平王，花县人，年方四十二岁。

冯云山　封镇南王，花县人，年方三十二岁。

杨秀清　封镇东王，花县人，年方三十二岁，系太平王
　　　　姨丈。

萧朝贵　封镇西王，归善县人，年方二十四岁。

韦　正　封建化王，广西南平人，即昌麟，年方二十四岁。

秦　昌　封丞相左翼公，花县人，年方二十七岁。

石达开　封丞相右翼公，增城县人，年方二十九岁。

万大洪　封都督大元帅，东莞县人，年方三十二岁，此人身高、额大、眼大。

罗大刚　封镇侯大元帅，顺德县人，年方二十六岁。

曾玉秀　封金印先锋。

（以上此十人，耳大、口大、眼大、头大、身高）

钱　江　封三法大司马，浙江人，年方五十岁。

朱耀先　封统领监军大司马，南海县人，年方四十九岁。

胡以晓　封侍卫大将军。

曾　迴　封侍卫大将军。

赖汉英　洪秀全妻舅，未受封职。

赖汉光　洪秀全妻舅，未受封职。

（由上海火船钞来示）

这两个本子，附注各有详略：一个注明本件的来源，而不注明钞写的出处；一个注明钞写的出处，而不注明本件的来源。在内容上，也有小小的异同。这当因传钞不出一手，所见的本子又不同，故不免有歧异之处。我们把这两个本子比较参看，还可以大略看得出赛尚阿所见原件的面目，给我们做考证的材料。现在，将《洪大泉供》所述洪秀全各人的姓名、籍贯、爵位来和这两本《长白清供单》钞本列出一个对照表，以明其根据的来源。

姓　名	洪大全供	粤匪杂录本 长白清供单	伦敦不列颠博物院 本长白清供单
洪秀全	广东花县人，自称大平王。	广东花县人，自称太平王。	花县人，封太平王。
杨秀清	广东人，封左辅正军师东王。	花县人，封东王（此本作杨秀涛，云即杨秀清、杨寿涛）。	花县人，封镇东王。
萧朝贵	广东人，封右弼又正军师西王。	安县人，封西王。	归善县人，封镇西王。
冯云山	广东花县人，封前导副军师南王。	花县人，封南王。	花县人，封镇南王。
韦　正	广西平南县人，封后护又副军师北王（即韦昌辉）。	广东太平人，封北王（即昌辉）。	广西南平人，封建化王（即昌麟）。
石达开	封天官丞相右翼王。	广东巨城人，封右翼公。	广东增城人，封丞相右翼公。
秦日昌	封地官丞相左翼公。	广东花县人，封丞相左翼公。	广东花县人，封丞相左翼公（此本作秦昌）。
胡以晄	封侍卫将军。	封侍卫将军（此本作胡以晓）。	封侍卫大将军（此本同作胡以晓）。
曾　四	封侍卫将军。	封侍卫将军。	封侍卫大将军（此本作曾退）。

续表

姓　名	洪大全供	粤匪杂录本 长白清供单	伦敦不列颠博物院 本长白清供单
赖汉英	封侍卫将军。	封侍卫将军。	未受封职。
朱锡琨	封监军。		封统领监军大司马（此本 作朱耀先）。
曾玉秀	封前部正先锋。	封前部正先锋。	封金印先锋。
罗大纲	封前部副先锋（即罗 亚旺）。	封前部副先锋。	广东顺德县人，封镇侯大 元帅。
万大洪			广东东莞县人，封都督大 元帅。
钱　江			浙江人，封三法大司马。

我们看上面这个对照表，应该先要注意一件事情，就是赛尚阿捏造洪秀全诸人姓名、籍贯、官爵固然以《长白清供单》做根据，但他却曾经用别种材料来修改过这篇供单中的几点。如杨秀清、萧朝贵、冯云山、韦正四人的官爵，《粤匪杂录》本《长白清供单》作封东王、西王、南王、北王，伦敦不列颠博物院本《长白清供单》作封镇东王、镇西王、镇南王、建化王，而《洪大泉供》则作封左辅正军师东王、右弼又正军师西王、前导副军师南王、后护又副军师北王，在东、西、南、北王之上都加了一个头衔，与太平天国封职衔名相符。这实是据自所获天历来修改的。按壬子二年天历在永安破围前为赛尚阿所获，具见赛尚阿奏章，已见上文考证。按天历在每年日历之前，例有东、西、南、北、翼五王奏造历既成请旨颁行的本章。本章首列五王衔名，据现存癸好

三年及甲寅四年天历所列都同一款式。这乃是一篇照例文章，壬子二年天历今虽未见，其式样必相同，所以当时人论为"印板文章"①。现举出癸好三年本章首端所列五王衔名于下：

　　　　　前导副军师南王冯
　　　　　禾乃师赎病主左辅正军师东王杨
太平天国　右弼又正军师西王萧
　　　　　后护又副军师北王韦
　　　　　暨左军主将翼王石

《洪大泉供》就是据此处东、西、南、北王的衔名来补充《长白清供单》所记的。有人会问：赛尚阿既然据献历本章补充了《长白清供单》所记的东、西、南、北四王的爵衔，何以不把石达开的爵衔照献历本章改正为"左军主将翼王"，而作"天官丞相右翼王"呢？这当是因为赛尚阿先看了《长白清供单》说石达开的封爵是丞相右翼公，秦日纲的封爵是左翼公，后来又看了献历奏章作翼王，因此，他一方要使石达开的封爵与秦日纲的封爵对称，一方要根据献历奏章所记石达开的封爵去改正《长白清供单》，同时，他又早已知道太平天国有天官、地官等丞相的爵位，他就把《长白清供单》所记石达开、秦日纲两人丞相的职位，石达开的丞相加上"天官"，秦日纲的丞相加"地官"，于是便把石达开的封爵衔名捏造出"天官丞相右翼王"这样的一个不伦不类的名号来！这正是赛尚阿根据掳获的太平天国五王献历奏章题名来修改《长白清供单》磨灭不了的痕迹。又供辞记朱锡琨这人姓名、官职都与太平天国史迹相符②。而不列颠博物院本《长白清供单》所记，其官职既有讹误，名子并误作"耀先"。按朱锡琨在那时候太平军

---

① 马寿龄：《金陵癸甲新乐府·改正朔》。
② 《天父下凡诏书》。

中并不是个著名的人物，供辞所记太平天国重要人物如石达开、秦日纲、胡以晄、罗大纲各人的官职都沿长白清的错误，何以记这个在太平军中只能算是三等人物的朱锡琨独能改正《长白清供单》之误？考《天父下凡诏书》记朱锡琨的叔父朱八与赛尚阿设计遣周锡能入太平军行刺，朱八也同来。他们入太平军除了要行刺外，并用爵禄去劝诱朱锡琨叛变。《天父下凡诏书》称周锡能为"反骨妖人"，称朱八为"妖人"。按太平天国文书称叛徒为"反骨妖人"，称清朝方面人物则为"妖人"。此诏称朱八为妖人，可见朱八这人乃是清朝方面的人。故朱锡琨的名字、官职早已给赛尚阿知道了，到后来赛尚阿便得根据来修正《长白清供单》的错误。又胡以晄名字《长白清供单》两种本子都同作"胡以晓"，供辞改为胡以晄。（案供辞所以不作"晄"而作"洗"，这是清朝文书写革命者名字的惯例。）案胡以晄的名字在赛尚阿未到广西前就已经给清朝统治者探知，见咸丰元年四月丙寅署理广西巡抚周天爵奏①，所以赛尚阿得有所据来改正《长白清供单》的错误。在这个对照表中，供辞除了曾根据别种材料来修改《长白清供单》这几点外，其他如记杨秀清、萧朝贵、韦昌辉三人的籍贯，秦日昌、胡以晄、曾四、赖汉英、曾玉秀、罗大纲诸人封职，都一一据自这篇《长白清供单》。（供辞记杨秀清、萧朝贵为广东人，《长白清供单》记杨秀清为花县人，萧朝贵为归善县人，——《粤匪杂录》本讹归善为安县——花县、归善都属广东，故供辞记杨秀清、萧朝贵为广东人。供辞记韦正为广西平南人，《长白清供单》作广西南平人，——《粤匪杂录》本讹为广东太平人——"南平"当即平南之误，故供辞记韦昌辉籍贯也作广西平南人。）这些记载，其中除曾四、曾玉秀两人事迹在太平天国史上考不出，应存而不论

---

① 《咸丰东华续录》卷八。

外，据上节考证都全与太平天国史事不符，今追究其来源，才知道原来是出自俘虏的口供哩。

（三）侦探消息

供辞据自侦探消息也有两处。我们上面考供辞所记洪秀全传教情况说是赛尚阿据自所获太平天国颁行书籍来编造，但他也有参考侦探得来的消息的地方。咸丰元年四月丙寅咸丰谕军机大臣就说周天爵等在广西对太平天国的"习教伎俩"，已经"访得确实"①了。又如供辞记太平天国永安破围后的目的地道："因想起从前广东会内的人不少，梧州会内的人也不少，就起心逃窜。……我们原想由古束去昭平、梧州，逃上广东的。"这一段话也是据自侦探的消息。咸丰二年三月辛酉咸丰谕军机大臣道："至波山艇匪现在梧州一带滋扰，永安窜匪亦有前赴梧州之信，若令勾结，为患益甚。现虽谕令徐广缙等酌量带兵驰赴该处会剿，尚恐缓不济急。劳崇光此时计已驰抵梧郡，著即督饬地方文武，激励绅民兵勇，设法剿除此股贼匪，万勿令永安窜匪与之纠约"②。按波山艇属天地会，与太平天国并不同属一个革命集团，当时他们从广东入广西梧州。咸丰得了军前的奏报有太平军南返与天地会联合的消息，四天之中，曾四下谕旨，都斤斤然以防太平军南返与天地会联合为忧。而赛尚阿捏造供辞时，也根据这个消息来编造太平军企图去梧州会合"梧州会内的人"同出广东的话。

我们从上述三项考出了赛尚阿作伪的根据。供辞的娘家既经追究出来，则《洪大泉供》之为赛尚阿所捏造已情真罪确，水落石出，而所谓太平天国谋主的"天德王洪大全"其人其事之为赛

---

① 《咸丰东华续录》卷八。
② 《咸丰东华续录》卷十四。

尚阿所捏造以欺骗清皇朝，我们可以断定的了。

　　以上是从内证方面证明《洪大泉供》的虚谬，并且追究出赛尚阿作伪的根据，因此，我们断定这个所谓太平天国谋主"天德王洪大全"其人其事乃赛尚阿捏造来欺骗清皇朝的。除了上述各项内证之外，还有几条旁证也可以帮助我们的考证的确立的。在清朝记载方面，上文已经说过，当献俘的时候，咸丰谕旨，廷臣奏章，文人纪事，都说洪大全是"从贼伙党，原非首要"，在桂林亲见洪大全献俘的半窝居士并且说洪大全的事件，是"凭空结构，粤中人人嗤笑"。在太平天国文献方面，今天次第发现，从未见有提及洪大全的姓名的，《永安封王诏》及《李秀成自述原稿》也没有他的名字。案《李秀成自述原稿》记金田起义领导人物是洪秀全、杨秀清、萧朝贵、冯云山、韦昌辉、石达开、秦日纲七人，并无洪大全其人。《李秀成自述原稿》并记有冯云山的战死。李秀成在他的自述中说明他记事的态度说："自成知情之事，俱一全登，少何失漏，不知者不便及也。"假使太平天国果真有天德王洪大全这人，李秀成在自述中断不会遗漏这一个重要人物，这是可以肯定的。在天地会文献方面，证明"天德"乃天地会起义所用的年号，"天德皇帝"乃天地会起义假托的皇帝，不是实有其人，而在洪大全死后天地会尚以"天德皇帝"为号召。在外人报告方面，1853 年（即太平天国癸好三年）英人密迪乐等访问天京，记有太平天国中人否认有"天德王洪大全"之事①。这些方面，都是证明所谓"天德王洪大全"之为虚捏的好证据，我们可以不必再赘论的了。

---

　　①　密迪乐：《中国人及其革命》（The Chinese and the Rebllions）1856 年伦敦版，第 240—241 页。

六　赛尚阿为什么要捏造洪大全?是谁 帮助赛尚阿捏造洪大全的?

甲　赛尚阿不得不捏造洪大全的原因

关于赛尚阿捏造洪大全问题，我们还有两个问题去追：

第一个问题是赛尚阿为什么要捏造这个"天德王洪大全"呢?

第二个问题是谁帮助赛尚阿捏造这个"天德王洪大全"呢?

先谈第一个问题。我们在上面说过，清律凡督师大臣有心贻误军机的"斩立决"，失误军机的"斩监候"。赛尚阿以亲信重臣督师抗拒太平天国，老师糜饷，日久无功，又失陷了永安州，他实在已经犯了失误军机的罪了。在太平天国永安破围前，咸丰就两次下严旨勒令赛尚阿。第一次是咸丰元年闰八月壬寅，谕道：

> 钦差大臣大学士赛尚阿奏报永安贼匪击败被围。得旨：逆匪被困，正可聚而歼旃，勿令一名兔脱。至洪秀泉等欲由水路潜逃，尤应严密防范，若首逆未能搀获，只杀馀匪以塞责，朕惟知将赛尚阿重惩不贷，懔之①!

第二次是同年九月庚午，谕道：

> 钦差大臣大学士赛尚阿奏报各路进兵情形，得旨：汝既出省督剿，誓必攻破永安，全数歼灭，或追剿尽净亦可。若再稍有挫折，朕必惟汝是问②!

这两道严厉的谕旨，一道是命令他搀获太平天国最高领袖，不得以杀馀众塞责；另一道是命令他全数歼灭太平军，或追击尽净亦可，不准稍有挫折。现在，永安的封锁竟给太平军打破，太平天

---

① 《清文宗实录》卷四十二。
② 《清文宗实录》卷四十四。

国最高领袖洪秀全既没有被俘获，全数歼灭或追击尽净也都没有做到，赛尚阿追击的军队还打了一场大败仗，死了四个大将总兵官。处在这一个时候、这一个情况的赛尚阿，他想着严旨先颁，国法俱在，使他不胜其战懔惊惶之至，陈坛说他"于无可如何之时，不得不张皇装点，藉壮国威，并以稍掩己过"，这几句话，扼要地说出了赛尚阿所以不得不捏造洪大全的缘故。

乙　帮赛尚阿捏造洪大全的丁守存

洪大全是赛尚阿捏造的，但不是赛尚阿亲自动手捏造的。帮赛尚阿出主意的是几个心腹人员，而帮赛尚阿动手捏造洪大全最主要的一个人员却是赛尚阿的机要幕僚"专司折奏要件"[①]的丁守存。

丁守存字心斋，山东日照县人，道光十五年（1835年）进士。他与赛尚阿有深厚的关系，道光二十一年（1841年），鸦片战争之役，他就做了军机大臣赛尚阿的随员到天津办理防务[②]。后来他也做了军机章京。咸丰元年（1851年）三月，清皇朝派赛尚阿为钦差大臣，去广西督师抗拒太平天国。丁守存以户部主事、军机章京的身份，充任赛尚阿的机要幕僚，专司折奏要件。他自述赛尚阿对他，"事无大小，悉蒙筹商"[③]。在封建皇朝时代，折奏是对付皇帝的，尤其是督师大臣的折奏更是重要，折奏办得好，就可以加官进爵；折奏办得不好，就会杀头充军。正因为丁守存是赛尚阿的心腹，又久做军机章京，历练了一套欺骗的手段，所以赛尚阿才把专司折奏要件这一个大任务交给他。丁守存给赛尚

---

① 据丁守存《三朝恩遇记》（收在《暗视山房杂著》内）自述。
② 同上。
③ 见丁守存《从军日记》自述。

阿主办折奏一向就用欺骗手段，在六年之后，到咸丰八年（1858年）引见时，他记与咸丰问答的话有一段说：

> 问："汝随赛尚阿到广西当何差使？"奏曰："营中大小事均和衷商办，臣专司折奏要件。"上问："汝办折子是凭什么？"奏曰："所凭者各营禀报，与大营专弁探报，方敢酌量入奏。"上曰："禀报探报靠得住么？"奏曰："固知不能全靠得住，胜仗少有敷衍，败仗小有弥缝，亦体制不得不然。臣固不敢欺蒙皇上，然其中实情亦止有八分。"上点首①。

这一段谈话，暴露出了封建皇朝臣子的欺骗皇帝，而尤妙的是皇帝也点头接受臣子的欺骗！丁守存在咸丰面前自供他替赛尚阿主办折奏为了"体制"，就是为了封建皇朝的面子问题，对胜仗不得不有些铺张，败仗不得不有些弥缝，奏报上去的止有八分实情。他在咸丰面前说的止是体制问题，他还隐瞒他感激赛尚阿"知遇之恩"②，要效忠于赛尚阿，为了要替赛尚阿掩饰弥缝而不得不作伪的一个更大的原因。他说八分实情的话还得要大大的打折扣。他一向给赛尚阿主办折奏就是这样的一种欺骗的作风。到了太平天国突破永安之围，追兵覆败，四总兵同日阵亡，赛尚阿失误军机，犯了杀头的死罪，清皇朝的"国威"也完全扫地的时候，他就更不得不为了"体制"，为了效忠于赛尚阿，而做出更大的欺骗——捏造出天德王洪大全献俘的事件来了！

关于丁守存捏造天德王洪大全这一件大骗案，是瞒不了人的。当时在桂林做广西巡抚幕客亲见洪大全献俘的半窝居士在所著《粤寇起事记实》上就说：

> 所有拴获递解情形，皆比部某君粉饰，此贼途中所作诗

---

① 《三朝恩遇记》。
② 见丁守存《从军日记》自述。

词，亦系比部代撰。斯事凭空结构，粤中人人嗤笑。（比部某
君为军机章京，随大帅至粤。）

半窝居士所说的做军机章京的"比部某君"，虽然隐讳他的名字不
说出来，但是当时许多官僚地主们是一看就知道的，所以郑鹤声
藏本在这一段话上，就有一个读者用墨笔加注说：

比部者，丁星斋守存也。

直到近今，在丁守存的家乡山东日照县的父老们也还清清楚楚地
知道这一件大骗案。1943年山东日照人牟乃纮他看了我收在《太
平天国丛考》一书内的《洪大全考》之后，由书局转来一封信给
我说：

顷阅大著《洪大全考》一文，考证详尽，洵具卓见。关
于洪大全有无其人之疑案，仆有一点资料贡献阁下，可供佐
证当时"明正典刑"之人，确如大著所谓"这个不幸的人，
戴着一个虚衔葬送了一生，命运的摆布使他无端成为中国
历史上的一个人物"。缘仆为山东省日照县人，与当时负责押
解洪大全进京之丁守存为同乡。幼时尝闻之长老言，丁氏押
解洪大全进京时，于途中食洪大全以喑药，故洪大全于到京
后即不能发言，所有供辞，均系假造。苟当时被押送之人，
确如赛尚阿奏疏所称在太平天国中占有如此重要地位之洪大
全，又何必食以喑药？谅系丁守存为替赛尚阿弥缝起见，故
食以喑药，使不能发音，便于蒙混清廷耳。此足为确无洪大
全其人之有力证明。此事虽无文字可稽，但故乡父老口传如
此，当非妄语，要不失所谓谳也。

上面山东日照县父老们的口碑，不仅可与当时亲见其事的人半窝
居士《粤寇起事记实》的记载和在《粤寇起事记实》书眉上加注
的读者所记互相印证，而且，在他们的口碑中，还保存了丁守存
在押解洪大全进京的途中，给喑药洪大全吃，使洪大全到京后即

不能发言，所有供辞，均系假造这一件大事。这确是一条极重要的文献。虽然当时赛尚阿以当朝首相的地位与在军机处多年的关系，在乾、嘉后清皇朝同寅相护的政治风气之下，军机大臣和刑部尚书们奉旨会审洪大全，结果必然是要替赛尚阿掩饰弥缝的。即以洪大全被毒喑后解到刑部而论，如果那些军机大臣和刑部尚书对问题认真处理，洪大全虽不能说话，但手是会写的，他们应该叫洪大全写自述，他们并不这样做，却马马虎虎地就用丁守存伪造的《上咸丰表》修正了永安供辞来定案，这也就更可见那班大官僚们对赛尚阿的维护是到了怎样的地步。但是，捏造天德王洪大全乃是一件欺君的大罪，在丁守存却不能不先事布置以预防万一，所以就在半路上，把洪大全毒喑了！

　　当时人的记载和当地父老活生生的口碑，给我们指明了帮赛尚阿捏造洪大全的人正是赛尚阿的机要幕僚丁守存，也就给我们提供了一条证明天德王洪大全之为捏造的重要证据。

丙　丁守存的作伪行为

　　就现存史料和口碑，我们可以看出丁守存前前后后有关捏造洪大全的作伪行为。

　　据丁守存《从军日记》自述洪大全被俘送到赛尚阿大营之后，赛尚阿最初是命令丁守存和另一个心腹随员前任九江道士魁当众审讯，据丁守存说是洪大全自称要见赛尚阿，其实是丁守存发现了这一个俘虏可以作为替赛尚阿掩罪免过的工具，要捏造这一个工具是要秘密行动的，所以他立刻把俘虏"带至中军讯之"，只是在赛尚阿面前的几个心腹共同密谋，而不让大营里面的将士知道。经过赛尚阿和丁守存、士魁等几个心腹共同密谋决定之后，就由丁守存动手，根据他以前主办折奏从掳获文件、俘虏口供、侦探消息以及各营禀报等等方面所积聚的材料捏造了一篇《洪大泉供》，捏造了一个"天德王洪大全"，赛尚阿就立刻飞章奏捷，把这一篇在永安军营捏造的《洪大泉供》奏给皇帝。这一篇永安《洪大泉供》，是丁守存伪造的第一篇洪大全文件。

在伪造《洪大泉供》的第二天，就把这一个俘虏作为太平天国的首要领袖献俘到北京去。为了预防这一个赝品露出破绽随时随地得加以弥缝起见，所以献俘的任务，赛尚阿就特派丁守存和另一个心腹随员步军统领衙门郎中联芳去担任。果然，在献俘途中，丁守存越想越不对了，这一个捏造的赝品，是一个活人，他到了北京去，开口说出了自己真实的历史，把赛尚阿、丁守存的欺骗全部暴露出来，这一件欺君大罪，赛尚阿、丁守存如何能担当得起！据丁守存家乡山东日照县父老相传，丁守存就在半路上用暗药把洪大全毒害，把他变成哑吧，使他到北京不能说话，开不得口揭露出他们的欺骗。日照县的父老并且说明"所有供辞，均系假造"，与当时人半窝居士的记载完全可以印证。就在献俘行到河南信阳州的途中，丁守存又亲自动手假造了一篇洪大全《上咸丰表》，把他在广西永安州伪造的《洪大泉供》那一些启人疑心的地方加以修正，使更好的去欺骗他的主子。丁守存伪造这一篇假文件除了这一个主要目的之外，他还有一些附带的目的，如赛尚阿钦差大臣军营有一个大将广州副都统乌兰泰跟他有嫌隙，他就在这篇伪文件里借洪大全之口说："臣在乌都统营中二日，细察士卒亦多精锐，所以不能制贼者，将不得其人也"，他企图通过这篇伪文件，在皇帝面前打击他厌恶的人。他又借洪大全之口说："臣多上书于联芳、丁守存，亦蒙优礼相待，此皆国之忠臣"，他更无耻地企图通过这篇伪文件，在皇帝面前表扬自己。也就在这种地方，我们还可以在文件本身捉着了丁守存作伪的马脚！这一篇《上咸丰表》，是丁守存伪造的第二篇洪大全文件。

在献俘后一年（1853年），丁守存被副都御史富兴阿弹劾，说他在赛尚阿军营善于逢迎，得受赃私。得旨：丁守存随同赛尚阿出差，致招物议，必有自取之咎，著撤退军机章京①。这一个大打击，就把这一个热中富贵的丁守存在宦途上打落了十多年，直到同治三年（1864 年）才靠办团防的"功绩"归户部选为湖北督粮道②。这是丁守存一生最大的一次挫折。富兴阿弹劾他"善于逢迎"，咸丰说他"自取之咎"，他扪心自问最大的一件罪过，当然就是帮赛尚阿欺骗皇帝，捏造天德王洪大全的一件事。所以他为了对付"物议"，为了掩盖这一件大罪过，在多年之后，还把握着机会用种种方法一直在作伪。

在献俘后十三年，时为同治四年（1865 年），两湖总督官文为了夸耀清皇朝对抗太平天国的"圣功"，因与丁守存、唐际盛、盛康等商量编纂《平定粤匪纪略》一书，以杜文澜做纂辑，命丁守存等共同"参酌讨论"。于是丁守存就把握着这一个大机会，在这一部书上叙述太平天国金田起义那一段事迹里，便特别的渲染洪大全的重要性，指出太平天国要等待洪大全到来部署队伍，然后才在金田起义。到了永安破围之役，就大书特书说："阵擒伪天德王洪大全槛送京师"。不仅如此，丁守存又利用这一部书，在附记四里说：

> 伪天德王洪大全之就擒也，赛大臣命郎中联芳、主事丁守存押解入都。时贼由永安突围出，谋夺大全，相距仅半程，邹巡抚飞书促其兼程前进，七日而抵全州。守存知大全衡山人，恐道经其地，为会匪劫取，因改由水程湍行出祁、永，八日而抵长沙，并传牌驿站一体预备护送，虚张声势，俾贼不疑。初大全登舟，守存令人置于内舱，塞其窗无少隙。大

---

① 据丁守存《编年自记》及《粤匪杂录》内著录上谕。
② 据丁守存《编年自记》。

全不知船行之速，每日："到衡州须起旱。"兵役伪应之。既至长沙，绐之曰："已到衡州矣。"大全出舱眺望曰："此长沙也，不料汝等能以我至此，吾休矣！然亦罪所应得，此必丁某之计，何毒也！"

这样一来，丁守存不仅在这一部作为清皇朝地方官修的传布最广的《平定粤匪纪略》上全部肯定了从前经他的手捏造出来的天德王洪大全的事实，而且，还借了洪大全之口，说什么"此必丁某之计，何毒也"，来宣扬他献俘的"大功"！他的目的，是为了要应付"物议"，为了要掩没他的罪过。

丁守存自吹自擂献俘"大功"，他还特地著了一部专书叫做《从军日记》。就此书题记是："同治纪元湖北武昌文秀书局开雕。"案同治纪元即同治元年（1862 年），但据傅乐焕就丁守存《编年自记》考证，同治元年丁守存正在直隶大名、顺德、广平办团防，不能在湖北刻书。此书应该是在同治四年纂辑《平定粤匪纪略》的时候或稍后雕印①。傅乐焕的论断是不错的。因为古人印书和今天情况不同，古人印书是自己出钱开雕，印好送人的，同治元年丁守存既在直隶省，他要印书他就应该是在直隶印的；他在湖北印的书，那就必定是同治三年他到湖北督粮道后印的书。但是，丁守存在同治四年或稍后雕印的《从军日记》，他不老老实实写明年代，而却倒填年代写作同治纪元，这是为的什么呢？傅乐焕没有论到。就我看来，也与丁守存一连串的作伪行为有关。囚为丁守存是"参酌讨论"纂辑《平定粤匪纪略》的一个人，在这部书中，事实上既经由他肯定了洪大全的事迹，并且肯定了他自吹自擂的献俘"大功"，但是，贼人心虚，究竟还怕"物议"说是他自己主张放上去的。因此，他就把这一部当纂辑《平定粤匪纪略》

---

① 见《历史教学》第二卷第一期傅乐焕《从军日记与洪大全》。

的时候还未印的（也说不定其中如《出劫记》等部分是到了纂辑《平定粤匪纪略》时才赶写的）自吹自擂的稿子《从军日记》赶紧开雕，并且倒填年代，使人认为他的《从军日记》出版在先，《平定粤匪纪略》出版在后，《平定粤匪纪略》所记洪大全事实及关于他献俘"大功"，那是《平定粤匪纪略》的编纂者们大家商量同意根据他的已经印行了的《从军日记》来记载的，而不是出自他自己的主张。这本来是无关重要的小节，但就在这一点没有什么重要性的地方，丁守存也还在作伪！

关于丁守存的作伪，最后我还要提出一本同治九年出版的署名江左明心道人著的《发逆初记》来讨论。这一部书，就我稽考著者当是丁守存。但是，有好些研究洪大全问题的人，对它的著者是谁，著者为什么要写这部书等等方面完全没有加以研究分析，就贸易然引证它来证实洪大全其人其事，这是一个错误。所以我们现在对这部书加以鉴定是有必要的。

《发逆初记》一书，据著者说是记"咸丰元年春至六年夏间事"，即金田起义到太平天国丙辰六年天京事变事，所以叫做《发逆初记》，其实从始至终完全用洪大全故事贯串下去，内容十分之八九都是记洪大全事。全书叙述"洪大全系洪秀全之假名，焦亮系洪秀全之真名"，自从洪大全被俘后，"从此亦无洪秀全其人"，后来到天京的太平天国最高领袖天王，乃是"洪大全第三子，呼为四，男女不易长也。不知其名，有疑为洪秀全惧矣"。全书的目的是要证明洪秀全与洪大全同为一人。这当然不是事实，著者所以要这样来写，是有他的原因的，不追寻出他的原因，看了这一部书，便不免如郭廷以所说"恍忽不可究诘"[①] 的了。著者所以要这样来写的原因何在呢？他在记洪大全被俘后事里面自己明白说

----

① 见郭廷以《太平天国史事日志》附录引用书目论《发逆初记》语。

了出来，道：

> 节经细审贼内，并无洪大全其名。从此亦无洪大全其人，即传令伪称，均改东王有令，不闻天王有令矣。先是洪大全解至长沙，新宁县典史周颖初（此系其号，未忆其名）问之曰："汝是焦亮也。"答云："我如今改名了。"有此数证，可知洪大全系洪秀全之假名，焦亮系洪秀全之真名，当无疑义矣。

据此，知著者之所以要证明洪大全与洪秀全为一人，是由于历经细审太平天国领导者里面，"并无洪大全其名"，现在竟俘获了这一个说是太平天国首领"天德王洪大全"的人，因此，著者就牵强附会硬要说洪大全与洪秀全同为一人，自洪大全被俘后，从此也不再有洪秀全，后来到天京的天王，乃是洪大全的第三儿子，并非洪秀全。

著者所以要这样写的原因我们查出来了，但是，著者为什么对"节经细审贼内，并无洪大全其名"一事焦急呢？他为什么为了这一件事写了这一部专书抹煞事实、硬说洪大全就是洪秀全呢？

我们必须考查著者是谁，然后才能够了解他的动机。这也就是我们要追寻的《发逆初记》一书在洪大全问题上的主要关系。

著者在此书中，虽然极力隐瞒真姓真名，但是，他为了要论述洪大全，却无法把他的身份和他的种种社会关系完全隐瞒起来，有些地方还若隐若现地恍忽迷离地给我们看见，我们正可以从这些地方去追出著者是谁。

第一，著者是赛尚阿的一个幕僚，他在书中记洪大全被俘到赛尚阿大营事说："全玉贵解擒逆至帅营，……坚不吐实，未便刑讯。复思兔脱云：'现在弟已无路可逃，如今我去招其投顺，必能听从。'闻此欣以为立奏肤功，令其作书数函，拟缚箭杆射入贼中，以冀受降。道人闻之转陈曰：'知己知彼，百战百胜，今四镇阵亡，众军畏罪逃散，方虞去而复返，何堪引虎出山，此逆供系天德王，以杨秀清为臣崽，其为逆首洪秀全无疑，如置营中，非所宜也。'赛帅于次晨解逆入都，竟寝招降之议。"据著者自述洪大全被俘到赛尚阿大营审讯的时候，他曾向赛尚阿献议，可知著者明心道人乃是赛尚阿的幕僚。这种身份是和丁守存相同的。这是第一点。

第二点，著者曾极力推荐前广西提督向荣统带赛尚阿钦差大臣军营北路军，他在书中记向荣被褫职，弃而不用，清军有败退入山口之势后说道："道人函谓广西邹抚军鸣鹤曰：'统带北路官军，非向前军门荣不可。'邹抚军飞函推毂。冬，赛帅令向军门荣统领北路官军，给木质关防、六品顶戴。向前军门荣抵营，转而为捷，旬余日步步移营进扎，直薄北城下。"案推荐向荣事，是丁守存自吹得意的一件大事。据丁守存说赛尚阿是很不满意向荣的。他不仅在《从军日记》上大书特书向赛尚阿力诤，要以向荣统领北路军，"至于泣下"，赛尚阿始听从，而在咸丰八年引见的时候，他更在咸丰面前把这件事极力铺张，来表示他对皇帝的尽忠。著者对向荣的推荐是和丁守存相同的。这是第二点。

第三点，著者是反对统带赛尚阿钦差大臣军营南路军的广州副都统乌兰泰的，他在书中说道："以都统乌兰泰而论，名实判若天渊，要功嫉胜，逼败逞心，束缚虎狼，纵愈凶恶，骁勇军旅，溃迫饥寒，载道怨声，万人唾骂，实为莫大罪人。"丁守存正是痛恨乌兰泰的人，他在《从军日记》里一再抨击乌兰泰，如咸丰元年闰八月十五日记述接到朱批折片，奉旨乌兰泰加都统衔事说："乌之桀骜不遵约束自此始"。如同年十一月十八日记论乌兰泰妄禀盐道许祥光进兵太迟事说："乌性卞急狭隘，事多揑饰，大帅久受其蒙蔽。"又如咸丰二年正月初八日记述赛尚阿催战乌兰泰不遵令事说："乌兰泰以揆帅催战，大肆强辩"。著者的痛恨乌兰泰也是和丁守存相同的。这是第三点。

这三点相同，我们不能不理解为是两个人的相同，因为赛尚阿的幕僚固然不止丁守存一人，而在赛尚阿幕僚中如此的坚决推荐向荣、痛恨乌兰泰的却只有丁守存如此。现在，《发逆初记》的著者明心道人这三点既然完全与丁守存相同，可见这一个署名明心道人的著者就是丁守存。此外，丁守存字心斋，山东人，他在他的著作里有时自题"丁守存心斋氏"①，有时自题"山左丁守存"②，《发逆初记》的题名作"江左明心道人"，是把"江左"影射了"山左"，把"心斋"改为"明心道人"。丁守存在《发逆初记》里面虽然是极力隐讳他的身份的，在叙述献俘的记事里面连他自己的姓名只字都不提，文字也故意写成不通，还把自己已经做了督粮道的高级官员伪说是一个"迫于衣食、橐笔浪游"的人，但是，却在此书有些地方，暴露出了他的真身份和他的种种社会关系，使我们知道这部书的著者就是丁守存。

我们既经追查出《发逆初记》的著者就是这一个帮赛尚阿捏造天德王洪大全来欺骗清朝皇帝的丁守存，当时人就以"从前查奏逆首姓名，亦并无此人"这一件事实来否认洪大全，并且来对他加以弹劾，打击到他的"富贵"前途，所以才了解到他为什么会对"节经细审贼内，并无洪大全其名"一事而焦急，为什么会为了这一件事而特地写了这一部《发逆初记》去抹煞事实硬说洪大全就是洪秀全的理由。丁守存一直到十八年之后，还用一个假名写了一部"发逆初记"的专书去掩饰弥缝他十八年前所做的那一件欺蒙他的主子咸丰的大骗案，他始终一贯地用作伪的手段企图去骗人！

---

① 见《三朝恩遇记》自题。
② 见《重建武昌黄鹤楼碑记》自题。

七　被赛尚阿捏造作为天德王洪大全
献俘的人究竟是怎样的一个人？

最后，还有一个问题要我们讨论的，就是：被赛尚阿捏造作为太平天国首领天德王洪大全献俘的人究竟是怎样的一个人物呢？

我应该奉告读者，关于这一个问题目前材料极缺乏，我们只能够从下面几方面情况去追探看出一些消息：

（一）囚犯

这人被俘时是项带铁锁的。这一件事实，从赛尚阿的奏报、赛尚阿军营翼长姚莹的函牍以至丁守存伪造的洪大全《上咸丰表》、明心道人的《发逆初记》都同。但这人为什么项带铁锁呢？却有三种不同的说法：第一种说法是赛尚阿《生擒逆首疏》说的，说洪大全被俘时是："自行锁纽"①的。洪大全为什么自行锁纽呢？后来有一个曾在赛尚阿军营做武巡捕的萧长龄对编纂《贼情汇纂》的张德坚说洪大全故事，就替赛尚阿加了一个注脚说："或曰，凡首逆逃窜皆着囚衣，俾可支吾得脱。"这一种说法，完全是欺骗者的梦呓！只要读了洪秀全下的《永安破围诏》，那一种"男将女将尽持刀"，"同心放胆同杀妖"的"欢喜、踊跃、坚耐威武"的战斗精神，就可以把赛尚阿的梦呓一扫而光。第二种说法是姚莹说的，姚莹在俘获洪大全之后，就写信报告在桂林的同僚严正基说："大兵追贼，十八日及于仙回岭，杀毙二千余贼，生擒天德王洪大全。……又众大头子不愿同逃，为洪秀全均行锁链，恐其逃走，

---

① 此处据萧一山《天德王洪大全考》引文，见《文史杂志》第三卷第七、八期，据萧一山注说原件存清军机处档案。

洪大全即带锁者。乌都统又杀二人，尸身均带有锁，必是大头子"①。据姚莹说太平天国领导集团的领袖们不愿再跟洪秀全走，洪秀全预防他们逃走，所以都用锁链来锁着他们，洪大全便是其中的一个。姚莹又说都统乌兰泰又杀死两个带锁的，必是大首领。考太平天国当时领导人物是天王洪秀全、东王杨秀清、西王萧朝贵、南王冯云山、北王韦昌辉、翼王石达开、天官丞相秦日纲等，在此一役，他们之中都没有一人阵亡，可证乌兰泰所杀那两个带锁的并不是太平天国的领导人物，即可证这个带锁被俘作为天德王洪大全献俘到北京去的人也断不是太平天国领导人物。而姚莹之所以有"众大头子不愿同逃，为洪秀全均行锁链，恐其逃走，洪大全即带锁者"的说法，正因为他要替这一个作为天德王洪大全的俘虏被俘时那种在众目睽睽之下项带铁锁遮掩不得的情况强作解释。第三种说法是丁守存在伪造的洪大全《上咸丰表》说的。在这一篇伪造的文件中，自述咸丰元年十二月二十六日天王不用他的奇计之后，就"私自夜遁，欲往峨嵋山修行，为贼追兵所获，锁入空屋"。又说："至二月十六日，贼挈家眷夜走昭平，将臣手用大锁缚住，更用大链锁臣颈"，自述是说犯了罪被洪秀全锁囚他的。明心道人《发逆初记》述洪大全的话说："洪秀全是我兄弟，我名洪大全，我好饮，弟好色，我肯屈膝，弟则不能，我项上缚有铁索，弟兄不睦可知"，与《上咸丰表》所述被洪秀全锁囚的原因同。案赛尚阿奏报和姚莹函牍都是在俘获洪大全初时写的，丁守存伪造的《上咸丰表》是在一个多月后献俘途中写的，丁守存经过了一个月时间来思考，他知道"自行锁纽"，或"众头子不愿同逃，为洪秀全均行锁链，恐其逃走"等等解释，都是骗不了人的鬼话，因此，他在伪造的《上咸丰表》里，就改作洪大全愤恨

---

① 姚莹：《中复堂遗稿·与严方伯》。

洪秀全不用他的奇计，私自夜逃，被洪秀全捕回锁囚。当然所说洪秀全不用奇计一段话同样也是捏造的，但是，在这一篇捏造的话里面，却暴露出了一个真实的情况，就是：这一个俘虏，千真万确地是太平天国的一个犯人，在被俘的时候，项上就带着铁锁铁链！

（二）短发

永安《洪大全供》自述说："考官不识我文字，屈我的才，就当和尚，还俗后又考一次，仍未取进。……数年前游方到广东，遂与花县人洪秀泉、冯云山认识。"赛尚阿《生擒逆首疏》也说："传闻洪秀全入永安后，曾邀来天德王入住城中。又闻贼中有一湖南和尚与洪秀全伎俩相等，兼通兵法。"赛尚阿把这一个俘虏一再地说他当和尚，说他游方到广东，说太平天国里面有一个本领与洪秀全相等的湖南和尚，这是赛尚阿为了要掩饰弥缝一个大破绽而捏造的大说谎，请读者千万莫轻易放过！我们首先应该指出的是：太平天国信仰一神教的上帝，把多神教的佛教和道教作为对立的东西，一定要打倒，在太平天国的领导者里面断不容有一个"湖南和尚"在内的。接着我们就要指出赛尚阿所要掩饰弥缝的大破绽，我们知道，太平天国恢复汉族古代的装束，是留长发的，所以清统治者叫太平天国做"发逆"，又叫"长毛"。太平天国领导人物的发留得更早，因此也就更长。这一个既然说是与天王洪秀全并肩称万岁的天德王洪大全，他应该是满头长发才是。不幸昭昭在人眼前的却不然，但他又不是光秃秃的和尚。所以赛尚阿费尽心机捏造他做过和尚，后来还了俗，而特别郑重地加以说明的是他与洪秀全、冯云山结识，还是做和尚游方到广东去的时候。赛尚阿以为经过他这样掩饰，就使人不致疑心这个短发俘虏的真实性了，却不知贼人心虚，他正暴露出了这一个俘虏是一个短发的人，与长发的太平天国老干部不同这一件事实，说明了这一个被俘的囚犯断不是太平天国的领导人物。

（三）这人本姓历史等传说

永安《洪大泉供》说："我的本姓，实不是姓洪，因与洪秀泉认为兄弟，就改为洪大泉的。"这人究竟是谁呢？据清咸丰六年（即太平天国丙辰六年，1856年）二月二十四日，湖南巡抚骆秉章奏《永明江华克复南路肃清折》①说：

> 据衡永郴桂道转据嘉禾县禀解自行投案之首逆焦三，即焦玉晶，女贼许氏，即许月桂到省。当即饬臬司提讯，据焦三供，即咸丰二年广西阵擒首逆洪大全之弟，许氏女即洪大全之妻。臣查焦三一犯，即臣上年所奏土匪头目之兴宁县焦姓，许月桂即前折内所指郴州女贼许氏。其是否逆首洪大全之弟与妻固无从查诘，当广东贼窜陷郴州时，该犯等乘机倡乱，聚众数千，许氏女自称大元帅，焦三充当三省贼营军师，攻城掠野，罪大恶极。因官军叠次痛剿，力穷势蹙，始束身归命，希图免死，与寻常盗贼乞抚者不同。当即恭请王命，将该逆焦三、许氏女两犯绑赴市曹，凌迟处死，以昭烱戒。

这是今天研究洪大全真姓名历史第一篇材料。据骆秉章奏报，在广东天地会攻克湖南郴州的时候，湖南郴州人许月桂、兴宁县人焦玉晶起义响应，许月桂自称大元帅，焦玉晶充当三省军师。后来战败，焦玉晶、许月桂投降了敌人，解到长沙，由湖南臬司提讯，据焦玉晶说他是洪大全之弟，许月桂是洪大全之妻。骆秉章对焦玉晶的话加了一句"其是否逆首洪大全之弟与妻固无从查诘"的案语。到了清朝末年，查庆绥编纂的《郴州直隶州乡土志》卷

---

① 《骆文忠公奏议》。

上《兵事》有一条记载说：

> 女匪许香桂、月桂倡乱永丰乡，团勇袭破之。先是兴邑廪生焦宏、焦亮颇有文名，因应试道经永丰乡，许佐昌见而器之，以二女香桂、月桂妻焉。及咸丰二年，二焦从洪逆东去，至是香桂、月桂自称伪王宏、亮之妻，煽乱永丰乡，遥为粤匪声援，相从日众，然皆乌合，团勇奋击，袭杀月桂，香桂遁匿兴宁境，旋被获弃市。

案《郴州直隶州乡土志》编纂在光绪末年，离咸丰初年已经有了五十多年，我们把骆秉章奏折与这一段记事对勘有若干不同：如许月桂是因战败投降了敌人，被解到长沙然后被杀的，此处却说许月桂被团勇袭杀；焦玉晶是与许月桂同时在湖南起义的，而此处却说"二焦从洪逆东去"，"香桂、月桂自称伪王宏、亮之妻"起义。《郴州直隶州乡土志》是一部地方志，它的记载，表示着郴州本地有这一个传说。据清朝湖南巡抚骆秉章奏折，在洪大全被俘后四年，湖南嘉禾县解到自行投案的响应广东天地会起义的首领焦玉晶、女首领许月桂到长沙。骆秉章派湖南臬司审讯，焦玉晶说他是洪大全之弟，许月桂是洪大全之妻。到五十多年之后，在许月桂的家乡郴州修的《郴州直隶州乡土志》上也记载许香桂、许月桂嫁给焦宏、焦亮，二焦参加太平天国，后来许香桂、许月桂就自称王娘起义的一个传说。我们根据骆秉章所记焦玉晶的话，与郴州本地的传说看起来，认为焦玉晶的话应该是可信的。如果我们这一个看法不错，那末，洪大全的真姓名是叫做焦亮。他是湖南兴宁人。他有弟焦玉晶、妻许月桂，当清咸丰五年（洪大全被俘后三年）五月广东天地会攻克郴州时，许月桂、焦玉晶起义响应，聚众数千，许月桂自称大元帅，焦玉晶充当三省军师。从许月桂、焦玉晶的行动看来，他们当是天地会中人，所以广东天地会攻克郴州时，他们就起义响应。焦亮之弟与妻既是天地会中人，他本人也应该是天地会中人。

从上面三方面考证，考出了洪大全是一个太平天国的囚犯，他被俘的时候，项上还带着铁锁铁链；他被俘时，头发很短，与满头长发的太平天国老干部不同，这一种情况，又说明了他断不是太平天国领导人物；他的真姓名和历史，据骆秉章奏折和《郴州直隶州乡土志》记载，叫做焦亮，湖南兴宁人，有妻许月桂、弟焦玉晶，当他被俘死后三年，广东天地会攻克郴州的时候，许月桂自称大元帅，焦玉晶充当三省军师，起义响应。

八　简短的结语

天德王洪大全问题，是当被俘之日就被人否认的问题，是太平天国史研究上争论最多、最久而未得解决的问题。

天德王洪大全问题之所以成为太平天国史上的一个重要问题，是由于争论洪大全在太平天国革命运动中有没有重要性的问题。我们今天不惜打破沙锅纹（问）到底去追考洪大全问题，目的也就在于要彻底考查清楚洪大全在太平天国革命运动中究竟有没有重要性，是否如肯定洪大全的人们所说，由于洪大全之死，影响到太平天国与天地会的结合，影响到太平天国的败亡。

肯定天德王洪大全其人其事最主要的两条证据，一条是《剿平粤匪方略》所载咸丰元年四月初十日入奏的广西巡抚周天爵奏所记太平天国领导人物以"洪大泉、冯云山为之最"的话，另一条是沈懋良的《江南春梦庵笔记》所载太平天国建天堂路通碑纪念死难功臣中有憝王洪大全的题名。今天，经过我们考证，考出了编纂《剿平粤匪方略》史官的作伪，与《江南春梦庵笔记》是一部大伪书，已经把这两条证据否定了。

论断天德王洪大全在太平天国的地位与在太平天国革命运动

中的重要性，说是洪大全代表或率领天地会的势力与太平天国合作，与洪秀全有同等地位，洪大全是太平天国与天地会联合的旗帜；说是自从洪大全被俘后，太平天国就排斥天地会，拒绝与天地会合作，洪大全之死，就使太平天国这一种宗派思想得以发展，终于造成了太平天国败亡的一个原因。今天，经过我们从太平天国与天地会关系的真实情况来考证，这两个论断也完全否定了。

近年来由于各方面的提供史料与新史料的发现，如咸丰上谕的发现，就使我们得证实了纂修《剿平粤匪方略》史官的作伪，推翻了肯定洪大全论者最主要的一条证据。尤其是帮助赛尚阿捏造天德王洪大全文件及充任献俘专使的丁守存家乡山东日照县父老的口碑，与丁守存伪造的洪大全《上咸丰表》的发现，不仅使我们对一切所谓天德王洪大全的文件的虚伪捏造得到更明确的了解，而且追出了这一个捏造伪文件、用暗药毒害洪大全的大骗子丁守存，因而解决了一系列的问题。

天德王洪大全是虚捏的，一切所谓天德王洪大全的文件都是伪造的，在太平天国里面，并没有一个所谓与洪秀全同称万岁为太平天国谋主的天德王洪大全其人其事，太平天国也没有在洪大全被俘之后，就排斥天地会拒绝天地会参加的事，证据昭然共见，今天是可以完全肯定了。

关于这一个被赛尚阿捏造作为天德王洪大全献俘到北京去的人究竟是怎样的人物，由于文献残缺，今天还未能得到最后的结论，就目前材料看来，可以肯定的有两点：（一）这人是太平天国的犯人，当太平军永安突围的时候，犯人们也跟军队突围，有两个犯人就给清朝军队当场杀死，他便被生俘了。他被俘虏时，项上还带着铁锁铁链；（二）他被俘虏的时候，头发很短，与留满头长发作为革命标志的太平天国老干部完全不同，他断不是太平天国的领导人物。至于他的真姓名和历史，我们却还在追查之中。

今天只能说：据骆秉章奏折所记焦玉晶说的话，及参以五十多年后修的《郴州直隶州乡土志》等记载，他是湖南兴宁人，叫做焦亮，有妻许月桂，有弟焦玉晶。在他被俘死后三年，广东天地会攻入湖南郴州的时候，许月桂自称大元帅，焦玉晶充当三省军师起义响应。许月桂、焦玉晶当是天地会中人，以作为许月桂之夫与焦玉晶之兄的焦亮应该也是天地会中人。

1954 年 6 月 15 日脱稿于南京峨嵋新村

洪大全考补

　　所谓"天德王洪大全"，是太平天国史上一大公案，从1852年案件发生起，就一直争论了一百多年。在1922年出版的梁启超《中国历史研究法》一书中，便以洪大全问题作为"事迹纯属虚构，然已公然取得第一等史料之资格，几令后人无从反证"的典型例子。当梁启超写该书时确实是如此。但其后太平天国史料陆续发现，我们已得到足够的证据来证明太平天国没有一个"天德王洪大全"，天地会（即三合会）不可能有一个领导全会的最高领袖，当时天地会也没有派一个代表全会的人物到广西永安州去与天王洪秀全并肩为王，同称万岁。这都是可以完全作出结论的。关于这一个问题，我于1934年开始研究，第一次写了一篇《洪大全考》，刊于1936年清华大学出版的《社会科学》第一卷第三期，后来收在《太平天国史丛考》一书内。1947年，又第二次写《天德王洪大全考》、《史官窜改史迹举例》两文，作进一步的研究。刊于1950年商务印书馆出版的《太平天国史辨伪集》内。1954年，再根据新发现的史料和新讨论的意见，第三次写《洪大全考》，刊于1955年三联书店出版的《太平天国史事考》内。在第三次写的《洪大全考》发表后，十分庆幸，不到几年，新史料的发现，把以前还没有完全解决的问题都解决了！现分述于下。

一　周天爵原折的发现证实了编纂《剿平粤匪方略》的清朝史官把洪泉（即洪秀全）盗改为洪大泉

在洪大全问题的争论中，有一个关键性地方，就是"天德王洪大泉"是早已知名的太平天国领袖呢？还是到了清军在广西永安州大败张皇献俘的时候才出现呢？当献俘在途中时，有一个应旨陈言的礼科掌印给事中陈坛在《奏陈时事艰难疏》附片中回答了这个问题。他说：

> 广西拿获贼匪伪军师洪大泉，经赛尚阿遴派随带司员步军统领衙门员外郎联芳、户部员外郎丁守存槛送来京，计四月内可到。维我朝故事，凡解京正法者，皆实系逆首方可示天威而昭武功。今闻洪大泉不过供贼驱策，并非著名渠魁。从前查奏逆首姓名亦并无此人。嗣因贼众窜出永安，于无可如何之时，不得不张皇装点，借壮国威，并以稍掩己过。臣愚以为京师之耳目易掩，而天下之耳目难欺。……且恐逃匪闻而窃笑，愈以张其玩侮之心。……应请特降谕旨将洪大泉之不值解京明白宣示，饬令沿途督抚无论该犯行抵何处，即行就地正法。……庶在事文武咸知警畏，而贼匪闻之，……愈足寒贼胆而励军心矣。

清咸丰帝看了陈坛这封奏章，他于咸丰二年三月己卯谕内阁说：

> 该给事中另片奏贼伪军师洪大泉拟请毋庸解京等语。洪大泉籍隶衡州，系从贼伙党，原非首要之匪。现既槛送在途，仍著解到京师，以凭讯究。

陈坛提出"从前查奏逆首姓名亦并无此人"，是一条极坚强有力的根据。因为太平天国起义已经一年多了，督师大臣历次查奏太平天国领袖的名单里面都没有"天德王洪大全"其人，试问：为什么在永安州惨败之后，却出现这一个"天德王洪大全"的人来呢？这样的作假，实在是太露骨，欺骗不得"天下之耳目"的了。所以清咸丰帝同意陈坛"今闻洪大泉不过供贼驱策，并非著名渠魁"的弹劾，也认为洪大泉"系从贼伙党，原非首要之匪"。这是一条坚强有力的证明所谓"天德王洪大泉"不是太平天国领袖的证据，也打中了钦差大臣赛尚阿作伪的要害。

我在1934年写《洪大全考》时，就举出这一条证据，作为我证明无"天德王洪大泉"其人其事的主要证据之一。而坚信有"天德王洪大泉"其人其事的人们，却在太平天国败亡之后，清朝统治者为宣扬"圣武"，以恭亲王奕䜣作总裁编纂的《剿平粤匪方略》卷四咸丰元年四月初十日纪事里找出下面这一条资料：

> 初十日丙寅（尔纲案这是下录周天爵奏折到北京入奏的日期），周天爵奏言：臣观现在贼情形势，惟韦政、洪大泉、冯云山、杨秀青、胡以洸、曾三秀头目数十人，而洪大泉、冯云山为之最。

他们就振振有辞地以为找到证据，证明了在金田起义后，太平军在广西武宣县东乡时，清朝督师与太平军作战的署广西巡抚周天爵奏报太平天国领袖人物姓名里面已早有"洪大泉"，并且是与冯云山同为最首要的领袖了。假使事实果真如此，"天德王洪大泉"那还成问题，不但我们今天的辨伪是错了，就是当年弹劾赛尚阿的陈坛便犯了"欺君"大罪，而清咸丰皇帝也要打自己的嘴巴，满朝臣工都瞎了眼睛。可惜得很，他们在这里又受了清朝统治者的欺骗了。

1947年，我在《史官窜改史迹举例》一文里，论证了编纂《剿平粤匪方略》的史官们是用偷龙转凤的卑劣手段把周天爵奏折中原来写的洪秀全的名字盗改为"洪大泉"的。可是，那些坚信确有"天德王洪大泉"的人们，却还是抓着这条盗改的资料不放。

对洪大全案说来，这是一件十分庆幸的事。我要奉告读者，周天爵这封原奏折，已经在中国第一历史档案馆整理出来的太平天国史料里发现了！这封奏折，是周天爵于清咸丰元年三月二十三日在广西上奏的，原奏折这一段话实作：

> 臣观现在贼情形势，惟韦正、洪泉、冯云山、杨秀清、胡一洸、曾三秀头目数十人，而洪泉、冯云山为之最。

考太平天国颁布的《太平天日》一书，记洪秀全大病死去升天，上帝对他说："尔名为全矣。尔从前凡间名头一字犯朕本名①，当除去。尔下去凡间，时或称洪秀，时或称洪全，时或称洪秀全"。洪全或洪秀全的"全"字作完全、完备解，是一个好意义的字。清朝统治者把它改为泉水的"泉"，这是对革命人物的写法，与改孙文的"文"字加水旁作"汶"同例。又考清钦差大臣李星沅于清咸丰元年三月二十一日《会奏预防凌洪两股逆匪窜合片子》也说：

> 金田匪首洪泉，即洪秀全，乃传洋夷天竺教者②。

据此，知洪泉，即洪秀全。周天爵的原奏折本来是作"洪泉"的，而编纂《剿平粤匪方略》的亲王、大臣和史官们，为着要掩盖丑事，就偷偷地在"洪泉"两字的中间加上一个"大"字，这样，就把"洪泉"，即洪秀全改为"洪大泉"，于是"洪大泉"就以最高领袖的身份，出现在被俘前一年，金田初起义进军武宣县东乡的时候了！可笑当年编纂方略的亲王、大臣和史官们，他们自以

---

① 案洪秀全小时名火秀，当时译上帝名 Jehovah 作耶火华，所以《太平天日》记上帝说洪秀全名头一字犯他的名。

② 《李文恭公奏议》卷二十二。

为他们的盗改做到天衣无缝没有破绽可寻，却想不到九十多年之后，我们会看到周天爵的原奏折，拿到他们做贼的赃证。而那些受了清朝统治者一再欺骗，坚信确有"天德王洪大全"的人们，曾经替清朝统治者死守住这一块破烂的阵地，也随着周天爵原奏折的发现而彻底地被推翻了。

二　证实焦亮历史的资料的陆续发现

当我 1934 年第一次写《洪大全考》时，就已经从清朝湖南巡抚骆秉章在清咸丰六年二月二十四日奏的《永明江华克复南路肃清折》里，看见他向清廷奏报审讯焦玉晶、许月桂事说："据焦三（即焦玉晶）供，即咸丰二年广西阵擒首逆洪大全之弟，许氏女即洪大全之妻"。骆秉章对此事加以案语说："其是否逆首洪大全之弟与妻固无从查诘。"所以我在那篇考证里把那条资料录出来，取传疑的态度以待证。过了十多年后，我看到一部清季修的《郴州直隶州乡土志》卷上《兵事》里，记有许香桂、许月桂起义事，并记她们和焦亮兄弟的历史。我认为这是本地方志的记载，可与骆秉章奏折所记焦玉晶的话互证。因此，我到 1954 年第三次写《洪大全考》时，在考证所谓"天德王洪大全"其人本姓历史一节里说："我们根据骆秉章所记焦玉晶的话，与郴州本地的传说看起来，认为焦玉晶的话应该是可信的。如果我们这一个看法不错，那末，洪大全的真姓名是叫做焦亮。他是湖南兴宁人。他有弟焦玉晶，妻许月桂，当咸丰五年（洪大泉被俘后三年）五月，广东天地会攻克郴州时，许月桂、焦玉晶起义响应，聚众数千，许月桂自称大元帅，焦玉晶充当三省军师。从许月桂、焦玉晶的行动看来，他们当是天地会中人，所以广东天地会攻克郴州时，他们就起义响应，焦亮之弟与妻既是天地会中人，他本人也应该是天地会中人。"我初步提出了对焦亮历史的看法，但还是采取待证的态度。

到1957年，彭泽益同志在当年审讯许香桂的宁远县知县刘如玉著的《自治官书》（又题作《自治官书偶存》）卷三里，找到刘如玉《判女匪头目许香桂解赴郴州本籍正法》那篇判词①，兹照录于下：

　　审得生员吉宗甫督带团勇获送女匪头目许香桂到案，供称年二十六岁，母家郴州陈姓，嫁兴宁东乡何凌霄，见在家读书应试。自上年八月被贼唐贵掳去，昨到宁远路亭地方，贼俱败走，才得逃出等语。并称亦曾读书，试令写字，点画尚无错讹。本县因质证无人，饬候移知兴宁传到该氏家属前来认识。该氏亦亲自写信付差带去。宁远妇女信为良家女子，赠以衣服钗环。

　　正在共相体恤，兹准兴宁移复：查知该氏即许香桂，系许月桂之妹，月桂嫁焦亮即洪大全，香桂嫁焦亮之弟焦三，俱投入贼营多年，学习武艺，号称元帅，领贼迭次攻陷城池。洪大全先于咸丰二年官兵拿获解京，焦三、许月桂本年正月被击穷蹙，潜赴嘉禾投诚，亦经解省讯明，凌迟处死。现据许香桂户族禀明，该氏实系香桂，其所供母家陈姓，夫家何姓，俱系假捏等因。

　　当提该氏复讯，无可掩饰，一一供认不讳。查该氏许香桂与其姊及其夫兄弟，先后从贼，狂悖嗜乱，实属罪大恶极，法无可宽。……解赴本籍，立正典刑。此判。

这是一篇证实焦亮历史的重要资料。宁远县知县刘如玉对许香桂的判决，是向兴宁县作调查，得到兴宁县的移复和许香桂户

――――――――――

① 见《历史研究》1957年第9期彭泽益《关于洪大全的历史问题》。

族禀明，并经许香桂本人直认不讳，然后判决，其真实性是无疑的。这篇资料，证实了骆秉章奏报所说焦玉晶的自述，也证实了《郴州直隶州乡土志》所说许月桂、许香桂和焦亮、焦玉晶的夫妻关系。

后来我又看到两条资料，一条是清咸丰四年甲寅，当时做湖南巡抚骆秉章机要幕僚的左宗棠《答王璞山》说：

> 安仁十二日获胜，杀贼数百，李相堂十三日杀贼三百余，皆所谓招军堂也。此股为郴州许氏女，兴宁焦姓，永兴戴姓诸贼。其中粤贼不过四百人①。

案天地会每一个组织都取一个山堂为名号，招军堂就是湘南天地会的一个组织。这条资料极重要，它明确地指出许月桂、许香桂（郴州许氏女）和焦玉晶（兴宁焦姓）都是招军堂的领袖，使我们知道，他们确是天地会党人。另一条资料是清咸丰六年三月初七日，当时在湘南对抗天地会起义军的反革命湘军重要将领王鑫当许月桂、焦玉晶被骆秉章处死后，他《复戚少云大令》说：

> 兴宁焦氏，以犯上作乱世其家，衣钵相传，弱女子亦习以为常，令人眥裂。烛其奸而支解之，中丞此举，大快人意②。

此处所说的"兴宁焦氏"，就是指焦玉晶，"弱女子"，就是指许月桂、许香桂，狂吠他们继续焦亮的革命事业（"以犯上作乱世其家"），承接焦亮创立的招军堂组织（"衣钵相传"），并指出许月桂、焦玉晶为伪降（"烛其奸而支解之"）。我们把这两条资料综合看起来，清楚地看出了招军堂这一个革命组织是焦亮创立的，他乃是天地会中一个叫做招军堂的山堂领袖。这就证实了我多年来

---

① 《左文襄公书牍》卷二。
② 《王壮武公遗集》卷十《书札》三。

所考证的那个被清朝钦差大臣赛尚阿所捏造为"天德王洪大泉"的人，断不是如同有些人所论的那样是天地会的总领袖代表天地会与天王洪秀全并称万岁同为太平天国的最高领袖的人物，也证明了我所考证的那个被赛尚阿所捏造为"天德王洪大泉"本人——焦亮，当是天地会中人的判断。

太平天国的军师负责制

　　50 年代初，我和一位同志共同看一部政治经济学的书，其中论述太平天国政体事，有"太平天国在国家组织中把君主政体和农民民主主义独特地结合在一起"的说法。他问我："你看这个说法对不对呢？"我说："我对太平天国政体没有研究过。"太平天国政体问题第一次提到我面前来。

　　转眼过了 20 多年，到 1978 年春天，《历史研究》编辑部两位同志带一篇关于杨秀清逼迫洪秀全要称万岁的文章叫我审阅。这个问题，关键在于太平天国的政体。他们问了我。我说："我对太平天国政体还不曾研究，记载上说的是君主专制。"过了两个月，《历史研究》要召开太平天国史座谈会，这两位同志把《通知》送给我。《通知》上提出四项研究项目，其中有一项是太平天国政权的研究。我对两位同志说："政权问题太大，我试对政体探索吧。"

　　我把有关史料都辑在一起，进行探索，首先，使我发现记载上所说太平天国政体是君主专制有了问题。于是把那些复杂矛盾的问题一一加以分析，看出太平天国的政体，是采取主与军师这一组织形式，以"主"（天王）为国家元首，"军师"为政府首脑，主临朝而不理政，国家权力由军师行使，惟仍承认君位天授，主对君位保持有神圣不可侵犯的权能这一事实。这种政体，农民民主主义的比重是超过了沿袭君主制的。所以，应该说这是一种在国家组织中把农民民主主义和君主制独特地结合在一起的政体。回想我当初是把太平天国的政体看作为君主专制的，也不同意那部书上所说的话。而是经过了钻研，才改变了我的认识，作出了今天的结论。

我在 1979 年 5 月，写成一篇《太平天国政体考》，参加在南京召开的太平天国史学术讨论会。同时在《历史学》季刊 1979 年第二期上发表。我请了几位研究政治、经济和中国古代史的同志指教。承他们在溽暑天气，对一些关键性地方大力帮忙，使我得进一步向前探索，于这一年冬天，写成《太平天国政体考再稿》（此文收在拙著《太平天国史丛考甲集》内，三联书店出版）。这篇《再考》写成后，我据来在拙著《太平天国史》内，写了一卷《政体志》。今年 3 月，欣逢广东太平天国史研究会和广西壮族自治区太平天国史研究会联合召开纪念太平天国起义 130 周年学术讨论会，我把这一卷志用《太平天国的虚君制》的标题，参加了大会的讨论。

我这篇论文，经过讨论，同志们有同意的，也有不同意的。不同意的意见都是论太平天国不可能产生虚君制。虽然我说它可以称为"虚君制"原是借用的名词，并且声明了与西方的内阁制（君主立宪制）实质不同。但是，顾名思义，究竟难以免除误会，借用这一名词是欠妥的。谷霁光同志远路来信给我，说这是一个发现，"是从政权组织形式突破了太平天国政权研究中的关键"，他希望研究工作深入下去。他指出："任何政体都有其微妙关系"，而"政权组织形式千差万别"，"因此，引用'虚君制'这一名词，值得商榷"。承茅家琦同志对拙著细细地审阅，他给我指示应改为"军师负责制"，使我顿开茅塞。我现在接受谷霁光同志和同志们的意见，照茅家琦同志的指教，把太平天国这种政体改为军师负责制，进行了一些修改。谨将问题的提出以及研讨的经过缕陈于上，敬请同志们教正！

1981 年 8 月 9 日罗尔纲谨志于北京

一　绪言

政体就是国家政权的组织形式。各种类型的国家都是通过一定的国家形式来表现其阶级本质的。它与国家的根本性质相适应。毛泽东在《新民主主义论》中指出："所谓'政体'问题，那是指的政体构成的形式问题，指的一定的社会阶级取何种形式去组织那反对敌人保护自己的政权机关。没有适当形式的政权机关就不能代表国家。"[①] 一般地说，国家的政体指的就是国家的权力机关，特别是最高权力机关的组织形式。通常它说明最高权力机关的结构、组织程序和职权分配等问题。

太平天国是在农民起义的基础上建立起来的国家，其政体必须与其国家政权相适应。金田起义后两个月，太平天国在广西武宣县东乡建国，以"主"（天王）为国家元首，以"军师"为政府首脑，天王"临朝而不理政"，国家最高权力由军师行使，但天王对君位本身却具有绝对的权力。这是一种在国家组织中把农民民主主义和君主制独特地结合在一起的政体，我们不妨试用"军师负责制"来称它。

太平天国前期行使这种政体，在革命战争中，宣传群众，组织群众，迅速扩大革命力量，迅速占领广大地区，并施行其革命纲领政策，发挥了重大作用。经过天京事变，军师负责制遭到破

---

① 《毛泽东选集》第二卷，1952 年北京第二版，第 670 页。

坏，天王专制独裁，与其国家政权背道而驰，遂导致太平天国内部的分裂以至覆亡。

太平天国军师负责制，是一个一向掩蔽在错综复杂矛盾的事态当中的问题，曾经使人们发生了错觉。本文所述，只是初步在那些矛盾的陈述中经过考证清理出来的历史事实，还有待于作深入的细致的探索。

二　太平天国的军师负责制

太平天国刻颁的《王长兄亲目亲耳共证福音书》记天王洪秀全于清道光十七年丁酉（1837 年）大病死去复苏事，其中有说：

> 天王有时预诏："主是朕做，军师亦是朕做。"今日应验东王升天这几年也。

这两句话极重要，说洪秀全在丁酉年大病时就预诏，这固然是故神其说，但它却明确地说明了太平天国的政体，是以"主"和"军师"构成的，并且说明了这是起义前就已预定的，而建国以后，也一直在行使这种政体。

"主"，就是天王，为太平天国的元首。洪秀全在广西永安州时，诏通军大小兵将说："继自今，众兵将呼称朕为主则止，不宜称上，致冒犯天父也。""军师"，是太平天国"朝纲之首领"[1]，就是政府的首脑。

金田起义后两个月，辛开元年（1851 年）二月二十一日，太平军和革命群众在广西武宣县东乡拥戴洪秀全即天王位，立幼主，同时，立军师，建立了太平天国。

---

① 李秀成：《复英教士艾约瑟杨笃信书》论军师地位的话。

　　在起义的时候和建国之初，正军师杨秀清的威信还在培植的阶段，所以军令权由奉天命下凡救世威信最高的天王暂时执掌。到辛开元年十月在永安州封立五王，定西、南、北、翼四王都归东王节制之后，始将军令权交归正军师东王杨秀清①。

　　作为太平天国元首的天王，是具有无上的尊严的。太平天国所行的朝仪，正是汉高祖刘邦所说"吾乃今日知为皇帝之贵也"②，完全是承袭封建皇朝那一套朝仪，也正是太平天国政体中封建主义的组成部分。但是，天王却没有执掌实权。第一，太平天国起义伐暴救民的檄文没有用天王名义颁布的。第二，中国封建皇朝，由皇帝降诏处理国家政务，称为上谕，太平天国天王没有上谕的颁布③。第三，太平天国朝内官，属于供职天朝宫殿以及左史、右史、掌朝仪、通赞、引赞等 1621 员，都是天王侍从仪卫的官，没有一员是管理行政的④。第四，太平天国参仿《周礼》，虽设有六官丞相，却是作为"位居极品"⑤的最高一级官阶，而不是掌管全国政务的官职。所以，天王只是一位临朝而不理政的国家元首，并没有执掌国家的实权。

　　太平天国的权力在于军师。作为革命纲领的《天朝田亩制度》规定国家政务，由下级层层核议，经军师决定，然后由军师启天王取旨。天王这种"旨准"，实质是"画诺"，实际已由军师执行。

---

　　①　考证见我写的《太平天国政体考再稿》。此文收在《太平天国史丛考甲集》。

　　②　据《史记·刘敬叔孙通列传》。

　　③　据太平天国甲寅四年五月二十三日，正军师杨秀清《答复英人三十一条并质问五十条诰谕》，《贼情汇纂》卷七《伪文告上·伪诰谕》，张汝南《金陵省难纪略·贼伪示》。

　　④　据《贼情汇纂》卷三《伪官制·伪朝内官》。

　　⑤　东王杨秀清、西王萧朝贵谕天官副丞相林凤祥等的话，见太平天国癸好三年四月二十二日东王杨秀清、西王萧朝贵《命林凤祥等速急统兵起行诰谕》。

因此，常有"事过方奏，或竟不奏者"①，《天朝田亩制度》又规定凡经军师奏请取旨的政事，"天王降旨，军师宣列王，列王宣掌率以下官一体遵行"，军师总理国务，具有领导列王的权力。所以李秀成论军师为"朝纲之首领"，洪仁玕也自述"身任军师之重"②。太平天国军师权位的崇高可见了。

　　就由于太平天国的权力由军师执掌，所以才有这样崇高的权位。太平天国的起义檄文是由军师颁布天下的，那三篇后来编为《颁行诏书》的伐暴救民的著名起义檄文，《奉天诛妖救世安民檄》、《奉天讨胡檄》和《救天生天养中国人民谕》，就是由左辅正军师杨秀清、右弼又正军师萧朝贵颁布的。到癸好三年正月，大军从武昌下江南，颁布的《四民各安常业诰谕》，也是由左辅正军师杨秀清、右弼又正军师萧朝贵颁布的。杨秀清、萧朝贵在这些布告中，开口就自称"本军师"，俨然以代表国家的身份向天下宣告。太平天国给进贡的人民收执，以为"异日合符之凭"的贡单，也是由左辅正军师杨秀清、右弼又正军师萧朝贵代表政府发给的③。太平天国致外国的照会也同样是以左辅正军师杨秀清、右弼又正军师萧朝贵的名义致送的④。可见太平天国是以军师代表政府的。

　　再看太平天国国家权力的行使。太平天国"一切号令"⑤，自军国大事，以至刑赏生杀，职官升迁降调，都由正军师杨秀清裁决⑥。杨秀清的东殿设吏、户、礼、兵、刑、工六部尚书，每部

---

①　据《贼情汇纂》卷七《伪文告上·伪诰谕》。

②　洪仁玕：《致英缙译官富礼赐书》。

③　《贼情汇纂》卷八《伪文告下·伪贡单式》。

④　据太平天国癸好三年三月二十六日《给英国公使文翰诰谕》。

⑤　据《贼情汇纂》卷一《杨秀清传》。

⑥　据《贼情汇纂》卷一《杨秀清传》，卷三《伪官制·伪朝内官》。

12 员，共 72 员，主分掌国务，承宣 24 员，主发号施令①。全国国务，各方向正军师杨秀清禀奏②，又从东殿发出诰谕指挥，每天川流不息地好似机器一样运转。曾于一天里面颁发诰谕至三百件之多，使敌人感到惊奇③。凡镇守各地的官员和出征的大将，当封授遣派时，必颁给正军师杨秀清将凭一张，准在外先斩后奏④。正军师杨秀清的将凭，代表了太平天国国家的权力，与中国历史上所传皇帝赐尚方剑授权诛奸具有同样的意义。

地主阶级统治者和反革命分子及外国侵略者都是不能理解太平天国这种军师负责制的。清朝统治者和地主阶级分子见天王临朝而不理政，就指为"尸位而已"⑤，甚至说"洪秀全实无其人"⑥，"或云系刻木偶伪之，实无其人"⑦。来天京探访太平天国的外国侵略分子见天王没有上谕，也向太平天国提出询问⑧，回去又作了"以东王名义对我们的询问所作的答复，根本不能解决目前普遍存在的对南京太平王这个人的存在和他是否在南京这样疑问"的汇报⑨。至于对正军师杨秀清行使权力，以《贼情汇纂》作者为代表的地主阶级统治者和反革命分子指为"一切专擅"，"自

---

① 据《贼情汇纂》卷三《伪官制·伪朝内官》。

② "禀奏"，是太平天国规定凡官员具禀正军师杨秀清的称谓，见《贼情汇纂》卷七《伪文告上·伪本章》。

③ 据《贼情汇纂》卷七《伪文告上·伪诰谕》。

④ 据《贼情汇纂》卷七《伪文告上·伪诰谕》及所附《伪将凭式》。

⑤ 谢炳《金陵癸甲纪事略·杨秀清传》。

⑥ 清咸丰三年六月二十三日，钦差大臣向荣《复奏洪秀全杨秀清形貌片》，见《向荣奏稿》卷四。

⑦ 清咸丰四年八月二十六日，钦差大臣向荣《封呈杨秀清韦昌辉石达开会奏稿本片》，见《向荣奏稿》卷七。

⑧ 据太平天国甲寅四年五月二十三日，正军师杨秀清《答复英人三十一条并质问五十条诰谕》。

⑨ 见黄光域、梁昆元译 1854 年 6 月《麦华陀和鲍林对南京的访问》（近代研究所翻译组未刊稿）。

揽大权"①。英国侵略分子麦华陀（W.H.Medwrist）和鲍林
（Lewis Bowing）也指为"东王极其狡猾地僭取这个位置，使他的
主公成了一个纯粹傀儡国王"②。他们都异口同声地把太平天国这
种政体指为杨秀清的篡夺行为。

　　地主阶级统治者和反革命分子以及外国侵略者对太平天国政
体的歪曲，好似乌云般一直遮蔽着后人的观察，使人们发生了错
觉。今天必须予以扫除，然后方能显示出真实的历史事实。我已
在《太平天国政体考再稿》中，专章详加考谬释惑，请读者参看
该文。

三　太平天国军师负责制的历史渊源

　　太平天国的军师负责制，是有它的源远流长的渊源的。

　　在中国古代，本来有一种限制君主权力的丞相制度。丞相是
秦代后为封建官僚组织中最高官职。《汉书·百官公卿表》记其执
掌为"掌丞天子，助理万机"。应劭注说："丞者，承也，相者，
助也。"就是说秉承皇帝命，管理全国政务。汉初丞相位尊权重，
所以近人有称为责任丞相制度的说法。自汉以后，丞相一职，废
置不常。明朝初本设中书省，置左、右丞相。明洪武十三年
（1380年），明太祖朱元璋诛左丞相胡惟庸，遂废丞相不设，析中
书政务归六部，以六部分掌全国政务，直接向皇帝负责，于是总
揽权柄于皇帝一人之手。洪武二十八年（1395年），复下敕谕，
后世子孙不得议设丞相，臣下有请设立丞相的，处以极刑③。明代

---

①　《贼情汇纂》卷一《杨秀清传》。
②　见黄光域、梁昆元译1854年6月《麦华陀和鲍林对南京的访问》。
③　据《明史》卷二《太祖本纪》及卷七十二《职官志》。

暴君迭出，残虐人民。明末著名思想家黄宗羲总结明朝历史，他指出"有明之无善治，自高皇帝罢丞相始也"。他在《明夷待访录》里，既痛斥"为天下大害者，君而已矣"，大倡天下者天下人的天下，不是一人一家的天下的民主道理，复极力主张宰相制，以分君主权力；并主张皇帝没有执行的事，宰相可代皇帝执行。黄宗羲的主张，曾为近代中国资产阶级改良派主张实行虚君共和制所取法。暴君嫉恨丞相制，哲人则主张用丞相制以分君主的权力，在中国漫长的封建社会里由来已久了。

在农民阶级方面说，自从秦朝的陈胜、吴广起，农民为要求平等、平均，反对压迫，打倒暴君，推翻虐政，进行过大小数百次的革命战争，更是史不绝书的。

编著于元末农民大起义后的《三国志通俗演义》和《水浒传》，便反映了一种防止暴君出现，限制君权的政治理想。这两部书的著者罗贯中，是个"有志图王者"。据传他曾参加元末张士诚起义[①]。他抱负未能实现，只得见之空言，寄托在这两部说书讲史的小说中。《三国志通俗演义》卷十五记刘备进位汉中王，封"诸葛亮为军师，总督军马一应事务"。《水浒传》第二十回记梁山泊英雄立晁盖"为山寨之主"，扶他"去正中第一位交椅上坐定"后，推吴用为军师说："学究先生在此，便请做军师，执掌兵权，调用将校，须坐第二位。"

《三国志通俗演义》把历史上刘备的谋臣诸葛亮，改造为小说上总督军马一应事务的汉军师诸葛亮，并把他描写成智慧的化身，预见未来的象征，作者显有寄托。在《水浒传》里，不把梁山泊的权力交给那四海驰名，"智勇足备"，为"山寨之主"的"托塔天王"晁盖，而交给这个"村中学究"的"智多星吴用"执掌，

---

① 考证详拙著《水浒真义考》。

其用意更为明显。汉军师诸葛亮和梁山泊军师吴用都可说是著者的化身，也可说是著者的政治理想的反映。太平天国的军师负责制，正是远承《三国志通俗演义》和《水浒传》这种政治理想而来的。两相对勘：《三国志通俗演义》汉军师诸葛亮"总督军马一应事务"，太平天国的军师也"总理国务"。《水浒传》立晁盖"为山寨之主"，推吴用为军师，"执掌兵权，调用将校"，太平天国也以主为国家元首，军师为政府首脑，执掌实权。《水浒传》梁山泊英雄聚义，在聚义厅上同时推立"山寨之主"和军师，太平天国也于建国时同时建立天王（主）和军师。两者完全是一模一样。

在《三国志通俗演义》和《水浒传》成书后约三百年，于清康熙十三年甲寅（1674 年）创始的天地会①，在它的《反清复明根苗》第一里，就有在高溪庙起义时，拜朱洪英（一作朱洪竹）为盟主，拜陈近南先生为军师的传说②。伦敦不列颠博物院藏有一卷天地会人物绘像③，把这个传说形象地绘了出来。这一卷绘像，绘的都是天地会传说人物。第一幅是《朱洪竹小主绘像》。第二幅便是《明主朱洪竹和军师陈近南先生绘像》。其他人物都是单人分幅绘于后（陈近南也有一幅在白鹤洞修道绘像列于后），这表明"主"为最高领袖。而明主朱洪竹和军师陈近南合绘列第二幅，则意味着"主"和"军师"为一体，也意味着天地会打算建立的政权是要采用以"主"和"军师"构成的政体。再从第二幅看，明主朱洪竹和军师陈近南并站在一起，明主站在右，军师站在左，

---

①　天地会创始年代，洪门相传始自清康熙甲寅，见《贵县修志局发现的天地会文件》，收在我编的《天地会文献录》内。

②　据《贵县修志局发现的天地会文件》。

③　编号为 Oriental 8207D。

右高左下①，明主表现出一副至高无上的尊严，军师面向明主，表现出承命的表情，而令旗则执在他的手中，这表明了"主"为元首，是第一位，"军师"是第二位，但实权却由"军师"执掌。天地会这一幅绘像，把《三国志通俗演义》和《水浒传》通过汉军师诸葛亮和梁山泊军师吴用而表现出来的以"主"和"军师"所构成的政体的政治理想活现在纸上。我们看了这幅绘像，对太平天国军师负责制的实质和精神面貌都会得到深切的体会。

《三国志通俗演义》和《水浒传》是两部著名的具有人民性的说书讲史的小说，《水浒传》写的是宋代梁山泊农民起义，著者更把他的理想寄托在其中。这两部书，都为人民所喜爱，都反映了人民的理想和愿望。所以农民起义者在组织他们的会社和建立他们的政体时，往往向这两部书吸取养料。上面已经说到天地会在传说上就据《三国志通俗演义》和《水浒传》有军师陈近南这个人物。现在再来看它的组织和制度。考天地会便是取《水浒传》"指天地作父母"的梁山泊大聚义的誓词，以泯除家族的畛域，而合异姓为一家的意义作为会名的②。天地会力求平等主义，会员间彼此都以兄弟称呼，入会的一体看待，便是从《水浒传》不分贵贱，无问亲疏，并且打破天赋的不均与教养的不齐的"帝子神孙，富豪将吏，并三教九流，乃至猎户渔人，屠儿刽子，都一般儿哥弟称呼，不分贵贱；且又有同胞手足，捉对夫妻，与叔侄郎舅，以及跟随主仆，争斗冤仇，皆一样的酒筵欢乐，无问亲疏。或精

---

① 《史记》卷十《孝文本纪》第十"右贤左戚"句，韦昭注说："右犹高，左犹下也。"

② 案《贵县修志局发现的天地会文件》在《诗篇及拜会互答》第三里，《拜天地会诗》道："拜请五祖奉我君，天降真龙我主人，地产洪儿兄弟众，会聚洪英去灭清。"《祭五祖诗》首两句又道："一拜天为父，二拜地为母。"这两首拜会的诗，都说明了天地会取名的意义，而其来源则出自《水浒传》金圣叹批改本第七十回"昔分异地，今聚一堂，准星辰为兄弟，指天地作父母"的梁山泊大聚义的誓词来的。

灵，或粗卤，或村朴，或风流，何尝相碍，果然识性同居；或笔舌，或刀枪，或奔驰，或偷骗，各有偏长，真是随才器使"的梁山泊大聚义的理想而来的[①]。清末哥老会（即天地会后来的名称）重要首领陶成章述天地会"力求平等主义"，"政体主共和"，也指出是取《三国志通俗演义》（桃园义气）、《水浒传》（梁山泊聚义）、《说唐》（瓦岗寨威风）三书贯通而来[②]。天地会的组织及其共和政体，取自《三国志通俗演义》和《水浒传》，太平天国的军师负责制，也取自《三国志通俗演义》和《水浒传》。在 14 世纪后半期撰写的《三国志通俗演义》和《水浒传》中还是一种政治理想，到 17 世纪 70 年代创始的天地会就以这种理想来组织会社，并且预期以"主"和"军师"为构成的体制作为将来建立政权的政体。到了 19 世纪 50 年代金田起义，太平天国建国，就把军师定为制度，创立了军师负责制，见之实行。从理想到预期，从预期到实现，其历史源流，是明如观火，昭然若揭的。

四　太平天国军师负责制的产生与性质

太平天国按它的阶级本质来说是农民的国家，其使命首先是为封建社会中深受压迫的农民和贫苦的阶层谋利益，镇压敌对阶级的力量。太平天国革命，发生在中国进入近代史时期，当时的中国，已开始由封建社会变成为半殖民地半封建社会，封建宗法关系已趋向松弛化，历史条件已起变化，另有其特殊内容。它不

---

①　见一百二十回本《水浒传》第七十一回。

②　陶成章：《教会源流考》。案日本人平山周《中国秘密社会史》记陶成章在清末与沈英、张恭等倡议于杭州，集浙江、福建、江苏、江西、安徽五省哥老会首领开一大会，打作一团，名龙华会。可见陶成章在哥老会地位的重要。他以天地会中重要人物，而记述天地会的制度，与我们研究的结果，是完全相同的。

但把中国历史上农民起义世世代代所追求的平等、平均的农民民主，大大地向前推进，发展到农民起义的顶峰，并且，带上了资产阶级民主革命的属性，开始具有旧民主主义革命的性质。然而素朴的宗法制君主主义，对君主政体的观念，还存在于当时的农民的思想意识中。因此，在这种条件下，他们起义建国，一面极力要求贯彻他们所追求的农民民主的理想，一面又沿袭了他们阶级敌人那一种封建旧体制，这样，在他们国家组织中就出现了把农民民主主义和君主政体独特地结合在一起的军师负责制。

在当时的历史条件下，带上特殊内容的太平天国革命，在它的政权建设上，产生了军师负责制，以军师为政府首脑，总理国务，君主临朝不理政，不能随他的意志去处理国家大事的政体，绝不是偶然的。这种政体，反映了劳动人民的理想和愿望，包涵有丰富的农民民主性质的内容，从下面几方面考察，可以具体地看出来。

首先从议政制度看。太平天国议政有三项原则：第一，民主，所有政务，"皆由下拟定"①。这就使下级得根据实际情况进行拟议，发挥民主作用，而避免上级官僚主义，也就避免专制独裁。第二，集中，下级必须层层转达，不得越级白事，到了侯、相这一级，经过他们"商议停妥"，再由他们向杨秀清、韦昌辉、石达开禀报，最后，由杨秀清审核，韦昌辉、石达开参议，作出了决定，把全部权力集中到正军师②。第三，极度地限制了君权，所有政务，都由正军师杨秀清决定。然后由杨秀清率领韦昌辉、石达开上奏天王取旨。凡"议定奏上"，天王"无不准者，每批准旨二

---

①　据《贼情汇纂》卷七《伪文告上·伪本章》。
②　据《贼情汇纂》卷七《伪文告上·伪本章》同卷《伪谕论》，及同书卷一《杨秀清传》、《韦昌辉传》。

字", "从无驳者", 就是从来没有否决过。群臣 "概不准奏事", 只有与政事无关的请安, 贺喜谢恩得向天王上本章, 就是这些, 也必须杨秀清盖印, 经杨秀清审查过, 否则天王不阅。君权限制到了这种地步①。这一种议政制度, 极度地限制了君权, 既民主, 又集中, 是具有民主性质的。

从选任人才来看。《天朝田亩制度》规定全国每年选举一次。从最低一级两司马管辖的二十五家选举起, 经过上一级层层考核, 一直到军师, 然后启奏天王任用。凡 "举得其人, 保举者受赏; 举非其人, 保举者受罚", 体现了民主的精神。《天朝田亩制度》没有实行, 这个每年一举的制度也未能实行。但所行的乡官制度, 却正是这种制度。太平天国建都天京后, 分兵克复各地, 建立地方政权, 设立乡官治理。凡乡官, 由 "乡里公举", "为众姓所共推", 施行民主选举, 深得人心②。江西、安徽人民之所以热烈拥护太平天国在于此, 太平天国政权之所以得打下基础也在于此。基层行政人员, 直接民选, 人民当家作主, 在中国历史上这是首创。太平天国这一大改革, 的确改变了封建体制, 实现了农民民主。太平天国前期保举官员也同样是采取民主的措施。凡保举官员, 由丞相、检点、指挥等各级保举所属, 列名具禀, 呈于韦昌辉、石达开, 转申于正军师杨秀清, 杨秀清可其议, 始会名同奏于天王以取旨, 榜示朝堂, 使众周知, 乃颁给印凭而授职。其有战功, 也由本管官保奏。这正与《天朝田亩制度》所规定的相同, 也具有民主性质, 所以人才辈出, 深得人心③。太平天国这种民主保举, 《李秀成自述》曾记石达开出走后, 国中无人, 朝臣把他和

① 据《贼情汇纂》卷一《杨秀清传》, 同书卷七《伪文告上·伪本章》。
② 据《贼情汇纂》卷三《伪官制·伪守土乡官》。
③ 据《贼情汇纂》卷三《伪官制·伪品级铨选》。

陈玉成、蒙得恩、李世贤选举出来助国。不仅陈玉成、李秀成这班人物是"经朝臣查选"，"朝中议举"，就是提理全国政务的石达开，也是"全朝同举"的①，众人不但举石达开执政，还因"大家喜其义气，推为义王"②，连王号也由群众封给了！从这种种情况，特别是后两件大事来看，可知太平天国的农民民主，究竟达到何种境地。

又从太平天国的臣民具有决定国家大事的权力来看。辛酉十一年十一月初旬前后（1861年12月20日左右），英国海军提督何伯（JamesHope）、参赞巴夏礼（Harry S. Parkes）乘着这年秋太平天国在长江上游战事失败，安庆陷落的形势，幻想用利诱、威胁的手段来天京向太平天国提出平分中国愿帮助打倒清朝的谈判。据《李秀成自述》记载，天王是经过与朝臣会议，然后召见他们予以拒绝的。在中国近代史上，太平天国粉碎英国侵略者平分中国的阴谋，是一件特大的事，而决定在于朝臣会议。这可见太平天国的臣民是具有决定国家大事的民主权力的。英国侵略者由于这件阴谋见不得天日，所以他们在秘密谈判被太平天国断然拒绝而决裂后，就进行公开的挑衅。辛酉十一年十一月十七日（1861年12月27日），何伯命令停泊天京的狐狸号舰长宾汉（Henry M. Bingham）照会太平天国，提出四项强横的要求。太平天国于十一月二十二日（1862年1月1日），答复宾汉照会，逐项驳斥，全部拒绝，其中有说："我全国官兵上自诸王，下至兵士，势必愤怒，不准此类协定继续施行。"③ 太平天国的军民有不准违反国家利益

① 据《李秀成自述》。
② 据《李秀成答辞手卷》。
③ 见太平天国辛酉十一年十一月二十三日幼赞王蒙时雍、章王林绍璋、顺王李春发《复英国海军舰长宾汉照会》。案这封照会原件今尚未发现，此处系据王维周译呤唎《太平天国革命亲历记》第十四章回译文。

的条约继续施行的权力，也可见他们具有对国家大事决定的民主权力。

再从太平天国臣民有一定反抗权力来看。天京事变后，全朝同举石达开执政，众心欢悦。天王洪秀全却不欢悦，他封长兄洪仁发为安王，次兄洪仁达为福王，专任两人来挟制石达开，人心已经不服了。到石达开被迫出走，人心愤激，洪秀全竟不得不撤了两兄的王爵，并顺从群众的推戴，镌刻义王印，派专使去安庆送给石达开①。其后癸开十三年夏，雨花台要塞失守，天京危急，洪秀全受了臣民的压力，又不得不封李秀成为军师，并宣称"禅位幼王，尽黜洪氏之党"，以缓和臣民的激愤②。太平天国就是到了洪秀全已厉行君王专制的时候，臣民还是具有一定的民主权力，迫使洪秀全不能不向臣民让步，控制了洪秀全的专制独裁的。

还可以从太平天国的登闻鼓制度来看。太平天国设有登闻鼓，从天朝宫殿和东王府以至各地首长衙门都设置大鼓，凡有冤抑不伸的人都可前来击鼓，要求审断曲直，平反冤狱。这种登闻鼓制度，不仅行使于法制方面，保护人民的利益，使民气得伸，就是对国家大事也同样可以击鼓要求复议。戊午八年夏，天京被围急，李秀成请求出京调兵解救，天王不准。过了几天，李秀成见势急，就到朝门击鼓，请求天王登殿重议。李秀成击鼓，侍臣鸣钟之后，大土登殿传奏。结果，李秀成取得旨准，出京调兵，解救了天京③。李秀成就是行使太平天国的登闻鼓制度，可见这种制度也是

---

①　据清咸丰七年七月初一日两江总督何桂清《通筹各路军情片》，并参考同年闰五月十五日安徽巡抚福济片（均中国第一历史档案馆藏），初四日到《常州坐探委员曹飞鸿禀》（吴煦档案）。

②　据清同治二年六月十六日（即太平天国癸开十三年六月十八日）李鸿章《致曾沅师》，见《李文忠公全集·朋僚函稿》卷三。

③　据《李秀成自述》。

具有农民民主的性质的。

从以上种种方面考察，我们看到，太平天国的军师负责制确实是具有一定的民主性。可以说它是初步体现了我国农民阶级所世世代代追求的农民民主的理想的。

但是，太平天国的军师负责制，产生于特殊的历史条件下，因而具有它的特殊的性质。太平天国君主临朝不理政，以军师为政府首脑，总理国务，这是农民民主的一方面。太平天国宣布洪秀全是奉天命下凡救世，大讲"君道"和"臣道"①，承认了"天无二日，土无二王"②，君位由天所授的君主制。太平天国的君与臣，依然同封建君主制一样严划着一道不可逾越的界限。中国封建社会，自东汉以后，"万岁"为君主至尊的专称③。太平天国定制，天王洪秀全称万岁，正军师东王杨秀清称九千岁。杨秀清为臣④，逼迫洪秀全答应他称万岁，就是大逆不道的篡位。所以李秀成论为"君臣不别，东欲专尊"⑤。这正是太平天国全体臣民的公意。恪守臣道，君臣界限不能混淆，正是他们共同的伦常道德。洪秀全之所以得有权力以篡位大逆下诏诛杨秀清，而诛杨秀清后，

---

① 太平天国明确地划分"君道"和"臣道"，见《幼学诗》。以杨秀清名义颁布的《太平救世歌》也同样以"出仕事君，臣道须存"教人。在那本为宣扬杨秀清而颁布的《天父下凡诏书》第二部里，还特地记有杨秀清向天王启奏"凡臣下食天之禄，忠君之事，固分所当然"的话。

② 《礼记》卷四《曾子问》。

③ 中国古代，万岁本是上下通用的庆贺词，到了东汉，认为"礼无人臣称万岁之制"，此后始为君主至尊的专称，详见赵翼《陔余丛考》卷二十一《万岁》条考证。太平天国定制，天王称万岁，便是沿袭东汉以后封建君主的称呼礼制。

④ 案《贼情汇纂》卷七《伪文告上·伪本章》所录杨秀清、韦昌辉、石达开上天王本章的题名称弟不称臣。这是由于他们假托为天父子而来，而不是属于政体的体制。杨秀清对洪秀全说"我二兄为君，我们小弟为臣"（见《天父下凡诏书》第二部），可以为证。

⑤ 《李秀成自述》。

万众无声，这都由于太平天国这种政体所决定。太平天国的军师负责制，把国家实权归军师执掌，天王洪秀全不可能认为"朕即国家"，不可能随他的意志处理任何国事。这是与君主专制最不同的所在。但天王洪秀全却能够把"君位"作为私有，有谁要夺取时，他就得有绝对的权力而诛之，保留了君主制君权天授的权能。

太平天国的军师负责制，也不同于西方的内阁制（君主立宪制），两者形式上是很相像的，而实质却是不同的。西方内阁制，是资产阶级战胜封建阶级的产物，其君主是封建阶级的象征，首相是资产阶级的代表，这种象征性，表示封建阶级屈服于资产阶级的统治，也象征着资产阶级同封建势力的妥协。太平天国的军师负责制，是中国农民阶级的创制，它的主（天王）和军师是相辅相成的制度，他们都是农民阶级利益的代表者，一个为国家元首，一个总理国务，只是革命内部的分工，而不代表两个不同的阶级利益。

总之，太平天国的军师负责制，以主（天王）为国家元首，临朝而不理政，以军师为政府首脑，执掌实权，既包含有农民民主的内容，又沿袭了封建主义的旧体制。它把农民民主主义和君主制独特地结合在一起。它不同于我国自秦迄清所行的君主专制，也不同于西方的内阁制（君主立宪制），而是具有它的独特的性质。这种政体，是和太平天国的国体，即政权的阶级性质相适应的。

五　太平天国军师负责制的破坏

太平天国军师负责制的破坏，先起于军师杨秀清，而毁于天王洪秀全。

杨秀清虽然身任军师，掌握了太平天国的实权，但他朝见天王时，还要站在陛下，他所决定的政事，还要在形式上奏请天王取旨。天王是国家元首，他究竟还是臣。对于这个正在日益滋长着农民消极方面的狭隘性和自私性的缺点，而又受着封建思想严重侵蚀的杨秀清说来，是不甘心的。因此，他就要把太平天国君主的宝座夺而取之。丙辰六年（1856年）五月，他就假托天父下凡逼洪秀全承认他称万岁，企图把太平天国的主（天王）和军师的权位都归于他一人之身。杨秀清必须担负首先破坏太平天国军师负责制的罪责。但是，杨秀清逼称万岁事件，以他本人被杀而告终，他还不曾把军师负责制破坏。

太平天国军师负责制的破坏，毁于天王洪秀全之手。洪秀全是一个伟大的农民革命领袖。但他中封建思想的毒很深，他不但要父子公孙江山万年，他还要做一个专制的君王。他在辛开元年即天王位那一年，就颁布《幼学诗》①。其《朝廷》一章道："天朝严肃地，咫尺凛天威。生杀由天子，诸官莫得遥。"其《君道》一章道："一人首出正，万国定咸宁。王独操威柄，谗邪遁九渊。"在后来另一部《天父诗》里，他又有一首说教的诗道："只有媳错无爷错，只有婶错无哥错，只有人错无天错，只有臣错无主错。"②在这部《天父诗》中，还有"一句半字都是旨，认真遵旨万万年"③，"遵旨得救逆旨刀"④ 等句，充分流露了他的君主专制的思想。

以抱有这种君主专制思想的洪秀全，在太平天国前期行军师负责制的时候，他不得不受着政体的限制，做一个临朝而不理政，

---

① 据1955年3月，在山西省临汾县北刘村发现的太平天国辛开元年新刻《幼学诗》封面刻板，知此书为辛开元年（1851年）洪秀全在广西即天王位那一年所刻。

② 《天父诗》第378首。

③ 《天父诗》第417首。

④ 《天父诗》第418首。

只拥有君主的尊严，而没有实权的元首。但到经过天京事变，他杀了杨秀清，诛了韦昌辉后，便不同了。那时候，合朝同举石达开执政，要石达开继任杨秀清军师的地位，继续军师负责制。"众人欢悦，主有不乐之心"。洪秀全没有把军师的权位给石达开，他封长兄洪仁发为安王，次兄洪仁达为福王，专任两兄，挟制石达开[1]。洪秀全除用两兄来挟制石达开外，他还"诏旨频降仍，重重生疑忌"[2]，亲自来控制石达开。结果，石达开被迫出走了。洪秀全就把军师职权抓归手中。于是正如他自己所说"主是朕做，军师亦是朕做"，作为一个专制的君主，破坏了太平天国的军师负责制。以前，我们对这件大事，都认为群众拥护石达开，洪秀全则猜忌石达开，是人事问题。今天，考明了太平天国的军师负责制，才知道人事只是表面现象，而本质实是群众拥护军师负责制，洪秀全则要破坏军师负责制，是太平天国一场对政体的带有根本性的大斗争。

己未九年（1859年）三月，洪仁玕从香港到天京，封为干王，"晋位军师"。洪秀全是把军师的"名"交出来了，但军师的"实"，他却是紧紧地抓住不放。洪仁玕这个作为"朝纲之首领"，外国人也称为"总理国务"[3] 的军师，只是一个空架子，已经没有权力了。有一个英国翻译官富礼赐（R. J. Forrest）和洪仁玕很熟，常在干王府吃饭闲谈，还在府住过。他记洪仁玕和他闲谈说："席间，他便告诉你欲改革各事如何困难，天王如何不听人言，各王如何不尊重其威权。"[4] 在太平天国前期行军师负责制时，权力

---

① 据《李秀成自述》。

② 见太平天国丁巳七年五月《翼王石达开出走布告》。

③ 据简又文译吴士礼《太平天国天京观察记》，见简又文《太平天国杂记》。

④ 据简又文译富礼赐《天京游记》，见卜拉克斯同（Thomas W. Blakiston）著《五月扬子》（Five Mouths on the Yang－Jsze）第三章。

在军师，天王只有"旨准"，"从无驳者"，能不听从军师吗？各王能不听军师的命令吗？这寥寥两句话，道尽了太平天国后期军师有名无实的真情。富礼赐又记干王府六部处理政务事，说办理国务的只有三个书手，常在那里写字于黄纸上，大约这几个人即是该六部的全部人员。户部作了堆煤炭之用。礼部的用处更为卑下。六部在楼下，而一个外国牧师罗孝全（I. J. Roberts）却高居整个六部的楼上作为寓所①。这种种情况，只能说是笑话，哪里还是堂堂国家的政府！当年正军师杨秀清东王府好似川流不息地处理国务，而今作为军师的洪仁玕干王府却荒凉秽芜到了这种境地，其权力已不在军师，是不言而喻的了。

到太平天国癸开十三年五月，天京危急，天王受了臣民的压力，不得不封李秀成为军师。但李秀成有没有得到军师的权力呢？据《李秀成自述》说，当时敌人兵临苏、杭，李秀成请前往指挥。那时候，要守天京，必须依靠苏、杭物资的支持，没有苏、杭，天京就不能守。李秀成要去苏、杭，是从全局出发的。乃再三奏请，洪秀全都不准。苏、杭守将日日飞文告急，李秀成再力奏，洪秀全才准他前去。限40日回京，如过期不回，以国法从事。这哪里还有军师的权力。

洪秀全剥夺了军师的权力，他就设立吏部天官、户部地官、礼部春官、兵部夏官、刑部秋官、工部冬官六部，把国务分归六部掌管，而由六部向他和他的儿子幼主直接负责。这与朱元璋废丞相，设六部的用意、作法和目的完全相同，都是为要把大权收归己手，以厉行君主专制。所以，庚申十年（1860年）十月，英国教士杨笃信到天京访问，他记道："在南京有同北京的六部相当

---

①　据简又文译富礼赐《天京游记》，见卜拉克斯同（Thomas W. Blakiston）著《五月扬子》（Five Mouths on the Yang – Jsze）第三章。

的六个部。"① 辛酉十一年（1861 年）正月初，英国水师提督何伯自吴淞率舰西上，调查长江开埠事宜，他特派步兵中校吴士礼（G. L. Wolseley）入天京，调查太平天国实情。吴士礼在《太平天国天京观察记》里，记太平天国的政制也说："各王分管各部政事。他们分设各'部'衙门一如清廷，由各王分掌之。但所有权柄集中于天王。如不经其裁可，一切要务俱不得执行。"杨笃信所说"六个部"和吴士礼所说"分设各'部'衙门"，就是本文上面说的吏、户、礼、兵、刑、工六部。据杨笃信说太平天国的六部衙门的职掌，"相当"于清朝的六部，吴士礼说"一如清廷"。清承明制。太平天国政权既分归六部掌管，那势必"权柄集中于天王"了。

在太平天国前期，天王不理政务，不发上谕，到了后期，却完全相反。调遣军队作战由天王下诏命令了②。派官镇守要地由天王降诏任命了③。安民由天王派官前来了④。减征钱粮由天王颁诏宣布了⑤。给外国专使的文书也由天王颁给了⑥。总之，在太平天国后期，不论军事、民政、外交等等，无不由天王诏旨施行。因此，在太平天国前期，清朝钦差大臣向荣从金田起义就与太平军作战，一直跟追到天京，驻军在天京东门外孝陵卫两年半之久，

① 据塞克斯（Sykes Willam Harry）编著、梁从诫译《太平天国问题通讯》塞克斯致《亚伯丁自由报》编辑第五封信引文。

② 例如《李秀成自述》记太平天国庚申十年四月，天王诏命他领兵取常州、苏州，壬戌十二年四月天王一日三诏追他救天京。清咸丰十年正月甲申，清朝钦差大臣和春也有天王诏调上游军队的奏报（见王先谦《咸丰朝东华续录》卷九十）。

③ 据太平天国戊午八年天王《命薛之元镇守天浦省诏》。

④ 据《襄天军主将黄里天安张陈天安□布告》说："指日安民官到，谕诏减征钱粮"，知安民官是奉天王诏旨前来的。这道布告，年代已破损，但从布告者的官衔爵位看，知是太平天国后期布告，约在辛酉十一年间。

⑤ 据太平天国庚申十年九月二十四日，天王《谕苏省及所属郡县四民诏》。

⑥ 例如太平天国戊午八年十一月天王《赐英国特使额尔金诏》。

并且对从天京逃出来的人"详加访问",竟以"洪秀全实无其人"复奏皇帝的询问①。再经过一年多,却得杨秀清等本章稿本,见有"旨准"二字后,还以"似有其人"向皇帝奏报②。而到了后期,上面说的那个英国军官吴士礼,到天京只住了一个星期,根据他亲眼所见,对洪秀全就作出了"专制的天王"的论述③。天王洪秀全在太平天国前后两期两种绝然不同的形象,正是深刻地反映了前期行使军师负责制与后期军师负责制遭到破坏后的截然不同。

洪秀全破坏了军师负责制,大权独揽,从他个人说来确是做到了"如不经其裁可,一切要务俱不得执行",把所有权柄都集中在他一人之手。举一事来说,辛酉十一年正月,洪秀全准许了英国海军提督何伯要求在天京停泊一军舰照料商务。这是一件大事,当然必须要经过洪秀全的决定的。但到三月,英舰请求在江边借地三丈,盖屋贮煤,以供燃烧,既准其停泊,这便是连带而起的事了。而负责处理国务的赞嗣君蒙时雍、忠诚二天将李春发却无权处理,必须"登朝面奏",取得"旨准",然后遵旨执行④。从这一事件看来,可知吴士礼所说的话,确是不错的。但是,对太平天国却产生了极为严重的后果。

洪秀全既成了一个"专制的天王",全权在手,他就任人唯亲。他第一重用的是他的外甥幼西王萧有和。第二重用的是他的长兄洪仁发,次兄洪仁达。第三重用的是族弟干王洪仁玕。第四

---

① 据清咸丰三年六月二十三日,清朝钦差大臣向荣《复奏洪秀全杨秀清形貌片》。
② 据清咸丰四年八月二十六日,向荣《封呈杨秀清韦昌辉石达开会奏稿本片》。
③ 据简又文译吴士礼《太平天国天京观察记》。
④ 据赞嗣君蒙时雍、忠诚二天将李春发《复敛天安梁溉天安萧书》。

重用的是女婿金王钟万信、凯王黄栋梁、捷王黄文胜①。这班人都是他的亲属。庚申十年，萧有和还是十二三岁的时候，就兼任赍奏官的重职。三年后，权力达到"幼西王出令，有不遵幼西王令者，合朝诛之"②的地步。黄栋梁、黄文胜也都是小孩子③。其中除洪仁玕通晓西洋政治、尽忠太平天国当别论外，这班亲贵们，都各擅权利，洪仁发、洪仁达尤其凶横残暴，祸国殃民，把太平天国搅得乌烟瘴气，无法无天，人人切齿。

　　洪秀全掌握大权，又"立政无章"④，就是说制度紊乱。洪秀全既采取政归六部直接向他负责的制度，那就应该所掌各有专责，不是任何人所得干预的。但实际情况，却不如此。以掌铨选的吏部来说，今所见庚申、辛酉两年保官的本章共十五封，计由幼西王萧有和、勇王洪仁达、侍王李世贤、赖冠英奏请的各一封，由干王洪仁玕、赞王蒙得恩、章王林绍璋会奏的一封，由干王洪仁玕奏请的五封，由英王陈玉成奏请的三封，而由吏部奏请的只有两封⑤。这样，吏部的职权便给他人所夺了。《李秀成自述》记有天京各王府各衙门打算买米粮存储以防敌人围困，洪仁发、洪仁达等出令："欲买粮者非我洪之票不能，要票出京者亦要银买方得票行，无钱不能发票。"如果说买粮要发票的话，那是户部的职权，而不是任何人所得发给。这样，洪仁发、洪仁达等又把户部的职权攫夺去了。因此，六部的地位就被压得很低。据天王和幼主诏旨所列，在六部之上，王亲国戚和诸王不算了，只算官职，就有天将、掌率、统管、尽管、神策朝将、神使七级。六部地位

---

① 据《李秀成自述》。
② 同上。
③ 据《李秀成答辞手卷》。
④ 李秀成天朝十误第十误，见《李秀成自述》。
⑤ 英国不列颠博物院东方部藏有关太平天国史料，原编号为7420。

只比主佐将一级高①，以掌全国政务直接向天王负责的六部竟压在如此低级，如何能行使职权，其权力怎能不被攫夺！不仅如此，洪秀全既设六部分掌全国政务，又以洪仁玕、蒙得恩（得恩死后，由其子蒙时雍继任）、林绍璋总理国务。这就必须把六部隶属于其下，行政方能统一。今竟不然，吏部依然直接向幼主保官，而总理国务的洪仁玕、蒙得恩、林绍璋也向幼主保官，这就乱了，还成什么政体！再看赖冠英既有权力攫夺吏部的职权来向幼主奏请封李秀成子李容发为忠二殿下，而到三个月后，他本人却要由吏部奏保为忠靖朝将②，这简直是笑话。不但是李秀成所说"政事不一"③，实如反革命头子曾国藩所说"大纲紊乱"④ 了。

任人唯亲，则"谗佞张扬，明贤偃避，豪杰不登"⑤。立政无章，则政事不一，大纲紊乱。这都是必亡之道。

由于任人唯亲和立政无章所造成的严重后果还有乱封王爵一事。洪秀全在天京事变后，打算不再封异姓为王了。到己未九年，族弟洪仁玕来天京，封为干王。洪秀全自知对不住功臣，他要倚靠陈玉成、李秀成保国，不得不封他们为王。自此之后，日封日多。洪秀全把王亲国戚和从广东跟出来的同乡都封了王，而汗马功劳的人却不得封，人心不服。后来封多了，不给名号，一律叫

---

　　① 据天王辛酉十一年五月初九日诏旨，幼主辛酉十一年六月二十八日诏旨。案其后一份《天朝爵职称谓》所载，在神使之下，六部之上，还有护京中军、京都水司（师）三主将两级，六部之上竟有九级，六部越压越低了。

　　② 据三十一日幼主《建造九重天廷并封李容发为忠二殿下诏》，及正月二十六日幼主《升授赖冠英职并追封刘长发诏》。据内容及编排次第考，前者为庚申十年九月三十一日诏，后者为辛酉十一年正月二十六日诏，故知赖冠英保奏李容发为忠二殿下在前，而他本人由吏部保升忠靖朝将则在其后三个月。

　　③ 据《李秀成自述》。

　　④ 曾国藩清咸丰七年十一月初五日《致沅浦九弟》说："自洪、杨内乱以来，贼中大纲紊乱。"（见《曾文正公家书》卷五）

　　⑤ 据《李秀成自述》。

做列王。到列王又封多了，把封的王都写作"尘"。这个尘字，作小王解，是太平天国因避王字讳而改的避讳字。今用来封人，人心更不服了。于是未得封王的功臣感到愤愤不平，而受封为列王的人则感到不光彩，尤其是受到尘字所封的人则认为被侮辱，于是便把人心丧尽了。李秀成把这件大错误列为天朝十误里的一件大错误。他在《自述》里痛论其事道："无功偷闲之人，各又封王，外带兵之将，日夜勤劳之人，观之不分（忿），力少从戎，人心之不服，战守各不争雄，有才能而主不用，庸愚而作国之栋梁。主见失算，封出许多之王，言如箭发难收，又无法解，言（然）后封王具（俱）为列王者，因此之来由也。然后列王封多，又无可改，王加头上三点。以为尘字之封，人心格而不服，各心多有他图，人心由此两举而散无涯也。"

六　结论

太平天国的军师负责制，是采取那两部为人民所喜爱的说书讲史的名著《三国志通俗演义》和《水浒传》里的政治理想，注入了一些19世纪40年代后中国旧民主主义革命思想的内容，把农民民主主义和君主制独特地结合在一起而创制成的政体。

这种政体，具有它的独特的性质，既包涵有农民民主的一面，又沿袭了封建主义的另一面。因此，它不同于我国自秦迄清2100多年的君主专制，也不同于近代西方的内阁制（君主立宪制）。它是太平天国的光辉创造。

太平天国是农民政权。它的军师负责制是与它的政权的阶级性质相适应的。在太平天国前期行使这种政体，发扬了农民民主，取得了革命飞跃发展，国势兴隆昌盛。《李秀成自述》记这时期的盛事，有两句很扼要的话说"东王佐政事，事事严整"，又说"立法安民"，"严严整整，民心佩服"。到天京事变后，军师负责制遭破坏了，洪秀全厉行君主专制，造成了人心离散的严重后果，卒至覆亡。

在太平天国行使军师负责制的时候，越民主，就越集中，越"严严整整"。到军师负责制遭破坏后，越专制，就越紊乱，越离散。历史确是这样吗？千真万确的太平天国历史事实的确如此。

太平天国的军师负责制，虽然遭洪秀全破坏了，但臣民仍然具有一定的民主权力，国家大事洪秀全要听取臣民的意见来作处理，他违反民意的措施，还不得不一次又一次地向臣民作了让步，历史事实，还是昭然共见的。可是，由于国家政权的组织形式，与国家的根本性质背道而驰，内部矛盾重重，离心离德，太平天国就不得不败亡了。

太平天国军师负责制的产生、行使与破坏，反映了太平天国革命的兴亡，也留给后人以一些深刻的历史教训。

太平天国的土地政策
——重考天朝田亩制度实施问题

一 引言

我于 1941 年写了一本《太平天国的理想国——天朝田亩制度考》小册子，1950 年在商务印书馆出版。1953 年作了一些修补，改题为《天朝田亩制度的实施问题》，收入三联书店出版的《太平天国史事考》内。1982 年，三联要将《史事考》三版，我因根据三十年来不断发现的新史料对旧著作了修订和补充。但由于受到原书章节和原字数的限制，考述难于详明。同志们认为这是太平天国史上第一大问题，这问题不解决，太平天国政权问题就无法解决，建议应该进行赡详的重考。我接受同志们的意见，因写了这篇重考，改题为《太平天国的土地政策》。

《天朝田亩制度》是太平天国的革命纲领。它宣布"凡天下田，天下人同耕"，根据新的原则，重新平分土地，彻底废除封建土地所有制，建立一种土地公有制。揭示出"有田同耕，有饭同食，有衣同穿，有钱同使，无处不均匀，无人不饱暖"的美好前景。鼓舞了农民参加革命，拥护革命的斗志。

太平天国在宣布《天朝田亩制度》后半年，由于天京缺粮，到了形势紧迫的地步，无法解决，不得不采取"照旧交粮纳税"政策以求取得粮食来救急，因而未能行平分土地方案。太平天国"照旧交粮纳税"政策规定，凡归顺的地主必须先认田登记（即报明田数、圩名、花户存案），然后准领凭收租，租额必须受限制，必须重新评定。而在当时，金田起义一声春雷，追求平等、平均二千多年的中国农民当太平军前来解放的时候，就把地主的田契、收租簿、借券，官府的粮册等等都烧光，不肯再受地主阶级剥削，向地主交租了。地主明知领凭后是收不得租的，却要负担纳粮，还暴露了身份，所以不肯登记领凭。

在这种情况下，太平天国政权究竟是农民政权还是封建政权，这是唯一试金石。太平天国并不同封建政权那样，用法律和武力去镇压农民，保护地主收租，而是站在农民的立场，根据当前的具体形势，掌握《天朝田亩制度》的精神，采取一种论者所称"一反千余年田赋制度的常规，变业主交粮为佃户交粮"的"着佃交粮"政策，向农民收粮。

随着形势的发展，太平天国在土地政策上，向前采取进一步的措施，顺应农民要求土地的愿望，向农民颁发太平天国的新土地证——田凭，以保护农民对耕种的土地所有权，把封建土地所有制改变为农民所有制，收到了"耕者有其田"的效果，为资本主义的发展开辟了道路。

必须指出：在太平天国统治区，那些蜕化变质分子、投降的清朝将弁和钻入革命阵营的地主、恶霸、匪帮盘踞的地方，是保护地主收租的。那是违反太平天国革命方针、政策的反革命的倒行逆施，而不是太平天国的施为。

可是，同志们讨论这个大问题，首先疏忽《天朝田亩制度》于何时颁布，为什么原因，在什么时候采取"照旧交粮纳税"政策。其次没有分析"着佃征粮"的性质，没有分析太平天国为什么采取"着佃征粮"的政策。又没有分析太平天国进一步颁发新土地证——田凭的意义和效果。更错误的是没有把什么地方不准地主收租，什么地方保护地主收租，那些保护地主收租的是什么人等等一一分辨清楚，却把那些反革命的倒行逆施说是太平天国的作为，竟作出太平天国自1854年决定施行"照旧交粮纳税"以后，就承认地主阶级土地占有制和建立在这种所有制之上的租佃关系，逐步走上封建化，而向一个新的封建王朝作为历史归宿的结论。

这个结论对不对呢？关系到对太平天国革命的整个看法，对太平天国革命的评价。《天朝田亩制度》实施问题之所以必须进行反复的钻研，就在于此。

历史是曲折、纷纭、错综复杂的。《天朝田亩制度》的实施问题，正是这样的一个问题，有如一堆乱丝。乱丝是难解的，但却不是不可解的。要解乱丝必须先找到它的结子，结子往往不止一个，有时又一个缠上一个。把那些结子都找到了，一一解开，乱丝就理通了。本文试图用解乱丝的方法来解这一难题。希望能提出一些线索来，与同志们共同努力，把这问题彻底地解决。

二　颁布《天朝田亩制度》前的宣传与农民的行动

太平天国革命，要创造一个"大家处处平均，人人饱暖"的社会。但它对《天朝田亩制度》的颁布，却是经过一番布置，很是慎重的。早在颁布以前，就为实行公有制进行宣传。当癸好三年（1853年）正月，大军下江南，抵达江西九江时，到处张贴布告，"首以薄赋税、均贫富二语"宣告人民。群众欢呼，踊跃赍粮犒军，沿江都是①。

到建都天京，就颁布《待百姓条例》宣告要行公有制。同时，又在讲道理的大会上，随时把这一种制度对群众作剀切详明的宣讲。有一个署名上元锋镝余生的反革命分子写的《金陵述略》记他在天京亲见亲闻的情况道：

> 逆匪所刻妖书、逆示颇多。省中刻有《续诏书》、《义诏诰》等，类多文义极不通，极狂悖。制造伪历，以三十一日为单月，三十日为双月，改地支丑亥二字为好开等字，欺天侮圣，罪难发数。内有《待百姓条例》，诡称不要钱漕，但百姓之田，皆系天王（天父）之田，每年所得米粒，全行归于天王（天父）收去，每月大口给米一担，小口减半，以作养生之资。……店铺买卖本利皆系天王（天父）之本利，不许百姓使用，总归天王（天父）。如此魂得升天，不如此，即是邪心，即为妖魔，不得升天，其罪极大云云。间有长发贼传人齐集设坛讲道，令人静听，亦即仿佛此等语②。

案这部《金陵述略》刻本有清咸丰三年六月朔日申江寓客跋，即太平天国癸好三年六月初一日。又清朝顺天府府丞张锡庚曾把传抄本奏呈。清廷抄寄江南大营钦差大臣向荣阅看，其日期为清咸丰三年五月二十三日③，即太平天国癸好三年五月二十五日，时在

---

①　据清咸丰四年三月二十一日道员吉尔杭阿禀江苏巡抚许乃钊说："江苏百姓困于钱漕久矣，杨逆上年下九江时，到处张贴伪示，首以薄赋税、均贫富二语煽惑愚民，是以赍粮资贼者，沿江皆是。兹又以此术行之安徽矣。"（见吴煦档案）此信仅署"三月二十一日"，未署年份。案信中说他攻上海"围攻六月而竟不下"，又说"今杨逆至江南才一年耳"，可知此信为清咸丰四年三月二十一日所写，而所记杨秀清下九江出布告时，则为太平天国癸好三年（即清咸丰三年）正月事。

②　据北京大学文科研究所、北京图书馆编《太平天国史料》录，原刻本英国不列颠博物院藏。上引文中"内有《待百姓条例》，诡称不要钱漕"一语，原作"内有《传百姓条例》，脆听称不要钱漕"，此处据《向荣奏稿》附录改正其误字、衍字。

③　见《太平天国资料·向荣奏稿》卷三《饬调吴健彰速赴镇江片》后附抄件。

建都天京后三个月。据此知所记太平天国《待百姓条例》和宣讲公有制，乃建都天京后就颁布和举行的。这部刻本每段后都有案语。加案语的人也是一个亲见亲闻的人，遇到那个上元锋镝余生诬蔑太平天国的地方，他都指出，或说无其事，或将真实情况写出订正。但在上引这一段记事之后，却说："按此皆有之"，说明这段记载是真确的。这段记载告诉我们三个消息：一、太平天国一切公有，田都是天父的田，店铺资本亦归天父所有；二、太平天国不收田赋，农民每年生产全归政府，由政府每月给以定量的粮食为生；三、太平天国要实行公有制度，除颁布《待百姓条例》外，还开群众大会宣讲这个道理，据其所记，《待百姓条例》与后来颁布的《天朝田亩制度》所规定的"凡当收成时，两司马督伍长，除足其二十五家每人所食可接新谷外，余则归国库，凡麦、豆、苎麻、布帛、鸡、犬各物及银钱亦然。盖天下皆是天父上主皇上帝一大家，天下人人不受私，物物归上主，则主有所运用，天下大家处处平匀，人人饱暖矣。此乃天父上主皇上帝特命太平真主救世旨意也"的精神和原则是完全相同的。反革命巨魁曾国藩《讨粤匪檄》[①]"农不能自耕以纳赋，而谓田皆天主之田，商不能自贾以取息，而谓货皆天主之货"的狂吠，便是根据这份《待百姓条例》来鼓动地主阶级对抗太平天国的。

在建都天京那一年里，今天从残阙的记载中看到农民行动起来的一些情况。有的地方如江西南昌梓溪镇棠溪村农民就在太平军围攻南昌时，向地主计亩征粮，分给无田的人吃。村中地主阶级分子邹树荣在《六月十八日江省被围感赋七律三首》[②]中纪其事道：

---

① 《曾文正公文集》卷二。
② 《蔼青诗章》，据《近代史资料》增刊《太平天国资料》录。

> 围闭江城历七旬，久偏生变是愚人，官兵与贼皆安堵，
> 乡俗乘机作怒嗔。计亩征粮忧富室（乡间计田一石，或出谷
> 一石、二石不等，分与无田者食，于是有田者多受累）……
> 吾村前后分三次（吾家一回出谷五十余石，一回出谷三十余
> 石，一回出谷二十石）。

有的地方如江西湖口县农民提均田的要求，实行了减租。湖口县
地主阶级分子张宿煌《备志纪年》①在清咸丰三年记事里记道：

> 是秋谷熟倍。近年三乡顽梗，倡均田之说，私相盟会，
> 准每亩佃户纳谷八斗。

这一年，在天京附近陈墟桥蔡村农民就不再向地主交租，得过有
衣有食的生活。汪士铎《乙丙日记》述其事道：

> 忆寓陈墟桥蔡村时，通村千余家……民皆不识字，而仇
> 恨官长。问："官吏贪乎？枉法乎？"曰："不知。"问："何以
> 恨之？"则以收钱粮故。问："长毛（尔纲案指太平天国）不
> 收钱粮乎？"曰："吾交长毛钱粮不复交田主粮矣。"曰："汝
> 田乃田主之田，何以不交粮？"曰："交则吾不足也。吾几子
> 几女，如何能足。"曰："佃人之田，交人之粮，理也，安问
> 汝不足；且汝不足，当别谋生理。"曰："人多无路作生理，
> 无钱作生理也。"

从汪士铎这段反动记述里，看出天京近郊农民的行动，看出他们
在革命前后不同的生活：在革命前，佃农受地主惨重的剥削，挨
饥受寒；到革命后，太平天国打击了地主阶级，他们不再向地主
交租了，只要向自己的政府交纳公粮，过着有衣有食的生活。他
们都知道清朝封建政权是保护地主阶级来剥削他们的，太平天国
政府却是保护他们的，他们认清楚了谁是他们自己的政府，谁是

---

① 见《近代史资料》总三十四号。

他们的敌人，他们就对官府掀起了仇恨。汪士铎说佃农仇恨官府是因为"收钱粮故"，官府是向地主收田赋，并不是向佃农收田赋，佃农之所以仇恨官府是因为官府保护地主来剥削和压迫他们，汪士铎的话是有所掩饰，不敢明白说出来的。

太平天国在建都天京后，就颁布《待百姓条例》，开群众大会进行宣讲，农民也行动起来，或向地主计亩征粮，分给无田的人吃，或倡议均田，实行了减租，或者就不再向地主交租。这一切，都为《天朝田亩制度》的颁布作了准备。

三 太平天国于何时采取"照旧交粮纳税"措施？为什么颁布《天朝田亩制度》后旋即采取这种措施？

对《天朝田亩制度》讨论的同志们，一般认为太平天国于颁布《天朝田亩制度》后，改行"照旧交粮纳税"，是从农民政权转变为封建政权。还有批判杨秀清施行"照旧交粮纳税"为保护地主阶级的倒行逆施；有批判李秀成成为叛徒罪证之一便是在苏、浙地区施行"照旧交粮纳税"等等。这些论断，是否事实，取决于太平天国究竟于何时采取"照旧交粮纳税"措施。为什么采取这种措施。

太平天国于癸好三年冬十一月颁布《天朝田亩制度》，它于何时采取"照旧交粮纳税"的措施呢？

这项措施，是正军师东王杨秀清率领北王韦昌辉、翼王石达开上奏天王洪秀全请办的。本章奏说：

　　小弟杨秀清立在陛下，暨小弟韦昌辉、石达开跪在陛下奏为征办米粮裕国课事：缘蒙天父天兄大开天恩，差我主二兄建都天京，兵士日众，宜广积米粮，以充军储而裕国课。

弟等细思安徽、江西米粮广有，宜令镇守佐将在彼晓谕良民，照旧交粮纳税，如蒙恩准，弟等即颁行诰谕，令该等遵办，解回天京圣仓堆积。如此缘由，理合肃具本章启奏我主万岁万岁万万岁御照施行。

天王洪秀全接到本章，批道："御照胞等所议是也，即遣佐将施行，钦此。"

这封本章，原件今未见。此处据自张德坚总纂《贼情汇纂》。该书著录空年月日不填①。案太平天国要行这种"照旧交粮纳税"措施，必须在建立地方政权后，编立了户籍，然后才能施行。考太平军于癸好三年八月从江西南昌撤围回守安庆，以经略安徽后，派石达开前往安民，太平天国始在安徽省已克复地方陆续设立乡官，建立地方政权②。据现存文献所载，安徽繁昌县到十月底还未举官造册，限于十一月初九日举齐③。可见安庆一带是到癸好三年秋冬间始陆续设立乡官，建立起地方政权。庐州系十二月初十夜（夏历十二月十六夜）始克复，地方政权的建立又比安庆一带迟一步。至于江西湖口设立乡官系癸好三年七月后事④，进入九江则系八月二十六日事⑤。故太平天国不可能于癸好三年秋收后在安徽、江西行"照旧交粮纳税"。安徽铜陵县有个地主阶级分子曹蓝田在清咸丰四年七月十六日《与邓太守书》说：

敝邑地滨大江，贼于去秋颁伪檄索户册。……贼众数百

---

① 见卷七《贼文告》伪本章式。

② 安徽人戴钧衡《草茅一得》述清咸丰三年兵事说："贼先时数千里所过不留，未尝行立官安民之事，迨八月复踞安庆，始行此举。"

③ 据殿右捌指挥杨《札谕繁珫县获港镇 汪纪常黄浒 张殿花 等》、癸好三年十月二十七日《札谕获港人民》。

④ 据张宿煌《备志纪年》。

⑤ 据彭旭《江西守城日记》。

人，旋于十二月既望，蜂拥至东乡顺安镇，剽掠无余，阖邑
近水之粮，掠取殆尽……贼亦旋去。今春一二奸民迎伪官及
贼党百余来踞县城，禁制繁多，诛求无已，民甚苦之。顷复
限于八月初一日征收钱米。①

案清咸丰四年八月初一日，即太平天国甲寅四年八月十七日。太
平天国于癸好三年秋天，命令安徽省铜陵县举官造册，设立乡官，
建立地方政权。这年十二月，前来取粮一次。甲寅四年春天，派
官前来治理，颁布新法令，到八月十七日始行"照旧交粮纳税"。
铜陵县的情况，可代表当时在太平天国治下安徽、江西各地的情
况。据此知太平天国施行"照旧交粮纳税"，是始于甲寅四年秋
天。正军师东王杨秀清等这封请于安徽、江西照旧交粮纳税解回
天京积贮本章，就是在这年秋收前，六月间上奏的。当时各地行
这种措施还有些有日期可考的，如安徽潜山县在这年七月征收②。
庐州在这年八月征收③。而这年桐城县下忙征粮，今天安徽省博物
馆还有一张朱浣曾下忙纳米执照。

　　《天朝田亩制度》废除封建土地所有制，按照人口平分土地。
而"照旧交粮纳税"，准许地主收租，却不得不承认封建土地所有
制。太平天国在采取"照旧交粮纳税"之日，上距颁布《天朝田
亩制度》之时还不过半年，而在一个月前——太平天国甲寅四年
五月二十三日，以正军师东王杨秀清名义《答复英国人三十一条
并质问英国人五十条诰谕》里，还向英国外交人员说明《天朝田
亩制度》是要行"田产均耕"，使人人都得"同享天福"，以达到
"天下一家"的大同世界，究竟有什么紧急的形势迫使太平天国不

① 《璞山存稿》卷七。
② 据储枝芙《皖樵纪实》。
③ 据吴光大《见闻粤匪纪略》。

得不采取"照旧交粮纳税"的措施呢?

原来太平天国建都天京后,行政机关大加扩充,天京人民也行供给制,而粮食来源主要是只靠克复州县获取仓储。这就不可能长期维持下去。据曾国藩湘军情报机关采编所张德坚总纂的《贼情汇纂》卷十《贼粮·仓库》说:

> 圣粮馆分丰备仓、复成仓、贡院三处屯贮,截至癸丑年终共存谷一百二十七万石,米七十五万石。江宁群贼口粮每月约放米三十余万石,合计米谷足支四月。

《贼情汇纂》又记到甲寅四年五月,天京"下一概吃粥之令"。关于天京吃粥事,当时在天京的谢炳《金陵癸甲纪事略》在甲寅四年六月记事里记道:

> 男子牌面,每日每名发米半斤,牌尾四两。女子每日每名,湖南以前发米六两,湖北以下,发米三两,均以稻代。悉令人食粥,否则杀。其时男馆逃走者多,新附者少。

当时也在天京的张汝南《金陵省难纪略》所记更详细,说:

> 贼常例各馆皆具人数,每十日赴典圣粮领米人一斤,斤不过七合,米不足,改给稻,仍一斤,舂米仅四合,稻亦不足,止给半斤,极至四两,因令人吃粥。然稻四两得米止合余,即作粥亦不饱,咸有怨言。洪贼时有谕示合城,不能全忆。中有:"神爷试草桥水深,如何吃粥就变心?不见天兄舍命顶,十字架上血淋漓。不见先锋与前导,立功天国人所钦"云云。

据上引记载,天京于甲寅四年五月已"下一概吃粥之令"。粮食告匮,到了"咸有怨言"、"变心"、"逃走"的地步。当时敌人江南大营正驻扎在天京东门外紫金山。虎视眈眈,与城内反革命分子图谋里应外合。如果太平天国不能解决天京粮食匮缺问题,哗变立见。

除了天京如此严重的形势外，从整个革命形势来看，粮储匮缺也是一个首要的大问题。上引那个记太平天国在安徽铜陵县征粮事的曹蓝田，他是个顽抗的反革命分子，坚决拒绝向太平天国纳粮，他论说："夫贼之绌于力者，以粮储匮缺，逃亡复众耳。一旦就沿江郡县勒征钱米，啸聚失业流民，则其势可以复振。"① 这个反革命分子是看得准确的。

所以，太平天国是因为要制止天京哗变的险恶情况，必须立即解决粮食来源的问题，而不得不采取"照旧交粮纳税"的措施的。这种措施，对当时整个革命形势说来也是有利的。

我们考明了太平天国采取"照旧交粮纳税"措施的时间，是在颁布《天朝田亩制度》后半年，其原因是急救天京缺粮。并没有初时是反封建的，其后逐渐转化为封建的那一个发展过程的时间存在。那些说法，其非历史事实，那是昭然若揭的了。

四　太平天国在对待农民的方针政策上的立场

论者说，太平天国采取"照旧交粮纳税"措施，就是保护地主阶级，改变了对农民的立场。是不是这样呢？记载表明，并非事实。研究太平天国土地制度，非先考明它在对待农民的方针立场不可。

太平天国革命，对地主阶级进行扫荡。冯桂芬上江苏巡抚李鸿章书说："被难之后，富户百无一存。"② 《光绪溧阳县续志》说："凡官宦之家，呼为妖头，杀之必尽。"《民国南浔镇志》说："世

---

① 这段话见《与邓太守书》。顽抗不向太平天国纳粮事，见《拒诸亲友劝输粟书》（见《璞山存稿》卷七）。

② 冯桂芬：《显志堂集》卷五《启李宫保论减赋》。

家大族，转瞬几成绝户。其间衣冠士族，在此四五年中，生计已绝。"太平天国对世家、富户、士族的扫除，到了这地步。而对农民阶级则加以保护。归庆枌《让斋诗稿·八月杂咏》道："数千贼众下昆山，焚掠兼施非等闲，大户一空小户静，似存公道在人间。"① 地主阶级分子这一首咏事诗充分说明了太平天国的立场，所以太平天国在它对待农民的方针政策上是站在农民阶级方面反对地主阶级的。它要向富家大户借捐②。而对一般性质的收费，则按贫富分多寡，如江苏吴江县发门牌时，"每张或三百有余，或五百有余，富户亦有千文不等"③。富户收费三倍于贫户。到收每户银米时，是一律的，但规定"贫户无力完者，有力者倍完以足之。不肯完者拘人封房"④，把贫户的负担加在富户的身上，富户不肯交的，则捉人封屋。苏、浙地区，在清皇朝统治下，封建政权保护绅富大户，剥削平民小户。江苏省各县，一般都是"以大户之短交，取偿于小户"⑤。吴江县"有十数顷之家，而所完无几者，有一二亩之家，而横征倍之者"⑥。浙江省杭州、嘉兴两府，则对"大户仅完正额，小户更任意诛求"，"以小户之浮收，抵大户之不足"⑦。太平天国克复苏、浙后，把这种剥削农民的做法颠倒过来

---

① 归庆枌《让斋诗稿》是一部稿本，南京图书馆藏。

② 太平天国向富家大户借捐例子举不胜举。以倦圃野老《庚癸纪略》所记勒捐吴江县同里镇富户事看，如记清咸丰十年十月"二十八日，贼谕伪董事十四家借捐银钱，每家八十千。有潘姓不肯捐，押三日，解江。伪监军责三百板，捐钱八十千，罚钱八十千，余费四五十千，释放"。记清咸丰十一年六月"二十日，伪监军勒银，富户十四家共勒银一千四百两"都是。

③ 见知非《吴江庚辛纪事》清咸丰十年八月初一日记。

④ 见倦圃野老《庚癸纪略》清咸丰十年十一月初九日记。

⑤ 据清道光二十六年柏葰等奏，见《清朝续文献通考》卷二，《田赋考》二。

⑥ 据陶煦《租赋辨上下》。

⑦ 据左宗棠《议减杭嘉湖三属漕粮大概情形折》，见《左文襄公全集》奏疏卷十一。

了，"贫户无力完者，有力者倍完以足之"。这就鲜明显著地体现着太平天国农民政权的基本方针和立场的所在①。

我们还要专对太平天国政府在处理农民抗租问题上来考察。太平天国是准许地主收租的，但却放任佃农不交租。江苏常熟地主阶级分子龚又村《自怡日记》清咸丰十一年二月二十五日记道：

> 见伪示欲到处讲道，并禁薙头、霸租、抗粮、盗树，犯者处斩。然其所统官员……又任佃农滋事……与示正大反。

案所谓"霸租"，就是佃农不肯交租，禁霸租，就是禁止佃农不交地主租。但是，太平天国的官员们，却放任佃农不交地主租。布告上说的是禁止佃农不交地主租的，但执行起来却是放任佃农不交租，所以这个反革命分子说"与示正大反"。他在同月的日记里还记有一件关于这一类事件的大事说：

> 廿六日回寓，知昨日平局遭土匪之劫，屋庐多毁，器物掠空，局主报案。次日，局发乡勇捉犯，而逃遁者多，查拿数日，始于贵泾获曹、顾、贾三人押到俞局。而埋轮之使，犹倡免租之议，胆纵豺狼。

在四月初七的日记里，记这事的结局说：

> 晚偕礼庭至洞港泾，适徐局勇首顾大山来调停劫局案，曹和卿同拟各佃凑钱赔赃，并起事各图办上下忙银各三百，外加二百六十文以赔夏赋。所获三犯释回。

案"平局"，是一个收粮局名的简称，"俞局"、"徐局"都同。太平天国地方政府的干部因不懂征收田赋手续，所以这种收粮食大

---

① 此处所述太平天国掌握的方针和立场的论证，系读郭毅生同志《太平天国经济制度》时论太平天国对待农民把清朝封建统治的做法颠倒过来了的论证得到的启发，谨注明于此，以见所自。

都交给地主阶级分子或衙门书吏办理，他们就利用来收租。被这个反革命分子狂吠为"土匪"的，实是佃农，被诬蔑为"平局遭土匪之劫"，实是佃农去捣毁帮地主收租的收粮局。所说的"埋轮之使"，典故出自《后汉书·张纲传》，指天王派来的钦差大臣。这位钦差大臣当常熟各图佃农捣毁帮地主收租的收粮局时，他不是下命令派军队去镇压佃农，而是宣传地主不应收租的大道理。后来经过中间人调停，佃农只是交粮和给还取去收粮局器物价钱，竟不交租，取得了胜利。这个地主阶级分子对这位钦差大臣咬牙切齿地咒诅说什么"胆纵豺狼"。这两项记载，记出了太平天国政府放任佃农不交租，钦差大臣宣传地主不应收租，恰恰和封建政权保护地主收租，视为天经地义完全相反。

太平天国与农民有血肉相连的关系，怀有深厚的阶级感情。克复浙江后，在海宁流传的那一首"黄（万）金家财殓蒲包，穷人手里捏元宝，长毛哂哂笑"[1] 的民谣，和忠王李秀成庄严地发表的外国资本主义侵略者讥笑天京为"苦力王们的城市"，而太平天国却认为这个"称号，是最大的恭维"[2] 的宣告，太平天国从战士以至领导者这种阶级立场，正是深刻地反映出这种关系和感情。在这种关系和感情下，太平天国对待农民的方针政策，便自然而然地是从农民出发，站在农民方面的。

五　太平天国从"照旧交粮纳税"经过"着佃交粮"到耕者有其田的土地政策

太平天国在对待农民的方针政策上的立场既考明，现在来说

---

① 见浙江海宁冯氏《花溪日记》。

② 据王维周译吟唎《太平天国革命亲历记》第十九章记录忠王李秀成向外国人发表的太平天国反侵略的言论。

它的土地政策。

太平天国的土地政策，最初是"照旧交粮纳税"政策，这个政策颁布后，首先是佃农不肯向地主交租。在太平天国革命洪流当中，追求平等、平均二千年的中国农民行动起来了，凡是太平天国克复的地方，到处都是"地符庄帐付焚如，官牒私牒总扫除"[1]。农民把地主阶级和封建统治紧勒在他们身上的枷锁打碎了，不肯再受地主剥削了。安徽桐城人方宗诚《闲斋诗集·食新叹》道："东庄有佃化为虎，司租人至搜其乳。西庄有佃狠如羊，掉头不顾角相当。"佚名《平贼纪略》清咸丰十一年十月《锡金城民总立仓厅》记江苏无锡、金匮情况说："各佃户认真租田当自产，故不输租，各业户亦无法想。"浙江嘉兴吴仰贤《小匏庵诗存·新乐府粮归佃》诗注说："禾中向有租田当自产之谚。"所谓"向有"，指太平天国统治嘉兴时事。如地主有企图收租的，佃农就予以打击。吴县甫里镇人杨引传《野烟录》记其事说："凡里人有田者，由乡官劝谕欲稍收租，而佃农悍然不顾，转纠众打田主之家。桃浜村为之倡，事起于南栅方氏。于是西栅金氏，东栅严氏家，什物尽被毁坏，而严氏二舟泊屋后亦被焚。陈某被缚于昆山城隍庙石狮子上，几饱众拳。"案陈某是甫里镇乡官。又或有地主凭借某种恶势力来强行收租的，佃农也同样予以打击。龚又村《自怡日记》记常熟事说："邹氏设局于神祠，又被拆坏，局董被戕投水。收过租米之局，众佃竟欲索还，于十三日赴俞局哄闹，几欲焚

---

①　见浙江乐清林大椿《垂涕集·乐成感事》第十四首。地符，指地主的地契。庄帐，指地主的收租簿。官牒，指官府文书。私牒，指地主文券一类的东西。这两句诗是说那些剥削农民、压迫农民的地主的地契，收租簿以及一切文契和官府文书，都给太平军和农民焚烧扫除了。这是太平天国革命当中，农民起来打倒地主阶级的反封建革命行动。但有不同意见，我另有《太平军和农民群众的反封建不是有意识的行动吗？》进行讨论，此文收在《太平天国史丛考乙集》内。

劫。"① 佃农对地主的蠢动，或毁，或焚，或打，或杀，对帮助地主的乡官也予以惩治，捆缚在通衢上示众，这是两个具有典型的事例，各地抗租情况大都如此。有些地主只得把田卖给佃农来救饥。江阴《章氏支谱》章型《烟尘纪略》说："将田亩售与佃农，价愈贱而售愈难。"常熟龚又村《自怡日记》说："中夜念业户二年无租，饿死不少，幸而降价鬻田佃户，十得二三，何以延命。"② 因此，世家大户成了饿莩。《光绪溧阳县续志》说："旧时肉食垂绮罗，今日饥寒面如鹄。"仪征程畹《归里杂咏》道："良田万顷成何用，饿死当年积谷翁。"③ 这些记载，说明不论太平天国前期或后期，不论在安徽或江苏、浙江，佃家都不交地主租了。这是普遍的情况。

在封建社会，封建政权为保护地主收租，定有种种压迫佃农的法律规条，把抗租与抗粮视为同等违犯"国法"。佃农如个人敢于抗租，就要把他逮捕治处；如敢聚众抗租，就要派兵剿灭。太平天国既颁布"照旧交粮纳税"政策，准许地主照旧向佃农收租缴纳国家佃赋，在未实行《天朝田亩制度》进行土地改革以前，还承认地主合法的存在。现在，佃农抗不交租，太平天国是不是如同封建统治那样镇压佃农，逼迫佃农向地主交租呢？这是鉴定太平天国究竟是农民政权还是地主政权的试金石。江苏常熟人汤氏辑《鳅闻日记》清咸丰十年九月记事，对此曾有过一段比较详细的记事道：

> 九月下旬……乡官整理田亩粮册，欲令业户收租，商议条陈。无奈农民贪心正炽，皆思侵吞。业户四散，又无定处，

---

① 见咸丰十一年四月十三日记。
② 见同治元年闰八月初一日记。
③ 《啸云轩诗集》卷二。

各不齐心。且如东南何村，因议收租，田夫猝起焚拆迭事王姓之屋，又打乡官叶姓。又塘坊桥民打死经造，毁拆馆局，不领门牌，鸣金聚众。王市局中严朗三等，闻信大怒，令乡勇欲捉首事之人。彼众负隅力拒，扬言欲率众打到王市。于是局中急添乡勇二百名，借盐快鸟枪抬炮，端正饭食、酒肉、馒头、茶汤。汪胜明同严士奇、叶念劬、姚锦山、徐兆康等磨拳擦掌，连夜入城见伪主将钱，请兵下乡剿灭乱民。不料钱姓不肯轻信擅动刀兵，反怪乡官办理不善。但着本处乡耆具结求保，愿完粮守分等语。又给下安民伪示，劝谕乡民。其事遂以解散，王市局中诸人败兴而归，从此势弱，不能勒捐，进益渐少，只得散去。

上引记事说的主将钱，是镇守常熟的副将钱桂仁，主将是侯裕田。侯裕田是太平天国的一个耿耿精忠的人物，因常熟地处冲要，特派监视钱桂仁的[1]，所以钱桂仁后来虽然是个叛徒，此时却不敢不执行太平天国的政策。王市局，就是王市的乡官局，严士奇等都是钻入乡官局的地主。汪胜明是常熟县监军，奉派来王市调查农民殴打乡官事件。他本是安庆一织席手工人，到王市后，受到做乡官局的地主的腐蚀，却帮同地主来镇压农民。当时王市附近何村、塘坊桥等地都有佃农聚众抗租，焚烧地主房屋，打死地主，殴打乡官，捣毁乡官局等事发生。王市局派乡勇去塘坊桥要逮捕抗租斗争的领袖，佃农迎击，宣言要打到王市来。汪胜明等急添乡勇，借枪炮，磨拳擦掌，连夜入城见钱桂仁，请兵下乡剿灭佃农。钱桂仁不但不发兵，却斥责乡官办理不善。他出布告安民，只劝谕佃农交粮和守秩序（"完粮守分"），地主收租的企图被粉碎（"其事遂以解散"），钻入王市乡官局的地主垂头丧气而归，"从此

---

[1]　侯裕田事迹，见我著的《太平天国史·侯裕田传》。

势弱","只得散去",佃农取得了胜利。常熟是苏南阶级斗争最复杂、最激烈的地区,王市这次事件,是表明太平天国政府站在农民方面的立场来处理佃农抗租斗争最典型的事件。

在另一方面,地主也不敢向佃农取租。太平天国既颁布"照旧交粮纳税"政策,而赋从租出,就必须准许地主收租纳粮。常熟佚名《庚申避难日记》清咸丰十年十一月初六日记说:

> 初六,有长毛告示,要收钱粮,谕各业户、各粮户……即行回家收税完粮。

太平天国准许地主收租,是有严格的规定的:凡地主收租,必须先认田登记(即报明田数、圩名、花户存案)①,然后准领凭收租。而租额由政府定,收租后除负担向国家交粮赋外,还要缴交各费。例如常熟情况,规定收租六斗五升,交粮三斗七升,田凭费一斗,局费五升,经造费一升,师帅、旅帅、卒长、两司马费二升,地主只得租米一斗。所以地主阶级分子悲叹说:"费大于租,业主几难糊口。"② 各地情况虽有不同,但根本政策和办法却是一致的,可见太平天国虽准地主收租,但其情况已和封建社会大大不同的了。当时各地的地主多不肯领凭收租。《庚申避难日记》清咸丰十一年十月记常熟情况说:

> 十五、十六晴。长毛同司马、百长下乡写田亩册,限期收租,要业户领凭收租。现今各业户俱不领凭。长毛告示,不领凭收租者,其田充公。

常熟柯悟迟《漏网喁鱼集》清咸丰十一年九月记事也说:

> 九月,贼目出示,着师、旅帅重造田册,注明"自"、"租"名目,招业主认田,开呈佃户田亩细数,每亩先缴米一

---

① 据知非《吴江庚辛纪事》清咸丰十年十二月初七日记。
② 据龚又村《自怡日记》清咸丰十一年十二月初二日记。

斗，即给田凭，准其收租，无一应者。

地主为什么不去认田、登记、领凭收租呢？常熟有个地主阶级分子叫曾含章的在《避难纪略》里作了回答：

> 令业户领伪凭，曰田凭，诱以领凭之后得以收租，卒无一人应之者。盖明知租之必不能收，而深虑贼之知为业户而加害不休也。

这就是说地主即使遵照太平天国法令领了田凭，佃农还是不肯交租的。地主既登记领凭，收不得租，不但要担负纳田赋，而且，深怕登记后露了身份，受到没完没了的打击。这个反革命分子的话，说明了当时地主不肯认田登记的原因，也把太平天国农民政权的性质说得一清二楚。当时地主不敢收租，还有一些复杂的原因，常熟汤氏《鳅闻日记》清咸丰十一年八月记其事道：

> 秋八月初，城中钱逆又升伪衔，传齐各乡官与钱伍卿等，共议收租。着各业户开报田册，晓谕绅富归家料理租务。先议着乡官包收，先捐经费，起田单，拟每亩八斗。除完粮下忙银，业户只得二三斗，且报满二百亩者，载入大户，如匿违不报，将田充公等示。于是避江北者亦闻信回南，嗷嗷待哺。有识见者以为将来作大户勒捐，便中贼计，且不屑具名禀呈，料佃户亦不服，故久无呈报之人。又因众目皆思染指，与钱伍卿争揽收租。自八月初至九月中，终未议定。惟伪军、师帅等有田产如严逸耕辈，皆欣然打干催头发限票，预受族党请托，到后竟成子虚画饼，可发一大噱。

案钱逆，指叛徒钱桂仁。钱伍卿是钻入太平天国阵营的地主阶级分子。从这一段记载可见，就是在叛徒和反革命分子共同主持下，但地主除纳粮外，每亩只得二三斗，而收租须先开报田册，报满二百亩，便列为大户，成为纳捐对象。且知佃农不肯交租，所以地主都不肯呈报。加以反革命分子都想染指，争揽收租，内部矛盾重重，结果竟成子虚画饼。

太平天国对佃农不肯交地主租，焚烧地主房屋，打死地主，殴打乡官，捣毁乡官局，尚且安抚佃农，以愿交粮了事。现在，地主自己不敢领凭收租，太平天国就只有向佃农收粮，那更是不待说的事了。太平天国是农民政权，站在农民方面，所以它不是镇压农民，保护地主收租完粮，而是根据当前的具体形势，因势乘便，顺应佃农的愿望，创造性地采取了向佃农征粮政策。这个政策，《民国太仓州志》叫做"着佃收粮"，江苏常熟柯悟迟《漏网喁鱼集》叫做"着佃启征田赋"，江苏元和陆懋修《庽翁文钞·收复苏松间乡镇私议》叫做"着佃追完"，浙江嘉兴吴仰贤《粮归佃》诗叫做"着佃还粮"，清朝江苏巡抚李鸿章叫做"着佃交粮"[①]。称谓略有不同，都是指这一个政策说的。本文取"着佃交粮"这一个含义较切的名称来考述。

考太平天国于癸好三年（1853年）建都天京那一年的秋收前，就在天京近郊宣布向农民收粮[②]。上引汪士铎《乙丙日记》所述他于这年十一月，逃出天京，到三十里外的陈墟桥蔡村去，亲见农民向太平天国交粮后，不复交地主租，得到有衣有食的好景，仇恨清朝官府的事。太平天国所行的"着佃交粮"政策，便是这个为佃农所欢迎的政策。《同治崇仁县志》记太平天国丙辰六年克复江西崇仁县设立乡官后事说："军帅按亩征粮，由监军发给伪串"[③]，行的也可能是"着佃交粮"政策。

---

① 据李鸿章清同治四年六月初一日《陈明租捐丈田清理民房情形片》，见《李文忠公奏稿》卷九。

② 据《忆昭楼时事汇编》卷三《又初四日接溧阳禀》记清咸丰三年（即太平天国癸好三年）七月二十二日，太平天国十七指挥在天京近效各乡宣布要向农民每亩征稻三十斤事。

③ 《同治崇仁县志》卷五之二《发逆情形》。

据现存记载，太平天国于庚申十年（清咸丰十年，1860年）夏克复苏南，这年冬，第一次征粮，就是向佃农征收的。我于50年代初，曾据常熟顾汝钰《海虞贼乱记》所说清咸丰十年十月二十日，太平天国在江苏常熟出告示"着旅帅、卒长按田造花名册，以实种作准，业户不得挂名收租"。又说"是年秋收大熟"，"惟收租度日者"，"甚属难过"，及徐日襄《庚申江阴东南乡常熟西北乡》日记说"农民之力田者窃利租不输业"的话，认为太平天国是行耕者有其田的政策。到1960年，始得见新发现的常熟人柯悟迟著的《漏网喁鱼集》，其中记清咸丰十年冬太平天国在常熟征粮事说：

> 十一月……起征粮米……十三日……出示天朝九门御林丞相统下军师汪，查造佃户细册呈送，不得隐瞒，着各旅帅严饬百长、司马照佃起征。……十二月……二十日，设局太平庵，着佃启征田赋。

我两相对勘，始知顾汝钰把太平天国"着佃启征田赋"政策，以他自己的理解写作"以实种作准，业户不得挂名收租"，我根据了顾汝钰的记载认为当时太平天国的耕者有其田的政策是错了。现特在此郑重更正。

这一年常熟有个姓汤的，在他的《鳅闻日记》中记道：

> 伪师帅在本地设局，征收当年钱粮。……乡农各佃既免还租，踊跃完纳，速于平时。

江苏吴江县也有这年太平天国向佃农征粮的记载。吴江同里人倦圃野老《庚癸纪略》清咸丰十年十一月记事道：

> 十一月初三日，贼征银米，各乡村报田数，每亩纳米一斗五升，钱五百。伪旅帅陆续解江。

从所记太平天国这一年在吴江县征粮，是据"各乡村报田数"，即柯悟迟所记常熟县"查造佃户细册呈送"的办法，知道也是向佃农征收田赋的。

地主阶级分子不肯遵照太平天国法令认田登记，却组织收租局，企图压迫佃农交租。倦圃野老《庚癸纪略》清咸丰十年十二月记事记道：

> 初七日，闻长洲、元和、吴县及本县芦墟、盛泽、莘塔、北库等镇业田者俱设局收租息米，每亩四五斗不等。同里亦欲举行，夜（旋）为伪监军阻挠，遂不果。

查该书庚申、辛酉两年纪事的初稿，曾以《吴江庚辛纪事》名称刊出，对此曾有说明道："旋得钟监军文书，必先报明田数、圩名、花户存案，然后施行，各业因有或报或不报者，事不果行。"①钟监军名志成，同里镇人，考中太平天国博士，授吴江、震泽两县监军，治理江、震两县事，政绩斐然，后来吴江失陷，被俘牺牲，是太平天国史上一个对革命事业忠贞尽瘁的人物。他责令地主遵照法令登记，地主不从，他就制止地主收租。

常熟的地主也设立收租局企图压迫佃农交租。常熟曾含章《避难纪略》记其事道：

> 咸丰十一年二三月间，钱华卿、曹和卿等创收租之说，各处设立伪局，按图代收，令业户到局自取。旋于四月中，吴塔、下塘、查家滨之伪局被居民黑夜打散，伪董事及帮局者皆潜逃，其事遂止。

这个钱华卿得到常熟守将钱桂仁的同意办理留养难民局事②，曹和卿（即曹敬）参加常熟议设勇防土匪与设局收粮事。这两人都是地主阶级分子。他们就借这点关系设收租局，要包办地主收租。

---

① 见《近代史资料》1955 年第六期。这几句说明，同见于清咸丰十年十二月初七日记事。

② 据龚又村《自怡日记》清咸丰十年十一月初二日记。按该书记钱华卿作钱伍卿，名福钟。钱华卿办理留养难民事，并见柯悟迟《漏网喁鱼集》。

可是，佃农起来把那些收租局打散。

地主见自己的力量不济，又去纠合恶霸匪帮用武力来设局收租。倦圃野老《庚癸纪略》清咸丰十一年十一月纪事记道：

> 十一月初一日，周庄伪乡官费玉存（成）设收租局于北观，每亩收租息米照额二成折钱，局费每千扣二成。至十二月初旬，各乡佃户颇有还者。旋为伪监军见嫉，从中败事，从此瓦解矣。

这个费玉成，是太湖上枪船匪帮的一个头子，拥有一支武力，太平天国不得不暂时牢笼他，这时封为镇天豫。倦圃野老在此处说他是苏州周庄乡官是错的①。吴江、震泽监军钟志成不畏强暴，加以制止，使地主阶级的收租局再一次瓦解。

从上所考，看见当时佃农与地主阶级顽固分子双方展开的斗争，佃农的猛烈威力，压倒了地主阶级的顽抗分子。太平天国地方政府则执行法令，对地主阶级分子不遵照法令认田登记，而擅自设立收租局的违法勾当加以制止，使地主阶级的收租局一再瓦解。革命形势向着有利方面发展，于是太平天国在土地政策上，便从"着佃交粮"向前采取进一步的措施。

这进一步的措施，就是颁发太平天国的新土地证——田凭。这是太平天国的一件大事，虽记载残缺，但仍可考见。考太平天国癸开十三年（清同治二年）冀天义程《发给吴江县潘叙奎荡凭》上说：

> 缘我天朝恢疆拓土十有余年。所有各邑田亩，业经我忠王操劳瑞心，颁发田凭，尽美尽善。

案现存太平天国壬戌十二年忠王李秀成《发给金匮县黄祠墓祭田

---

① 他在初稿中就记为镇天豫，见知非《吴江庚辛纪事》清咸丰十一年十一月二十一日记。

凭》和《发给陈金荣田凭》上，都印有"忠王李为发给田凭，以安恒业而利民生事"十七字。又据发现的田凭，有江苏的，也有浙江的，有用李秀成名义颁发的，也有用他统下镇守地方的将领名义颁发的。这都说明这时颁发新土地证，是由忠王李秀成主持，为"安恒业而利民生"，向所辖苏、浙地区颁发的。这些文物，铭记了太平天国颁发新土地证的措施与目的。

关于这件大事的记载，所见有佚名《庚申避难日记》清咸丰十一年（即太平天国辛酉十一年）十二月初二日记，述江苏常熟太平天国政府向自耕农颁发田凭事说：

> 长毛又要耕种自田领凭，每亩米五升，折钱一百二十五文，着旅帅必要催领。

倦圃野老《庚癸纪略》清同治元年（即太平天国壬戌十二年）三月纪事，记江苏吴江、震泽两县监军钟志成召各乡卒长前来，宣布太平天国向佃农颁发田凭的政策，命回乡颁发事说：

> 伪监军提各乡卒长给田凭，每亩钱三百六十，领凭后，租田概作自产。农民窃喜，陆续完纳。

前者说明向自耕农颁发，后者说明向佃农颁发，这都明确地说明了这时向苏、浙地区颁发新土地证的对象，后者并说明其保护佃农土地所有权的目的。两者所记各有所偏，但正可以互相补充。在这里，应该作一些必要的说明。这次颁发田凭，是太平天国革命政府颁发的新土地证，是向苏、浙地区颁发的，而不是常熟、吴江、震泽几个县的措施。而向佃农颁发田凭，具有根本性的改革，更不是这个管理吴江、震泽两县民务，在其上有层层管辖，就在吴江、震泽还有佐将管辖的小小监军钟志成所得擅自施行而取信于民的。又在庚申十年夏，太平天国克复苏南后，规定地主必须遵照法令登记领凭，然后得收租。那种凭证，也叫做"田凭"，是专作为地主收租证明用的，佚名《庚申避难日记》说：

"长毛告示，不领凭收租者，其田充公。"曾含章《避难纪略》说："令业户领伪凭，曰田凭，诱以领凭之后得以收租。"龚又村《自怡日记》说："伪示业户呈田数给凭，方准收租。"所以吴江大地主柳兆薰就把它叫为"租凭"①。柳兆薰记那种"田凭"，吴江"给凭每亩十文"②，而作太平天国的新土地证的田凭，吴江、震泽发给的却是"每亩钱三百六十"，收费相差到三十六倍。可知那种作为地主收租证明用的"田凭"，与这时从"着佃交粮"政策向前采取进一步措施而颁发的太平天国新土地证的田凭，名同而实异，两种性质是迥然不同的。

上引两种记载都没有说到对以前那些已经遵照法令认田登记、领凭收租的地主怎样办法。从太平天国的政策看，那些遵守法令的地主是可以领取新土地证的。不过，在当时革命形势下，一般情况佃农都不肯向地主交租，这才出现了"着佃交粮"政策。现在，又颁布了"领凭后，租田概作自产"的政策，这就一定会鼓励那些在地主依赖某种凭借进行压迫下不得不交租的佃农也敢于抗不交租，而照章去领田凭以取得土地所有权了。吴江县发田凭后三个多月，这个县芦墟胜溪有个拥有三四千亩的大地主柳兆薰，他曾遵照太平天国法令报田领凭，在枪船恶霸匪帮头子的保护下，于庚申十年十二月就收租，在辛酉十一年内收了一千三百余石租，可是，到这时，却不得不走去上海了③。这个大地主的出走，最主要的原因是由于保护他的枪船匪帮被太平天国消灭，他怕群众清算，同时，也说明从前那些向他交租的佃农领取田凭，得到所有权，有了法令的保护，不再向他交租了。

---

① 见柳兆薰《柳兆薰日记》清咸丰十一年二月初三日记。
② 见《柳兆薰日记》清咸丰十年十一月二十日记。
③ 柳兆薰于清同治元年七月逃去上海，见《柳兆薰日记》。

以前，地主不遵照法令认田登记，就采取"着佃交粮"政策，但仍保留地主对土地的所有权。现在，颁布新土地证田凭的政策是：凡佃农"领凭后，租田概作自产"，这就把地主所有权转移到佃农手中，以国家法令保护耕者有其田了。

必须指出：当时苏、浙地区的斗争是很激烈的，情况是十分复杂的，还存在着各种不同形式的保护地主收租的事实。所以"着佃交粮"和地主收租是并行的。但是，不但佃农不肯交租的地区和地主不敢收租的地区，以及逃亡地主的田地，都是行"着佃交粮"，都是反革命分子控制的地区，佃农只要有可能反抗，就不肯交租，例如长洲县是恶霸地主徐少蘧控制的地方，而地主收租，有"籽粒无着"的①，有"多半向隔空转"的②，也还是要"着佃交粮"。此外，太平天国对官僚的妖产和庵、观、寺、院、公田、学田等国产，一律充公③，也都是行"着佃交粮"的。因此，从整个情况（不是一时一地，而是太平天国统治苏、浙全部期间和全部地区）总的来看，"着佃交粮"是普遍的，而地主得收租是局部的，并且是随着阶级斗争力量对比的变化而变化

---

① 据太平天国壬戌十二年九月十八日，《诞天安办理长洲军民事务黄为酌定还租事告示》。

② 据太平天国壬戌十二年九月，《诞天安办理长洲军民事务黄为委照酌定租额设局照料收租事给前中三军帅张等》。

③ 太平天国叫官僚的田产为"妖产"，一律没收。龚又村《自怡日记》清咸丰十一年十一月初十日记述江苏常熟县没收官僚田产事说："翁、庞、杨、王诸宦注明原籍田尽入公，伪官目为妖产，设局收租。"清江南河道总督潘锡恩于清咸丰八年（即太平天国戊午八年）自述，他在安徽芜湖县的田产二千一百二十六亩，自清咸丰三年（即太平天国癸好三年）后，"籽粒无收"（据抄本《徽郡御寇案牍》）。曾任四川永宁道的苏州人汪堃说：他在长洲县的田租四千余石，也完全被没收（据汪堃《寄蜗残赘》卷十四，他在《蠡湖异响序》中前写的题记）。至于太平天国没收庵、观、寺、院等田产事，如储枝芙《皖樵纪实》记安徽潜山县事说："咸丰五年二月，贼查庵、观、寺、院田产充公。"佚名《庚申避难日记》说："长毛告示，要收钱粮。谕各业户，各粮户，不论庙田、公田、学田等，俱要造册收租完粮。"桐城方宗诚《上曾节帅书》说："各地庵观寺院焚毁几尽……其田租皆归贼收。"（见《柏堂集续编》卷八）涤浮道人《金陵续记》说："僧道香火祠祭暨民间公产，则由伪总制查索。"

的。上引那个"中夜念业户二年无租,饿死不少"的做书塾教师的常熟地主龚又村,他记常熟"南乡粮租并收,其三乡但有粮局,业户几不聊生"①。常熟的情况,可以代表苏、浙的一般情况。当时广大佃农不肯交租,对既得权利不肯放弃。吴江同里镇人倦圃野老《庚癸纪略》记有太平天国失败后,到清同治三年十二月,吴江同里镇佃农还不肯交地主租,吴江县官亲自下乡两次把佃农严刑追逼的事。②此时上距吴江沦陷,地主阶级复辟,进行倒算已经一年半,首都天京的倾覆也过了半年,同里镇佃农尚且如此,在太平天国统治时更可知。这断不是同里镇一地的情况,只因为今天流传有记到这事的同里人记载,我们才知道罢了。那时江苏巡抚李鸿章攻陷苏南后,不得不照太平天国办法在吴县、长洲、元和、吴江、震泽、华亭、娄县、青浦、金山等县行着佃交粮至两年之久③,这件事说明了当时佃农在太平天国失败后抗租的情况,也说明了当太平天国统治苏、浙时,"着佃交粮"是普遍的,而地主得收租却是局部的这一事实。

太平天国颁布《天朝田亩制度》,因天京缺粮的紧急情况,不得不采用"照旧交粮纳税"措施。它根据具体的情况,顺应农民的愿望,先行着佃交粮政策,一反我国千余年田赋制度的常规,变地主交粮为佃农交粮。其后,随着形势的发展,进一步颁发田凭,宣布凡佃农"领凭后,租田概作自产",把土地所有权从地主转移到佃农手中,使行"着佃交粮"广大地区的佃农得到了自己所耕的田。太平天国并没有颁布耕者有其田政策,而在它所施行的土地政策的结果,事实上竟成为耕者有其田了。

---

① 见龚又村《自怡日记》清咸丰十一年十一月初十日记。
② 据倦圃野老《庚癸纪略》清同治三年十二月初十日记。
③ 据李鸿章清同治四年六月初一日《陈明租捐丈田清理民房情形片》。

六　太平天国后期苏、浙地区那些保护
地主事件是反革命分子干的勾当

在《天朝田亩制度》实施问题的研究当中，问题最严重的是论者把太平天国后期苏、浙地区那些蜕化变质分子，投降的清朝将弁和钻入革命阵营的地主、恶霸、匪帮所干的保护地主的倒行逆施的勾当，认为是太平天国的措施。于是把太平天国的政权断定是封建政权，把太平天国革命擦得一团漆黑。因此，对这一点特别要进行明察秋毫的辨析，把那些复杂、隐晦的史实勾稽出来。

太平天国后期在苏、浙建立政权时，首先是由于采取招降政策①，混入大批敌人，有清朝的残兵败将（如李文炳、何信义），有地主团练头子（如徐少蘧、华翼纶），有恶霸匪帮（如费玉成、孙金彪），有地主绅士（如曹敬）等等，他们伪降太平天国，暗地仍潜通清朝。在太平天国里面，又有些不坚定的分子，受了苏、浙繁华的腐蚀，开始蜕化变质（如黄和锦、邓光明。因此，苏、浙政权就与太平天国前期在安徽、江西建立的政权那样纯粹不同。

在这些反革命分子和蜕化分子盘踞的地方，就倚仗他们的势力来保护地主收租。龚又村《自怡日记》说："闻金匮界照旧收租"，"长洲、相城一带，因徐少蘧之请，亦准收租。"金匮县荡口镇官僚大地主华翼纶的势力便在金匮界。苏州永昌从监生加捐道衔的大地主徐

---

①　据以精忠军师洪仁玕为首领衔与英王陈玉成、忠王李秀成、赞王蒙得恩、侍王李世贤、辅王杨辅清、章王林绍璋共同颁布的《劝谕清朝官兵弃暗投明檄》。这道檄文，是当时太平天国中央政府定的招降政策。近年有人说是李秀成个人的措施，指为他作为叛徒的一条证据是不符合事实的。此檄今只见英国剑桥大学图书馆藏抄本，无月日。另洪仁玕《诛妖檄文》一书内也收有此檄，连年份都未印。案当是庚申十年三月打垮清朝江南大营后进军苏、常时颁发的。

少蘧的势力便是在长洲、相城一带。苏州辖吴县、元和、长洲三县，吴县、元和并无收租局①，惟长洲有收租局，正是由于徐少蘧的缘故。至于龚又村所说常熟东西南北四乡，只有南乡粮局兼帮地主收租，必有仰仗才敢如此，混入太平天国阵营的地主绅士曹敬正是常熟南乡人②。陶煦《贞丰里庚申见闻录》说周庄镇局"悉听费氏主持"。所说费氏，就是苏州元和县周庄镇恶霸枪船匪帮头子费玉成。这个恶霸匪帮头目，不但在周庄横行，还派枪船到附近地区去保护地主收租。吴县蓼村遁客《虎窟纪略》说："枪船头目费玉，贼封镇天豫占管太湖、石湖、茭荡，设保卫局于邵昂，江、震田在局收租。"案费玉，即费玉成，又名秀元或玉存。江、震就是吴江和震泽。上面说的那个吴江大地主柳兆薰，就曾经得到费玉成和吴江盛泽镇枪船匪帮头子孙金彪的保护，他在枪船匪帮被太平天国消灭后一个月走去上海，就是因为要逃避群众的清算③。在一些资

───────────────

①　据龚又村《自怡日记》清咸丰十一年十月二十四日记。

②　据祁龙威注华翼纶《锡金团练始末记》（见《近代史资料》增刊《太平天国资料》），及参考常熟曾含章《避难纪略》。

③　柳兆薰在《柳兆薰日记》自述与费玉成的关系，如清咸丰十一年正月二十一日记说："到局，玉老托病不见，与意中人论及保卫两局捐疏，略悉端倪，约翌明日出来，茶叙后即返，与两兄议，明早再去，必须定见，否则恐有变卦。"二十二日记说："到局……与玉老、晓芹、松老细论详说，始落肩，每月二钱，数不能再让，始写定，立揭支取，此事差强人意也。"玉老，即费玉成。费玉成以保卫两局名义向柳兆薰勒索保护费。柳兆薰去见他，第一天托病不见。第二天见面，经过讨价还价，这边"细论详说"，那边"不能再让"，自交了保护费之后，才有了交情。他在清咸丰十一年十月初一日记说，费玉成（老贝公）到吴江芦墟，他荣幸地得"接陪则席"，"下午蒙紫至敝庐"。同治元年正月二十三日记自述赴周庄"老贝公所"，拜见费玉成。不久费玉成病死了，他的枪船由他的儿子费金绶统领。到清同治三年八月二十七日，那时天京已经失陷了，他自述到周庄吊祭费玉成，称赞"其阴德莫大可知"，表示了他的感恩不忘。至他与孙金彪的关系，他在清咸丰十一年九月初四日记自述他到盛泽孙金彪局说："场风极阔，诸相好皆吾辈中人。"初七日记说："龚独赴局干事，与主人谈，蒙点头。桢伯诸人为参赞。"初八日记又说："龚已自局还，草稿主人阅过，改处颇当，其动笔桢老，其誊真质老，均亲友之情厚也。"主人，指孙金彪。这几条日记，明确地说明了得到孙金彪的保护。据以上柳兆薰的自述，可知这个吴江大地主是得到元和县周庄枪船匪帮大头目费玉成和吴江县盛泽枪船匪帮大头目孙金彪两人的保护的。所以，太平天国于壬戌十二年五月二十八日（即清同治元年六月十三日），同日以闪电的行动，消灭了苏、松、嘉湖的枪船匪帮，柳兆薰就于一个多月后——清同治元年七月十三日逃往上海了。

料中，如佚名《平贼纪略》记无锡、金匮"或顽佃抗租，诉贼押追"，浙江桐乡县符天福钟良相布告说："住租房，种租田者，虽其产主他徙，总有归来之日，该租户仍将该还钱米缴还原主，不得抗欠"① 等等都是反革命分子干的勾当②。

在这些反革命分子所干保护地主的勾当里面，徐少蘧最具典型。徐少蘧伪降太平天国后，取得忠殿前检点兼理民务的职位，旋受封为抚天侯，攫取了长洲县基层权力，全县军、师、旅帅乡官，都由他派授，设立七军总局归他掌握③。长洲县佐将也得听从他的摆布④。他在长洲县设局帮地主收租，是站在地主阶级的反革命立场，也是为的抽取成数以自肥⑤。近年在他的后人家发现太平天国壬戌十二年九月办理长洲军民事务斑天安黄《酌定还租告

---

　　① 见沈梓《避寇日记》咸丰十一年七月十三日记。

　　② 镇守无锡、金匮的是蜕化分子济天义黄和锦，见下文。钟良相是清军将弁，战败投降太平天国的反革命分子（据乌程宗韵初《湖防私记》）。查吴煦档案内有太平天国辛酉十二年符天福钟良相《致上海外国人书》一封，件首有吴煦写"钟良相似即葛继洪来函所云向守平望，早有投诚之意云云。今竟出信勾结夷人，则葛言不确可知"数语。案钟良相初守平望，此时升福爵，调守桐乡。他这封信告知相识的上海外国人，太平天国不日即攻克杭州，上海可不战而定，望他们不要抗拒。这是事实。但"他早有投诚之意"也是一个事实。考咸丰辛酉谷农退士《寇难琐记》说："符天燕钟姓名良相，湖北汉阳人，屈志降贼，非其本怀，所管辖平望一路，抚下以宽，勤恤民隐，尤爱文学之士，不事杀戮，禁止贼众打先锋。"又说："严墓之符天燕，新转福爵，人品温雅，有局量，与彼处甚有恩信，量移桐乡，兼隶乌镇及石门镇之东北乡。"这是当时人当时记载，明说他投降太平天国是"屈志降贼，非其本怀"，是可以据信的。又考沈梓《避寇日记》清同治元年八月二十日记说："桐乡伪符天义钟良相以痧症死。"案所谓"痧症"，是指这年在江、浙流行的霍乱症。这个反革命分子，死于霍乱症。

　　③ 根据详注于拙著《太平天国史·徐少蘧传》内。

　　④ 据太平天国壬戌十二年九月十五日《忠王李秀成批抚天侯徐少蘧禀报》。

　　⑤ 徐少蘧设收租局帮地主收租，除规定局费若干，公开分肥外，还有个人请托说明分肥若干的，如其弟徐佩瑞于清同治元年闰八月初四日第十号函说"寄上金伟生别驾长邑田数账两本，额租六百石左右。渠自遭乱以来，光景迥非昔比，欲求我处代为收租，每收见米一百石，除去开销及账房酬劳，净归伊四十石。望兄裁夺"便是。

示》、《委前中三军帅张等设局收租札》两道文件①。《酌定还租告示》规定："自完田凭者，每亩三斗三升；佃户代完者，每亩二斗五升。"所谓"自完田凭者"，就是说地主自己交费领取田凭。所谓"佃户代完者"，就是说佃农代地主交纳田凭费。这道告示，发于太平天国在苏、浙地区发田凭后约半年，竟对太平天国公布的"领凭后，租田概作自产"的政策，视若无睹。而其所以酌定租额，是因见"佃户畏强欺弱，亦由乡官弹压不周"，使地主收租，"有五斗、二斗、籽粒无着者"，所以今年秋收，特定租额，命令乡官设局，"照料弹压"这样倒行逆施，真是明目张胆的了。长洲就是苏福省所在地，却纵容徐少蘧干这种反革命的勾当，看来是不可解，其实并不奇怪。因为，太平天国既采取招降政策，又不可能解除其武装，对投降的反革命分子就不能不根据不同的情况，作或多或少的容忍，或者可以说是让步。管辖苏、浙地区的忠王李秀成又是一个专讲策略的人物。他于庚申十年夏克复苏南和浙江嘉兴，见太湖枪船匪帮地利熟，船快人多，怕帮助清军为敌，就对他们采取封官拜爵的政策，对所干害民的勾当佯作不闻不问。到壬戌十二年五月，就以闪电的行动对苏、松、嘉、湖广大地区的枪船匪帮同日消灭掉。李秀成对大地主团练头子徐少蘧更是这样。他申请准许地主收租，就予允准。他暗通上海清军，就佯作不知。他于辛酉十一年冬太平军攻克杭州时，以为李秀成一时不能回苏州，就密约苏州反革命分子定于十二月初五夜（夏历十二月十六夜）在苏州发动颠覆活动。李秀成得到情报，从杭州带军队星夜归来，先头部队于十二月初五日清晨赶到苏州，反革命不敢动。当时人们都以为李秀成一定大加镇压。但他见反革命势力大，对苏州的反革命分子调动，而对徐少蘧却完全不问，他的武

----

① 均见《近代史资料》总三十四号《太平天国谕札》。

装船只照常放行①。到壬戌十二年九月，李秀成即将回救天京，叫
他来苏州要收拾他。他不敢来，向李秀成请病假。李秀成还用甜
言蜜语笼络他②。李秀成回救天京后一个多月，他到常熟与叛徒骆
国忠等密谋，入苏州谋纠内应。料不到李秀成突然从天京回来，
就立即把他逮捕，到常熟叛变时，打垮他的团练，后来杀了他。
李秀成对付这个反革命分子两年多来都是采取牢笼容忍的政策，
正和消灭枪船匪帮同样的策略。可知在苏福省会所在地的长洲出
现违反太平天国颁发田凭给佃农的政策，进行保护地主收租的事
件并不是怪事，而正是这个反革命分子徐少蘧所干的勾当。

　　下面我们还举出几件反革命分子保护地主的事件说说：在江
苏吴江县出现镇守将领冀天义程某③ 于吴江县颁发田凭给佃农后
八个月，竟仗借他的权力设立收租局企图破坏太平天国颁发田凭
给佃农的政策。倦圃野老《庚癸纪略》在清同治元年十一月二十
七日的记事里记其始末说：

　　　　二十七日，北观设收租息局。贼酋程令每亩收租息米三
　　斗，伪董事十余人襄其事，三限已过，并无还者。十月二十
　　一日，忽有栋花塘农民百余哄入局，将襄理者十余人擒去，
　　殴打窘辱，至明年正月初一日，周庄费姓遣人说合，得放回
　　家。

这个程某，是在吴江县发田凭后两个多月调来的④。他的出身历史
不详。他在《发给吴江潘叙奎荡凭》上写有"仰该业户永远收执，
取租办赋"的话。案今存太平天国田凭，并无此种字样，可见他
是个违反太平天国法令保护地主的分子。后来吴江在失陷前十一

---

① 详细情况，请看我注的《李秀成自述原稿注》第276—278页注。
② 据太平天国壬戌十二年九月十五日《忠王李秀成批抚天侯徐少蘧禀报》。
③ 据程某《发给吴江潘叙奎荡凭》署衔。
④ 据倦圃野老《庚癸纪略》清同治元年六月十一日纪事。

天形势危急的时候，就把他和他的部下调开，而换忠王李秀成弟李明成来拒敌①，临敌易将，兵法所忌，除非万不得已是不会这样做的，可知太平天国军事指挥部是对他提防的。就是这个违法乱纪分子，胆敢破坏太平天国土地政策，企图保护地主收租。可是，现在佃农已经领田凭到手情况就不同了。在一年前，当枪船匪帮头子费玉成来北观设收租局时，"各乡佃户颇有还者"，而现在，"三限已过，并无还者"。不但如此，佃农还来把收租局人员逮捕去处治。这件大事，说明吴江县佃农领田凭后，在太平天国法令保障下，确实得到了耕种的土地所有权，所以才得如此有理有法去反击恶势力，也可见这个保护地主违法乱纪分子竟到了目无法纪的地步。

在江苏无锡、金匮出现守将济天义黄和锦派军队镇压安镇四图抗租佃农的事件。这个黄和锦，因为保护地主，曾经得到地主赞赏称为"循良之贼"。这次竟派出军队来镇压抗租佃农，在反革命分子保护地主的勾当里还是仅见的②。

在浙江石门县出现守将殿前又副掌率邓光明颁发保护富户沈庆余"护凭"的事件。这个邓光明后来投降清朝，是个叛徒。他在这张"护凭"上说明他是因见"天朝所克各省郡州县地方，每有殷富之家不能出头，甘受困厄"，对地主阶级被打倒感到"可悯"，所以，他在管辖的地区，就要为地主阶级撑腰，发给"护凭"交石门县大地主沈庆余收执，叫他被"强佃抗霸，收租纳捐不交"时，"放胆持凭，即赴监军衙门控告，如监军不理"，就来向他控告。他要把已被打倒的地主扶起来，再"出头"骑在农民

---

① 据倦圃野老《庚癸纪略》清同治二年六月初三日记。
② 这件事详见我写的《锡金在城赋租总局经董薛布告跋》，此文收在《太平天国文物图释》内。

的头上①。从这一张"护凭"所反映的情况看来，可见在太平天国革命当中，地主阶级是普遍地被打倒了的，所以这个为地主阶级撑腰的蜕化分子邓光明，才需要特地发"护凭"给大地主来做控告农民的凭证。也说明当时苏、浙地区出现的保护地主的事件，正是这些蜕化分子和混入太平天国阵营的反革命分子干的勾当。

从上所述，可见反革命分子和蜕化分子在苏、浙地区保护地主对破坏革命情况的严重。虽然太平天国在土地政策上是站在农民立场上的，从"着佃交粮"到颁发田凭给佃农，处处为佃农谋求利益，尤其是各处佃农都向反革命恶势力进行激烈的斗争，收到了耕者有其田的效果。但是，天京事变之后，太平天国已从鼎盛走向下坡路，对蜕化变质分子失了坚固的控制力，对斗争的佃农却缺乏强大的支持力，而由于采取招降政策所产生的恶果，对投降的反革命分子不得不用牢笼和容忍的政策，造成后期苏、浙地区阶级斗争十分激烈，情况十分复杂的局面，首先出现了反革命分子和蜕化分子违反太平天国革命宗旨保护地主收租，为地主张目的勾当，成为冲击太平天国革命基础的逆流，从而颠覆叛变，都由此而起，成为太平天国败亡的一个原因。

---

① 邓光明《发给浙江石门县富户沈庆余护凭》的照片，和我写的跋文，均见《太平天国文物图释》一书中。

说　考　据

一　前言

关于考据问题，50 年代初曾经有过讨论。近年来，又成为史学界问题。1981 年 2 月 23 日，熊德基同志在《史林漫拾序》里说：

> 解放后，全国掀起了学习马克思主义理论的高潮，历史学界顿然出现了新的局面。同时，也不免有些"教条主义"的倾向，这也是学习过程中难免的现象。因而既出现了一些富于理论色彩而科学价值又较高的论著，也确有些"足以惊四筵而不可以对独坐"的文章。以致有人怀疑马克思主义理论的科学性，认为理论不如考证之可信，特别是在"十年浩劫"中，马克思主义理论被林彪、"四人帮"所豢养的论客践踏得面目全非，更导致一些人轻视理论而向往于乾嘉朴学。其实，马克思主义者并不否定考证的作用，也珍视乾嘉学者的遗产。但不能不看到：乾嘉学者只能解答"是什么"、"是怎样"的问题，并不能解答"为什么会这样"的问题。因而决达不到史学在于探索人类社会前进规律的目的。

1982年2月1日,《光明日报》副刊《史学》第246期刊登胡如雷同志《时代赋予历史学家的中心使命》,文章开端就说:

> 马克思列宁主义的辩证唯物主义和历史唯物主义的出现使历史学第一次成为真正的科学,这已经是尽人皆知的真理,但在部分史学工作者中,运用马列主义、毛泽东思想研究历史仍然是一个在认识上尚未完全解决的问题。尤其是林彪和"四人帮"在"文化大革命"中大大搞乱了我们的理论战线,"评法批儒"严重地败坏了历史科学的名声,更易于使一些人在理论上发生动摇。"回到乾嘉时代"的私议的出现,就是这种不健康的倾向的明显表现之一。

一些人所以轻视理论而向往于乾嘉朴学,另一个原因也由于对考据在历史研究工作中的地位和作用没有明确的认识。1981年3月12日,胡绳同志在广州召开的两广纪念太平天国起义一百三十周年学术讨论会上的讲话《关于中国近代史研究的若干问题》中特地对此作了提示说:

> 有这样的历史学派,他们认为历史学就是史料学,就是把史料考证清楚。他们认为,如果一个历史事实有几种不同的记载,那就要考证出哪一个记载最为可信,这就是历史研究。如果一个历史事实没有不同的记载,那是没有什么研究工作可做。按照这种学派的说法,历史研究就会陷入烦琐的考证,而且止于罗列一堆历史材料。

> 我们是重视史料的收集、考证工作的。研究历史要从事实出发。不掌握大量的可靠的史料,不辨明有关史料的真伪,当然谈不到科学的历史研究。某些历史事实的细节,如果对了解全局有关,花气力进行考证、辨明,是完全必要的。但如果不分轻重,不管它对全局的了解有无意义,凡是发生过

的事情都要——弄清楚，那就势必陷入烦琐的考订工作中，那是不可取的。同时我们还必须指出，史料学的工作，不过是史学研究的开始，仅仅是个开始，决不是它的完成，决不像主张"史学就是史料学"那一派的看法一样。

我们的历史研究必须以大量的可靠的史料为根据，找到历史发展的规律性，看出历史发展中的本质的东西①。

考据工作只是历史研究的开始，它不可能担负探索人类社会发展的规律，找出历史发展中的本质的东西。不仅如此，对历史事实的考据，特别是对那些比较复杂的历史事实的考据，还必须以马克思主义为指导才能正确地解决。胡如雷同志在《时代赋予历史学家的中心使命》里说：

就考证工作而言，恐怕也需要有点理论指导。历来认为单纯搞考证、辨伪工作与运用马列主义理论无涉，只要伏案读线装书就足够了。应当承认，干这一行，确实没有历史唯物主义的指导也能做出成绩，乾嘉学者的学术成果大多至今仍有价值，并没有因时代变化而被推翻即是一例。但尽管如此，我总觉得，假如搞考订、辨伪工作也能以马克思主义为指导，那么无疑这种工作必将有显著提高，理论这一行中并非无用武之地。譬如透过现象洞悉本质，具体事物具体分析，区分事物的主流与支流，力求全面掌握事物而不玩弄个别举例，要从事物的相互联系、前后发展变化观察事物而不是孤立地、静止地看待事物……这些方法运用到考辨史籍、史事方面是完全可以和必要的。古人没有学习过马克思主义，但确曾自发地、朴素地运用过这些方法；如果我们能进一步自觉地加以运用，岂不是会超过古人？至于根据史料的阶级性、

---

①　见《光明日报》1981年4月20日。

政治派性对它进行考辨，那我们所达到的高度更是古人望尘莫及了。

苏双碧同志为《1983 年中国历史年鉴》撰《一年来史学理论的探讨》也把这个主张提了出来，说：

> 搞考证也应有个指导思想。有的同志认为，过去总认为单纯搞考证、辨伪工作与运用马克思主义理论无涉，只要伏案读线装书就足够了。应当承认，干这一行的没有历史唯物主义的指导也能做出成绩，乾嘉学者的学术成果大多至今仍有价值，并没有因时代变化而被推翻便是一例。但尽管如此，假如搞考订、辨伪工作也能以马克思主义为指导，那么无疑这种工作必将有显著提高，理论在这行中并非无用武之地。譬如透过现象洞悉本质，具体事物具体分析，区分事物的主流与支流，力求全面掌握事物而不玩弄个别举例，要从事物的互相联系、前后发展变化观察事物而不要孤立地、静止地看待事物……这些方法运用到考辨史籍、史事方面是完全可以和必要的①。

根据我做考证的经历，完全说明考据工作必须以马克思主义为指导，那已经是一个实践证实了的事实，而不是要在史学理论探讨中的问题了。

考据是历史研究工作的第一步。研究历史要从事实出发。没有这一步工作，就谈不到科学的历史研究。但是，怎样去做考据呢？乾嘉学派的考据家只偶尔谈到三言两语。论到考据比较多的是梁启超《中国历史研究法》，也只是概括的论述。我在学校读文史系时，没有考据的课程，但研究历史开端必须先考据，我只得

---

① 据 1983 年 1 月 5 日《光明日报》副刊《史学》第 276 期苏双碧《一年来史学理论的探讨》一文。

暗中摸索。近年出版单位和刊物要我写自传，目的就是要我把怎样考据的方法写出来，同志们也这样要我做。我十分惭愧，我是一个一无所知的正在探索者，谈不到写工作的经验的，更谈不到写工作经验的总结的。

由于考据问题还是今天史学界问题，怎样去做考据，又是年青史学工作者所需要知道。因此，不揣浅陋，把自己对这问题的认识写出来以供参考，并向同志们请教。

二　历史研究工作为什么要考据？

考据最大一个问题是它在历史研究工作中的地位和作用的问题。而要认识它的地位和作用，必须先明白历史研究工作为什么要考据，怎样去做考据，考据的性质如何等等，然后才能够对它的真正地位和作用得到正确的认识。

首先说历史研究工作为什么要考据。就我个人的体会归纳起来约有史料辨伪须要考据、史料和史迹的鉴定须要考据、史料的诠释须要考据、史事须要考据等四项。兹分述于下：

甲　史料辨伪须要考据

史料整理是研究历史的第一步工作，而史料辨伪又是整理史料的第一步工作。就我个人研究太平天国史的体验，首先碰到的困难便是作伪者伪造的鱼目混珠的伪史料问题。

太平天国史料伪作之多，具备了形形色色的面目：有的是同时起义的天地会要假托太平天国名义来号召群众而伪造太平天国的文件，如广东天地会张平湖等的伪造洪秀全敕谕；有的是后人为了鼓吹革命而伪造太平天国文件，如清光绪末年南社诗人高旭的伪造石达开诗；有的是自己要写太平天国史事，却不老老实实说是自己作的，而要捏造一个乌有的人，说是太平天国中人的记载，并且捏造了许多假事迹来证明他自己的说法以骗人，其中最著名的一种便是所谓"沈懋良"著的《江南春梦庵笔记》；有的是伪托太平天国首脑人物家里人的著作以见重，如罗惇曧撰《太平天国战纪》伪托是从北王韦昌辉嫡子韦以成所撰的《天国志》修改而成；有的是因为知道太平天国原有某种文件，或轻信传说某人曾向洪秀全献策，乃伪造此种文件来欺世，前者如李秀成的《十要十误》，后者如所谓钱江的《上天王书》及《兴王策》；有的是为牟利起见，伪造太平天国的钱币、圣钞、墓碑、文件，和伪造太平天国资料等等，这种种作伪，真可以说是五花八门的了。

太平天国史料伪作既如是其多，种类既如是其繁，如果研究太平天国史的人，不首先加以辨伪的工作，就把这些伪史料与真史料混同整理起来，根据来研究历史，那末，得出来的结论，就必然免不了错误，那怎样说得上科学的历史研究呢？在这里我举一个例子来说，有一部题名樗园退叟编的《盾鼻随闻录》，自称是从广西就在清军襄办文案，一直从广西追太平军，经过在湖南、湖北、江西、安徽、江苏五省与太平军作战，"将目击躬亲之事编辑成帙"的。其实，这一部诬书却是一个当时在四川做清朝永宁道官员的汪堃捏造太平天国虚事假事来攻击他的仇人何绍基的。这一部诬书对太平天国极肆诬蔑，所以太平天国政府下令禁止，凡有收藏的都治罪。而许多研究太平天国史的人都很重视这一部书，他们虽然也知道是汪堃做的，但完全没有稽考汪堃的历史，就完全相信了他在序言上的欺骗，认为他据亲见亲闻写出此书，可供参考之处极多，中国近代史资料丛刊《太平天国》还把此书收入。我们表扬太平天国革命，却反把太平天国政府严禁的诬书来传布，这当然是一件大错误，而所以会犯这错误，就由于没有考据①。

所以，我们面对着这一个问题，就必须把那些已经发现了有伪造嫌疑的史料加以考证，予以否定，从而清除出真实的史料之外，这样，我们就必须进行考据，提出证据，并且打破沙锅纹（问）到底，追出它作伪的根据。我们不仅要在以前相信那些伪史料的人们面前揭穿了作伪，如果伪造者还生存，我们还要使作伪者在真凭实据之前低头承认。我在南京就曾经这样向作伪的古董商进行过说服。必须这样，然后才能够扫清伪造的史料，然后伪史料才不致于鱼目混珠混乱了真实的史料。

我们举的是太平天国史的例，其他方面，也会有类似的情况。由此可见，史料必须辨伪，而从发现作伪嫌疑以至于证实，就必须进行严肃的考据。

乙　史料和史迹的鉴定须要考据

史料和史迹必须经过鉴定，然后伪假的或讹传的方能清除，而真实的方得确定，一个具有严肃的科学态度的历史工作者，断不应该对任何一件史料或一个史迹不加鉴定就肯定它的真实性的。而要进行鉴定史料和史迹就必须考据。关于史料的辨伪方面已经在上节说过了，现在专说真实的史料和史迹的鉴定。

我想从太平天国的史料和史迹的鉴定中举出三个例子来说。1944年前广西通志馆从湘乡曾家摄照了一部分和钞录了《忠王李秀成自述原稿》回来，请我去做考证。当时有许多人不相信曾家肯把真本借摄借钞，因而对前广西通志馆的照片和钞稿的真实性发生了怀疑，我也同样发生了怀疑。因此，我就进行考据。经过

---

① 详见拙著《一部太平天国的禁书》一文的考证。此文收在《太平天国史料辨伪集》内。

我把所见的湘乡曾家收藏的《忠王自述原稿》的四张照片来与已经鉴定确为真品的1937年吴中文献展览会展出由受曾国藩派委讯问忠王的庞际云保存下来的《忠王李秀成供辞手卷》里面忠王手书豫王、燕王姓名封爵两款，及故宫博物院在清军机处档案发现出来的太平天国戊午八年忠王《谕李昭寿书》对勘，结果看出这三种来源不同文件的字迹，正是都同出自忠王一人的手笔。除笔迹的鉴定外，还从内容方面进行了鉴定。这样，才把这部太平天国重要文献《忠王李秀成自述原稿》的真实性肯定了下来。

又如1952年南京堂子街发现太平天国壁画，去看的人几乎一致的都说："上面没有半个题字，茫然一片，如何能够断定是太平天国的壁画呢？"还有人说："这些壁画，寺庙里多得很咧，那末，寺庙里的壁画也可以说是太平天国的壁画了！"当然，我初时也同大家一样感到茫然一片，但我认为必须经过考据，提出证据，然后才能够得到否定或肯定的结论。因此，我进行考据，我从这些壁画应绘人物的地方不绘人物为遵照太平天国不准绘人物的规定，证明确是太平天国的壁画，大家都同意我的鉴定。于是经过考据就确定了这一个不仅在中国革命史上极关重要，而且对于人民艺术的传统说来也极其重要的南京堂子街太平天国壁画的发现①。

再举一个例，如1954年1月浙江绍兴发现了两张太平天国合挥。合挥上登记一个男的和一个女的姓名、年岁和籍贯，在女的姓名上有"配妻"二字。发现之后，大家交换意见，认为应该是太平天国的结婚证书；但是，当时还没有记载为之证明。因此，大家未能断定。于是我进行考据，结果，在一部曾经居住过天京的人陈庆甲《金陵纪事诗》中，叙明太平天国"男女配合须由本队主禀明婚娶官，给龙凤合挥方准"的事实，这就证明了这两张

---

① 详见拙著《南京堂子街太平天国壁画调查记》一文的考证。

合挥确是太平天国的结婚证书。由于这两张太平天国结婚证书的发现得到证实，不仅是证明太平天国结婚制度的严肃，彻底地扫除了地主阶级记载对太平天国男女关系的种种诬蔑，而且，从证书上所写的内容与中国封建社会婚姻的"礼书帖"上所写的内容正表现出是两种完全不同的结婚制度，而说明了太平天国的婚姻制度是一种反对封建的基于男女自愿结合的婚姻制度①。

由此可见，史料和史迹的鉴定必须要考据，因为经过考据，对那些被怀疑的、或半信半疑的、或未经过鉴定的真史料和真史迹的真实性提得出证明，从而依靠证据，予以确定。

丙　史料的诠释须要考据

要了解史料的内容，许多地方都须要诠释，不加诠释往往看不出内容，而要进行诠释，就必须考据。这些史料的诠释，看来好像是片段的、枝节的，其实，如果我们不把它滑过去，把诠释做得好，就常常可以从它里面考得重要的史实出来。

试举两个例子来做说明。例如 1953 年发现的《林凤祥、李开芳、吉文元、朱锡锟北伐报告》，这是今天发现的第一篇有关太平天国北伐的重要报告。我们把它研读起来是遇到困难的，必须把那些困难的地方加以诠释然后才能够明了内容，这就必须进行考据。我只举其中一句话来说便可知道。报告中说克复河南归德府城那一天，"林凤祥、李开芳二位带五军兵将连夜先往黄河四十里之遥，上下取船，并无船一〔只〕，有鞑妖对江把守"，这里所说的"黄河四十里之遥"究竟是什么地方呢？报告中没有说明，这是必须要考据的。在那里的行军详细情况也应该有进一步的考据。

---

① 详见拙著《李大明柴大妹合挥翟合义祝大妹合挥跋》一文的考证，此文收在拙著《太平天国文物图录》一书内。

经过了考据才知道那一个地方叫做刘家口。刘家口是个什么地方呢？不仅现代的地图上找不出来，就是在清代光绪年间绘的地图上也找不出来，于是又得去考查，经过一番稽考，才考查出刘家口乃是离归德府城西北四十多里的黄河南面的口岸，是当时山东、河南各省商船云集的所在，属山东曹县辖境，过河就可以向山东省挺进，所以太平军打算在这里过黄河，取道山东，进攻北京。不料清军采取防守黄河战略，先把船只尽泊北岸，到太平军抵刘家口时，就放火把船只烧光，使太平军无船可渡，而不得不改变计划从河南渡黄河向直隶进军，以后就在怀庆、山西、保定等地处处受阻，到深秋才到天津，又遇大水阻碍进军。如果当时太平军在五月中旬就得从刘家口渡过黄河，从清朝北方防御力薄弱的山东向北京迅速进军，就不致于处处受阻，很可能在六七月间就挺进到北京。那时候，正是粮熟的时候，清朝无法封锁，当不致于如同后来那样在静海、独流因粮尽不得不退兵的事。可知当时太平军不能在山东刘家口渡过黄河是使以后作战发生了重大的困难，阻碍了有利的进军的。这是太平天国北伐战争史中的一件大事，倘使我们研读这篇报告时，匆匆地就把这句话滑过去，而不加以不畏艰辛的考据，我们怎样能够看出这一件大事呢[①]?

又如我从前做《忠王李秀成自述原稿笺证》一书工作时，对原稿本忠王李秀成自述被俘说："因此我而藏不往（住），是以被两国（个）奸民获拿，解送前来"那一句话没有去做考据，当然就完全不注意到这一句话的重要。到 1953 年南京举办太平天国克复南京百周年展览的时候，江宁县文教科陈枫林先生根据他的实地调查告知我逮捕忠王李秀成那两个奸民是丁村王小二和涧东村

[①] 详见拙著《林凤祥李开芳吉文元朱锡锟北伐报告跋》一文的考证，此文收在《太平天国史料考释集》内。

陶大赖（赵烈文日记作陶大兰）。我得了陈枫林先生的调查，再去稽考曾国荃的机要幕僚赵烈文《能静居士日记》，赵烈文也说是曾国荃部将提督萧孚泗的冒功。经过了这样的考据才引起我对这一句话的密切注意，于是我就把原稿钞本与曾国藩刻本校勘，才发现出曾国藩把忠王李秀成原来写的"被两国（个）奸民获拿"七个字改为"遂被曾帅追兵拿获"情况完全两样的八个字。曾国藩为什么要偷改这七个字呢。因为清政府对攻下天京第一件大事是要捉忠王李秀成，赵烈文当时做了一个比喻，说如果捉不到忠王李秀成就好像考试缴不了卷。捉得忠王李秀成是第一大功劳，而忠王李秀成的被捉是由于奸民获拿送来，功劳便减了，所以曾国藩就不得不把《忠王李秀成自述原稿》"被两国（个）奸民获拿"一句话偷改为"遂被曾帅追兵拿获"。于是经过这样一改，曾国藩就得了封了一个侯爵，曾国荃得了封了一个伯爵，萧孚泗也得封了一个男爵。这班反革命的拜爵封侯，就在于这几个字的轻轻一改！由于这一件事的考据清楚，就使我们了解曾国藩所以不得不删改《忠王李秀成自述》的原因，而前广西通志馆从湘乡曾家借摄和借钞的《忠王李秀成自述原稿》的真实性也提供了一条强有力的证明[1]。

由此可见，史料的铨释必须进行考据；如果不进行考据，就会不明了内容，就会把重大的史事轻轻地滑过去。

丁　史事须要考据

历史事实常常有隐蔽不明的或异说纷歧的，还有虚捏的或歪曲的，特别是封建统治者对革命的诬蔑更是连篇累牍地充满在封

---

① 详见拙著《忠王李秀成自述原稿考证》一文的考证，此文收在中华书局出版的《忠王李秀成自述原稿笺证》一书内。

建统治者编著的记载上，这些都必须加以考据，然后才能够看见历史的真象。

　　试举几个例子来说。例如太平天国与天地会的关系，不仅是始终没有拒绝过天地会的参加，反之，主动地去争取天地会的参加，太平天国从广西北出湖南，是由于得到湖南天地会的参加，增加了宏厚的势力，才能够席卷湖湘，东下江南；太平天国把曾国藩紧困在南昌，同时并调动得兵力回天京打垮清朝江南大营，是由于得广东天地会到江西来参加；太平天国在浙江慈谿打死美国侵略者华尔（F. T. Ward）之役，是由于广东天地会在慈谿起义加入；太平天国曾在仪征码头制造皮篷小船预备冲过清军水营去上海接应刘丽川起义军队；天地会加入太平天国的群众一般的都成为太平天国基本队伍，就是那一支在江西加入石达开部下还保存原来旗帜被清统治者叫做"花旗"的天地会队伍，也一直战斗到太平天国甲子十四年天京失陷后转战闽、粤时为止。但是，二十多年来，却有些太平天国史的研究者本着他们的主观臆断就肯定说：太平天国在壬子二年广西永安州破围天德王洪大全被俘之后，就拒绝天地会的参加，上海刘丽川起义请援也遭拒绝。他们的臆说就成为近今批判太平天国不知讲求统一战线的事实根据，指为太平天国失败原因之一。这一个臆说，就是由于那些人们没有认真做过钩沉索隐的考据工夫，所以真实的历史便看不出来[①]。

　　又如天京事变，是由于在太平天国农民革命队伍里面存在着两类矛盾，一类是农民领袖之间的内部矛盾，另一类是农民领袖和隐藏在农民队伍里面的阶级异己分子之间的矛盾。这是两类不同性质的矛盾。洪秀全和杨秀清之间的矛盾，是属于农民的内部

---

　　① 详见拙著《太平天国与天地会关系考实》一文的考证，此文收在《太平天国史事考》一书内。

矛盾。而洪秀全、杨秀清和韦昌辉之间的矛盾，则是农民和隐藏在农民革命队伍里面的地主势力之间的矛盾，这种矛盾，实际就是当时农民同地主阶级之间的阶级矛盾在革命内部的反映。天京事变，就是这两类矛盾在太平天国革命队伍里面发展的结果。而从事变的整体来论，阶级矛盾却居于主导地位。但是，却有人认为是萌芽的无产阶级与地主阶级的斗争，洪秀全、杨秀清代表萌芽的无产阶级，而韦昌辉、石达开代表地主阶级，也有人以为是农民阶级与资产阶级的斗争，还有人根据无根的野史以为是由于杨秀清和洪宣娇、傅善祥三角恋爱所引起。我们要忠实于历史，就必须进行考据，深入去发掘史料，去否定荒谬的史料，考得出真确可信的史事，然后才能够得出真确可信的结论[①]。

又如1951年1月《人民画报》第二卷第一期为纪念太平天国起义百年而刊载了清光绪十九年癸巳永安刘福姚编的《永安苏公仁轩褒忠崇祀图》中《州城御寇》和《巷战成仁》两幅插图。第一幅图，城上旌旗林立，高扬着一面代表清统治的"永安州正堂吴"大旗，守城的清军在永安州知州吴江的领导下，面对着太平军大炮轰击，英勇无畏地守卫着城垣。城下是太平军在仰攻，只有大炮的火焰向城上频频地发射，而作战的太平军却没有英勇的表现。第二幅图，太平军从城门大队打进了城，城内高扬着一面代表地主阶级的"苏"字大旗，由统率团练的苏保德带领人马当先迎敌，展开激烈的巷战，表现出了清军人马顽强的战斗。这两幅插图强烈地表现出地主阶级对抗革命的凶顽的思想意识，但是却完全不是事实。当时真实的事实是这样的：太平天国进攻广西

---

① 关于这个问题，我从前写的《太平天国领导集团内讧考》（此文收在《太平天国史事考》一书内），观点错误，已在拙著《太平天国史·序论》内予以更正，那篇考证，也预备重写。

永安州，清军是没有什么抵抗的，太平军第一天到了城外，第二天连枪炮都没有放，只放了爆竹就把永安州攻下。在打进城后，清军也没有什么巷战，当时清朝守卫永安州的武将是统领平乐协军队的副将阿尔精阿，文官是永安州知州吴江，就跑到关帝庙上吊而亡，至于那些带民团辅助正规军守城的地主阶级分子苏保德、汤慎德、陈德翰等逃跑不了，都在城内被杀了。当时的事实如此，而地主阶级编纂的《褒忠崇祀图》为了要达到维护封建统治的目的，就歪曲历史，颠倒事实。然而这一件真实史事必须经过考据才能够指得出地主阶级编纂历史颠倒事实的虚诬，而《人民画报》没有进行考据就把这两幅插图误刊出来，于是本来是为着纪念太平天国起义百周年的，反恰恰是替清朝统治者和地主阶级对抗太平天国作了宣传①。

由此可见那些隐晦不明的或异说纷歧的特别是封建统治阶级歪曲事实的史事必须进行考据，否则看不到历史的真象从而得出错误的结论和上了封建统治阶级反动记载的当。

三　怎样去做考据？

对于怎样去做考据，我的体会很肤浅，我想提出怎样去发现问题，怎样去考证问题和怎样去检验假设三方面来讨论。

甲　怎样去发现问题

考据的目的是要解决有问题的史料、史迹和史事。因此谈怎样做考据，第一个问题就是怎样去发现问题。

---

① 详见拙著《〈褒忠崇祀图〉无耻地歪曲历史》一文的考证，此文收在《太平天国史料考释集》内。

就我个人做考据的经验，要发现问题，必须细心的观察，大胆的怀疑。不细心观察，就容易被蒙蔽，把问题滑过，无从看出有罅隙，抓着破绽，不大胆怀疑，就不敢揭发问题。

疑而后考，经过考明才能相信，这时考据的原则。从事考据工作而不具有怀疑精神，就会给虚伪骗过，无从发现问题。孟子说过："尽信书不如无书"，他就是我们知道最早的一个中国辨伪家。清代的崔述的《考信录》"专以辨其虚实为务"，更是一个著名的辨伪学者。到五四时代，钱玄同改姓为疑古玄同，不过是把这种风气再度提出而已。当然，这一种精神必须正确掌握，就是说怀疑必须从细心观察得来的实际情况出发，如果出自主观唯心论，那只有陷到错误的泥坑去。

我想举我考据太平天国史为例，太平天国史里面，有许多伪造的文件，有许多虚谬的记载，还有许多异说纷歧的史事，这些都是研究太平天国史必须首先要解决的问题。但是，关于这些问题却还不曾有人提出过。

1931年秋，我从发现一个很小的有关太平天国记载的订谬问题，引起我对太平天国的研究。以后二十多年，所做的研究太平天国史工作，就一直朝着订伪、辨谬和考信的方向走，做了一些清道夫和铺路工的工作。有过同志问我："为什么在你以前研究太平天国史的人没有发现这些问题呢？而你却能揭发出来呢？"我的回答就是："细心的观察，大胆的怀疑。"例如自清末残山剩水楼刊本《石达开遗诗》出版后，《石达开诗钞》、《无生诗话》、《龙潭室诗话》、《说元室述闻》、《太平天国诗文钞》、《太平天国野史》等书都竞相转载，石达开诗名喧腾一时。其实，根据石达开的出身和历史来考据今所见石达开诗，从刊载于梁启超《饮冰室诗话》上《答曾国藩五首》起，除了庆远（今广西宜山）《白龙洞题壁》一首外，全部都是后人伪造的。1934年，我在《大公报·图书副

刊》上发表我的考据，没有多少人相信，还有人说我不应该否认
革命英雄的诗歌。我大胆的怀疑，大胆提了出来，并且坚持我的
考据。直到1939年，柳亚子在《大风旬刊》上看见简又文引据我
的考据之后，他写了《题残山剩水楼刊本石达开遗诗后》和《题
卢冀野辑石达开诗钞后》两篇跋文寄给《大风旬刊》，他告诉我们
残山剩水楼刊本《石达开遗诗》这一部诗集，除《答曾国藩五首》
见于梁启超《饮冰室诗话》外，余二十首都是他的亡友高天梅
（旭）在清末鼓吹革命时假造的，当时集钱印千册，流布四方，柳
亚子便是参加刊布的一人①。自从柳亚子题跋发表后，人们才相信
我的考据。

又如太平天国史料里有一部最眩眯人们的大伪书，叫做《江
南春梦庵笔记》，署名"武昌沈懋良撰"。这部大伪书首先虚构说
著者"沈懋良"是在太平天国壬子二年在武昌被编在赞王蒙得恩
部下，后来做蒙得恩的亲近侍从，直到天京失陷前一天还在天京。
书中用了种种障眼法来欺骗读者，使读者深信它的真实性。接着
就肆意虚构了许多太平天国事迹，从而诬蔑了太平天国革命，混
乱了太平天国史实。从20年代至50年代初，三十多年来，凡研
究太平天国史的或评论介绍太平天国史料的人没有一人不深信这
部大伪书。有人根据它来考证太平天国的律法与印行的书籍，有
人根据它来考证《天朝田亩制度》与太平天国的考试制度和省制
等等，有人根据它来证明太平天国曾追封洪大全为憨王，证明确
有天德王洪大全其人其事。人们在考据太平天国史的工作上，几
乎没有例外都把它的记载作为断定太平天国史事的最重要的根据，
即使遇到文献具在，记载分明，千真万确的史事，而因为他独有
不同的异说也竟引以为疑。因此，这部大伪书由于大家受了它的

① 请参看拙著《石达开假诗考》，此文收在《太平天国史料辨伪集》内。

欺骗，才致于以伪乱真，紊乱了太平天国的真实历史，发生了严重的恶劣影响。其实，这部大伪书虽然用尽了欺骗的伎俩，但是，如果读者小心的去观察它，任何障眼法都遮掩不了它的欺骗，就一定能够拿得住它的破绽。关于这部大伪书，我已经写了一篇考据，不仅证实了它的种种虚伪，而且直追出了它作伪的娘家①。在这里不能把那些考证列举出来，只说我是从什么地方发现它的作伪呢？我发现作伪者作伪首先是在书中所述叙赞王蒙得恩的事迹上，据著者自述说他是蒙得恩最亲近的侍从，连蒙得恩"内室"情况都知道的那样一个关系密切的人，可是，他记载蒙得恩金田起义时的年岁"仅十九岁"，而我们根据蒙得恩的儿子幼赞王蒙时雍《致叔上信等家书》说，金田起义时蒙得恩在金田入营，蒙时雍在平南县花洲入营。如果金田起义时蒙得恩确如所说仅十九岁，他那里会生得一个少年儿子蒙时雍出来分路参加革命呢！又如书中记蒙得恩家庭说："无子，生三女"，而实在蒙得恩不但生了这一个曾经在太平天国晚期与干王洪仁玕共同执掌朝政的蒙时雍，据蒙时雍家书，他还生了蒙时安、蒙时发、蒙时和、蒙时泰四个儿子。蒙得恩是太平天国辛酉十一年病死的，而此书在太平天国甲子十四年六月天京失陷前，在他妄逞污辱太平天国的叙事里面，还叙述了蒙得恩的种种行动，蒙得恩已经死去三年了，他还不知道。如果确如著者所说与蒙得恩那样亲密的关系，他会连蒙得恩的年岁、家庭都完全弄错，连蒙得恩那个在天朝执政的儿子蒙时雍都不知道，甚至连蒙得恩死了三年还说亲在蒙得恩的家中看见蒙得恩的种种行动那样荒唐的话吗？这就使我看出了作伪者的欺骗，追寻出作伪的破绽，我从作伪者在自叙中所记的年月日上拿

---

① 详见拙著《太平天国史料里的第一部大伪书——〈江南春梦庵笔记〉考伪》，此文收在《太平天国史料辨伪集》一书内。

住了他作伪的马脚。原来作伪者是特地设计要在这几条年月日上来欺骗读者的，他先写了一句"懋良于咸丰十四年六月初七日尚羁白下"的年月，在最后两条记事，又写"十四日记"，"十五日记"两个日子。这个作伪者伪装不知清咸丰已死，同治改元已经三年的事，他还大书特书"咸丰十四年"，以表示他是久居天京与外面消息隔绝，使读者相信他自述的种种身份。他又知道天京失陷是在清同治三年六月十六日，所以他自序的日子是六月初七日，而最后两条记事又注明是"十四日记"、"十五日记"以表示他这部书是在天京破城前几天做的，而在破城前一天还在写他的记事。果然读者就在这个地方都给他骗住了。北京大学教授史学家朱希祖在萧一山《太平天国丛书第一集序》中引证这部大伪书说："懋良湖北武昌人，被掠留于太平军中赞王蒙得恩部下十三年，天京将破，在危城中成此笔记，其书称太平当局为贼者，盖以预为出城逃死计，然其所载事迹，则多真确。"我们从朱希祖的话中，可以知道作伪者这一条设计是怎样地欺骗了读者。但是，也正在这一处地方，被我拿住了作伪者的马脚！因为这个骗子只知道天京失陷是在清同治三年六月十六日，这是夏历日子；他却不知道太平天国天历的日序与夏历不同，天京失陷之日，太平天国的天历却是六月初六日。如果确有沈懋良其人其事，他在天京危城之中，既不知有清同治三年，又何从而知夏历的日序？倘系获得夏历通书以为纪日，那么，就应该知有清同治三年，而不应该写"咸丰十四年"。如果说所写的年为清元，而日子是天历日序，则天京已在六月初六日失陷了，自序不应该有六月初七日，更不会有十四、十五两日记事。可知这个骗子是不知道太平天国天历与夏历日序不同这一回事的，他所写的日子都是夏历，所以才露出作伪的马脚来。我之所以拿得住作伪者的马脚，是由于我在细心的观察看见了他的欺骗之后，就追寻出他的破绽，拿得到他的马脚，从而进一步去证实他的种种虚构，揭穿了他的欺骗，而给太平天国史料清除了这一部大伪书。

又如天京因缺粮，守城军队只留一万多人，能作战的仅三四千人，城陷后，大部分都得冲出，战死的没有多少，在城陷以前，全城人口，连居居在内也不过三万人，而曾国藩向清廷报告，却虚报说攻破天京，杀了太平军"共十余万人，秦淮长河尸首如麻"。当时纷传天京金银如海，清廷正贪婪地垂涎着，而曾国藩军队却把天京抢光了，就放火烧了天京灭迹。曾国藩反向清廷报告，把放火烧天京的罪行推归太平天国。关于曾国藩这一篇奏报，从来写太平天国史的人都根据了它。我是怎样发现问题呢？我是从地主阶级的欺骗性、贪婪性发现了问题。因为曾国藩围攻天京的军队只五万多人①，而太平天国陆军的战斗力又远胜于曾国藩的军队，连曾国藩自己也低头承认②，若果天京守城军队还有十多万人，就不会被敌人攻破，即被攻陷也一定会同杭州守军那样可以全军撤退，断不会有十余万人束手被杀的事。曾国藩之所以要虚报，目的是要向他的主子虚冒战功，这是地主阶级一贯的欺骗性。至于曾国藩把放火烧天京的罪行推归太平天国一事，我首先是看见曾国藩复他朋友郭嵩焘的信说他搪塞清廷所要追问的天京库藏的话说得不好③，也就是说这一件放火灭迹的蠢事瞒不了他的主子。清廷垂涎天京的金银，曾国藩军队又先下手为强抢光了天京

---

①　据曾国藩同治三年六月二十三日《克复金陵全股悍贼尽数歼灭折》，见《曾文正公奏稿》卷二十。

②　案同治二年曾国藩《致彭杏南》述忠王李秀成说他的军队"全不能战"，他自己也低头承认说："昨夜接庐江吴长庆禀，并钞寄伪忠王文书，……称曾某之兵，守则有余，战则不足。此实忠酋确有所见之言。"见《曾文正公书札》卷二十一。

③　案同治三年曾国藩复他的朋友郭嵩焘信说："金陵储蓄之奏，措辞诚多未善"（见《曾文正公书札》卷二十四《复郭筠仙中丞》），这就是说他捏报的话不能欺骗清廷。

的金银，放火企图灭迹，这也是封建统治阶级的贪婪、欺骗的行动。我不相信曾国藩的虚报，发现了问题，于是进行考据，种种证据证实了曾国藩的虚报，拆穿了曾国藩的欺骗[1]。

以上所举三例，前两例是从一事一物看出破绽，发现问题；后一例是从封建统治阶级的欺骗性、贪婪性看出破绽，发现问题。

乙　怎样去考证问题？

问题发现之后，怎样去考证问题呢？考证问题通常是建立假设，寻求证明。马克思主义认识论把假设看做是一般科学特别是自然科学发展的一种形式。科学知识是借助于假设而发展和充实起来的。

考据建立假设是通过这样一个过程：第一、积累材料；第二、根据研究过的事实提出假定；最后进一步证实和检验所提出的假定。所以考据所提出的假设，是从不充分的证据归纳出来的。它只作为一种特征的假定，必须积累更多的证据和经得起反证，才得成为定论。考据提出假设，必须从实际材料出发，而不允许凭空提出的；假设的证实，必须依靠更多的证据，并且尊重反证来作检验，而不允许主观臆断的。

例如我做的《天历与夏阳历对照考》，是从我把所见太平天国的天历与夏阳历对照的记载来与日本人田中萃一郎以天历干支与夏历干支、天历礼拜与阳历礼拜对合编成的《天历与阴阳历对照简表》对勘发现了问题，经过收集到二十多条证据归纳出了初步的意见，我才提出一个假设：天历的干支、礼拜并不是如同田中萃一郎所编排那样与夏阳历相合的，而实际是比夏阳历早了一天。

---

[1]　请参看拙著《曾国藩奏报攻陷天京事考谬》此文收在《太平天国史记载订谬集》一书内。

我这个假设，经得起七条反证的检验，说明了那七条反证为什么会致于错误，后来并且积累了一共五十多条的证据，就证实了这一个假设①。

又如我鉴定南京堂子街太平天国壁画，我在发现问题之后，首先向老屋主李奉先访问，得了他家传下来的口碑，再经过仔细观察壁画，看出两个最显著的可以代表全部壁画的特点：一个是壁画上必须有人物或应该有人物的画面都不绘人物，另一个是与清代的和古代的形式不同的望楼建筑。我就根据这两个有代表性的特点提出了一个假设：壁画不绘人物可能是太平天国壁画的特色，这一个望楼也可能是太平天国望楼的特殊建筑。后来我从那一个在天京住过几年的涤浮道人（又署名知非子）著的《金陵杂记》考出太平天国壁画制度正是专绘山水花鸟、不准绘人物的；又从另一个也在天京住过几年的张汝南《金陵省难纪略》和《金陵杂记》考出这一壁五层高、其上平顶、周围有红栏杆的望楼壁画，又正是太平天国军事上重要防御工事，正反映出当时伟大的尖锐的军事斗争现实。因此，我才证实了这些壁画确是太平天国的壁画②。

又如1954年在浙江绍兴发现两张太平天国结婚证书——李大明柴大妹合挥、翟合义祝大妹合挥，我根据陈庆甲《金陵纪事诗》证实了确是太平天国的结婚证书。但太平天国的结婚证书为什么不叫做"合婚"而叫做"合挥"呢？"挥"字作怎样解释呢？我没有得到材料进行解释。有一天，王淑慎同志告诉我说："在江苏省博物馆筹备处发现的一封吴寿春致抚天预徐少蘧的信里面有'是

---

① 详细考证见拙著《天历考及天历与阴阳历日对照表》一书。案此处说的积累五十多条证据，是截至1954年8月写这部书时为止，其后陆续发现新史料，到今天已远远不止此数了。

② 详见《南京堂子街太平天国壁画调查记》一文的考证。

以特备粮挥一纸'的话，太平天国的粮凭叫做粮挥，研究合挥的意义，这一条材料是十分值得注意的。"我就根据这一条材料提出合挥的"挥"字可能是作"凭证"解的这一个假设。于是我再去求证，又在安徽博物馆筹备处藏的《真忠报国启天福兼中军安徽省文将帅张潮爵发给怀宁县朱玉桂朱物斉榨坊照凭》中有"领取印挥，以备查核"的话，丁葆和《归里杂诗》①有"挥纸随身出复归"句，自注说："贼出入皆用伪凭，名曰挥纸"的话。我们根据了这两条材料，看出太平天国的榨坊照凭叫做"印挥"，通行证叫做"挥纸"，丁葆和并且特别注明太平天国的凭证叫做"挥纸"，与粮凭叫做"粮挥"完全相合，所以"合挥"的"挥"字确是作"凭证"解，"合挥"就是"结婚证书"。这样就初步证实了我们的假设。后来周定一提出"挥"字作为凭证解是客家方言里常用的词，刘日波也指出现在广州方言也把"挥"字作为凭证或票证解②。这样，又进一步证实了我们的假设。

丙　怎样去检验假设

在考证的过程中，要对最后一步过程：怎样去检验假设提出来说说。

怎样去检验假设？就是把新发现的证据来检验原来的假设，看看是否相合，如不相合，就要看原来的假设经得起还是经不起新证据的反证；如经不起反证，就必须服从新证据放弃旧假设而另从新证据提出新假设。这样做考证才不致于陷到主观的武断。

例如关于金田起义日期的考证，最初我看见八种不同的说法，我认为谢炳《金陵癸甲纪事略》清道光三十年十一月初十日之说

---

① 《庚辛泣杭录》。

② 见《历史研究》1956年第七期《关于太平天国文献中"挥"字意义的解释》。

最可信，因此我就假定这一天为金田起义的日子。到1937年，《天情道理书》、《干王洪仁玕自述》都发现了，由于新史料提出了新证据，使我对各种不同说法得到一种融会贯通的解释，我拿新证据来检验从前的假设，它经不起反证，于是便把它放弃了，而根据《洪仁玕自述》清道光三十年十二月初十日洪秀全生日起义之说另提出了新假设。这一个新假设，到1944年我得看见《忠王李秀成自述原稿》钞本之后初步得到证实。到1954年我修改这篇考据时，又发现一条重要的证据，就是洪秀全做的一首明白说出他生日那天就是"天父天兄开基日"，也就是说是太平天国起义日子的诗，更进一步证实了这一个假设①。

又如我考证天历干支、礼拜较夏历的干支、阳历的礼拜早一日始于何时的问题，1947年我根据太平天国颁行天历之日，正在广西永安州被困紧急，并且由于制度的新旧交替，特别是夏历大建小建的不易记忆等等情况，提出了太平天国大约是在颁行天历之日，由于上述种种情况而无意错前一日的假设。到1954年，我在重写的一部《太平天国史稿》里面提到这个问题，曾次亮先生对我的假设提了意见。他说我的假设不十分合理，他指出《旧约》的安息日本相当于阳历的礼拜六，太平天国的礼拜日是否原于《旧约》的安息日，值得考虑。我也觉得我的假设站不住，于是我放弃了这一个旧假设，而接受了曾次亮先生的意见另提出新假设去搜寻证据。果然在太平天国自己颁行的文献里得到天历礼拜是守《旧约》以一周的第七日做礼拜的制度的证明，而与阳历以一周的第一日做礼拜的算法不同，所以天历的礼拜就比阳历的礼拜早一天，天历的礼拜、干支也比夏历的星期、干支早一天，从而也就可知天历礼拜、干支比阴历、阳历早一天是在开始颁行

---

① 详细考证见拙著《金田起义考》，此文收在《太平天国史事考》一书内。

天历之日就如此的①。关于这一个问题，虽然还有其他的可能，今天还未能作为最后的定论，但却是可以说明检查假设的例子。

有时根据一种材料，可能提出两个假设的，但是，那一个假设是真实的事实，则取决于历史事实的证明。例如苏州忠王府的大门经同济大学建筑系陈从周教授的调查研究，断定现在的大门为太平天国前建筑物，其大门柱与柱础形制不符，系在旧基础上重建。我们根据陈从周教授的鉴定，可以提出两个假设：第一个假设，是太平天国利用旧建筑作为忠王府大门建筑；第二个假设，是李鸿章攻陷苏州后，占据忠王府为江苏巡抚衙门，故拆毁了忠王府大门原建筑改建为清朝衙门式的大门建筑，而从别处移来旧大门嵌上。于是我们进行求证，先从现存的忠王府大门与忠王府内部建筑作比较研究，忠王府的正殿、后殿是建筑得十分壮丽的，巍然宫殿的气象，而忠王府现存的大门却是一座卑隘的清朝衙门式的大门，在建筑的规模上是绝不相配的。从历史事实来考证，苏州忠王府外部规模是完全照天京王府的规制的，在宏伟的大门外建有两座鼓吹亭，东西两旁又建有两辕门，其上各建有凌空飞展的角楼。所以这一座大建筑，曾经被地主阶级分子一方面不得不赞叹它"极其壮丽"，同时却又要咒诅它"规模僭越"。这又可知现在忠王府大门并不是原来的大门。经过这样地检验之后，第一个假设是被否定了的。我们放弃了第一个假设，根据忠王府现在的大门与忠王府内部建筑的对比，并与历史事实的考据对证，证实了第二个假设是真实的事实，得出苏州忠王府今天这一座清朝衙门式的大门建筑是李鸿章把忠王府原来具有王府规模的宏伟

---

① 详见拙著《天历考及天历与阴阳历日对照表》一书内。

建筑拆毁改建，而从别处移来一副旧大门嵌上去的结论①。

四 论考据方法的局限性

考据用的方法是形式逻辑的归纳法。形式逻辑是人类共同的低级思想方法，它不是主观唯心论，而是一种科学。在狭隘的范围里，在研究事物的简单的寻常的关系时，还可以应付的；一超出这个界限，要深入研究事物本质和规律，要把握周围世界的发展时，这种初等的形式逻辑就无能为力了。恩格斯在《反杜林论》一书中有一段话论形而上学的思维方法道：

形而上学者思维于绝对不能相容的对立之中。他的说法是："是则是，否则否，除此以外即是鬼话。"在他看来，事物或是存在，或是不存在；同样地，某一事物不能同时是自己又是其他事物。正和反是绝对互相排除的，原因和结果也彼此处于固定的对立之中。这种思想方法，我们初看起来似乎是很有理的，因为它正是合乎所谓常识的。可是人的常识在家庭四壁之内的生活范围中，虽是极可尊敬的伴侣，但是一踏上广大的研究的世界时，它立刻就会经历最可惊的变故。形而上学的思想方法，虽然在某一多少宽广的领域中（宽广程度要看研究对象的性质而定）是合用的，甚至必要的，可是迟早它总要遇着一定的界限，在这界限之外，它就变成片面的、局限的、抽象的，而陷于不能解决的矛盾之中；因为它只看到个别的事物，而看不到它们的互相联系；只看到它们的存在，而看不到它们的产生与消灭；只看到它们的静止

---

① 请参看《苏州忠王府小考》一文的考证，此文收在《太平天国史迹调查集》内。

状态，而忘记了它们的运动；只见树木，不见森林。①

这段话正好用来说明旧考据方法的片面性与局限性。旧考据方法所能做到的，只是在用"人的常识"可以处理的范围中，也就是说初等的形式逻辑的思维方法可以运用的范围中，再加上研究者的详细占有材料和谨慎的工作，那是可以得到一些正确的结论的。这是因为在一定的时间内和一定的具体条件下，某一历史现象是可以被视为已经形成的相对地分离的、稳固的和确定的史实的，这就是恩格斯所说的"某一多少宽广的领域"，这里初等的形式逻辑的思维方法是可以合用的。但这种方法"迟早的总要遇着一定的界限"，一超过那一个界限，那时它的片面性和局限性就完全暴露出来了，"而陷于不能解决的矛盾中"。所以考据方法所能担负的只是"去粗取精、去伪存真"的工作，要去研究事物的本质和发现事物的规律那是根本不可能的。考据方法通常用的都是举例为证的列举式的归纳法，不仅这种列举式的归纳法如此，即使是有原则地选取归纳材料的科学的严格的归纳法，它所能达到的成就和辩证法相比较，也还是不完备的。列宁在《哲学笔记》里曾经指出："以最简单的归纳方法所得到的最简单的真理，总是不完全的，因为经验总是未完成的"②。可见要达到"由此及彼，由表及里"的科学知识，尤其是关于社会历史发展的最复杂的科学知识，考据所用的初等的形式逻辑的归纳法是无能为力的，而必须进一步应用高级的逻辑——辩证唯物主义的逻辑。

对于考据方法这一种片面性和局限性，在检查我过去所做的考据太平天国史的工作中，我得到了深切的体会。1944 年我用考

---

①　恩格斯：《反杜林论》，吴黎平译本，人民出版社 1956 年版，第 20 页。

②　列宁：《哲学笔记》，中共中央马克思恩格斯列宁斯大林著作编译局译，人民出版社 1963 年版，第 191 页。

据方法进行《太平天国革命的背景》这个专题的研究，目的是探求太平天国革命的原因。可是我所能看见的只是个别的事物，而看不见它们的互相联系；我所看见的只是一大串纷乱的因素，而抓不住那一个作为太平天国革命最主要的最根本的原因的农民阶级与地主阶级的斗争来做研究的中心环节，从而舍本逐末，迷失方向，把太平天国革命的原因罗列为：人口压迫、豪富兼并、耶稣教与鸦片、灾荒、政治隳废、民族思想与会党六个因素，平均对待各种大大小小的因素，分散力量去注意各种支离破碎的孤立的问题。结果，没有考据得出阶级斗争是太平天国革命的决定原因，却一直向着各种支离破碎的问题去钻牛角尖：从人口压迫追溯到明代蕃薯、玉蜀黍的输入及清代乾隆后的传播；从长江水灾追溯到长江水患的起源；从鸦片战争追溯到鸦片的输入与对资本主义国家诬蔑吸食鸦片始自中国人的讹谬。这样，就对研究太平天国革命原因的目的离题十万八千里！当时我在前社会研究所工作，写成这本稿子，送给所长陶孟和先生看。他看了说："可惜花费了这样大力，得来的结果，只见树木，不见森林。"我自己也十分迷惘，自叹无能。一直到50年代，初步学习马克思主义，才知道原来是旧考据方法和形而上学的思维方法给我的局限，给我的束缚。

虽然我所以造成这种结果，一方面是由于我那时候错误的观点和客观主义的立场所决定，但是，同时也由于这种考据方法的局限性给我以局限。我这一个陷到困境的往事，充分说明了考据方法的局限性。

五　论考据在历史研究工作中的地位和作用

由上所论，我们可以给考据在历史研究工作中的地位和作用得到了一个结论。

决定考据在历史研究工作中的地位与作用的是由于它所用方法。考据用的方法是初等的形式逻辑，如上所论，这种方法是有它的局限性的，它所能做的只是这种初等的形式逻辑的思维方法可以处理的范围，而对探求事物的本质和规律却根本没有能力。因此，考据只能做历史研究工作中的初步工作，它所担负的任务就是考证史料的真伪，铨释史料的内容，和考证史事等工作，其目的是"去粗取精、去伪存真"显示史事的真实现象。它的最大的功能，只是做了基本的整理工作，它只是史学工作中的第一步。至于"由此及彼，由表及里"，从材料上升到理论的问题，从考据现象，到根据现象去探求本质和规律，那不是它所能担负的。

在考据所能为力的范围内，运用严谨的考据方法，是会得到一些正确的结果的，如乾嘉学派的王念孙、王引之所著的《读书杂志》、《广雅疏证》、《经义述闻》等书，不出名物训诂校勘等的范围，大都是形式逻辑的思维方法所能解决的问题，他们严谨地运用这一个方法，因此就能够做得比较严谨，比较正确的结果。即在今天说来，他们的成绩有许多也还是有用的，值得吸收的。在乾嘉时代的考据家们，他们还知道把考据和经学中的"微言大义"分开，他们还比较知道考据真实作用。他们只是老老实实的做些校勘古书本子、训诂古书文义、考据古书时代等工作，较高级的也只做到考据古代史事和制度，把史事的现象和制度的内容弄清楚。他们把所谓"义理"、"考据"、"词章"分为做学问的三种途径。这说明当时的考据家还比较能知道考据的作用和限度。所以清代考据家的考据著作，虽然基本上还是为封建主义服务的（也就是为经学服务的），可是由于他们在考据中不乱谈义理和词章，他们的考据只是相当单纯的考据，因此，他们的考据成绩，到今天也还有值得采用的地方。

破坏了考据的严谨方法和以考据代替史学，那是资产阶级里面的一种所谓"史料学就是史学"的学派所给中国古代考据的毒害。这一派强调演绎法的作用，把形式逻辑的思维方法应用到它所不能解决的范围去，这就破坏了中国古代考据老老实实的用归纳法的严谨。这一派又以考据代替史学，认为史料学就是史学，把限于整理资料的考据当作史学，因而掩盖了社会科学的阶级斗争的使命，使得许多历史工作者只知有考据，而不知道考据在全部历史科学中应该占的地位。这么的一个资产阶级历史学派，必须狠狠地批判的。它的流毒，必须彻底地肃清的。

我们只有明确地认识了考据在历史研究工作中的地位和作用，然后才能发挥它的真正作用，为历史科学研究服务。

六　我的经验说明了考据工作必须 以马克思主义为指导

最后我们要说一说考据工作必须以马克思主义为指导这一条每一个考据工作者都应该具有的认识。

考据用的方法是形式逻辑，这一种方法，只有在唯物主义的世界观和辩证法的指导下，才能够正确地发挥它应有效能。因为"逻辑形式和逻辑规律不是空虚的外壳，而是客观世界的反映"[1]。我们以辩证唯物主义的观点方法从事于任何科学研究，必须从具体资料入手。摆在我们当前的任务，就是用辩证唯物主义的方法去收集资料、整理资料。对于资料首先要加以"去粗取精、去伪存真"的工夫，这正是考据的任务。这样，考据才得到在马克思

---

[1]　列宁：《哲学笔记》，中共中央马克思恩格斯列宁斯大林著作编译局译，人民出版社1963年版，第192页。

主义的原则指导下为历史科学研究而服务，也只有在马克思主义的原则指导下的考据才可以真正发挥它的"去粗取精、去伪存真"的科学效能。

在 1954 年春至 1956 年秋这两年半里，我有一件工作是把解放前写的和解放后已写及打算要写的考据编为七集。在这件工作当中，我以检查解放前所做考据的缺点、和解放后所做的考据有何不同，以及如何改写旧作和撰写当前新问题的考据为主要任务。我经过这一次全面的检查，并通过自己工作的实践，深切地认识到了考据工作必须以马克思主义为指导①。兹分述于下：

甲　对历史事实的考据必须有马克思主义为指导，然后才能够全面地、联系地看问题

对历史事实进行考据，如果在形而上学的思维方法指导之下去做，势必陷于片面地、孤立地看问题。

例如我于 40 年代就曾经对《天朝田亩制度》进行考证。《天朝田亩制度》是太平天国反封建纲领，包括有废除地主阶级土地占有制的土地法、废除私有财产的圣库制度，生产资料收归国有、工业归国营的诸匠营、百工衙制度，还有人民选举乡官的民主制度，和妇女解放等等，而其中则贯串着一个反封建的纲领。那时候，我在形而上学的思维方法的指导下，把其中的土地法、圣库

---

①　关于这一次工作，我写了一篇长《跋》，刊于《太平天国史迹调查集》（《太平天国史论文集第七集》）后。在那篇跋文中，我把我从工作实践中得到考据工作必须以马克思主义为指导的认识强调地告诉读者那是必要的。但对考据作出旧考据方法和新考据方法的提法却不对了。固然，近人利用现代欧美传来的各种科学知识和比较精密的逻辑观念来做考据是比乾嘉学派有所发展的，而今天，我们在马克思主义的原则指导下进行考据又是与 50 年代以前的考据大大不同的。但是，考据本身都同是用形式逻辑的方法，所不同者只是指导思想而已。所以对考据作出新旧两种考据的提法是不对的。特在此对旧作更正。

制度、诸匠营与百工衙制度、乡官制度、妇女解放等等割裂开来孤立地去看，结果只能考出一个个孤立的史事，而不可能看出它内部的联系，也就看不出正是从一个纲领出发的一系列的政纲。到解放后，学习了马克思主义，初步懂得全面地、联系地看问题，才看得出这是太平天国的革命纲领，从而对太平天国革命性质问题作得出是一个反封建的农民革命的科学说明出来。

不仅是考证《天朝田亩制度》那样大的问题，就是以考证一个人物的问题来说吧，例如关于太平天国有没有天德王洪大全这个人物的考据，必须从天地会的制度根本不可能产生一个代表全会势力的大领袖，太平天国在广西永安州时领导班子内并没有一个代表天地会势力的领袖参加，在所谓"天德王洪大全"被俘之后，太平天国也完全没有排斥天地会、拒绝天地会加入的事等等方面去考察问题，才能够给相信实有"天德王洪大全"的人的论断予以根本的推翻。而我在1935年第一次写《洪大全考》时和1946年第二次写《天德王洪大全考》时，都仅仅是从《洪大全供》的真假上去稽考，直到1954年第三次写《洪大全考》时，我初步受了马克思主义的教育，才使我懂得这样全面地去考察洪大全问题。

由此可见，对那些牵涉范围较广的史事，尤其是对那些内容复杂、错综的历史事实进行考据，必须以马克思主义为指导，然后才可能全面地、联系地看问题。

乙　对历史事实的考据，必须有马克思主义为指导，然后才能够从本质看问题

从现象看问题，只能够考出浮在表面的事物现象，只有在马克思主义的指导下才能从本质去看问题，探求出史事的真象。

试举关于太平天国壁画看法的争论为例作说明。在50年代的中期，艺术界曾发生过一次对太平天国壁画问题的争论。著名画家傅抱石、陈之佛和我们对太平天国壁画进行过多次的探讨，我们根据南京堂子街太平天国望楼壁画，望楼高耸，江上战船旌旗飘扬，反映了尖锐的军事斗争现象的一面，同时，大江上民用船只扬帆下驶，又反映了物资交流的一面。这一壁画面，把当时革命首都——天京军事斗争的时代特点和繁荣经济的景象，安排在一块儿，真实地反映出来，作出了是一壁采取现实主义创作方法的壁画的看法。我们又从太平天国壁画起宋、元、明、清四代之衰的情况，作出它是由于农民对壁画"喜闻乐见"，所以太平天国才大力提倡，是有群众基础这一看法。我们的论文发表后，艺术界有同志著专文反对：否认南京堂子街太平天国望楼壁画为现实主义的作品，而认为是"一壁山水画"。否认太平天国提倡壁画有群众基础，而认为是壁画发展的结果，只因为壁画比较适宜于宫室装饰，所以壁画才得应运而生。这一次争论，今天回想起来，实是从现象看问题呢还是从本质看问题的问题。

可见从现象看问题，只能考得出浮在表面的现象形态。考据一些比较复杂的历史事实，必须以马克思主义为指导，才能够从本质看问题，探求得出掩蔽在现象后面的历史真象。

丙　形而上学思维方法是"是则是，否则否"地看问题，只有在马克思主义指导之下才能从矛盾对立之中去看问题

历史事实往往是复杂错综的，在发展的过程中有着矛盾存在的。用形而上学思维方法"是则是，否则否"地去看问题，是不可能解决此种问题的。只有在马克思主义指导之下才能够从矛盾对立之中去看问题，探寻得出史事的真象。试举浙江绍兴太平天国壁画的考据为例。

绍兴市内现在相传有二十多处太平天国绘的壁画。这些壁画，绘有龙、凤、狮、象、虎，绘有战争故事，还绘有神怪故事。龙、凤等壁画，十分残破，但战争故事和神怪故事壁画却保存得完整。我们经过调查、研究，根据许多方面已经肯定的事实，肯定了龙、凤、狮、象、虎等壁画确是太平天国的壁画，而对那些存在着种种疑问的人物神怪壁画，则提出了是由于绍兴地主阶级诬蔑太平天国用人血绘壁画，诬蔑太平天国在房子里杀人埋死尸，所以在太平天国退出绍兴后，有些地主阶级的家，便在太平天国绘过壁画的墙壁上，另绘上与太平天国信仰对立的东西为他们所崇奉并且认为可以"辟邪"的神佛人物故事来加以"厌胜"。因为这些壁画，是当太平天国失败之后，就在太平天国绘过的壁上绘的，所以一代代传下来便误传是太平天国的壁画这一个假设性的解释。我们处理这个复杂、矛盾的问题，是把真的肯定它是真的，把假的提出它是假的，而假之所以作真，是由于假的是在真的位置之上绘的，所以才把假的误传为真的。这是必须从矛盾对立之中去看问题才看得出的。可是，我在1953年初研究这问题的时候，还受着形而上学思维方法"是则是，否则否"地看问题的束缚，我那时候看来，认为这些壁画应该全部否定的，完全看不出假中有真，假的还是从真的遗迹上重绘误传下来的这一个事实。后来经过一年多长的时间，极力挣破旧思想方法的束缚，不断地苦思，才在复杂矛盾的问题之中，逐渐地看得出来。在这里，我应该奉告读者，当我提出这一个假设性的解释时，还不曾得到地主阶级这类勾当的例证。后来我读到《水浒全传》，在第一百十九回记平方腊事后，宋朝统治者的措施道：

> 御笔改睦州为严州，歙州为徽州，因是方腊造反之地，各带反文字体。

这是真的历史事实，毕沅《续资治通鉴》卷九十四、《宋纪》九十四、徽宗宣和三年平方腊后记道：

> 改睦州建德军为严州遂安军，歙州为徽州。

绍兴地主阶级于太平天国失败后，在太平天国壁画的旧迹上，另绘上与太平天国信仰对立的神佛故事来加以"厌胜"，正是与宋朝统治者于方腊起义失败后，取"反文字体"改睦州为严州，歙州为徽州同一勾当。

我考证绍兴太平天国壁画的经验，说明了形而上学"是则是，否则否"地看问题的思维方法的无能为力，只有在马克思主义指导之下才能够在矛盾对立之中探寻得出历史的真象。

丁　形而上学思维方法是静止地看问题，只有以马克思主义为指导才能够发展地看问题

形而上学思维方法静止地看问题，不可能了解史事的产生、发展和变化。只有以马克思主义为指导才能够发展地看问题，探求得出史事的产生、发展和变化的真象。

例如研究太平天国思想有两部主要文献，一部是《太平诏书》，另一部是《天条书》。这两部书有两种不同的版本：一种版本引用了不少儒家的话；另一种版本把这些话都删去了。萧一山在1933年做《太平诏书》和《天条书》跋，凭他的主观臆断硬说太平天国原来是宗教性很浓厚的，"当其初起，惟以尊上帝拜基督为事，举中国一切之圣经贤传胥毁弃之"，后来曾国藩起湘军以名教奇变为号召对抗太平天国，所以太平天国"积数年之经验，因社会之情形，不得不翻然变计"，就在这两部作为教育宣传的主要的文件上，多"增入中国典训名言"，"故为佐证"，付之重刻，以迁就人心[①]。萧一山这一种说法完全是主观臆断。我于40年代从《太平诏书》和《天条书》两种版本的校勘，从太平天国所行的旧丧礼和新丧礼的制度，再参以太平天国刊刻的《旧遗诏圣书》的

---

① 见萧一山编《太平天国丛书》第一集第一册《太平诏书跋》。

初刻本和改正重刊本的校勘，考出萧一山说法的谬误，证实了《太平诏书》和《天条书》授引儒家经典的是初刻本，不引儒家经典的为改正重刻本。但是，当时的考据到此为止，而未能解释其原因。到50年代重写这篇考据时，初步学习马克思主义，懂得了从发展看问题，才能够提得出："洪秀全虽利用基督教发动革命，但他本是儒生，久受中国传统思想的熏陶，因此，那时候他写的教育宣传文件就多援引儒家思想与术语，不能出其范围。到癸好三年建都天京后，草创渐定，'万样更新'，于是乃有删书之举，以谋思想上的统一"这一个解释出来。从这一个例子，可见做考据工作，必须以马克思主义为指导，然后才能解释历史事实发生的底蕴。

戊　资产阶级标榜的客观主义是掩盖阶级斗争，只有马克思主义才能够揭露阶级斗争

资产阶级标榜的客观主义是掩盖阶级斗争，为资本主义服务。只有马克思主义才能够揭露阶级斗争，发掘出阶级斗争的历史事实，看出历史的真象。

例如在太平天国史的研究中，有一件大事，就是天京之所以不能保守，是由于生产遭到了彻底的破坏。当时安徽、江苏、浙江三省几乎到处都是"村市平毁，农田全荒，白骨荆榛，绝无居人"[①]的可怖现象。这三省是给谁破坏了呢？地主阶级口口声声说是太平天国破坏。我在1944年写了一篇《世传太平军奸淫杀戮考谬》[②]，虽然极力在替太平天国辨诬，但是，我那时候由于中了资产阶级客观主义的大毒，不懂得用阶级斗争的观点去理解问题。到1954年重写这篇考证的时候，我再看曾国藩《沿途察看军情贼

①　见《平定粤匪方略》卷三百七十一李鸿章奏。
②　此文收在1948年出版的拙著《太平天国史考证集》内。

势片》①，才恍然大悟，大杀、大烧正是以曾国藩为首的反革命军队进攻太平天国的一个极毒辣的手段。据曾国藩说，在太平天国壬戌十二年（清同治元年）反革命发动进攻以前，太平天国的情况是"擅长江之利，挹不竭之源，傍江人民亦安之若素"。但是，为什么一到反革命进攻之后，就会造成"男妇逃避，烟火断绝，耕者无颗粒之收，相率废业"呢？不管曾国藩如何地歪曲事实，如何地诬蔑太平天国，而这一种烧杀的罪行都完全是反革命分子干的，因为反革命分子的目的，是要使太平天国军队"行无民之境，犹鱼行无水之地"②，太平天国政权"居不耕之乡，犹鸟居无木之山"③，所以就用杀光、抢光、烧光的毒辣手段把安徽、江苏、浙江三省的生产彻底破坏了。由此我们不仅可以粉碎了地主阶级对太平天国的诬蔑，而且可以明确地断定这一件残民以逞的大罪恶正是以曾国藩为首的地主阶级干的。但是，如果不是用阶级斗争的观点去看问题，就不可能剥开曾国藩的诬蔑，而从诬蔑的言辞里面看出事实的真象。

又如王韬，许多人都认为他是同情太平天国的人，所以他才向太平天国上书论攻上海事。我在1934年写《上太平军书的黄畹考》的时候，只考得出"黄畹"就是后来办《申报》的"王韬"为止，至于王韬为什么要向太平天国献策却无法考得出来。到1954年重写《黄畹考》便不同了，我能够初步从阶级斗争观点去看问题，把那些隐蔽的事实看出来了。首先是从王韬向太平天国献策前就在上海吃了英国侵略者的先锋队传教士的饭共十二年之久，他跟英国侵略者有过长期的关系。就在献策那一年，他又跟

---

①　《曾文正公奏稿》卷十八。

②　都见曾国藩《沿途察看军情贼势片》。

③　同上。

英国海军提督何伯（J. Hope）、参赞巴夏礼（H. S. Parkes）做随员到天京去窥探太平天国，又到汉口去与清朝统治者勾结。据王之春《中外通商始末记》说，美国侵略分子华尔（F. T. Ward）统率的洋枪队便是清朝的苏松太道吴煦采纳王韬的建议来建立的。根据王韬这样的历史与行动来分析，他断不会替太平天国打算而向太平天国献策的。又据英国公使卜鲁斯（Bruce）所说，知道王韬所以向太平天国献策是因为当时王韬全家从外国侵略者霸占的上海搬回他的家乡——太平天国治下的苏州去，为了避免太平天国对他的怀疑，故献此策假作与太平天国"同心之论"。而王韬之所以全家从上海搬回苏州，是由于太平天国大军进攻上海，英国侵略军的增援军队还没有赶到，上海情况慌乱，故搬回苏州来。再根据英国增援军到沪后，王韬就返上海，与后来清政府因王韬上书太平天国要逮捕他时，英国公使对王韬极力保护等事看来，王韬向太平天国献这一个主张用兵上游不攻上海的策略，很可能是受英国侵略者的指使，企图太平天国延缓进攻上海的军事行动，争取时间，等候增援的。这一件事，对太平天国反侵略战争是有关系的，应该作为这一篇考证的主要问题。可是，我在1934年考证这一个问题，却不可能接触得到这一个问题的核心，只有懂得用阶级斗争观点看问题时才能够把事实发掘出来。

由此可见，资产阶级的客观主义是掩盖阶级斗争，为资本主义服务的。只有马克思主义才能够揭露阶级斗争，发掘得出阶级斗争的历史事实，看出历史的真象。

己　唯心史观是无视或蔑视群众，只有马克思主义才会有群众观点和走群众路线

唯心史观无视或蔑视群众，看不出人民群众的力量，也就难免导引到错误的结论，更不知道走群众路线去解决问题。只有马

克思主义才具有人民群众的观点，才知道依靠群众。

例如人们研究太平天国采用明白易晓的语文的问题，得出来的是洪秀全个人提倡的结论。而我们用群众观点看问题，才看出洪秀全原来是一个深受古典文体束缚的知识分子，他在最初图谋革命的时候写的几篇文章还不曾打破封建古典文体的束缚，特别是《原道救世歌》一篇，更是典故连篇。这些文章，当然不是人民群众所能领会的，但当时洪秀全是关门写作，他没有认识到群众的要求。到了清道光二十七年（1847 年）六月，他到广西桂平县平在山设立拜上帝会机关，分送他所撰的文件到附近各县农村进行宣传之后，他接触到群众的面一天比一天广，一天比一天深了，才深切地认识到他的作品中所用的那些文体不是群众所能领会的，群众所要求的是听得懂看得懂的明白如话的文体。因此，他就打破封建古典文体，写作明白如话的文章以符合群众的要求。洪秀全通过他的革命实践，明确了群众的要求，到了太平天国癸好三年（1853 年）建都天京后，就提出反对封建文学提倡白话体文学的革命政策。这就可知太平天国反对封建文学的主张，并不是洪秀全个人想出来的，而是反映人民的要求，站在人民群众的基础上提出来的[①]。又如中国古代盛行壁画，宋代以后，由于地主阶级提倡卷轴画，只绘于庙宇寺院的壁上，为劳动人民所"喜闻乐见"。在宋、元、明、清四代衰落了的壁画所以还能保存不坠，实由于为劳动人民所爱好。因此，太平天国到建都天京后，就在一些新建筑和广大的旧建筑上普遍地绘制壁画起来，它剔除了与革命斗争抵触的佛道人物画和封建人物画的旧内容，而发扬了有利于革命斗争和美化生活的山水花鸟画和富于斗争性的飞禽走兽画的新内容，从墙壁栋梁以至门扇，无一不绘。天京以外，各地

---

① 请参看上海人民出版社出版的拙编《太平天国文选》自序。

也普遍地绘制壁画，只以天京一地而论，在失陷之后，经过清军的焚烧毁坏，还有一千多处，真可以称为壁画城。当时壁画的盛况可以想见。这就可知，太平天国的提倡壁画，不是主观盲目的，而是反映人民的爱好，站在人民群众的基础上的，太平天国壁画所以得到蓬勃的发展，就是建筑在这一个群众的基础上。可是，只有在马克思主义指导下，用群众观点去看问题，才能得出这个正确的结论。

　　唯心史观更不知走群众路线，只有马克思主义才知道依靠群众去解决问题。我们所做浙江绍兴太平天国壁画的调查，南京如意里太平天国壁画的调查等，都是依靠群众解决了问题。而最突出的一件事例，是南京普渡庵的调查。原来南京市民魏伯和在1950年提出一个所谓"天王元妃"——兴义尼出家普渡庵的事件，他自己以兴义尼归依弟子的身份向政府报告，他纠约了几个生存的人作证，他举出了几个过去的实有其人的人或虚捏的人作证，他还举出了一些无可追寻的文件和捏造了一些文件作证。他建议政府在普渡庵建碑纪念，保护革命遗迹，并申请政府照顾他个人的生活和他两个堂妹的就业问题。政府把他的意见交我们研究，我们从历史考证指出他所说的事件的虚假。他不服，一次又一次地向政府上书，我们也一次又一次地根据历史事实指出他的虚假。他仍不服，最后一直上书到毛主席。政府为慎重对待革命传说及人民意见起见，交我们做进一步的研究。我们大家研究这问题，认为魏伯和所提出的事件，是已经一次又一次地经过历史的考据完全证实他的虚假的了。但是，魏伯和是生存的人，他捏造这一样事迹被揭穿了，他还可以再捏造另一样事迹；他可以纠约活人作证，他也可以捏造死人作证，他还可以捏造假文件来作证，总之，历史考据可以否定他的种种虚假，但历史考证却遏止不了他一次又一次的作伪。要遏止他再也不敢作伪，必须把他作伪的根由揭穿出来。在这一事件来说，要把他作伪的根由追寻到水落石出，只有走群众路线，依靠群众，才能够彻底地解决问题。因此，南京市文物保管委员会决定组织人力，深入到当地群众中去进行调查工作。经过一个多月的调查，详细地访问了具有极大的代表性的人物，结果，揭穿了魏伯和捏造所谓"天王元妃"的动机的秘密，就是曾经一度给魏伯和作证的果修也不敢再在群众面前再作"假见证"。这一件事，终于依靠群众彻底地解决了问题。

由此可见，唯心史观无视群众，看不出人民群众的力量，也就难免导引到错误的结论，更不知道走群众路线去解决问题。只有马克思主义才具有人民群众的观点，探求得出历史的真象，才知道依靠群众，去解决难以解决的问题。

*   *   *

以上所举六项，只是就我个人实践中的体会举出来说的，当然不只这些。但是，只就这六项看来，就已经可以很清楚地看出了形而上学思维方法是片面地、孤立地看问题，是从现象看问题，是"是则是，否则否"地看问题，是静止地看问题，是无视或掩盖阶级斗争，是无视或蔑视群众，它具有极大的局限性和片面性。只有马克思主义才能够全面地、联系地看问题，才能够从本质看问题，才能够从矛盾对立之中去看问题，才能够发展地看问题，才能够正视和揭露阶级斗争，才会有群众观点和走群众路线，它具有极大的正确性和优越性。

我从自己的工作中，解放前与解放后两相对比，使我深切认识到了考据工作必须以马克思主义为指导，然后才能作出正确的结论，为历史科学研究服务，也只有在马克思主义指导下的考据才可以真正发挥它的"去粗取精，去伪存真"的科学效能。

论 天 历

一 引言

太平天国革命，颁行了新历法天历。天历的颁行，在自古行使阴阳历①的中国，革了孔丘"行夏之时"②法古守旧的命，表达了农民阶级敢于"上掩乎孔、孟"③、敢于"自圣公然蔑古圣"④、敢于创造"新天、新地、新人、新世界"⑤的豪情壮志。天历是一个以我国古代劳动人民的伟大创造和发明的节气为造历原理的四季历法，在天文上和气象上都有它的价值，并且整齐划一，使用方便，在当时世界历法上具有进步的意义，对今后世界改历也还有参考的价值。因此，对天历试作初步的评价，是有意

① 我国辛亥革命前，除太平天国的天历外，其余的历法都属于阴阳历。它的特征是：以月亮绕行地球一周作为一月，这是和太阴历相同；又设置闰月，使历年的平均长度等于或近似回归年，这一点又含有太阳历的成分，所以叫做阴阳历。

② 《论语·卫灵公》。

③ 见曾国藩反动湘军情报机关采编所张德坚总纂《贼情汇纂》卷三《伪科目》攻击太平天国的话。

④ 见伍承组《山中草·感愤》诗中句。

⑤ 洪仁玕：《英杰归真》。

义的。

二 天历的内容和形成

天历以 366 日为一年，不用闰法。单月（正、三、五、七、九、十一）大，31 日；双月（二、四、六、八、十、十二）小，30 日。每月一节、一气。节为月首，从初一日开始，大月 16 日（立春、菁明、芒种、立秋、寒露、大雪六节），小月 15 日（惊蛰、立夏、小暑、白露、立冬、小寒六节）；气为月中，大月从十七日开始（雨水、谷雨、夏至、处暑、霜降、冬至六气），小月从十六日开始（春分、小满、大暑、秋分、小雪、大寒六气），俱 15 日。太平天国己未九年（公元 1859 年）改 40 年为一斡年，逢斡之年每月 28 日，节气俱 14 日平匀。现将太平天国癸好三年正月份日历列于后，以见天历的内容和形式：

正月建　甲寅牛宿

初一壬申牛　　　　　立春

初二癸荣女

初三甲辰虚　　　　　礼拜

初四乙巳危

初五丙午室

初六丁未璧

初七戊申奎

初八己酉娄

初九庚戌胃

初十辛开昴　　　　　礼拜

十一壬子毕

十二癸好觜

十三甲寅参

十四乙荣井

十五丙辰魁

十六丁巳柳

十七戊午星　　　　　　雨水　礼拜

十八己未张

十九庚申翼

二十辛酉轸

二十一壬戌角

二十二癸开亢

二十三甲子氐

二十四乙好房　　　　礼拜

二十五丙寅心

二十六丁荣尾

二十七戊辰箕

二十八己巳斗

二十九庚午牛

三十辛未女

三十一壬申虚　　　　礼拜

以次各月都照此递推排列下去，它的内容和形式都很简明：数字和干支是记日序。二十八宿是记礼拜。立春是每年第一个"节"，是一年的岁首，所以在正月初一下记明"立春"二字。雨水是每年第一个"气"，立春与雨水距离十六天，所以在正月十七下也记明"雨水"两字。凡二十八宿排到房、虚、星、昴那一天就是礼拜日。正月初三排到虚、初十排到昴、十七排到星、二十四排到房，正是礼拜日，所以都在下面注明"礼拜"

二字。壬寅、癸荣①等是干支。干支纪日,自殷代行使起,相续不断,而又一天不错,所以天历把它保留下来。到己未九年(公元 1859 年)后,又命史官作月令,把每年节气、草木萌芽都记录起来,附在第二年的同一月份日历之后,以供农民耕种的参考。

天历的内容和形式,主要如上述。

三 天历是以中国古代劳动人民创造和发明的节气作为造历的基本原理

天历是一种以节气定岁时的太阳历,可以称它为四季历法。

节气就是依着一年里气候的变化,平均地排成 24 个节次,所以叫做节气。

地球以 23 度半的倾斜依黄道环绕太阳周年运行,因而在一年中有昼夜长短和太阳高度的不同,从而产生春、夏、秋、冬的四季变化。一年中白天最长、正午太阳最高的一天叫做"夏至";白天最短、正午太阳最低的一天叫做"冬至";夹在中间、昼夜平分的两天叫做"春分"和"秋分"。

黄道的一周是 360 度,所以春分、夏至、秋分、冬至在黄道上的位置,各占 90 度:春分在黄经上是零度,夏至在黄经上是 90 度,秋分在黄经上是 180 度,冬至在黄经上是 270 度。在这四个节气各 90 度中,各匀分为 6 个节气,每个节气的间隔为黄经 15 度,每年便共有 24 个节气。

① 太平天国对干支改了三个字,以"丑"音近丑,乃改为"好","亥"音近害,乃改为"开","卯"音近"右"(广州系方言,作没有解),乃改为"荣"。又因"鬼"字不好,故改二十八宿中的"鬼宿"为"魁宿",因避杨秀清讳,故把清明节写作菁明节。

　　24 节气是表示地球在轨道上运动时到达的位置，就是太阳在黄道上的位置。太阳在春分点的时候，就是太阳在黄经度等于零的时候叫做春分。从春分起，黄经每隔 15 度便是一个节气，顺序叫清明、谷雨、立夏、小满、芒种、夏至、小暑、大暑、立秋、处暑、白露、秋分、寒露、霜降、立冬、小雪、大雪、冬至、小寒、大寒、立春、雨水、惊蛰。

　　24 节气又分为"节气"和"中气"两种；我国古人把从小寒起每隔黄经 30 度为一节气；从冬至起每隔黄经 30 度为一中气。一年有 12 个节气和 12 个中气，每月各有一个节气和一个中气。节气排在月初，中气排在月中。

　　节气主要是表示气候的变化。气候最主要的因素是"气温"和"雨量"；雨、露、霜、雪一般又称"降水"，都包括在广义的"雨量"里面。试把 24 节气加以分析，就可知它和气候的关系。

　　（一）关于四季的变化的　有立春、春分、立夏、夏至、立秋、秋分、立冬、冬至，共 8 个节气。春分和秋分，是表示昼夜平分的两个节气。夏至和冬至，是表示炎热的夏天和寒冷的冬天到临的两个节气。立春、立夏、立秋、立冬，是表示春、夏、秋、冬四季里每季开始的节气。

　　（二）关于气温的　有小暑、大暑、处暑、小寒、大寒，共 5 个节气。

　　（三）关于雨量（降水）的　有雨水、谷雨、白露、寒露、霜降、小雪、大雪，共 7 个节气。

　　（四）其他关于农事方面的　有惊蛰、清明、小满、芒种，共 4 个节气。

　　气温和雨量，是气候的主要因素，四季的变化，也是属于气候的。所以节气主要是依据气候的变化把太阳一年在黄道上匀分为 24 个相等的位置，使农业上跟了每个节气的降临，便来做一定的农业工作，它是为农业服务的。

24 节气是我国古代劳动人民在天文学和气象学上的伟大创造和发明。其中的夏至和冬至，称为"二至"，春分和秋分，称为"二分"。在西欧，也有这四个节气，但是他们除这四个节气外，就没有别的节气了。只有我们的祖国是世界上文明古国之一，有将近五千年的历史，是一个在历史上农业最发达的国家，我们的祖先，最能掌握与农事最有关系的气候。他们精究历象，根据气候的变化，把一年匀分成 24 个节气，除二至二分外，比西欧各国更细致地更精密地多了 20 个节气。

远在距今四千多年，我国古代劳动人民就知道利用黄昏时星宿出现来定一年四季的方法。根据鸟、火、虚、昴来定四季。把这四个星宿作为仲春、仲夏、仲秋、仲冬黄昏时的中星①。到春秋、战国时代，我国已经有了二至二分四个节气②。那时候，采用土圭测日影方法，很有把握测定阳历年的长短，而定冬至和夏至的日期。二分二至四个节气，是在每季之中。既有了二分二至四个节气，由于我国古代劳动人民在农业生产上的实践，要求更加精密地划分一年四季气候的变化以利于农事，所以，到西汉初年，其余 20 个节气也都确立起来③。于是可以表示一年四季气候变化

---

①　《书经·尧典》说："日中星鸟，以殷仲春。……日永星火，以正仲夏。……宵中星虚，以殷仲秋。……日短星昴，以正仲冬。"

②　《孟子·离娄》说："天之高也，星辰之远也，苟求其故，千岁之日至，可坐而致也。"古人称冬至和夏至叫做"日至"：冬至叫做"日短至"，夏至叫做"日长至"。据此，知我国在春秋、战国时代，由于采用土圭测日影的方法，已经很有把握测定阳历年的长短，就确定冬至和夏至的日期了。

③　秦朝吕不韦的《吕氏春秋》十二月记已有立春、雨水、立夏、小暑、立秋、白露、霜降、立冬等节气名称，惟夏至叫做"日长至"，冬至叫做"日短至"，春分、秋分都叫做"日夜分"。到西汉淮南王刘安著的《淮南子·天文训》中已有全部 24 节气的安排，和我们今天所知道的 24 节气完全相同。故可知确定 24 个节气，在西汉初年便完备了。

为提供农耕日程的 24 节气，便全部完备了。

24 节气对我国农业生产具有很重要的作用。二千多年来，我国农民耕田、播种、收割，都是按照节气办事的，他们依据节气来断定时令，农事的进行就有了根据，用不着再仰观天象了。

由于节气是符合地球环绕太阳的黄道的，黄道匀分为 24 份，排成 24 个节气，也就是符合周天 360 度，匀分为 24 份，在黄经上每隔 15 度，列成一个节气。地球绕太阳一周是阳历一年，依了一年的轨道，平均排列起来的 24 个节气，所以节气是完全符合于太阳历的。

在我国历术上，有"朔"与"气"之分。朔系太阴关系，每月朔望，都从太阴而定。气为太阳关系，每年节气，都从太阳而定。节气是太阳历的骨干。节气之所以能定岁时，以节气定岁时的历法之所以为太阳历，它的全部历理就在于此。太平天国的天历，便是根据我国古代劳动人民在天文学上和气象学上这一个伟大创造和发明，用节气定岁时，以十二节为 12 个月的开头，以十二气为 12 个月的月中，分一年为春、夏、秋、冬四季，而以立春为岁首的四季历法。

四　天历改革了中国古来行使的阴阳历

我国自古以来，行使阴阳历。阴阳历以月亮绕行地球一周作为一月，它的历年长度不和回归年相符，所以阴历的日期和气候变化没有固定关系。于是阴阳历既设置闰月，使历年的平均长度等于回归年，并在安排年、月以外，再设置 24 节气，来弥补日期和气候变化不符的缺陷。

阴阳历平年是 353 日，或 354 日，或 355 日，比回归年相差 11 日左右，因此，阴阳历每年同一节气，要比前一年移后 11 日左右。而阴阳历闰年却是 383 日，或 384 日，比回归年长 18 日左右。遇到闰年之后，那年节气又要比前一年提早了 19 日左右。这样，同一节气在阴阳历不同年份前后相差可达 1 个月。所以，24 节气固然弥补了阴阳历日期和气候变化不符的缺陷，也正由于 24 节气的设置突出地显示阴阳历"岁年错乱、四时失位"的大缺点。

阴阳历既有这一大缺点，"算数繁猥"，使用又不方便。而 24 节气却显示了一年四季，寒来暑往的气候变化，又整齐划一，易于记忆，农民们世世代代都按照节气从事农业生产。"那末，何不如把阴阳历废掉呢？""为什么不干脆用节气来定岁时呢？"我国古代劳动人民经过世代实践之后，他们提出了问题和要求。

这一个问题和要求，在太平天国颁行天历之前 766 年，由北宋一位卓越的科学家沈括作了初步的回答。他指出阴历"气朔交争，岁年错乱，四时失位，算数繁猥"的大缺点。认识到"凡积月以为时，四时以成岁，阴阳生杀变化之节，皆主于气"的历理。故建议："今为术，莫若用十二气为一年，更不用十二月。直以立春之日为孟春之一日，惊蛰为仲春之一日。大尽三十一日，小尽三十日，岁岁齐尽，永无闰余。十二月常一大一小相间，纵有两小相并，一岁不过一次。"他以宋元祐元年（公元 1086 年）孟春、仲春为例："孟春小，一日壬寅，三日望，十九日朔。仲春大，一日壬申，三日望，十八日朔。"沈括把一年分春、夏、秋、冬四季。每季分孟、仲、季三个部分，共 12 个部分。每一部分含两个节气，一个节气居首，一个节气居中。如上例立春为孟春第一日，雨水居孟春之中；惊蛰为仲春第一日，春分居仲春之中。他造历用"气"，不用"朔"，所以说"更不用十二月"，但他仍借用月的名，一年 12 个月，大月 31 日，小月 30 日，大小相间，不置闰月。他以为用这种历法，"则四时之气常正，岁政不相陵夺"，"简易端平，上符天运"，跟四季时令完全一致，又便于使用①。

沈括这一个用节气定岁时的改历建议，正是反映我国古代劳动人民的要求，不论从天文、气象、风俗、习惯哪一方面来看，都比阴阳历合理而方便得多。但是，在封建时代一切都必须尊圣法古，如有轻议古法，就是离经叛道，要受迫害。所以沈括的建议，不但如他所说在当时要受到"怪怒攻骂"，就是直到清代中晚期，腐儒们还在反对。阮元攻击他"徒骋臆知，而不合经义"②，张文虎攻击他"于古圣王敬授民时之意，大相背谬"③。当然是不会有实行的可能的。

太平天国的天历和沈括提出的新历建议都同是以节气定岁时的四季历法。沈括的新历建议于 1086 年。太平天国的天历是冯云山于 1847 年在紫荆山区宣传革命被捕下桂平县监狱时制造的④。冯云山是不是看过沈括的书受了他的影响呢？我们的回答是没有的。因为沈括的新历建议载在他的《梦溪笔谈》里面，第一，在冯云山的时代，《梦溪笔谈》这部书，就是在通都大邑都难于访寻，在农村更不用说，而当时冯云山正是一个农村书塾的教师，他是难于看得到的；第二，《梦溪笔谈》在当时是一部一般的笔记，而那时候读书人读的和看的是经史；第三，沈括的新历建议，只是作为一条简短的笔谈在《梦溪笔谈》中提出，并不是一部历法专书，所以，冯云山是不可能看过《梦溪笔谈》受过沈括的影响的。那末，冯云山与沈括两人不同时不同地为什么却制造出同样的新历法来呢？从冯云山来说，他一心为革命，一心为人民，他在监狱里，念念不忘人民，他为人民制造新历法，就把我国古

---

①　据胡道静校注本沈括著《梦溪笔谈·补笔谈》卷二《象数》。
②　阮元：《畴人传》卷二十《沈括》。
③　张文虎：《舒艺室杂著甲编》卷下《书梦溪笔谈后三》。
④　据太平天国己未九年十月初七日《天历每四十年一斡旋诏》。

代劳动人民这一个伟大发明和要求真实地反映了出来。至于沈括，他反对守旧，要求改革，所以他也能够反映出人民的发明和要求。这一件事实，说明了这一种以节气定岁时的新历法正是我国古代劳动人民的伟大发明和要求，冯云山和沈括都是反映出这一种发明和要求的。

　　太平天国壬子二年正月初一日，建国后第一个立春日，颁行了天历。中国古代劳动人民创造了24节气，提出以节气定岁时的要求，也只有到了劳动人民政权的太平天国才能实行这一个我国劳动人民所创造和要求的以节气定岁时的四季新历法。

五　天历的特点

　　太平天国行使天历，从太平天国壬子二年正月初一（清咸丰元年十二月十四日，公元1852年2月3日）颁行之日起，到己巳十九年四月十一日（清同治八年四月十七日，公元1869年5月28日）陕西保安县老岩窑陷落之日止，计在长江流域以及在南征北伐所到的地方行使了19年4个月。当时在太平天国克复的地方，人民把天历用熟了，因此，到太平天国失败，清朝反动政权复辟复用阴阳历之后，而太平天国所改干支的字，人民还是照样使用。时人有两句诗道："不觉草茅忘忌讳，亥开丑好未全芟"[①]，就是咏这件事。太平天国推行天历的效果居然到了这个地步。所以当时英国人麦都思（W. H. Medhurst）有观天历的推行可证太平天国确有进步及改革能力与趋向的评论[②]。

────────────

　　① 钱塘丁葆和：《归里杂诗》。

　　② 据麦都思《中国革命军概观》，见《英国政府蓝皮书中之太平天国史料》1853年5月11日文翰《上克拉兰登伯爵书》附件之十。

　　天历采用太阳历，以节气为造历的基本原理，制造出一种四季分明，整齐易记的新历法。它在中国历法史上是一个富于革命精神又颇符合理想标准的新历法。论其特点，可以提出五点来评论：

　　第一以四季成岁　春、夏、秋、冬，四时代序而成岁。"岁"的含义是和四季有着不可分割的关系，而按四季安排的历法，应该是最合自然规律的历法。中国古代历法虽有"以闰月定四时成岁"的说法①，但中国自古来用的阴阳历，它的平年、闰年的长度与回归年相差太远，致使"岁年错乱，四时失位"，实在无法达到这个要求。至于阳历的日期虽然和气候变化有固定关系，但冬季跨在前后两年，却割断了四季与岁时的关系，也就是使"岁"的含义失掉了它最显著的一面意义。天历以节气定岁时，分一年为四季，每季三个月，一年二十四节气，月首为节，月中为气，每年正月初一元旦立春，为一年春季的第一日，四月初一立夏，为一年夏季的第一日，七月初一立秋，为一年秋季的第一日，十月初一立冬，为一年冬季第一日。历年与四季完全吻合，对于表示时令具有精确性，实为一种最合自然规律的好历法。1922年国际天文学会会议曾讨论历法改革问题，并在1923年设立改革历法的国际专门委员会。它研究和发表了由各种不同机构和以个人名义所提出的将近二百种新历设计，认为最值得注意的有两种，其中一种便是四季历法，被称为国际新历。而我国早在1852年已由太平天国实行了这一种历法，这是应该大书特书的。至于将来国际预备采用的四季历法，系用天历的四季划分法呢，还是用天文学上的四季划分法呢，抑或是西洋习惯的四季划分法呢，这是还需要精细地进行研究的。但是，天历所采用的我国自古以来的四季

_____

① 《书经·尧典》。

划分法，有了四千多年的历史，却是应该值得特别注意的。这是天历第一个特点。

　　第二岁首符合我国人民的理想　　在气象上具有它的重大意义，就是在天文上也有它的一定的意义。我国历法，理想上以立春为岁首，而所行的阴阳历每月朔日，却依太阴为标准，因此事实上的元旦，很少能与立春相遇。所以中国有句古话说："百年难遇岁朝春"，如果人生遇到元旦正逢立春的日子，那就是一件大喜事了。至于阳历以冬至后十日为岁首，实受耶稣诞日的影响，无论在天文上或气象上都没有意义。天历以立春为岁首，这一天，正是春季的开始，在气象上是一个具有十分重大意义的日期。我国从周代以来，直到清末，都以立春为一岁的大典，民间有"立春大过年"的谚语。那时候，立春那天，当迎春的纸扎春牛经过门前时，母亲们带孩子去摩春牛，一边教唱道："摩摩春官老爹头，养猪大过牛，养牛大过北山头！"立春给农民带来丰收的希望，鼓舞农民热情去生产。而对一般人来说，在经过凛冽的寒冷之后，到了春回大地，也都同样地感到欢欣鼓舞。古人有一首歌咏立春的诗道："律回岁晚冰霜少，春到人间草木知，便觉眼前生意满，东风吹水绿参差。"[①] 形象地唱出了人们迎接新春生意勃发的喜悦。这一天，太阳又正位于黄经 315 度，它在天文上虽然没有二分、二至那样具有十分重大的意义，但也是一个具有比较重大意义的日期。所以天历以立春为岁首，首先是符合我国人民的理想，同时在气象上具有它的重大意义，就是在天文上也有它的一定的意义。这是天历第二个特点。

　　第三划分整齐　　历以纪时，必须整齐，然后使用时得到最大的便利。阴阳历每年里月份的大小很不规划，有的连续两个、三

---

　　① 　这是宋朝人张栻做的《立春偶成》诗。

个、四个大月或两个小月，很不易记忆。阳历以一、三、五、七、八、十、十二月为大月，每月31日，四、六、九、十一月为小月，每月30日，二月平年28日，闰年29日，参差不齐，也难于记忆。天历每年12月，单月31日，双月30日。1年24节气，每月一节、一气，节为月首，从初一日开始，大月16日，小月15日；气为月中，大月从十七日开始，小月从十六日开始，俱15日。40年一斡旋，斡之年每月28日，节气俱14日平匀。天历划分得这样整齐，年年如是，40年始一斡旋，斡年仍是一样的整齐，所以天历最易于记忆而便使用。这是天历第三个特点。

第四扫除旧历书上的迷信思想　中国地主阶级为着维持其封建统治，极力愚弄人民，所以从汉代以来封建社会所颁行的历书，乃是向人民传播迷信思想最主要的工具。在每日下面，不但注有吉凶宜忌，而且还注有祸福休咎，向人民宣传，地主的富与贵，农民的贫与贱，不是剥削与被剥削的关系，而是命里注定的，灌输给人民一种思想毒素，使他们"听天由命"，不要反抗封建制度。天历在每年历书的前面大力宣传："年年是吉是良，月月是吉是良，日日时时亦总是吉是良，何有好歹，何用拣择。"指出："从前历书一切邪说歪例，皆是妖魔诡计，迷陷世人……尽行删除。"把中国二千年来历书上地主阶级所传播的封建迷信思想一举而廓清之。这是天历第四个特点。

第五为农业生产服务并向人民传播科学常识　天历以节气定岁时，本身主要就是为农业生产服务。到己未九年，又特命史官作月令，把每年节气和草木萌芽都记录起来，附在下一年同月日历之后，以供农民耕种做参考，并供负责编制天历人员，"每四十年一核对，裁定耕种便于民"[1]。例如辛酉十一年天历所附庚申十

① 见太平天国己未九年十月十四日洪秀全《特命史官作月令诏》。

年萌芽月令，其中记载气候变化的，如：惊蛰十三，雷鸣下雨，菁明九①，雷鸣下雨等；记载耕种日期的，如：立春十六，南方地暖种松、种花麦、种乌豆，春分二，南方地暖落谷种、种包粟，春分四，南方地暖种蔗，菁明二，北地寒始落谷种，立夏一，南方地暖落二造谷种、落番薯秧、种膏（高）粱粟，立夏二，种白豆，北方地寒亦有至此日始落谷种等。这些记录，都可以供农民做今年耕种的参考，为农业生产服务。同时天历在月令上还传播一些科学常识，如立冬八，五更地动，使人民知道地震不过是一种自然的现象，并不是什么皇天示警。这是天历第五个特点。

由于历法须迁就于不可公约的自然的三种周期，即日、月、年之间，故在事实上要制定一种完全合于理想的历法，乃不可能的事。历法家所能追求的只是一种使用具有最大的便利，而表示时令复有最高的精神性的历法。准此标准去衡量天历，它就不仅是在中国历法史上富有革命精神又颇合理想标准的历法，而在当时世界历法上也具有进步的意义，并且，对今后世界历法改革，还有参考的价值。

六　论对"亏缺"忌讳限制了天历应达到的高度

应该指出，天历是有局限性的。天历以 366 日为一年，较回归年长 18 时 11 分 14 秒。因此，天历每年多四分之三日有奇，4 年多 3 日有奇，40 年就多了 30 日有奇。天历初制，定 40 年一加，每月 33 日。这样，到 41 年，暗中既加了 30 日有奇，又明加 30

---

① 惊蛰十三，是说惊蛰后十三日，即庚申年二月十三日，这天雷鸣下雨，菁明九，是说菁明后第九日，即庚申年三月初九日，这天雷鸣下雨。

日，就共多了 60 日有奇，节气错乱便两个月了。天历这一种 40 年一加的办法，是不合科学实用的。太平天国己未九年，洪仁玕到天京，奏请改用 40 年一斡旋的办法。所谓 40 年一斡旋，实际就是 40 年一减，为避忌用"减"字，故用"斡旋"一辞代替，以取旋转归源了无痕迹的意义。此法于 40 年一斡旋，斡年每月 28 日，节气俱 14 日平均，全年减去 30 日，只 336 日，合 40 年日数共为 14610 日，与儒略历日数相同。儒略历以 365 又四分之一为一年，平年 365 日，4 年一闰，闰年加一日，40 年日数也共为 14610 日。儒略历是因平年日数不足，故用闰年以加不足；天历是因每年日数过长，故用斡年以减去过长。天历的方法与儒略历不同，而原理却是一样。

天历在改订之后还是有缺点的，到 400 年后，与回归年的长度比较，正同儒略历一样还多出 3 日 2 小时 50 分。而在 40 年里面，由于天历岁实比回归年长，所以节气就一年比一年落后于天象，直到经过斡年后始与天象复合，但跟着又是一年比一年落后，天历是以节气定岁时的历法，这就不能很好地达到它的主要目的。

天历的问题在于岁实长于回归年，只要解决了这一个问题，天历就可以成为一种优良的历法。案儒略历每年分 12 月，单月 31 日，双月 30 日，惟 2 月平年 29 日，闰年 30 日，以春分（3 月）为岁首，2 月为岁终，故于岁终之月，减少一日，以为置闰的地步。天历月日的安排，除不置闰及以正月为岁首外，其余与儒略历全同。如果天历采用闰法，以 365 又四分之一日为一年，取忌讳之深。对事物采取吉凶宜忌的看法，这就是迷信。迷信是科学的大敌。太平天国为着忌讳，连天象也要迁就迷信了！太平天国敢于废除阴阳历，并且提出"百无禁忌"① 的新观念，扫除了中国

---

① 见初刻本《天条书》。

历书上二千多年来的阴阳五行吉凶宜忌的迷信，但它却给另一种迷信束缚自己。天历在创造道路上所遇到的大障碍，正是一个十分生动具体地说明太平天国这一个农民革命局限性的好例子。

我对裴松之注《三国志》体例
的批判与继承

——《李秀成自述原稿注》的体例

一

中国古代少有长篇自述，革命人物写的更是未见。《李秀成自述》是五四运动新文学出现以前一部罕见的长篇自述，在当时，就连反革命分子和外国侵略者看了，也都不得不低头承认为"事理井井"①，"层次井然"②。它叙述了革命的一生，记载了太平天国的兴亡史，铭刻了太平天国败亡的惨痛教训。

《李秀成自述》是在即将被杀的囚笼之中写给敌人的。为着对付敌人，其中必有假话、假事。又是以每天七千字的速度，在九天内以迫不及待的极度紧张心情写成的，必有误记、误写的地方。李秀成只读过三年书，他的文笔是从《四书》和《古文观止》以及《三国演义》、《水浒传》、《东周列国志》、《封神传》、《说唐》等演义小说学来的，所以他写的《自述》是一种半文半白的文体。李秀成是广西梧州府藤县人，他写的白话文，就夹杂有梧州府和

---

① 见曾国藩心腹幕僚赵烈文所著《能静居士日记》清同治三年七月初六日记。
② 见英国侵略分子威尔生（A. Wilson）所著《常胜军》第十六章。

浔州府的方言、俗语。要读懂这样的一部《自述》，就非加以注释不可。

我于 1931 年开始研究太平天国史时，就在我当时所能得到的扪虱谈虎客编的《近世中国秘史》所收的《李秀成供》上作注。1944 年春，我把这些注文，移注于广西通志馆从曾家抄来的原稿上，于 1951 年 1 月出版，叫做《忠王李秀成自传原稿笺证》。其后一再补充，出了三版。到 1957 年 11 月，经过进一步增订，又出增订本。中华书局要第三次印刷这部增订本，问我有没有增订。那时候，我要从北京回南京太平天国历史博物馆编纂太平天国的文献和资料。我请中华书局不要再印，我打算把《李秀成自述》从头另作新注，得到他们的同意。

1958 年 6 月，我回到南京。在编纂《太平天国文献》、《太平天国资料汇编》的同时，就依靠大批的史料，进行新注的工作。1964 年 4 月，我在南京的工作结束后回北京，这部注也完成了。十五年来，我不断在稿上把新发现的史料予以补充、修订。到今年 1 月，搁下其他工作，集中全力，把这部注再审核一遍，今始完竣。回首初注迄今，已四十九年。古人说，皓首穷经。我注《李秀成自述》，也是从青春注到白首了。

中国注史书，以裴松之的《三国志注》最著名。我注本书曾参考裴松之的体例。《四库全书总目提要》论裴注"网罗繁富"，引文"又多首尾完具，不似郦道元《水经注》、李善《文选注》，皆剪裁割裂之文，故考证之家，取材不竭，转相引据者，反多于陈寿本书"。这个评论是不错的。我注本书也尽力网罗，所引史料，也都首尾完整，以供研究太平天国史者的使用。这是我与裴注相同的地方。但裴注杂引诸书，亦时下己意，不免有主观；我注本书则唯有训诂、考证，不加议论。裴注往往嗜奇爱博，颇伤芜杂；我注本书，则凡与太平天国史无关的绝不引录，如注冲天炮，只注明其事，记其根据，而不引所据的欧阳兆熊《水窗春呓》的长篇记事，以免芜杂。这是我与裴注不同的地方。一般注释古书，大都专门注意训诂。裴注的重点则放在事实的增补和考订上，对于原文的音切和解释并不详备。注史书一定要注重事实，这是裴松之的卓识。但也必须同样注重训诂，否则读者阅读原文尚有问题，更谈不到理解了。所以，我们既要采用裴注的长处，也要鉴戒他的缺处。我注《李秀成自述》，是训诂与事实的考证并重，在体例的大旨上，也与裴注有不同的。

二

我对裴松之注《三国志》体例的批判与继承如上所述。现在，把我注《李秀成自述原稿》的体例说说：

先说训诂方面，我注的是下面十二项：

（一）太平天国制度　如州县佐将、王宗、登闻鼓等等，都加注释。

（二）太平天国的避讳字　如避师字讳，而以司字代；避王字讳，而新造一坒字等等，都加注释。

（三）太平天国的特殊称谓　如称天王诏旨为"照"；称天父、天王、东王、翼王等的发怒为"义怒"等等，都加注释。

（四）人物　凡所述太平天国人物可考的都写简传。清朝方面人物，则将其与太平天国有关的注明。至于大头羊、大鲤鱼、山猪箭、糯米四、冲天炮等等绰号，都考出其本名。

（五）地名　凡山川关隘市镇乡村，都一一加注。其"英家会"为殷家汇之误，"四境"为泗泾之误，三里之为墟名，九里之为桥名等等，都一一考清。

（六）事物　如李秀成说他学天文，七日七夜而知，据考系占星术；他叫张国梁召募的广东兵为"广兵"，叫曾国藩的湘军为"南兵"等等，都加注释。

（七）专门名辞　如记永安州突围之役说："姑苏冲是清朝寿春兵在此把守"。案寿春兵，就是寿春镇的军队，寿春镇是清朝绿营军队里面的一个镇，建立在安徽省寿州，当时调来广西作战，把守永安州姑苏冲。又如记青浦之役，俘获华尔（F. T. Ward）洋枪队的武器时说："得洋庄百余口"。案"洋庄"是当时对前膛旧式洋炮的称谓。这些地方都加注说明。

（八）特殊的简写字　如李秀成把"蓝"字简写成"艹"。他写三河守将蓝成春作艹成春，曾国藩把"艹"字认作"洪"，他刊的《李秀成供》刻作"洪成春"，于是真人蓝成春便变成乌有的"洪成春"了。李秀成写"蓝顶子"也写作"艹顶子"，曾国藩又用朱笔把"艹"改为"红"，于是蓝顶子又变为红顶子了。我考明蓝成春的历史，再核对字体，确定是蓝字，就在这两处注明。

（九）典故　如"周朝斩将封神"，出自《封神演义》；"在秦为秦"，为（在）楚为楚"，出自《东周列国志》；"许多乱星下降，乱及凡间"，出自《水浒传》；"即是四明山之会一样之情由"，出自《说唐》；"十室之邑，必有忠信"，出自《论语》等等，都一一注明。

（十）辞句　如"各心不分（忿）"，"少勇刚强"等等，或考其辞源，或考其事实，以注释其意义。

（十一）方言　如"冇"、"是乜"、"定叠"、"少何"、"格"、"知到"、"到步"、"落跪"等等，都一一注明。

（十二）乡土称谓　如说"张国梁与向帅为契爷"。案"契爷"，是两广西江流域一带对义父的称呼，这地方也加注。

训诂方面，注的就是这十二项。这些地方，如不加注，就使人难懂，有时还使人发生误解。如"姑苏冲是清朝寿春兵在此把守"这句话，简又文在《太平军广西首义史》一书中，就把"寿春"误为满族人名，写做"守古稣冲者为满将寿春"（见商务印书馆1944年8月初版第267页）。世上没有全知全能的人，绿营早已成为历史名辞，简又文不知寿春镇是不足为奇的。由此可知，古人注古籍为什么十分重视训诂的缘故。

三

训诂是帮助读者了解原文的，而事实的考证，则是订正原文的错误或补充原文的缺略的。我在事实的考证方面，注的是下面十项：

（一）事实错误　《李秀成自述》所记事实有许多无意致误的地方：有的因本人未参加而致误的，如金田、花洲、陆川、博白、白沙各地拜上帝会众是在道光三十年秋间各自团营的，而李秀成却误记为"不约同日起义"；有的是由于把情况看错了而造成大错大误的，如进攻宁波之役，外国侵略者要调集军队抗拒，驻宁波的英、法、美三国领事派代表前来接洽要求延期一星期入城，太平军答应了他们。届期入城，英国战舰于数小时后才赶到宁波，为时已迟，要不太平军差一点中了外国侵略者的缓兵计，而李秀成却说，"收克宁波之来情，实是宁波洋鬼之通诱"；有的是因不明敌情致误的，如人刘村之役和乌衣之役，胜保都没有参加，而李秀成都误记胜保是这两役清朝两路的统帅之一。此外还有因记忆有误的，都一一加注考明。

（二）时间错误　《李秀成自述》中时间错误很多，如庐州失陷，在乙荣五年十月初四日，时在天京事变前九个月，而李秀成却误记作丁巳七年四月翼王石达开被迫出走远去，军民的心散乱，以致庐州被攻破。如他和陈玉成于丁巳七年正月十九日大破围困桐城的清军，这时石达开还在天京执政，据清朝安徽巡抚福济奏报，救桐城之役，正是石达开主谋，他却记为石达开被迫出走后的事，说"谨（仅）有残军六七千人，此是翼王逃出诱去外，此是老若（弱）不能为用，故留为我使"。如枞阳会议在戊午八年六月，他却误作己未九年六月。江南大营复困天京，是在丁巳七年十二月初一日，他也误记作"此是八年之间矣"。甚至自叙历任官阶，时间也是错乱。这些地方，都一一稽考注明。

（三）考其有所为而言，以免把假当真 《李秀成自述》有许多有所为而言的地方，如他把奉命出师江西、湖北，说成"逆主之命，信友之情"。如天京缺粮，放妇女出京谋生，是经他奏准，并且晓喻通衢，布告周知的，却说是他"强行密令"放出，受到天王严责的。如他于攻入杭州城后，第二天即进攻满城，第三天上午就攻破满城，却说"破入大城四日，上（尚）未攻其满城，专等御照下赦"。如部将李昭寿叛变，投降钦差大臣胜保，他手书痛斥李昭寿说："本主将誓必兴师问罪，情义既绝，各路之妖可缓诛，惟胜保与尔势必先诛也"，而他却说"我亦未责"。诸如此类地方，都一一考明，以免把假当真。

（四）李秀成有意隐瞒的地方须考明 如从天京作战略的撤退，经江西，绕湖北，前往西北与扶王陈德才军队会合，据西北以图中原的大计划，是当时太平天国救亡的唯一良策。李秀成虽然被俘，他知道京外太平军还是照这条计划进行的，所以他隐瞒起来。又天王封他为真忠军师，调遣各王，他也隐瞒不提。这些地方，都考出注明。

（五）李秀成因避免刺激曾国藩而阙略的地方 如攻天京城外湘军营之役，大战四十多天，重创敌人，使曾国藩"心已用烂，胆已惊破"，李秀成只用几十个字，以恭维的语气就带过去。这种地方都要考明注出。

（六）大事有记而未明，则考明以见其事的 如李秀成记外国侵略者到天京与天王交涉，提出帮助太平天国打倒清朝，平分中国，否则进攻太平天国，天王断然予以拒绝。这是太平天国反对资本主义侵略者企图灭亡中国的阴谋的一件极大事件。李秀成虽以简短的文字说了这件大事，但他只说"鬼头"，既没有指出是哪一个侵略国家在华的首脑人物，也没有说明事件发生的时间。所以必须详考以见其事。

（七）有其事已具，博考以详其情况的 如镇江之役、三河之役、破江南大营之役等等略而不详，都博考以详其情况。

（八）《李秀成自述》所不载，事宜存录者则补其阙佚 如辛酉十一年冬李文炳、熊万荃、徐少蘧、钱桂仁等谋在苏州作乱事，李秀成只字未述，本书考出其事，以补其阙佚。

（九）事出离奇，须考明是否属实的 如记苏、杭告急，李秀成要前去指挥，天王及朝臣要他助饷银十万，方准他前去。天王限他"四十日回头，艮（银）不足交，过期不回者，衣（依）国法而行"。这是一件不近情理的事，也考明其是否属实。

（十）有事出自扬，须订正的 如救镇江之役，统帅是燕王秦日纲，率领冬官丞相陈玉成、春官丞相涂镇兴、地官副丞相李秀成、夏官副丞相陈仕章、夏官又正丞相周胜坤各将。李秀成不仅没有提到秦日纲，而且俨然以统帅的身份自居。这是不符事实，须要订正的。

事实的考证方面，注的就是这十项。如果不加注，就会把假的当做真，就会把外国侵略者的阴谋当为友好，就会歪曲事实。大事件固然不待说了，就是一些很细小的地方也同样要订正，否则就会以讹传讹。如有同志举出三河镇与庐州距离，据他步行计算是九十华里，而《李秀成自述》误作"三河隔庐郡五、六十里"。一般中国近代史著作都据此误作五十里[①]。可知订误的重要。至于要使史事更详明，则又有赖于对原文阙佚或简略的地方，加以补阙和增详。

四

从上述训诂和事实的考证两方面所举的一些例子看，这部《李秀成自述》是必须加注才能读能用的，否则就会误解误用。有些地方，又须增补阙略，方能详明的。我当初就是抱着这个目的去注它的。四十九年来，好似乌龟爬行一样，一点一滴地去注它。有些注真正是"踏破铁鞋无觅处"，到费尽九牛二虎之力找到了，却又自笑无知。我经过注这部书，也使我认识到一个历史人物，他的时代、出身、教育都与我们今天不同，他一生风云际会的经历，更不是后代人所易理解的。我注《李秀成自述》，是深深惭愧自己的无知的。这只有敬请读者多多加以指教，匡其不逮，为厚幸吧了！

1982 年罗尔纲谨记于北京

---

① 见《历史教学》1980 年第三期龚维英《关于三河与庐州的实际距离》。

《太平天国史》自序

一

本书是以叙论、纪年、表、志、传五种体裁结合而成的综合体写的。这种体裁，是我对我国古代作为正史体裁的纪传体，经过长期探索，再三改变而成的一种史书体裁。

纪传体创始于西汉司马迁《史记》。东汉班固继承《史记》体裁断代为史，撰成《汉书》。至唐初以纪传体修撰《晋书》、《梁书》、《陈书》、《隋书》、《北齐书》、《周书》、《南史》、《北史》八部前朝史，这种体裁已得到充分发展，而先出的编年体反退居次要地位。故从《隋书·经籍志》开始，"史部书以迁、固等书为正史，编年类次之"①，在实际应用上和社会影响上，后起的纪传体已经超过编年体之上。

司马迁《史记》分为本纪、表、书、世家、列传五部分。班固把记王侯封国的世家，归并列传内，又把书改称为志，分为本纪、表、志、列传四部分，遂成为纪传体的定型。纪传体用本纪

---

① 胡三省：《新注资治通鉴序》。

记帝王的统治事迹，用表驾驭复杂繁赜的史事①，用志记典章制度，用列传记人物。纪传体以人物为本位，宣扬帝王统治，宣扬将相功勋。历代封建王朝所修史书都用这种体裁，记载帝王将相的活动，为封建主义服务。

纪传体的方法，一句话概括起来，就是"类别区分"② 四个字。它具有三项优点：第一，使大大小小的史事都有类可归，网罗了各方面的史事。第二，使史事从类别区分而安排得更加周密。刘知几所论"显隐必该，洪纤靡失"③，便是指这两项优点说的。第三，寻求方便，章学诚所论"类即事有适从，而寻求便易"④，便是指这项优点说的。至于它的缺点，却有两项：第一，记事分散，读者难得其纲领，章学诚说："大纲要领，观者茫然。"⑤ 第二，纪事重复互见，刘知几说："同为一事，分在数篇，断续相离，前后屡出，于《高纪》则云语在《项传》，于《项传》则云事具《高纪》。"⑥ 章学诚说："一朝大事，不过数端，纪传名篇，动逾百十，不特传文互见，抑且表、志载记无不牵连。"⑦ 从方法来

---

① 《史记·三代世表》第四《索隐》对表的体例说："应劭云：'表者，录其事而见之。'案《礼》有《表记》，而郑玄云'表，明也'。谓事微而不著，须表明也，故言表也。"《索隐》说表的作用是表明微而不著的事，其实，大事用表驾驭也使读者一目了然。这个说法是片面的。梁启超极推崇表的功用说："自《史记》创立十表，开著作家无量法门"，"凡遇复杂之史迹，以表取之，什九皆可就范。"（《中国历史研究法》第六章）他又自述作《先秦学术年表》耗时用力甚大，"然因此范繁赜的史事为整饬，化乱芜的文章为简洁，且使读者一目了然，为功亦殊不小"（《中国历史研究法补编》总论第二章）。梁启超的话是博览我国古来史家所造的表和他个人的经验作出的，他的说法，可以纠正《史记索隐》的偏颇。

② 章学诚：《文史通义》卷一《书教》下。

③ 刘知几：《史通》卷二《内篇二体》第二。

④ 章学诚：《章氏遗书》卷二《史篇别录例议》。

⑤ 同上。

⑥ 刘知几：《史通》卷二《内篇二体》第二。

⑦ 章学诚：《章氏遗书》卷二《史篇别录例议》。

论，也是一种优劣互见的体裁。

二

　　我青壮年时，受资产阶级鄙视历史遗产思想的影响，以为要撰史就应该用西方新体裁，中国古代史书体裁旧酒囊装不了新酒，特别是对斥为帝王将相家谱的纪传体更持否定态度，从来不曾有用来撰著太平天国史的打算。

　　我用纪传体写太平天国史出自偶然的机缘。1944年，前广西通志馆要我写一部《太平天国广西人物传》。完成这个工作之后，我想：太平天国知名人物大半是广西人，把那些非广西籍的补上去，再添写《天王本纪》和《幼天王本纪》，那岂不就成为一部《太平天国人物志》，陈寿《三国志》的体裁不就是这样吗？我就照这个想法增添上去。再过两年，我请长假回家乡疗病，我又想，再添上表、志两部分，那岂不就成为一部用纪传体写的史书了吗？于是我又这样做，便写成了那部后来在开明书店出版的《太平天国史稿》出来。所以那部《史稿》是凭一时的兴会陆续添补而成的，并不是立意用纪传体写的①，因此，我对它的优缺点远没有做过研究。

　　《史稿》于1951年1月出版，5月再版。这年夏天，我在南京遇到许立群同志。他对我说，他过去认为纪传体是没有什么价值的，到他写武训批判时，要找宋景诗事迹，翻了许多部中国近代史书都找不到，后来在我那部《史稿》的《会党起义表》里找到

---

　　①　我在《太平天国史稿》初版《自序》中说过，在中国正史系统中应该有一部用纪传体写的太平天国史，那是我写那篇《自序》的时候，一时间错误地把农民起义纳入封建皇朝史里面去的谬误说法，而不是我撰写的动机。就是在那篇自序里面，我也曾有"初不拟以纪传体撰述"的声明。

了，他才知道纪传体也还是有用的。许立群同志是一位年青知名的马克思主义研究者，这句话出自他的亲身体会，使我吃了一惊。

在《史稿》出版后的几年里，我因为到各地去协助举办太平天国纪念展览，调查太平天国遗迹，搜求太平天国文献和资料等等，接触到各方面的人们，了解到其中许多人，包括文学、戏剧、电影、美术和自然科学工作者，都曾在这部《史稿》里面各取所需。因此，我才正视我那部《史稿》，然后才开始对纪传体这种体裁进行探索。

三

当我写《史稿》时，我是否定纪传体的。到这时候，我已经学习到毛泽东同志批判继承历史遗产的教导，对纪传体应该如何去对待得到了正确的认识。但是，怎样去"剔除其封建性的糟粕"[①]，"批判地吸收其中一切有益的东西"[②] 呢？却还在艰苦探索中。

我从我国古代史学家刘知几和章学诚对纪传体的评论里，初步看出了它在方法上的优缺点。到 1954 年春，中华书局要再印那部《史稿》时，如何去改变纪传体的问题就摆在我面前。我针对着纪传体"大纲要领，观者茫然"的缺点去探索，认为可用"叙论"的体裁，写一卷综合的论述，加于卷端，既不打乱原来体系的完整，又可以达到补救缺点的目的。因此，我写了卷《叙论》，对太平天国的时代背景，革命运动的分期，革命的性质和成就，失败的原因，及对中国近代史的影响等等，作综合的论述，使读

---

① 《毛泽东选集》第二卷《新民主主义论》。
② 《毛泽东选集》第三卷《在延安文艺座谈会上的讲话》。

者开卷即对太平天国史大纲要领，整然在目，得到了一个概括性的认识。这是我对纪传体所作的第一次改变。只因顾虑到这种传了两千年的史书体裁，一旦改变，加上一卷《叙论》，恐怕会犯画蛇添足的错误，所以临发排时抽了出来，没有刊出。

1957年5月，中华书局又要再版那部《史稿》。我鼓起勇气，把那篇《叙论》加上去，使那部《史稿》由叙论、本纪、表、志、列传五部分组合而成。我在《重印题记》里，对这个改变，特地请求读者教正。

《史稿》增订本，于1957年12月出版，我送请范文澜同志指教。他看了，回信给我，对我这一种加叙论来改变纪传体"大纲要领，观者茫然"缺点的做法，给以高度的评价说："可以不朽矣。"范文澜同志的鼓励，使我增加信心，鞭策我向前作进一步的探索。

随着不断的学习，我对纪传体缺点的认识也得到逐步的深入。在1958年夏我开始撰写本书时，认识到本纪的体裁专记帝王一人的统治，其目的是要体现出封建君主制的统摄万方、纲纪后代的特征，具有浓重的封建性①。我又认识到纪传体以人物为本位，偏于记述人物，突出了个人，就会掩蔽人民群众，使读者发生英雄创造历史的错觉，在全书各部分的比重上，必须大改变。

我对这两个问题苦思了经年，想不到下手处。有一天，分别多年的老朋友梁方仲同志深夜路过南京，来家匆匆一见，我把我的困难告他。他说："问题从洪秀全来，解铃还须系铃人，就要从洪秀全下手去解决问题。"他一句话提醒了我。我送他走后，在星

---

① 《史记》卷一《五帝本纪》第一，《索隐》说："纪者，记也，本其事而记之故曰本纪；又纪，理也，丝缕有纪，而帝王书称纪者，言为后代纲纪也。"《正义》说："天子称本纪。……本者系其本系曰本；纪者，理也，统理众事，系之年月，名曰纪。"这都是把司马迁创立本纪体裁的目的性作了说明。

光暗淡下的庭院徘徊，一边思考。我想：将洪秀全、洪天贵的事迹移入列传，把本纪取消，不就把纪传体浓重的封建性清除了吗？但再想，问题并不如此简单。本纪记帝王统摄万方，宣扬封建主义，但其中却包含国家大事的内容，取消了本纪，国家大事从何而见呢？刘知几论本纪说："系日月以成岁时，书君上以显国统。"① 它具有编年和尊君的两面作用。尊君这一面封建糟粕固然必须剔除，撰史首重时间，编年这一面却如何处理呢？我立刻走回工作室，伏案思索，想了一番，起来在书架上抽了几部书来查，最后想通了，决定取消本纪，改为专记大事的编年，采用中国古史的称谓，称为"纪年"②。这样，取消了本纪，把纪传体浓重的封建性消除了。以前，纪传体以本纪、表、志、列传组成，记人物的本纪、列传占了全书四分之二部分，表、志只居于从属的地位。现在，改为以叙论、纪年、表、志、列传五部分组成，列传只占全书五分之一部分，也就把以人物为本位的纪传体性质改变了。苦思经年未能解决的难题，得到朋友指点，一旦解决了。这是我第二次对纪传体的改变。这次改变，可说是对纪传体性质作了根本性的改变。为着说明"人民，只有人民，才是创造世界历史的动力"，本书还在叙论开头特立《开宗明义的说明》第一章，用太平天国的历史事实来阐明这个真理。

到1977年秋，对这种体裁又再加推敲。看到本纪编年用的是我国古代编年体史书《春秋》的体例，按日纪事，不具首尾，不

---

① 刘知几：《史通》卷三《内篇本纪》第四。

② 案李德林《答魏收书》说："史者，编年也，故鲁号《纪年》。墨子又云，吾见《百国春秋》。史又有无事而书年者，是重年验也。"（《隋书》卷四十二，列传第七《李德林传》）除李德林举的例子外，古史《竹书纪年》也叫做《纪年》。所以，本书剔除了"本纪"尊君浓重封建性的一面，吸收了编年这一面，采取古史这一个名称，把它改为"纪年"。

相联属，绝无组识，读起来实是一堆"断烂朝报"①，或有类一本"村店所用之流水账簿"②，不易记忆。应改用纲目体，将流水账似的记事，综合为几项，以大字提要做纲，小字叙事做目。纲目体也是编年体的一种，虽然仍受以年纪事的原则所限，但在它所限制的范围内，却得对史事进行有组织的叙述，使大事易明易记。我又考明"列传"本是和"本纪"对称的，"天子称本纪"③，而"列传者，谓叙列人臣事迹"④。现在既取消了"本纪"，把洪秀全、洪天贵归入"列传"内记叙，"列传"的涵义已从"叙列人臣事迹"，变而为记叙人物，则"列传"名称也应该改，所以把"列传"改为"传"。这是我对纪传体所作的第三次改变。

我对纪传体这三次改变，是从1951年到1977年经过长期探索进行的，并且是边改边用，边用边改的。它用"叙论"概括全书，用"纪年"记大事，用"表"标明复杂繁赜的史事，用"志"记典章制度，用"传"记人物。"叙论"用综合概括的体裁。"纪年"用纲目体裁。"表"用表格体裁。"志"用专题研究体裁。"传"用传记文学体裁。它与纪传体有三点显著的不同：

第一，增加"叙论"，概括全书，不仅改变了纪传体"大纲要领，观者茫然"的大弊，而且，能够担负起理论性阐述的任务。

第二，取消"本纪"，将洪秀全、洪天贵事迹移归"传"内，剔除了纪传体以君主纲纪天下后世的浓重封建性。另立

---

　①　"断烂朝报"，是王安石批评《春秋》的话，见《宋史·王安石传》。

　②　"村店所用之流水账簿"，是梁启超批评《春秋》的话，见梁启超著《中国历史研究法》。

　③　司马迁《史记》卷一《五帝本纪》第一，张守节《史记正义》对本纪的解释引裴松之《史目》。

　④　司马迁《史记》卷六十一《伯夷列传》第一，司马贞《史记索隐》对列传的解释。

"纪年"专记大事。

第三，纪传体以本纪、表、志、列传组成，本纪、列传占全书四分之二部分，以人物为本位，表、志居于从属地位，故称为纪传体。现改为以叙论、纪年、表、志、传五部分组成，各有独立的任务，传只占全书五分之一部分，在比重上和实质上对纪传体作了根本的改变。

从上面三点不同总起来看，现在改变而成的体裁，与纪传体具有不同的性质。这个体裁，五部分各有不同的体裁，各担负不同的专职，它们之间，又互相联系，互相补充结合而成为一整体，应该定名为"多种体裁结合而成的综合体裁"。应用这种体裁来撰著，使一部史书既有理论性的阐述，又有丰富的内容，与一般用西方体裁撰著的史书往往陷于有骨无肉干巴巴的境地迥异。它是可供今天史家撰著史书应用的一种体裁。

我长期探索改变纪传体取得来这个史书体裁，多年来未能认识，并且还错误地仍称为纪传体，认为不能担负撰著具有理论性的史书任务[1]。直到去年我读了瞿林东同志《古代史家怎样对待史书体裁》[2] 说，"以大量人物传记为主要内容的纪传体史书"，"实质上是多种体裁结合而成的综合体"。我认为他的提法很好，但对纪传体形式上可以这样说，实质上是以本纪、列传为主体，却不能这样说，名为纪传体，才是名实相符。现在，我把"本纪"取消，改为"纪年"，将洪秀全、洪天贵事迹移归"传"内，又增加了"叙论"，根本改变了纪传体的性质，成为一种史书新体裁，才能称为多种体裁结合而成的综合体。我对瞿林东同志的提法虽有

---

[1]　这种错误的认识，见我于 1981 年在《中华学术论文集》发表的《我对纪传体的批判与继承》一文内。今天十分惭愧自己愚昧无知，特向读者声明错误，并致歉意。

[2]　发表于《安徽史学》1984 年第四期。

这点分歧,但我是从他的提法得到启发,然后有所认识的,我对这种体裁采取的名称也是取自他的提法的,谨志明所自,并此致谢!

由于这是一种个人从探索得来的初次试用的体裁,有必要向读者交代清楚,所以详述于上,以求指教。

四

历史科学乃是一种阶级斗争的科学,历史研究工作必须为无产阶级政治服务。我青年时,受资产阶级教育,中了资产阶级客观主义的大毒,错误地认为历史研究应该为历史而历史。解放后,经过改造,批判了资产阶级的思想。但是,思想通了,实践时还是不懂得怎样去达到目的的。到1957年12月,范文澜同志看了《史稿》增订本后,写信叫我"可补一《叛人传》,列举其逆迹,使革命叛徒无所隐匿,在忠奸对比下,此辈奸人将永远遭到蔑视"。这对我是一个极大的启示,我从此才懂得如何从叙一事、立一传的具体安排上去贯彻为政治服务的目的,并扩大了视野,增进了认识,使本书对旧著史稿换了面目。我今天对范文澜同志的教导,道不尽的感激!

中国古代就有以历史为政治服务的传统。孔子修《春秋》,而乱臣贼子惧,孔子就是把《春秋》作为斗争的武器,为封建统治服务的。清代史家王鸣盛很推崇范晔《后汉书》"贵德义,抑势利,进处士,黜奸雄,论儒学则深美康成,褒党锢则推崇李、杜,宰相多无述,而特表逸民,公卿不见采,而惟尊独行"[①]的紧抓历史作为教育工具的做法。本书在《妇女传》里面,不给那个称为天父第六女杨宣娇和曾做东王杨秀清内簿书后来逃走的傅善祥立

---

① 　王鸣盛:《十七史商榷》卷六十一《范蔚宗以谋反诛》条论《后汉书》语。

传，而给那两个可以代表千千万万妇女们对太平天国革命无限信心与深挚的感情的在太平天国失败之后，把结婚证书和爱人奖功执照密藏在尼姑庵的墙壁内以等待爱人胜利归来的柴大妹、祝大妹立传，以及给那些有一节一行可以风示后来的人物如蒋老水手、陕北老翁等立传，便是采自前人可取的做法。

史以纪实，撰史须要有丰富的史料，文献无征，就不可能撰述。从前陈寿撰《三国志》，《魏书》、《吴书》因有魏、吴两国官修史，据以勒成删定，内容称充实，而蜀汉无官修史，陈寿虽蜀汉人，父为马谡参军，本人又仕蜀汉为观阁令史，所撰《蜀书》，竟不能不简略缺失。史料对史书的限制如此。而况太平天国革命失败后，文献被中外反革命毁灭殆尽，我们在百年后撰太平天国史，其困难何止千百倍于陈寿的撰《蜀书》。所以今天写成这部《太平天国史》，空疏缺漏，所在都是，惟望他日新史料陆续发现，庶有以增补而已。

本书于 1958 年夏开始撰述，连它的雏形《太平天国史稿》于 1944 年撰述合计，历时 41 年，时间不为不长了，而几经修改，总是感到不满，现在要拿去付排了，心情十分沉重。从前程颐不出《易传》，说是身后之书。顾炎武自述所著《音学五书》纂辑三十多年，共改了五次，亲手抄了三次[1]，是"一生独得"的著作[2]，已经刻成了，而只经他的学生张弨的改正，就"约有一二百处"，使他不愿刷印[3]，而感叹到"著书之难而成之不易如此"[4]。著者今天方在初学马克思主义，还远远谈不到掌握阶级斗争的观点，运用阶级分析的方法，而记叙包罗万象，复杂多端的历史，其中工作之难，成之不易，更何待说。其中问题每每需要长期的

---

① 据《亭林文集》卷二《音学五书后序》。

② 据《亭林文集》卷六《与杨雪臣》。

③ 据《亭林文集》卷四《与潘次耕》。

④ 据《亭林文集》卷二《音学五书后序》。

钻研，例如洪大全问题于献俘的时候即起争论，直到本世纪 60 年代发现档案才能作最后的定案。又如当年地主阶级统治者和反革命分子及外国侵略者对正军师杨秀清执掌太平天国政权指为"专擅"、"僭取"，直到最近才考出这原来是太平天国的政体——军师负责制。一部太平天国史，诸如此类问题，安得一一发现，一一解决，更安得一一解决而无误，沉重之感，曷其有已！恩格斯在《卡尔·马克思〈政治经济学批判〉》一书里说：

> 即使只是在一个单独的历史实例上发展唯物主义的观点，也是一项要求多年冷静钻研的科学工作，因为很明显，在这里只说空话是无济于事的，只有靠大量的、批判地审查过的、充分地掌握了的历史资料，才能解决这样的任务。[①]

今天重温无产阶级伟大导师的箴言，对科学研究的艰巨性的认识，弥感亲切，得到了鼓舞，得到了鞭策。我要以有涯的生命，去追求无涯的知。我竭诚地恳求读者对我这一束荒芜的草稿，匡其不逮，指其纰缪，大力帮助我前进！

现在要把这部稿送去付印了，使我想到青壮年时在多灾多难的岁月里挣扎研究太平天国史的往事，感慨万千。到新中国成立后，党教育我，栽培我，给我研究太平天国史以最适合的环境和最好的条件，使我得尽我所能，做我力所能做的工作。党给我的恩德，是终生感戴不尽的。三十多年来，我的工作得到各有关方面的支持、帮助与关注，我的研究得到同志们的指教与启发，这部拙著汲取了许多单位和专家的调查研究成果，都使我永志不忘，今天在这里，一并致其感激的谢忱！

1985 年国庆日罗尔纲谨志于中国社会科学院宿舍

---

① 《马克思恩格斯全集》第十三卷，人民出版社 1962 年版，第 527 页。

中国近代兵为将有的起源

清代自道光末太平天国起义后，清廷命将，分途四出，将帅以绿营不可用，都各募"勇营"以作战。一省所募动辄数万，而东南七省所招募者更多，常不下数十万众。其中以曾国藩创立的湘军与源自湘军的淮军为最著名。他们的军队，都是自招自练，不属于兵部。兵部所辖惟旧日的绿营。故中央兵权已下移于将帅。而为将帅者，复多膺任疆寄，他们除了手握兵权饷权外，复有民事之责。到了太平天国失败，这种情况不改。于是地方权重，渐渐的势倾中央，王闿运在同治九年时已经看出来，他在正月十六日记里记道：

> 校《五代史》二卷。观其将富兵横，与今时无异，恐中原复有五季之势，为之鼽杌。余去年过湘乡城，如行芒刺中，知乱不久矣。①

王氏的话，大有先知预言的气概，他在四十多年前就给后人指出了四十多年后中国分崩割据的局面的到来，其实，中国近代这种分崩割据的局面，固然是开始于民国以后，而其形成则已见光绪

---

① 《湘绮楼日记》。

季世。康有为在《裁行省议》里说道：

> 昔徐寿衡为兵部尚书，吾问其举国兵数，徐尚书答曰："我兵部惟知绿营兵数，若其勇营练军，各督抚自为之，吾兵部安得知。"夫以兵部尚书而无由知全国兵数，况于调遣训练乎？……甲午东事之起，征师各省，经年累月，旨檄频下，各督抚勉强应征，则募乞丐以充，而各自供其饷。饷不一律，兵不相统，枪尤不一，此岂待敌强日战？向见广西有乱，请兵于湘，请械于粤，则湘粤辞之，苦请固求，卑辞类乞，频请严旨严迫乃勉强以客军旧械应之。……一兵一卒一饷一糈，朝廷皆拱手而待之督抚，督抚又皆以保疆圉为词，言之有故，持之成理。①

康氏在《中国今官制大弊宜改》一文里又说道：

> 夫立国之道，兵食为先。而财政兵政，皆散在各省。如何筹饷，如何练兵，如何开制造局，如何开军械局，如何开银行，如何铸钱币，一皆听各省督抚之各自为谋。……故江宁创自强军，湖北有恺字营，直隶因袁军之旧，而增军政司之万人。……故庚子之祸，征兵勤王，而观望不前，多寡不一。微论当八国之强敌，而此十八小国之援师，素无统驭，勇怯不一，枪械异式，何以为战乎？②

我们读康氏所述，可知光绪之世，中央威令已经不行于地方，各省疆吏都各手握兵权饷权，各自为谋，国家每遇大事，虽一兵一卒一饷一糈，反不得不拱手而待之督抚。而为督抚者，则往往观望不前，视严旨若具文。康氏以十八小国来喻十八行省，并非过论。在这种局面之下，以之来抗拒外敌，自不免一败涂地，但以

---

① 《康南海文集》第四册。
② 《康南海官制议》。

之抗朝命，挟朝廷则有余。所以辛亥革命军起，袁世凯卒以北洋军势力要挟清廷退位，便是这种局面的自然结果。民国初，袁氏当国时，曾有中央集权的措施，裁各省都督，企图收回兵权于中央。而袁氏帝制自为，见弃于国人，因而引起二次革命，袁氏的中央集权的企图也和他的万世帝业的梦想同归于幻灭。到了袁氏死后，每况愈下，各省都督、将军、督军、督办、巡阅使等，不但专擅军政财政司法外交各权，且互相攻伐，并支配改组中央政府。连年内战，民生涂炭，王闿运所谓"恐中原复有五季之势"的预言，果然一一的应验出来。这个分崩割据局面的形成，论史的人，都知道是起于"兵为将有"。而"兵为将有"的起来，则始于咸丰军兴后，其间经过若干演变，成为光绪季世的督抚，再进而成为民国后的割据军阀，此点也为论近代史者所周知的事实。但是，何以咸丰以前，清代兵权都归于中央，未闻有兵为将有的事？何以咸丰以后，中央无法收回兵权，兵权不得不下移于将帅而造成了兵为将有的局面？其间关键所在，却还不曾有人注意及此。本文便是拟专对这个问题加以探讨，以明清季兵为将有的起源，使知其关键所在。

要论咸丰后兵为将有的起源，应先略论清代在咸丰前军队的状况。案清代咸丰前的军队有二：即八旗与绿营。八旗武力初本为旗主所私有。八旗各有旗主，各置官属，各有统属，为并立不相下的体制。清太祖制定国体，曾明示后人以八旗旗主联合为治的大训。清太宗本为旗主之一，嗣位后，深感此制不便，逐渐废置，使稍失其原状，而后定于一尊。至清世祖时，乘摄政王多尔衮之丧，一举而扫除强藩，大权悉收归公室。于是天子自将三旗，叫做上三旗，从此便成为一定的制度。其余分属诸王贝勒的五旗，叫做下五旗。自后旗主的武力已减削无余，各旗自有固山额真（后改名都统）为天子任命的旗主，而不是宗藩世及的旗主。宗藩受封于旗，乃养尊处优的地方，旗的行政则为天子之吏所掌握。亲贵虽或典兵，所指挥者非自主的本旗，特假天潢的权威，以临禁旅之上。所谓八旗，都归朝廷所运用，天子特于兵部之外，自为一积世的私军，而亲贵都不得参与其分。故自清世祖亲政以后，八旗已不再同未入关以前的旧制，其武力已尽握于天子一人的手中①。至于绿营，乃国家的常备军，额兵共 64 万人，其数约三倍于八旗，全国分为 71 镇，以驻守列郡汛地②。绿营之制，其军队直辖于兵部："凡绿旗③ 兵在京则统于巡捕营。十有八省则统于督标、抚标、提标、镇标、军标、河标、漕标，而以达于部。标分其治于协、于营、于汛，以慎巡守，备征调。"④ 其将则由部补选："凡直省武职副将以上，列名具疏请补。参将以下，按月升选。"⑤ 其兵则有定额，分为马兵、战兵、守兵，各注于册，以报于兵部⑥。有籍，曰兵籍，与民籍、商籍、灶籍同著于籍⑦。凡额兵的考拔，都取自有兵籍的兵家："骑兵拔于步战兵，步战兵拔于守兵，守兵拔于余丁。无余丁，乃募于民。"⑧ 所以在绿营制度下，将由补选，兵守世业，兵非弁之所自招，弁非将之亲信。而国家之于将弁，将、备、千、把，本有常职，节节相生，易于钤束；国家之于兵士，著于兵籍，尺籍伍符，按户可稽。故全国兵权，都归于兵部。咸丰前清代军队与国家的关系，略如上述。明白了

---

① 关于八旗制度的演变，请参看孟森《八旗制度考》，见《历史语言研究所集刊》第六本第三分册。
② 据曾国藩咸丰元年三月初九日《议汰兵疏》，见《曾文正公奏稿》卷一，案是时国藩兼署兵部左侍郎，其言可据，故从其所记数目。
③ 绿旗即绿营，因其所用的旗为绿色，所以叫做绿旗。
④ 《嘉庆续修大清会典》卷二。
⑤ 《乾隆钦定大清会典》卷六十。
⑥ 《嘉庆续修大清会典》卷二。
⑦ 《嘉庆续修大清会典》卷一。
⑧ 《乾隆钦定大清会典》卷六十七。

这个情况，可知咸丰前清帝既手握八旗为其个人的私军，而绿营又直隶于中央，在这样的一个中央集权的情况下，军队自不致为将所私有，而其权一归于中央。所以清圣祖末年，诸子争立各不相下，到清世宗即位，其弟允禵方任抚远大将军，统率大军出征西宁，而闻诏不敢不归京师。雍正之世，年羹尧功震中外，手握重兵，驻军西陲，乃一朝受代，束身归吏，竟身死囹圄。其后如乾隆朝诛张广泗、柴大纪更不足道了。此无他，兵不为将所私有，故将不能拥兵以抗朝命。所以在天子八旗私军可以威慑四方，与绿营制度还未崩溃的时代，国家是不会发生兵为将有的情况的。清代兵为将有的起来，乃在八旗武力不可用，而新兴的湘军制度代替了衰老的绿营制度之后。

在这里应该先略加追述八旗武力废弛与绿营衰老的由来，以及太平天国起义后的时势，以明乎湘军兴起的时代背景。说起八旗武力的废弛，那可说是入关后不久便是这样了。因为八旗入据中国后，以征服者的地位，踞养尊处优的环境，使他们逐渐的消磨了新兴民族的锐气。到三藩起事时，八旗的战斗力已远逊于入关的时候。清康熙帝平定三藩，实出自汉人赵良栋、蔡毓荣等效忠清朝者之力。其后平定准部、回疆、金川，虽都是八旗绿营并用，但军队的战斗力究竟以绿营为主。所以乾隆四十六年（1781年）有增兵之举，清乾隆帝实有见于八旗不可用，而不得不增加绿营兵额以应付他日非常的事变。但其时八旗武力固已废弛，而绿营到了嘉庆、道光年间，暮气日深，积弊日重，将弁则熏染官习，兵卒则骄顽疲弱，也不可恃。嘉庆初元，川、楚白莲教起义之役，前后十年，后来还是一半靠着乡兵的力量才得平定。道光鸦片战争之役，以全国兵力布防沿海要塞，结果只造成江宁城下之盟。这时绿营的不可恃，已经是不可掩饰的事实。到了道光三十年十二月初十日（1851年1月11日）太平天国在广西浔州府金田村起义。这时广西额兵二万五千，士兵一万四千，兵数不算少，而太平军起义之初，本省绿营便已无法应付。到太平军势盛，清廷复羽檄交驰，纷纷征调外兵，一时各省绿营云集广西。乃绿营制度，其征调成法，被调者辄令绿营将官营出数十人，多者二百人，共成千人。用本辖营弁统率，绾以提督、总兵，而隶属于专征的钦差大臣。所以三千人的军队，将士各不相习。及到前敌，各省行伍，杂糅并进，将与将不相习，兵与兵不相知，胜则相妒，败不相救。加以这时任钦差大臣的前为李星沅，李星沅与广西巡抚周天爵不和，继李任钦差的为赛尚阿，赛尚阿也与广西提督向荣时相龃龉。钦差疆帅既不能和衷共济，号令歧出，偏裨更各分畛域。故征兵日繁，迄不得一兵之用。而太平天国方面，则以新兴的朝气，万众一心，乘绿营疲惫之后，一败向荣于平南官村而占永安，再败赛尚阿于永安古束口而围桂林。于是遂长驱北出，经两湖，出长江，其时清廷防湖防江的绿营，都闻风先溃，而钦差大臣赛尚阿、徐广缙、向荣诸人先后所统的大营军队，常落在敌后，只成尾追之势。故太平军便得以疾风扫落叶的声势，不过两年时间，就席卷了东南，占领了南京。这时候，绿营的战斗力已完全不可用，清政府已经到了日暮途穷的境地。湘军便是在这个时候，以曾国藩为首用儒生为中坚组织起来以对抗太平天国的一支反革命的军队。

但是湘军制度代替了绿营制度之后，何以会发生兵为将有的现象？要回答这个问题，非明湘军的制度不可。考湘军的编练，原是要对绿营制度的改革。曾国藩在咸丰二年奉命帮办本省团练事宜时，即上疏主张另练新军以代绿营。他奏道：

> 臣现来省……于省城立一大团，认真操练，就各县曾经训练之乡民，择其壮健而朴实者招募来省，练一人收一人之益，练一月有一月之效。自军兴以来，二年有余，时日不为

不久，糜饷不为不多，调集大兵不为不众，而往往见贼逃溃，
未闻有与之鏖战一场者。往往从后尾追，未闻有与之拦头一
战者。其所用兵器，皆以大炮鸟枪远远轰击，未闻有短兵相
接，以枪钯与之交锋者：其故何哉？皆由所用之兵未经练习，
无胆无艺，故所向退怯也。今欲改弦更张，总宜以练兵为要
务。①

曾国藩在这封奏疏里便明白地提出以招募易绿营制兵的新军制度。
同时，他另有一封写给王鑫的信，说得更是详细。他说道：

每念天下大局极可伤痛。桂东之役，三厅兵寻杀湘勇于
市，足下所亲见也。江西之行，镇篁兵杀湘勇于三江口，伤
重者十余人。七月十二、八月初六省城两次兵噪，执旗吹号
出队开伏，皆以兵勇不和之故。七月二十四临庄诸君遇难，
亦以镇篁云贵兵见贼逃溃，危败不救，遂致斯痛。盖近世之
兵屡怯极矣！而偏善妒功忌能，懦于御贼，而勇于扰民，仁
心以媚杀己之逆贼，而狠心以仇胜己之兵勇。其仇勇也，又
更胜于仇兵。曩者己酉新宁李沅发之变，乡勇一跃登城，将
攻破矣，诸兵以鸟枪击勇坠死，遂不能入。近者兵丁杀害壮
勇之案，尤层见叠出，且无论其公相仇杀，即各勇与贼事殷
之际，而各兵一不相救，此区区之勇，欲求成功，其可得耶！
不特勇也，即兵与兵相遇，岂闻有此营已败，而彼营冒险往
救者乎？岂闻此军饿死而彼军肯分一粒往哺者乎？仆之愚见，
以为今日将欲灭贼，必先诸将一心，万众一气，而后可以言
战。而以今日营伍之习气，与今日调遣之成法，虽圣者不能
使之一心一气，自非别树一帜，改弦更张，断不能办此贼也。
鄙意欲练乡勇万人，概求吾党质直而晓军事之君子将之，以

---

① 《曾文正公奏稿》卷一《敬陈团练查匪大概规模折》。

忠义之气为主，而辅之以训练之勤。相激相劘，以庶几于所谓诸将一心，万众一气者，或可驰驱中原，渐望澄清。①

曾国藩见绿营积弊深重，无法补救，乃起而创立湘军，弃世业的行伍，而用自招的山农以为兵，舍补选的将弁，而延乡党亲信的儒生以为将。其制以营为单位，营共五百人。营分四哨，统以营官。营官上辖以统领。统领所辖，自两营迄十营数十营不等，视其材的大小而有不同。统领径隶大帅，故营哨官所辖有定数，统领所辖无定数。钦差督抚都称为大帅，大帅者，乃一军之主。帅欲立军，拣统领一人或若干人，各檄募若干营，统领各自拣营官，营官拣哨官，以次而下，帅不为制。所以一营里面，弁勇视营哨，营哨官视统领，统领视大帅，如指臂相联。或大帅欲更易统领，则必须并将其全军遣撤，而令新统领自拣营官如前制，或即其地募其人，分别汰留，另行编伍，遂成新军，不相沿袭。如偶违此制，其军未有不败者。试举一例，以明湘军制的特色。咸丰十年，训字营统领唐训方赴湖北粮道任，其军无统将，例应遣撤。时适太平军围杭州，浙江巡抚罗遵殿指名札调湘军水师彭玉麟部将萧翰庆赴援。萧氏与罗氏子有旧，遂请行。彭玉麟因水师无陆兵可调，拟命萧翰庆统降将韦志俊部援浙，请示于曾国藩。曾国藩不以带韦部为然，而主张招募训营新撤的勇。先是当唐训方将离军时，或谓训营宜全数拨归霆军统领鲍超统辖，曾国藩以为仍须经过撤散与招募的手续才好，他复胡林翼书论这件事道：

> 鄙意勇以亲手召募者为佳，似可一面令训营撤散，一面令霆营招选，仍令春霆（案春霆为鲍超字）酌用训营之豪强者为营哨官，移花接果，当可两得其宜②。

---

① 《曾文正公书札》卷二《与王璞山》。
② 《曾文正公书札》卷十《复胡宫保》。

后来大概因为鲍超请假归里，故霆营招选训营之议未果行。至是，曾国藩乃令萧翰庆招募训营以赴浙，他复彭玉麟书道：

> 萧辅臣（案辅臣为翰庆字）朴实谙练，淡翁（案罗遵殿字澹村），指名札调，似不可不令其入浙一行。韦志俊部下向无纪律，难免扰民，断非三令五申所能改，恐坏楚军之名，且恐坏阁下及萧辅臣之名，决以不带为妥。唐义渠（案义渠为唐训方字）新撤之宁勇，胆技俱优，若辅臣迅速就募，四五营不难立就，营官哨官军装帐房无一不全，不过十日，即可成军，胜于韦部万倍，即抵浙后尚可为上等劲旅。义渠兄与淡翁亦系至交，阁下与之婉商，而润之（案润之为胡林翼字）官保主持一切，当可成事。①

时彭玉麟并请示于胡林翼，林翼并取曾、彭两说。彭玉麟从胡林翼议，因令萧翰庆在安庆经理韦部事宜，而托人在湖北代招训营。曾国藩对萧翰庆不亲往湖北招选训营一节，也不以为然，复为书指示彭玉麟道：

> 萧辅臣既在下游经理韦部事宜，则不能赴鄂中亲招训勇。仆昨已专托义渠矣。阁下更当加缄托之。辅臣带五千人似宜以训营为腹心，韦部为手足。辅臣料理韦部妥协后，仍宜单舸亲赴上游迎接训营，或至黄州，或至汉口，得与义渠一面更好。……须料理周妥，不可太草率也。②

曾国藩这样的叮咛教诫，彭玉麟、萧翰庆两人都不以为意，招募训营的事一概付托他人。成军后，萧翰庆率与自编的韦部同行。时太平军已退出杭州，浙江无事。而副都御史张芾方治徽宁防务，以为训营为湘军有名的劲旅，缓急可恃，而鄙韦部为降卒不足用，

① 《曾文正公书札》卷十《复彭雪琴》。
② 《曾文正公书札》卷十《又复彭雪琴》。

因疏调萧翰庆统训营入岭助防，而留韦部于安庆。曾国藩闻讯极不以为然，因致书与张氏述萧翰庆成军的经过以止其事，说道：

> 韦部赴浙之说，系罗瀄村中丞飞书乞援于彭雪琴观察，指调萧守翰庆。萧隶雪琴麾下，淡翁素识也。雪琴以水营别无陆兵可调，不得已令萧守统韦部以应淡翁之求，一面函商胡润帅及散处。维时鄙人献议募训营新撤之勇二千援浙。胡润帅则兼取二说，令训营与韦部合成五千人，官秀帅（案官文字秀峰）则添募营为三千，合成六千。唐观察新履粮道之任，训勇别无统将，权令萧守兼统之，此鄂议援浙之原委也。今浙省克复，全境肃清，此军更无赴浙之理，议撤议调尚无定局。阁下欲以韦部留江滨，而令萧守带训营入岭内，是未知萧守所统者韦部，非训营也。①

张氏不明湘军制度，不知行湘军之制，虽降卒而曾经改编，亦将卒亲睦，各护其长；倘不是自招的军队，虽同属湘军，并且同隶于同一大帅而仍不可用。今韦志俊部曾经萧翰庆亲身改编，故即萧氏所部，可供调遣；而训营未经萧氏亲自招选，虽名隶萧氏而实不听萧氏的指挥。张氏因昧于湘军制度，故不从曾国藩的劝告。后来萧翰庆带韦部与训营入徽州，张氏竟遣回韦部，而令萧氏独带训营赴援常州。是时萧氏所统者不是自招的军队，其自招者已被遣回，恐为张氏所劾，不得不行，途次湖州，遇太平军，训营不顾主帅，四散溃逃，萧氏竟被杀死。事后曾国藩复与张苏书追论此事道：

> 萧辅臣遽尔殉难，深可悯惜！敬求设法觅其忠骸，归葬故土为幸。韦营系其所统之部，训营非其所招，曩所以两次

---

① 《曾文正公书札》卷十《与张小浦中丞》。

剖晰于左右者，深知训营不顾萧守也。①

我们看了萧翰庆用训营覆亡的故事，可知在湘军制度下，各不相沿袭的缘故，即可知湘军营伍各为其统领所私有的情况。因为行湘军的制度，兵皆弁所自招，弁皆将的亲信，故兵士但知有营哨官，营哨官但知有统领，非其所统，即不能相沿袭。王闿运论湘军说：“湘军之可贵者，各有宗派，故上下相亲。”② 又说：“从湘军之制，则上下相维，将卒亲睦，各护其长。其将死，其军散，其将存，其军完。”③ 王氏的话正说明了湘军制度的核心。故论湘军之所以成为将所私有，实由于其制度所使然。

　清季兵为将有的起源，自以湘军制度对绿营制度的改革为其根本原因，已详上述。而除了这个主因外，湘军筹饷的制度，所谓“就地筹饷”的方法，也是助成这个情况的一个原因。考绿营发饷制度，凡直省标营兵饷，由标营册送布政使司，申督抚，咨户部拨给④。所以绿营兵士，著籍为兵，各守世业，既不是将帅所招来，而所吃的粮饷，又是由国家直发，自不致对将帅发生私恩私惠。湘军则不然。湘军之起，初借捐输以供军需。其后奉命出征，饷应由户部筹拨，而清廷内帑困竭，往往以空文指拨，久之，空无可指，诸将帅也知其无益，乃各自为计，募捐输、据厘卡以自收自养。继则各专其饷，将帅视地方财税若私有，如胡林翼巡抚湖北，破承平旧制，另设归其个人直辖的湖北总粮台，无论何项进款，都归粮台征收，无论何项开支，多饬粮台批发，藩司不得过问，国家命官，职同虚设⑤。又如曾国藩初督两江时，函嘱江

----

①　《曾文正公书札》卷十《复张小浦中丞》。

②　《湘绮楼日记》。

③　《湘军志·营制篇》。

④　据《乾隆钦定大清会典》卷十八。

⑤　据《曾忠襄公奏议》卷一《整顿军需局片》。

西巡抚毓科说："银项应奏应题者，须倍加慎重，以少奏为是。或挈列敝衔先行寄稿函商定妥，再行拜发。或称江浙向以全力供给向帅和帅（案向帅为向荣，和帅为和春）大营，今江西以全力供曾某大营云云，或可少免于大农之驳诘。"① 以自专江西饷权，都是最显著的事实。将帅专饷不已，最后且出之以争，如同治初江西巡抚沈葆桢与两江总督曾国藩争饷养兵事，两人各严词抗疏争辩，朝廷也无如两人何，只好两边调解，两边都不敢开罪。当日将帅的专擅饷权，即此可见。筹饷的权既为将帅所专擅，故兵士的粮饷出自将帅而不由朝廷。兵士眼见他们的粮饷是将帅苦心筹措来的、乞求来的，甚至与人争夺来的。他们的饥寒，只有自己的将帅知道，只有自己的将帅才感到关切。在这样的一种同患难的关系下，虽在绿营制度，嘉庆年间打白莲教时代，还有四川绿营兵依恋旧提督七十五，抗拒新提督丰伸接统的事件发生②。而况湘军是将帅自招的军队，他们怎能不对自己的将帅发生私恩私惠之感。他们怎能不成为将帅私人的势力。王闿运讥湘军兵将间"以利为义"③，这句话给我们说明了湘军这种筹饷制度对其军队所发生的因果关系。

在湘军的营制下，在湘军的筹饷制度下，造成了兵为将有的局面。湘军的兵士既为将所私有，故将亦遂各私其兵。湘军是这样，出自湘军制的淮军也是这样。而其他各省以湘军制度来编制的勇营，也无不是这样。关于当日将各私其兵的情况，在这里不

---

① 《曾文正公书札》卷十二《复毓右坪中丞》。

② 案七十五提督四川兵，在打白莲教之役，军饷缺乏，七十五与兵士打捞度日，吃死人肉，披狗皮衣，尝尽艰苦。后来七十五无罪被逮治，而新提督丰伸到来接统，号令苛刻，所以兵士就起来反抗丰伸接统。时罗思举在军中，出来调解，兵士听了罗思举的话，才听丰伸的命令。此事见罗思举自撰的《罗壮勇公年谱》。

③ 《湘军志·营制篇》。

能一一列举出来，试举一两事以见一斑。如咸丰九年曾国藩奉命援皖，以所部单弱，奏请调回萧启江军。萧启江也是湘军将领，初本罗泽南部将，从曾国藩创湘军。后独将一军，往援江西，归刘长佑节制。咸丰七年，刘长佑以病归，复率所部从曾国藩。后太平天国翼王石达开攻湖南，曾国藩命回援湖南。时刘长佑在湖南方督军救宝庆，萧启江至，再隶刘长佑部下。刘长佑援桂，率萧启江军同往。至是，曾国藩奏请调回萧启江军，刘长佑不允，曾国藩两次请旨严饬，刘长佑也两次奏留，曾国藩竟无法调回。到咸丰十年，左宗棠初出帮办曾国藩军务时，又拟奏调刘长佑部下蒋益澧军以为助，曾国藩因写信教左宗棠并追论前事道：

> 芗泉（案芗泉为蒋益澧字）之能来与否，全视乎荫渠（案荫渠为刘长佑字）中丞之坚留与否。阁下与荫渠为道义金石之交，如能屡函商定，然后以一片奏定，乃为妥善。否则谕旨俞允，而荫公不许，仍属无益，去年奏调萧军，几成嫌隙，可为鉴也。①

后来左宗棠从曾国藩教，先与刘长佑讲交情，以所谓"道义金石之交"的关系来感动刘长佑，刘长佑果然允许蒋益澧率军来助左宗棠。我们看了这个故事，可见大帅视所部竟若私有：讲私交，或可割以相让；无交谊，虽请旨严饬，亦归无用。又如同治元年曾国藩截留李鸿章新招军九营守无为庐江，以保皖北，久未放行。这时李鸿章方新任江苏巡抚，初练淮军于上海，欲大立功绩，乃向曾国藩索回此军。曾国藩因一时无他军接防复信与李鸿章恳商道：

> 张树声等五营，本不应久留此间，吴长庆本营在沪，疏长庚并非营官，勉强截留，深恐有乖尊意。

---

① 《曾文正公书札》卷十三《复左季高》。

又说：

> 忠逆（案指太平天国忠王李秀成）现在金陵，而对王、
> 章王（案对王为洪春元、章王为林绍璋）诸酋志在北岸甚坚，
> 看来今冬明春上海必无异常之警。仍望阁下敛兵自守，不必
> 遽勤远略，遽拓土疆。其张树声、吴长庆等九营应如何陆续
> 抽调赴沪，敬求卓裁，酌度为珂乡谋，为鄙人谋。上游事势
> 稍松，决不久留片刻。①

后来李鸿章还是追索，甚至飞檄相讨。曾国藩乃放九营赴沪，并
写信向李鸿章道歉说：

> 鄙人多年在外，屡经挫败，故常有无礼之意，过计之忧，
> 伏希亮鉴！②

刘长佑出自江忠源一系的"楚军"，不是曾国藩湘军的嫡系，他对
曾国藩的奏请调回萧启江军，坚不放行，还有可说。至于李鸿章
之于曾国藩，有师生之谊，出自曾国藩幕府，其军并且是遵曾国
藩的指示和规划所创立，而李鸿章对曾国藩截留己军，当利害关
头时，还不免于飞檄相索。李鸿章对曾国藩还是这样，其他将帅
间各私其军的情况，更不待说了。

　　但是湘淮军乃临时招募的勇营，而不是国家经制的军队，倘
当太平天国既定的时候，尽撤勇营，而恢复绿营旧制，则战时湘
淮军兵为将有的局面，不过只是一时变态的情况而已。我们知道，
清代用勇营，并不始于太平天国军兴后，如乾隆年台湾之役，乾
嘉间黔、楚征苗之役，嘉庆间川、陕白莲教之役，道光年间鸦片
战争之役，都曾募勇营，其所募人数也不算少，以白莲教之役论，

---

① 《曾文正公书札》卷二十《复李少荃中丞》。
② 《曾文正公书札》卷二十一《复李少荃中丞》。

即四川一省招募者已达 37 万人[①]，但其时绿营规模尚存，有事还可以任征战，平时足资防守，所以事平后勇营可以遣撤，而不致为将帅拥为私军。但是，太平天国这次大革命却不同，时间前后延长至 19 年，战区遍 18 省，故战后，各省绿营已大半死亡，其存者以"勇"的待遇优于"兵"，又多脱离兵籍，投入勇营，绿营行伍十九空虚。其后虽勉强规复旧制，而绿营兵已不复能任征战，仅分防列郡汛地，当巡逻地方的任务，略等于后来的警察，故论者称为形同虚设。其全国通都重镇都以勇营驻屯，称为"防军"，以当国防的重任。于是勇营便代替了绿营的地位，而成为国家的常备军。防军之外，有所谓"练军"者，虽在绿营制兵内选择，而营制饷章悉准湘军制度，所以也就是湘军的一个支派。即到了甲午战后，袁世凯另建新军，虽营制尽效德国与旧日勇营不同，而招募的制度，发饷的制度，都仍操于将帅手，实与湘军制度所造成的局面毫无变更。故绿营旧制既成虚设，勇营既代绿营而兴，而湘军制度复支配了咸、同后的兵制，于是"兵为将有"遂一成而不变，且渐演渐进以成为清季的局面，终归使袁世凯得借其兵力以移清祚。

从上述可见咸丰前中央握有强固的兵权，兵权集中于中央，故兵不致为将所有，即有时不得不用将帅自招的勇营，而国家经制的军队规模尚存，故事平旋撤，将帅也不得据为私有。至于咸、同后，国家制兵已形同虚设，中央没有强固的兵权，财政又落于将帅之手，而为将帅者复多膺任疆寄与民事，于是将帅遂得各私其军以造成这个兵为将有外重内轻以至于分崩割据的局面。

①　据《清史列传》卷二十九《德楞泰传》。

论　湘　军

　　曾被称为军事学家的蒋方震[①] 说过："湘军，历史上一奇迹也。书生用民兵以立武功，自古以来未尝有也。谚有之，秀才造反，三年不成，而秀才则既成矣。虽然书生之变相，则官僚也，民兵之变相，则土匪也，故湘军之末流，其上者变而为官僚，各督、抚是也，其下者变而为土匪，哥老会是也。"[②]

　　湘军真是历史上一奇迹吗？且谈谈湘军的历史。

　　湘军的首领，是中国近代最凶狠的反革命巨魁曾国藩。他以礼部右侍郎丁忧在家乡。皇帝委任他帮同巡抚办理本省团练，他却复奏皇帝，说团练无济于事，正规军绿营已不堪作战，主张改弦更张，另练新军，就在长沙开始招募这一支反革命军队湘军。

　　曾国藩和湘军第二人头曰胡林翼，都认识到地主阶级与农民阶级斗争的势不两立。狂吠什么"盗贼充斥之时，非比叛国、叛

　　① 蒋方震1905年日本士官学校毕业。1912年任保定军官学校校长。抗日战争时，代理陆军大学校长，赴校途中，病死广西宜山。他著有《国防论》、《新兵制与新兵法》等书，当时称为军事学家。

　　② 见蒋方震《中国五十年来军事变迁史》，载《申报》1923年编印的《最近之五十年》一书中。

藩可以栖隐，非我杀贼，即贼杀我"①。"叛国"，指国家给属国灭了；"叛藩"，指皇位给权臣篡夺了。在这两种情况下，地主阶级分子还可以栖隐起来，但地主与农民的阶级斗争，却是你死我活，无地可避。因此，他们号召地主阶级的知识分子起来，为保卫自己的身家性命而战，为"卫吾道（孔、孟之道）"而战②。这样，湘军就由书生来率领。

曾国藩湖南湘乡人。他选的将领主要是湘乡人，都是一些顽固的封建书生，士兵则招募湘乡一带的农民。他定的湘军营制，以营为单位，士兵由什长挑选，什长由哨弁挑选，哨弁由营官挑选。营官辖于统领，统领辖于统帅。营官由统领拣选，统领由统帅拣任。将领在营一天，这个军营就存在一天，将领战死了，这个军营就解散，使士兵只知服从将领，将领只知服从曾国藩一人，造成一种极浓重的封建隶属关系，结成反革命的死党。曾国藩要用礼来统治国家，他建立湘军，就制定出一种叫做"辨等明威"的军礼，把尊卑上下的封建等级礼教贯穿到营制里去。他训练军队，重在思想性的教训，技术性的教练为次。他把训又分训营规、训家规两种，而以训家规即三纲五常的伦理居于首要。他的军歌唱道："规矩要肃静：有礼，有法，有号令。"③ 把礼教放在法律和命令之上，用一副无形的镣铐套在士兵身上，来驱使他们为抗拒革命而卖命。曾国藩在日记里曾经透露过这一个狠毒的伎俩，说什么"用恩莫如用仁，用威莫如用礼"④，他毫不掩饰地把仁和礼的反动事实自供了出来。胡林翼还从用兵上自述用的也是儒术，

---

① 胡林翼给席宝田信，见《胡文忠公遗集》卷七十四，《致席砚香宝田太守》。

② 曾国藩：《讨粤匪檄》，见《曾文正公文集》卷二。

③ 曾国藩：《陆军得胜歌》，见《曾文正公杂著》卷一。

④ 曾国藩清咸丰九年六月初四日记，见《曾文正公手书日记》第六册。

他说："兵事为儒学之至精，非寻常士流所能几及也。"① 又说："敬慎不败，儒修之要领，亦兵机之上策。"② 曾国藩生平自吹的"结硬寨，打呆战"③，胡林翼叫嚣的"愈老愈坚（越守得久，越坚固），湘军之本领也"④，确是都从程、朱、道学家学来的伎俩。这样，用儒家三纲五常的礼教，尊卑上下的封建等级，同乡共井的乡土观念，把湘军从头到脚武装起来，并且用儒学来指挥作战，成为当时一支反革命最凶狠的军队。

在湘军以前，八旗早已衰朽，清代国家经制军队为绿营。绿营兵皆世业，将皆调补。国家对于士兵，本身登于名册，家口著于兵籍，尺籍伍符，兵部按户可稽。国家对于将弁，诠选调补，操于兵部。至于军饷，则由户部拨给。故其时全国绿营兵权，全握于兵部，归于中央。湘军既兴，兵必自招，将必亲选，饷由帅筹，其制恰恰与绿营制度相反，故兵随将转，兵为将有。到湘军制度代替了绿营制度，将帅自招的募兵制度代替了兵权掌握于兵部的世兵制度，于是兵制起了根本的变化，军队对国家的关系也就立即跟着改变。近世北洋军阀的起源，追溯起来，实始自湘军兵为将有的制度。早在清同治八年（1869 年），撰《湘军志》的王闿运经过湘乡城，目击其情况，如行芒刺中，他就已经预言"恐中原复有五季之势"，"知乱不久矣"。⑤

湘军将领从书生一步步上升为官僚，其重要人物都做到总督、巡抚。清代定制，行省建置总督、巡抚，委以行省大权。其下设

---

① 胡林翼复李鸿章信，见《胡文忠公遗集》卷六十七，《复李少荃》。
② 胡林翼复曾国荃信，见《胡文忠公遗集》卷七十八，《复曾沅辅观察》。
③ 曾国藩清同治五年十月十三日《病离速痊请开缺仍留军中效力折》，见《曾文正公奏稿》卷二十五。
④ 《胡文忠公遗集》卷六十九，清咸丰十年正月十二日《致金逸亭余会亭丁月台》。
⑤ 王闿运：《湘绮楼日记》清同治九年（1870 年）正月十六日记。

承宣布政使司主管一省的民政、财政，提刑按察使司主管一省的按劾与司法。两司听命于六部，例可专折奏事，其事权独立，不是督、抚所得而干预，惟部臣始有管辖的权力，督、抚对两司，只是居于监督的地位。所以督、抚的权力虽大，六部却可以用一纸文书就来控制着他们。全国权力全部集中于中央。道光时著名文学家梅曾亮论清代中央集权，"事权之一，纲纪之肃，推校往古，无有伦比"，确是不错。清代这种政局，一到湘军将帅爬上了督、抚舞台就改变了。他们要有作有为，不愿受牵制于两司，首先把两司降为属官，接着不听部臣的命令，他们手中有兵有将，终于朝廷也不得不迁就他们，于是督、抚专政的局面便形成了。在咸丰年间，依靠湘军的湖南巡抚骆秉章已经是"湘军日强，巡抚亦日发舒；体日益专，至庭见提、镇，易置两司，兵、饷皆自专"①了。到光绪末年，朝廷一兵、一卒、一饷、一糈，都不得不仰求于督、抚。康有为至以当时十八行省，比作"十八小国"②。武昌起义，各省纷纷宣告独立，清皇朝中央无权，遂移清祚。当年曾经挽救过清皇朝国运的湘军书生，而今还是由他们手造的晚清督、抚专政局面，把清皇朝断送了。

　　湘军士兵本是湘乡一带朴实的农民。当初曾国藩欺骗他们，说太平军抢劫掳掠，不论贫富，一概寸草不留，叫他们起来保卫身家，把他们骗了入营。到入营后，又骗他们说如同父兄带子弟一样带领他们，望他们成立，人人有好前途。可是，做将领的靠了他们卖命，升官发财，却还是克扣他们的月饷，吃他们的血。他们在家受地主剥削是够惨了，但还不至于要卖命。如今当了兵比在家做佃农还要惨。他们觉醒了，就加入反清革命的哥老会来。

---

　　① 　王闿运：《湘军志·湖南防守篇第一》。

　　② 　康有为：《裁行省议》。

在攻陷天京前，已经是"各营相习成风，互为羽翼"①。到攻陷天京，被解散回乡后，不到三年，就在湘乡造反起来。那些从士兵立功得到保举而无缺可补的官员同是受欺骗，他们用生命换来的保举，到无法生活时，拿到街上去兜卖，一二品大员的功名，只值得百十吊钱！他们也参加了哥老会来领导士兵造反。此后年年在湖南起义，并以湖南为根本，迅速向长江流域发展，到清光绪十七年（1891年）时，哥老会便把长江上下三千里联为一气，一处起义，处处响应。二十年后，辛亥革命，哥老会就与同盟会共同推翻了清皇朝。反革命的湘军，转变而为反清革命的哥老会，正同清朝乾隆嘉庆之间（1793—1802年），安徽农民被骗当乡勇去打击白莲教，他们觉悟受了地主阶级的欺骗，到白莲教失败，他们被解散回故乡后，就起来组织捻党，其后五十多年，便成为强大的反清革命的捻军，先后如同一辙。这说明了中国农民阶级是一个伟大的革命阶级，历史上即使有些农民曾经受过地主阶级的蒙蔽和欺骗，一旦幡然醒悟，就会以更仇恨的烈火去烧毁地主阶级。这也粉碎了简又文把太平天国与湘军的阶级斗争，说成"分明是农民打农民"②的谬论。

湘军是曾国藩组织的新军。蒋方震把它认为民兵，是错误的。作为湘军将领的书生是地主阶级，它的士兵则为农民。湘军崛起的目的，不是如同蒋方震所说，要达到二千年来书生的至高理想，作为"王者师"，而是为保卫地主阶级。这与古代民族间战争，民兵与其率领者共同为保家保国而战的性质不同。湘军士兵与其将领的关系是敌对阶级的关系，其矛盾是对抗性的矛盾。所以当他

① 曾国藩清同治四年《批统带精毅营席臬司宝田裹军营纷纷哗噪诚为世变大忧未事之防管见所及数端缕陈察核由》，见《曾文正公批牍》卷三。

② 简又文：《太平天国全史绪言》。

们认识到被蒙蔽、受欺骗，幡然醒悟的时候，就加入哥老会来反抗地主阶级，推翻清朝的统治。蒋方震说："明乎书生、民兵、官僚、土匪之四种关系，而湘军之奇迹可以解矣。"[①] 其实，蒋方震根本不懂得这种阶级斗争的关系。而湘军的始末，稽考起来，也还原原本本，一清二楚，绝不是什么"历史上一奇迹"。

---

① 　蒋方震：《中国五十年来军事变迁史》。

《晚清兵志》导言

近代中国陆军兵制的变革，开端于清咸丰二年（1852年）湘军的兴起，而成于清光绪三十年（1904年）练兵处的颁布陆军制度。在这五十二年里面，中国陆军的演变，可分为下列几个阶段：

一、湘军时期　这个时期为湘军对两百年来绿营旧制改革的时期，在曾国藩创制之下，成立了勇营制度。其时间起于咸丰二年湘军成立于长沙之日，而迄于同治三年曾国藩在江宁解散湘军之时（1852—1864年）。

二、淮军时期　这个时期为勇营制度参用西法的时期。淮军出自湘军，其营制饷章全仿湘军制度，但其训练是用洋操，其兵器又是用洋器，并延有洋员为教习，这却和当年湘军用土法土器与由书生自任教练的迥然有别。故就淮军制度本身说，仍未变勇营旧制，而就其教练及兵器两者而论，则已采用西法。这是一个旧酒囊盛新酒的办法，是不彻底的。淮军之所以覆败，根源即在于此。其时间起于同治元年淮军成立于安庆之日，迄于光绪二十年甲午覆败于朝鲜平壤之时（1862—1894年）。

三、甲癸练兵时期　这个时期是中国新式陆军萌芽的时期。在此时期中，最初为署理两江总督张之洞练自强军于江南，温处道袁世凯练新建陆军于小站，嗣张之洞回湖广总督本任，又练护军营于武昌，庚子后袁世凯擢直隶总督复练北洋军于保定。这都是中国最早的新式陆军。而当时清廷亦下改编常备续备军制之谕，各省奉旨改编，虽难循名责实，但不得不说是此时清廷已有改行新军制的用意。不过须知这个时期的练兵，乃由各省督抚自筹自办，与咸同间情况仍是一样，中央还不曾设有一个统筹统辖的机关，故步骤不齐，章制不一，不免陷于紊乱的现象。其时间起于光绪甲午勇营覆败后，迄于光绪癸卯中央设立练兵处以前（1894—1903 年）。

四、陆军成立时期　这个时期为中国新式陆军正式成立的时期。在这时期中，最初为练兵处统筹统辖全国改编陆军事宜，光绪三十年（1904 年）八月初三日练兵处颁布陆军章制，同日，颁布陆军学堂办法，这一天实为中国陆军诞生的日子。其后裁练兵处改设陆军部，专管陆军军政，于是全国三十六镇陆军遂次第编练，虽辛亥革命后三十六镇计划成为泡影，而中国新式陆军的成立却已建筑基础于此时。其时间起于光绪二十九年中央设立练兵处，而迄于宣统三年清亡（1903—1911 年）。

上述中国近世陆军演变的四个阶段，其迹分明可见。其中湘军时期著者已撰有《湘军新志》（后重写改为《湘军兵志》）一书纪其事。在本书中，则对其余三个时期特立《淮军志》、《甲癸练兵志》、《陆军志》三志以述其演变之迹与制度的内容。

陆军之外则有海军。中国海军的肇始起于同治间，而成立于光绪十四年（1888 年）北洋海军制度的奏定。中国海军前无遗规可承，其规制全仿西洋，始终主持其事者为李鸿章。由于事权不一，甚至以筹办海军为名，暗移经费为大兴颐和园土木之用，遂致造成甲午覆败的结果，言之可痛。

至于在军事教育与兵工厂两方面，是做下了筚路蓝缕的工作的。而光绪末练兵处与陆军部所颁布的陆军学堂各项章制，按之国情，颇寓有良法美意。这两方面，在本书中也特分立两志以叙其事。

晚清议建海陆军起于同治初，由来已非朝夕。其动机若何？其得失何在？其造成辛亥革命后中国海陆军状况的过程又若何？头绪纷纭，错综复杂，非把这一段历史来清算，无从鉴往知来。本书之所由作，其微旨盖在于此。

常胜军考略

常胜军是太平天国革命时期，在上海组成的一支由侵略者操纵抗拒太平天国的反革命武装。

清咸丰十年（1860年）夏，太平天国克复苏、松、常、太各城，进军上海。时苏松太道吴煦在沪筹办防务，初雇印度人充伍，又欲增募吕宋人为兵。苏州人王韬献策说："招募洋兵，人少饷费，不如募壮勇而雇洋人领队，平日以洋法教演火器，务令精练，当可收效。"吴煦初雇美国人华尔管带印度兵，旋有旨撤印度兵，遂从王韬策募一支洋枪队，以中国勇丁杂西勇而成，交华尔管带。①

华尔是个冒险分子，曾肄业于佛蒙特州的挪利支大学，以前叫做美国文理军事学院，学习兵法、军略、数学和军用测量一年多。咸丰元年（1851年）任船副航行到中国。在上海他离开原来的船，改任停泊在黄浦江下游一艘贩卖鸦片的趸船上的官长。第二年，他又任一艘挂美国旗的名叫"探金"号的快船的大副，约定从上海开往退宛退拍克。在海上及中南美洲从事冒险活动。有

---
① 据王之春《中外通商始末记》卷十六、王韬《瓮牖馀谈》卷二《白齐文论》。

一传说他参加克里米亚战争在法国军队中服役，最后升到中尉，因与一个上级军官发生冲突辞去法军职务。咸丰九年（1859 年）年初，他参加他父亲在纽约设立的船舶掮客事务所。[①] 旋在本国犯罪，于这年秋逃来上海。美侨要杀他，杨坊爱其勇，藏在家中，请吴煦向美领事说情获免。[②]

同治元年（1862 年）二月，江苏巡抚薛焕，把华尔管带的洋枪队名为"常胜军"，派苏松太道吴煦督带，候补道杨坊会同华尔管带。[③] 这支反动武装，用洋枪洋炮装备，其"弁目百数十人，均系外国流氓"。[④] 初时只数百名，陆续增至四千五百余名。[⑤] 在上海金山、奉贤、嘉定、青浦及浙江宁波、余姚等地抗拒太平军。这年八月，华尔在浙江慈溪被太平军击毙。

华尔既死，清政府任命白齐文（Henry Andrea Burgevine）为管带。白齐文也是美国冒险分子，青年时代，曾梦想有朝一日能在东方建立一个大帝国。他曾在卡尼福利亚、澳大利、散维

---

① 据美国亚朋德著雍家源译章克生校《华尔传：有神自西方来》，见《太平天国史译丛》第三辑。

② 据《续碑传集》卷七十冯桂芬《副将华尔小传》。查亚朋德著《华尔传：有神自西方来》说华尔："从 1854 年年底一直到 1859 年再度去中国期间他的行踪不明。"又说他于 1859 年初参加他父亲开设在纽约的船舶掮客事务所，"为时不久，有一可笑的传说，他突然为遨游狂所冲动，买了一匹马，回到事务所向他父亲告别，即向西疾驰而去。目的地是旧金山和上海"。"1859 年 9 月末或 10 月初，华尔再度在上海登陆"。其书没有记到华尔因在本国犯罪逃来上海事。本书所记，系征自冯桂芬的记载。考同治元年五月初九日李鸿章《奏调冯桂芬等片》说"候补中允冯桂芬精思卓识，讲求经济"，又说"冯桂芬现寓上海"（《李文忠公奏稿》卷一）。他是个政治活动家，当时住在上海，后任李鸿章幕客，熟悉华尔事，他所记华尔事迹，系亲见亲闻，故可据信。至于亚朋德书著于 1947 年，已是华尔死后八十五年，不知道这件事了。

③ 据《剿平粤匪方略》卷二百九十二同治元年二月十六日江苏巡抚薛焕奏。

④ 李鸿章：《朋僚函稿》卷二同治元年十一月十七日《上曾相》述常胜军情况。

⑤ 据《李文忠公奏稿》卷二同治元年十二月初十日《整饬常胜军片》。

吉群岛、印度、吉达、伦敦等地流浪。后此，他做过邮务员和美国报纸编辑，这种平淡的工作，跟他的性格，格格不入，于是设法来到中国，当了华尔常胜军的副领队。白齐文没有华尔那种与清朝官员拉拢的手段，他接管了常胜军，一开头就跟会带常胜军的杨坊处的不好。江苏巡抚李鸿章对他也不信任，请英军驻沪陆军提督士迪佛立（Charles Staveley）推荐一个英国军官担任常胜军管带的军事秘书，士迪佛立派了英国水兵队里的奥伦（Holland）大佐担任。白齐文当然不满。杨坊又用拖欠军饷来对付他。十一月，白齐文从松江带卫队回上海，到杨坊开的银号去索欠饷，杨坊不答应，他痛打了杨坊，并将银号内的一宗款项四万元取去。李鸿章把白齐文撤职，下令逮捕。他去北京控诉，得到美国和英国公使支持，会同促请清政府复他的职。清政府认为不便将一省巡抚在职权范围内所作的决定强行撤销，只同意把这个问题发回上海再作处理。李鸿章不准他复职，他愤而投奔太平天国。①

常胜军不但专恣跋扈，清朝官员不能顾问，而尤关重大的是外国侵略者帮助清朝练兵，口头说什么"想贵国兴旺"，而骨子里却是要分握清朝兵权，以遂瓜分中国的狼子野心。美国公使蒲安臣（Anson Burlingame）照会总理衙门论白齐文一案说："白齐文从华尔死后，操演常胜军甚为得力，故本大臣将其举荐。况贵国由英国将来之火轮船，是英国人管理，故想将常胜军令美国有才人统带，英、美两国皆想贵国兴旺也。"② 美公使所说的由英国人管理兵船一事，就是指由李泰国（Horatio Nelson Lay）经手，而

---

① 关于白齐文此事及投奔太平天国后事，另详拙著《太平天国史》卷七十七《洋兄弟传·白聚文》。白聚文即白齐文，为太平天国的译名。

② 见《筹办夷务始末》同治朝卷十四。

归英国海军大佐阿思本（Sherard Osborn）统率的七艘舰队。[1] 英国既取得掌握清政府海军权，美国却要代练常胜军以握清政府陆军权，其居心的阴险，已明言不讳了。李鸿章对此不能不警惕。白齐文撤职后，常胜军权落在英国侵略者手。李鸿章要收回兵权，十一月二十五日，他与英国驻沪陆军提督士迪佛立商谈，提出要派员会带常胜军。士迪佛立初时不肯，几经争议，始定条约十六条，将常胜军裁汰为三千人，暂以士迪佛立参谋奥伦（Holland）管带，随后英国政府正式同意时，交英国军官戈登（Charles George Gordon）管带，并作为中国武官，清政府派提标中营副将李恒嵩会带，粮饷由江苏巡抚派员经管，眼同外国官散放，松江城内外地方事宜，外国管带官不得干预，购买军火须有江苏巡抚文书，管带官不准私购，惩办各勇，须听中国会带官主意等，以期渐收兵柄。[2]

戈登英国军官学校毕业后，任职于英军工兵队。咸丰十年（1860年）秋，被派到中国，任英国侵略军工兵队指挥官，参与进攻北京和抢掠焚毁圆明园，旋回驻天津。同治元年（1862年）夏，调至上海，与太平军作战。至是任常胜军管带。戈登将常胜军编制为五至六个步兵团，四个攻城炮兵队和两个野战炮兵队。

---

① 李泰国，英国人，咸丰十一年（1861年）清政府任命他为总税务司。明年，清政府要购买船炮，建立海军。他竟以清政府代表自居；同英国海军大佐阿思本订立协定，授给指挥该舰队的全权。同治二年（1863年）八月，舰队到达上海，清政府命总兵蔡国祥为总统，而以阿思本为帮统，给与实际指挥权。双方发生争执。后来清政府将舰队解散，全部兵船遣回英国，由英国交还买价，清政府给阿思本银一万两，革退李泰国总税务司职务。

② 据《李文忠公奏稿》卷二同治元年十二月初十日《整饬常胜军片》、同治元年十一月二十六日《李鸿章致吴煦函》附《统带常胜军协议十六条款》（见《吴煦档案选编》第三辑）。案《吴煦档案选编》少"随后奏明交英国兵官戈登管带，并为中国武官"一句。本文据萧一山编藏于不列颠博物院东方部的《戈登文书》〔见《国闻周报》十四卷十九期萧一山《戈登文书》（二）〕。

每个步兵团，当人数足额时，包括六个队，总数为五百人。此外，有附属的小舰队，由汽船及中国炮船组成。①

戈登与冒险分子华尔、白齐文虽有不同，但他"性急多疑，每有反覆"②，也难于驾驭。同治二年（1863年）冬，攻打苏州之役，李鸿章与他约定，苏州攻陷后，淮军与常胜军同时入城，共同抢掠，在五天之内，把赃分妥后，常胜军才撤回昆山。其后李鸿章先把常胜军调回昆山，使不得入城，不守分赃协定。戈登大愤，要与李鸿章火并。后来经过调解，李鸿章送了七万两银给他才止。③ 李鸿章叹为"磨难星"。④ 淮军初兴时，兵器、教练、攻城、野战往往须倚靠常胜军，李鸿章不得不低头屈就。到同治三年（1864年）四月，攻陷常州后，淮军军威日盛，其洋操、兵器已步武西洋，而常胜军攻战却屡遭挫衄，李鸿章已毋须再倚靠常胜军，于是在取得戈登同意后，就立即裁遣，除留得力炮队六百人，枪队三百人，海生轮船数十人拨归淮军外，余尽裁遣。李鸿章请旨赏加戈登提督衔，并请特旨颁赏黄马褂，以为归国荣耀。⑤

常胜军的始末，大略如上述。在李鸿章幕府的冯桂芬记他见华尔练兵情况说：

> 余尝见其练兵，居中吹角有声，卒皆鱼贯至。又有声，或左，或右，或横，或纵，或直，或斜，或八字，或十字，或环，或圭，或玦，或钩，或梅花，或蝴蝶，随角声而变。其行也，雁行进，举足如一，两跨间，射以矢，十发十穿，

① 据英国安德鲁·威尔生著常文煜译《常胜军》第八章戈登军队之编制。
② 李鸿章论戈登的话，见《李文忠公奏稿》卷六同治三年五月初二日《裁遣常胜军折》。
③ 考证详见拙撰《李秀成自述注》。
④ 见《朋僚函稿》卷四同治二年十一月十五日《复曾沅帅》。
⑤ 据《李文忠公奏稿》卷六同治三年五月初二日《裁遣常胜军折》、同治三年四月初七日《戈登加衔荣宠回国片》。

无所滞，斯尤长技，盖泰西旧法如是。①

冯桂芬又记华尔同治元年正月松江广富林之役作战情况说：

> 贼犯松江广富林，……华尔乃分其众为数圆阵，阵分五
> 重，人四向。最内者平立，其外递俯，至最外者几踞地矣，
> 皆以枪外指，望之者如傻首刺以针然。将居中，吹角为号，
> 一动无不动，数十枪齐举。始徐行，渐疾行。所至贼披靡，
> 围自解，且争退去。华尔乃撤阵起追之。②

淮军的教练、作战就是从常胜军这种洋操和战法学来。淮军出自湘
军，而在改用西洋新式兵器，学习洋操方面，与旧式勇营的湘军不
同，使中国军队开始走上近代化的道路，都源自常胜军。李鸿章训
练军队，只知有技术的训练，而不知有精神的教育，殆亦深受这支流
氓式军队影响所致。常胜军对晚清兵制的关系也不是小的。

至于李鸿章依靠常胜军抗击太平天国。太平天国忠王李秀成
在《李秀成自述》里说："苏、杭之误事，洋鬼作怪，领李抚台之
赏，攻我各路城池。攻克苏州等县，非算李鸿章本事，实得洋鬼
之能。其将尚（上）海正税招用其力，该鬼见艮（银）亡命，言
（然）后鬼兵及李抚台见我未在省城，是以而顺势攻之。"又说：
"洋鬼攻打乍浦、平湖、加（嘉）善三处失守。苏州、太仓、昆
山、吴江等处具（俱）被李抚台请鬼兵打破。"《忠王答辞手卷》
又说："李非夙（宿）将，借洋鬼之力以成功。"可知李鸿章实是
倚靠常胜军才得攻陷太平天国苏州各地。但是他却说"常胜军弁
勇战守实未可靠"③，又说常胜军不是他的"好帮手"④。这些话都
是为自己辩护，不是实情的。

---

①　见《续碑传集》卷七十冯桂芬《副将华尔小传》。
②　同上。
③　见《李文忠公奏稿》卷四同治二年八月初二日《驾驭西兵片》。
④　见同治二年十一月十五日《复曾沅帅》。

水浒真义考

一 水浒的真义何在?

《水浒传》以"水浒"为书名,一部书名,标出它的内容。所以,明代刊刻《水浒传》的袁无涯和金圣叹对此都先作了解释,以引导读者对全书的观感。

明万历年间,袁无涯刻《忠义水浒传全书》,他在《发凡》里解释说:

> 梁山泊属山东兖州府。……《传》不言梁山,不言宋江,以非贼地,非贼人,故仅以"水浒"名之。浒,水涯也,虚其辞也。盖明率土王臣,江非敢据有此泊也。其居海滨之思乎?罗氏之命名微矣。

袁无涯解释《水浒传》著者罗贯中取水浒做书名的意义,是要表明"溥天之下,莫非王土,率土之滨,莫非王臣"[①],宋江不敢据有梁山泊,而是要学姜太公居东海之滨,等候时机辅佐周文王。我们要问袁无涯的解释根据在哪里呢?

---

① 《诗经·小雅·北山之什·北山》。

　　到明崇祯末年，当农民大起义的风暴中，金圣叹在他批改的《贯华堂水浒传》序二里，对以忠义称宋江极力驳斥，给"水浒"两字又作出他的解释说：

　　　　观物者审名，论人者辨志，施耐庵传宋江，而题其书曰《水浒》，恶之至，进之至，不与同中国也。而后世不知何等好乱之徒，乃谬加以忠义之目。呜呼！忠义而在水浒乎哉！忠者，事上之盛节也；义者，使下之大经也；忠以事其上，义以使其下，斯宰相之材也。忠者，与人之大道也，义者，处己之善物也；忠以与乎人，义以处乎己，则圣贤之徒也。若夫耐庵所云水浒也者，王土之滨则有水，又在水外则曰浒，远之也。远之也者，天下之凶物，天下之所共击也；天下之恶物，天下之所共弃也；若使忠义而在水浒，忠义为天下之凶物、恶物乎哉！

金圣叹解释"水浒"说：在王土的边境有水，在水外叫做浒，含有荒远共弃的意义。所以施耐庵写宋江故事，称他的书为《水浒》，就是表示对宋江等痛恨到极点，要把他们流放到穷荒去，不与同中国。我们要问金圣叹的解释根据在哪里呢？

　　要查袁无涯、金圣叹两种解释有没有根据，应该追寻出"水浒"的辞源以为断。考水浒一辞的来源出自《诗经》。《诗经·大雅·緜》咏周朝之兴的历史道：

　　　　古公亶父，来朝走马，率西水浒，至于岐下。爰及姜女，聿来胥宇。

古公亶父，是周文王的祖父，因为他有仁德，得到人民的拥戴，在岐下建立周朝开国的基业。水浒，指古公亶父来岐山时经过的漆、沮两水的旁边。《孟子·梁惠王下》记这一段历史说：

　　　　昔者大王（案即古公亶父）居邠，狄人侵之。事之以皮币，不得免焉，事之以犬马，不得免焉，事之以珠玉，不得

免焉。乃属其耆老而告之曰："狄人之所欲者，吾土地也。吾
闻之也，君子不以其所以养人者害人，二三子何患乎无君，
我将去之。"去邠，逾梁山，邑于岐山之下，居焉。邠人曰：
"仁人也，不可失也。"从之者如归市。

这首史诗，是歌咏周朝开基者古公亶父（后追尊为太王）避狄
去邠，渡漆、沮两水，越梁山，到岐下，得到人民的拥戴，开
基建国的历史。元高文秀《黑旋风双献功》和阙名《鲁智深喜
赏黄花峪》写道："寨名水浒，泊号梁山，纵横河港一千条，四
下方圆八百里。"把梁山写成为根据地，以水浒寨作为新政权，
显然是取自《诗经》这首"率西水浒，至于岐下"的史诗而来。
罗贯中正是继承了并且进一步发挥了元杂剧的思想，取"水浒"
为书名，以表明梁山泊与宋王朝对立，建立新政权的全书内容
的。在"水浒"的辞源里，哪里有姜太公居东海之滨等待时机
辅佐周文王的影子，更哪里有什么"水浒也者"，"远之也"，
"天下之所共击"，"共弃也"，"恶之至，进之至，不与同中国
也"的含义！

　　《水浒传》著者罗贯中取"水浒"为书名，并不是袁无涯那种
解释，但袁无涯说"罗氏之命名微矣"的话却是很对的，罗贯中
取"水浒"为书名，确是用"微言大义"的作法，在精微的言辞
中，包含着深邃的意义的。

二　从书名取义提出问题

　　袁无涯是个被称为私淑李贽的文人，金圣叹是个著名的文艺
批评家，《四书》、《五经》是当时士子必读的教科书，他们岂有不
知"水浒"一辞出自《诗经》的？正是因为他们自己明白了，所
以才如此加以曲解，要把千千万万的读者的眼睛遮着。袁无涯生

当明王朝还能维持统治的时候，他要把梁山泊英雄改变为向封建王朝效忠的奴才，所以把"水浒"曲解为表"明率土王臣"以示"居海滨之思"。金圣叹生当明末农民起义大风暴的时候，他要把宋江等杀尽灭绝，所以把"水浒"解释为"不与同中国"。他们的解释是随着不同的时势而不同的，但都表现了地主阶级的狠毒本性，是为地主阶级服务的。

袁无涯和金圣叹对"水浒"的取义进行歪曲的解释，其目的是要引读者陷入错误的泥坑，使人们领会不到《水浒传》的真正意义。做贼的要掩盖的所在，正是捉贼的要抓的地方。他们的歪曲，说明了"水浒"一辞的正确解释，正是研究《水浒传》思想内容的钥匙。

现在，考出了"水浒"的辞源，清清楚楚知道它的本事是周太王古公亶父在岐山下建国开基事。书名取义如此，顾名思义，书的思想内容也就可知。这样，就对六十年来《水浒传》的研究提出了问题。

第一个问题，《水浒传》原本主题思想，是"替天行道救生民"、"替天行道公平"，反抗封建统治压迫的不平呢？还是"替天行道存忠义，三度招安受帝封"[①]，为封建统治全忠效命呢？

第二个问题，《水浒传》原本，应该是到现存的百回本的七十一回前半回梁山泊英雄大聚义为止呢？还是直到一百回《宋公明神聚蓼儿洼》呢？抑或是胡适所说明朝初年《水浒传》原本为一百回，明朝中叶有人删改成七十回本，到明嘉靖时又有人用这七

---

① 这两句"替天行道存忠义，三度招安受帝封"，是续加者百回本《忠义水浒传》第八十一回的人回诗句。

十回本来修改原百回本，而成为今天所见的新百回本呢？① 又或者是郑振铎所说《水浒传》原本，"大致相当于一百回本减去'征辽'故事八回之后的九十二回，或一百二十回本减去'征辽'故事八回和'平田虎、王庆'故事二十回之后的九十二回"呢？②

这两个问题，正是研究《水浒传》最根本的问题。根本问题不先解决，一切研究都无从做起。所以，必须认真严肃对待，进行彻底的探索，予以正确的解决。

三 从著者的时代和本人的历史看问题

今天所见最早谈《水浒传》著者的是明人高儒。他在嘉靖十九年（1540）著的《百川书志》卷六《史部·野史》里说：

《忠义水浒传》一百卷，钱塘施耐庵的本，罗贯中编次。

其后二十六年，郎瑛在所著的《七修类稿》卷二十三也说：

《三国》、《宋江》二书，乃杭人罗本贯中所编。予意旧必有本，故曰编。《宋江》又曰："钱塘施耐庵的本。"

案今存明代《水浒传》刻本，有题施耐庵集撰、罗贯中纂修的，有单题施耐庵编辑的，也有单题罗贯中编辑的。

在这里，有一个问题，就是郎瑛说《三国志通俗演义》和《水浒传》都是罗贯中所编，明人胡应麟斥为"大谬，二书浅深工拙，若霄壤之悬，讵有出一手理！"③ 胡应麟的评论是不对的。《水

---

① 这是胡适于 1920 年撰《水浒传考证》时的说法。到 1929 年撰《百二十回本忠义水浒序》时，由于别人否定了七十回本，他也放弃了这个说法，说"最大的错误是我假定明朝中叶有一部七十回的《水浒传》"，而认为只有"百回郭本、李卓吾百回本"。

② 郑振铎这个说法，见 1954 年人民出版社出版郑振铎等校《水浒全传》郑振铎序。

③ 胡应麟：《少室山房笔丛》卷四十一辛部《庄岳委谈》下。

浒传》固然是一部大名著，《三国演义》也是一部名著。明代笑花
主人《今古奇观》序说："元施罗二公，大畅斯道，《水浒》、《三
国》，奇奇正正，河汉无极。"实为确评。清代史学家章学诚又有
论《三国志通俗演义》摹仿《水浒传》的话道：

> 演义之最不可训者"桃园结义"，甚至忘其君臣而直称兄
> 弟。且其书似出《水浒传》后，叙昭烈、关、张、诸葛俱以
> 《水浒传》中崔符啸聚行径拟之。诸葛丞相生平以谨慎自命，
> 欲因有祭风及制造木牛流马等事，遂撰出无数神奇诡怪，而
> 于昭烈未即位前，君臣僚寀之间，直似《水浒传》中吴用军
> 师，何其陋耶！张桓侯史称其爱君子，是非不知礼者，《演
> 义》直以拟《水浒》之李逵，则侮慢极矣！①

章学诚把《三国志通俗演义》和《水浒传》比照对勘，指出两者
的相同，是不错的。但他以为是《三国志通俗演义》摹仿《水浒
传》，却是不对的。因为两书都同是罗贯中所编，他所举这些关键
地方，正是证明两书是同一人所作的证据。清末哥老会中著名人
物陶成章论天地会洪门结义，取自《三国志通俗演义》和《水浒
传》。我近年研究太平天国军师负责制，也考出其渊源于《三国志
通俗演义》和《水浒传》。这些出自两书理想的地方，也同是证明
两书同出一手的证据。

　　关于著者时代，明嘉靖人田汝成《西湖游览志余》说罗贯中
是南宋人。明末笑花主人《今古奇观序》说是元人。明万历时人
天都外臣（汪道昆）《水浒传序》说故老传闻是洪武初人。② 今人
据元末明初人贾仲明《续录鬼簿》，断定罗贯中为元末明初人，与

---

① 章学诚：《丙辰札记》。
② 天都外臣，明沈德符《野获编》卷五说是汪太函的托名。按汪太函即汪道昆，
著有《太函集》，《明史》列传一百七十五《文苑》三附《王世贞传》内。

汪道昆《水浒传序》、王圻《稗史汇编》都同，已成定论。罗贯中既确知为元末明初人，据胡应麟说为其业师的施耐庵当为元末人。[1]

关于著者的历史，明人胡应麟说："世传施号耐庵，名字竟不可考。"[2] 施耐庵连名都不可考，他的事迹更不待说了。近今《兴化县续志》所载淮安王道生撰《施耐庵墓志》，妄称他名子安，元朝至顺辛未进士，曾任钱塘县令两年，据考查全部都是捏造。[3]

罗贯中却与施耐庵不同。首先，他著籍浙江钱塘，名本，字贯中，见于他同县明嘉靖时人郎瑛《七修类稿》和田汝成《西湖游览志余》。尤其是田汝成记他有子孙三代皆哑。同县人记同县前人事，且记及其后代，足证确有罗贯中其人其事。天都外臣（汪道昆）《水浒传序》，也以这一点论郎、田两人记罗贯中事，必有所据。至贾仲明《续录鬼簿》说罗贯中为太原人，这可能是原籍，而后来落籍于钱塘，故郎瑛、田汝成等都记他为钱塘人。贾仲明说他"乐府隐语极为清新"，也是园藏《古今杂剧》中著录《宋太祖龙虎风云会》一本，据传本署题，为罗贯中作。王国维《曲录》也以为"元罗本撰"，可知他长于"乐府隐语"，已无疑义。又嘉靖刻本《三国志通俗演义》，题"罗本贯中编次"，则郎瑛所说"《三国》、《宋江》二书，乃杭人罗本贯中所编"，又得了证明。贾

---

①　胡应麟：《少室山房笔丛》卷四十一辛部《庄岳委谈》下。

②　同上。

③　据陈中凡《试论水浒传的著者及其创作时代》考证。陈中凡考说："最近《兴化县续志》所载淮安王道生撰《施耐庵墓志》，妄称他名'子安，生于元贞丙申岁，至顺辛未进士。曾官钱塘二载'。著有《志余》、《三国演义》、《隋唐志传》、《三遂平妖传》、《江湖豪客传》等书。考诸《元史》八十一《选举志》天历三年，元统癸酉，各举行廷试一次，中间至顺二年并未开科。又查《钱塘县志》，过去的知县亦无施氏其人，所撰各书，更属无稽。墓志文字庸俗，不合碑志体例，知其出于好事者的捏造。"见《南京大学学报》1956 年 1 月号。

仲明说罗贯中和他"为忘年交"。罗贯中年纪比贾仲明大约长二三十岁，所以才称为"忘年交"。他们在元朝末年至正甲辰（1364年）曾经"复会"。其时朱元璋已称吴王。而自从这一次再见后，竟连罗贯中的下落都不知道。考明王圻《稗史汇编》记罗贯中是"有志图王者"，只因碰到了真命天子朱元璋，不敢与争天下，只得借说书讲史来传他的志事。王圻是《续文献通考》的编者，两书都以博洽称，在下面另有专节考述。他把罗贯中"有志图王"这一件大事，明确地记载出来，使我们得知道《水浒传》著者最重要的历史。明人柳文论《水浒传》著者说：

> 小说家《水浒传》不著编者姓名，意必草泽之雄，失职愤事，包藏祸心，诪张为幻，盛称形势，备陈机械，徒有以起不轨之萌芽，为世大僇，放而绝之可也。①

明胡应麟也论《水浒传》的著者说：

> 余以非猾胥之魁，则剧盗之靡耳。②

地主阶级文人这些谩骂，都是说明《水浒传》著者是一个反抗封建统治的人物。他们的看法，都在王圻"有志图王"的记载中得到证实。据传说罗贯中曾帮助过张士诚。③ 案《三国志通俗演义》卷十一《诸葛亮二气周瑜》提到拖篷船注说："此船极快，两浙人呼剗子船，淮南呼艇船。"知罗贯中确曾活动于两浙及淮南一带，故对于当地的舟船及方言都颇熟悉，似可为证。又考清人刘銮《五石瓠·〈水浒〉小说之为祸》说：

> 张献忠之狡也，日使人说《三国》、《水浒》诸书，凡埋伏攻袭皆效之。其老本菅管队杨兴吾尝语孔尚大如此。

---

① 阮葵生：《茶余客话》卷十八。
② 胡应麟：《少室山房笔丛》卷四十一辛部《庄岳委谈》下。
③ 据顾苓《跋水浒图》，见《塔影园集》卷四。

明末农民大起义如此，到太平天国战争时也如此。亲自指挥与太平军作战的清朝钦差大臣赛尚阿大营翼长（略等于参谋长）姚莹写给胡林翼的信述太平天国用兵说：

> 熟于《三国演义》、《水浒传》，用兵颇有纪律，诡计百出。[1]

曾国藩情报机关编纂的《贼情汇纂》总论太平天国用兵的战略、战术也说："其取裁《三国演义》、《水浒传》为尤多。"[2]曾在过太平军中的人，还记出他亲见"其司兵权者常读《三国演义》、《水浒传》"[3]。如果《三国演义》和《水浒传》中所写战争运用的战略、战术，只不过是文人纸上谈兵，那就不可能施之实战而有效。这说明《三国演义》和《水浒传》两书的著者确是一个有丰富的战争经验的杰出人物，也可作为证明两书同出一人之手的证据。

罗贯中所处的时代，正是元末农民大起义的时代。元代是民族压迫、阶级压迫交织的朝代。元朝统治者横施苛刻的剥削和不平等的待遇。"只许州官放火，不准百姓点灯"的民谣，说尽了政治的压迫；"农夫心内如汤煮，公子王孙把扇摇"的山歌，道尽了阶级的不平，人民处在水深火热之中。当时艺坛的说话人和书会的才人，取梁山泊英雄故事来表达人民的反抗思想，元朝人的水浒杂剧正是这样产生的。

元水浒杂剧的思想与南宋遗民对梁山泊英雄的看法不同。南宋遗民的看法，可以龚圣与的《宋江三十六人赞》为代表。他说明作赞的用意是"使一归于正"。他又在九纹龙史进赞说："龙数肖九，汝有九文，盍从东皇，驾五色云！"在小李广花荣赞说：

---

① 姚莹：《复贵州黎平府胡》，见《中复堂遗稿》卷五。
② 《贼情汇纂》卷五。
③ 刘贵曾：《余生纪略》，中国社会科学院近代史研究所藏抄本。

"中心慕汉，夺马而归，汝能慕广，何忧数奇？"① 表示希望有草泽英雄出来抗击异族，重扶宋室。元人的水浒杂剧却与此完全不同，他们把梁山泊人物写成反抗政府的英雄，把原来的三十六人，说成"聚三十六大伙，七十二小伙，半垓来的小喽罗"②，扩展了梁山泊的成员，增大了人马的声势。把水浒寨写成反抗政府的根据地：

> 寨名水浒，泊号梁山。纵横河港一千条，四下方圆八百里。东连大海，西接济阳，南通巨野、金乡，北靠青、齐、兖、郓。有七十二道深河港，屯数百只战舰艨艟，三十六座宴楼台，聚百万军粮马草。③

有了这样一个宏伟的根据地，有了这样广阔的势力范围，于是雄踞一方，与封建王朝抗衡。尤其重要的是康进之的《李逵负荆》中宋江说："杏黄旗上七个字，替天行道救生民。"④ 李致远《大妇小妻还牢末》中宋江又说："俺梁山聚集豪英，要替天行道公平。"水浒寨树立起"替天行道救生民"的旗帜，这是何等堂堂正正的仁义之师，揭示出农民起义的伟大目标。一部《水浒传》的中心思想，此时已经规定了它的性质。身处元末农民大起义的时代，怀抱"有志图王"的宏愿的罗贯中，他所写的《水浒传》，正是承接和发扬元人水浒杂剧这种反抗政府的思想而来的。

所以，我们从罗贯中的时代和本人历史看问题，他写的《水

---

① 周密：《癸辛杂识续集》卷上。

② 高文秀：《黑旋风双献功》。李文蔚《同乐院燕青博鱼》、康进之《梁山泊黑旋风负荆》描写同，惟"半垓来喽罗"句作"半垓来的小喽罗"。

③ 高文秀：《黑旋风双献功》。无名氏《鲁智深喜赏黄花峪》、《梁山五虎大劫牢》也有这一段宾白，只有几个字不同。

④ 据明臧晋叔编《元曲选》壬集下录。傅惜华等编《水浒戏曲集》第一集据《古今名剧酹江集》第九种所收的本子已将"替天行道救生民"句改为"替天行道宋公明"。地主阶级把这三个字盗改，对元水浒杂剧思想关系重大，特记明于此。

浒传》，必定是以反抗政府为主题思想的七十回，而断断不会采取南宋遗民那种要使梁山泊英雄"一归于正"的想法，去写受招安、征辽国、平方腊的。

四　从成书年代看问题

《水浒传》著者罗贯中既知为元末明初人，《水浒传》成书年代，在明洪武年间。现在，就根据这一个成书年代看问题。

在百回本《忠义水浒传》后二十六回里，表现出著者一个很突出的对皇帝杀戮功臣的感慨。第七十四回记燕青智扑擎天柱事，在入回诗里就对燕青后来功成身退特加赞美道：

> 功成身退避嫌疑，心明机巧无差错。世间无物堪比论，金风未动蝉先觉。

著者怕读者不明白他的用意，接着还加以说明道："话说这一篇诗，单道燕青他虽是三十六星之末，果然机巧心灵，多见广识，了身达命，都强似那三十五个。"在八十五回里，记宋江征辽时上蓟州二仙山参见罗真人求指迷途，罗真人戒宋江说：

> 得意浓时，便当退步，勿以久恋富贵。

第九十三回记李俊征方腊时奉宋江命带童威、童猛入太湖探听消息，在榆柳庄与费保、倪云、卜青、狄成结义，李俊听费保的劝告，预备平方腊后，出海寻个了身达命之处，以终天年事，在入回诗里沉痛地道：

> 不识存亡妄逞能，吉凶祸福并肩行，只知武士戡离乱，未许将军见太平。自课赤心无诡屈，岂知天道不昭明。韩、彭功业人难辨，狡兔身亡猎犬烹。

在九十四回里，记李俊送费保回榆柳庄，费保劝李俊的话又道：

> 话说当下费保对李俊说道："小弟虽是个愚卤匹夫，曾闻

聪明人道：世事有成必有败，为人有兴必有衰。……为何小弟不愿为官为将？有日太平之后，一个个必然来侵害你性命。自古道：'太平本是将军定，不许将军见太平。'此言极妙。今我四人既已结义了哥哥三人，何不趁此气数未尽之时，寻个了身达命之处，对付些钱财，打了一只大船，聚集几人水手，江海内寻个净辨处安身，以终天年，岂不美哉！"

第九十九回记鲁智深手擒方腊，立了大功，宋江大喜，劝他还俗为官，鲁智深拒绝那一段记事道：

宋江道："今吾师成此大功，回京奏闻朝廷，可以还俗为官，在京师图个荫子封妻，光耀祖宗，报答父母劬劳之恩。"鲁智深答道："洒家心已成灰，不愿为官，只图寻个净了去处安身立命足矣。"宋江道："吾师既不肯还俗，便到京师去住持一个名山大刹，为一僧首，也光显宗风，亦报答得父母。"智深听了，摇首叫道："都不要，要多也无用，只得个囫囵尸首，便是强了。"宋江听罢，默上心来，各不喜欢。

同回下面记平方腊后，大军凯旋回京，在途中，燕青劝卢俊义同纳还官诰私去隐迹埋名一段，写得更是露骨：

只见浪子燕青，私自来劝主人卢俊义道："小乙自幼随侍主人，蒙恩感德，一言难尽。今既大事已毕，欲同主人纳还原受官诰，私去隐迹埋名，寻个僻净去处，以终天年。未知主人意下若何？"卢俊义道："自从梁山泊归顺宋朝已来，北破辽兵，南征方腊，勤劳不易，边塞苦楚。弟兄殒折，幸存我一家二人性命。正要衣锦还乡，图个封妻荫子。你如何却寻这等没结果？"燕青笑道："主人差矣！小乙此去正有结果，只恐主人此去定无结果。"若燕青，可谓知进退存亡之机矣。

有诗为证：

略地攻城志已酬，陈辞欲伴赤松游。时人若把功名恋，只怕功名不到头。

　　卢俊义道:"燕青,我不曾存半点异心,朝廷如何负我?"
燕青道:"主人岂不闻韩信立下十大功劳,只落得未央官前斩
首。彭越醢为肉酱。英布弓弦药酒。主公,你可寻思,临祸
到头难走。"卢俊义道:"我闻韩信三齐擅自称王,教陈稀造
反;彭越杀身亡家,大梁不朝高祖;英布九江受任,要谋汉
帝江山。以此汉高帝诈游云梦,令吕后斩之。我虽不曾受这
般重爵,亦不曾有此等罪过。"燕青道:"既然主公不听小乙
之言,只怕悔之晚矣。"……燕青纳头拜了八拜。当夜收拾了
一担金珠宝贝挑着,径不知投何处去了。

百回本《忠义水浒传》第一百回入回词就哀悼道:

　　堪恨当朝谗佞,不识男儿定乱诳。主降遗殃,可怜一场
梦,令人泪两行。

在这回末又有律诗两首来总结全书,诗道:

　　莫把行藏怨老天,韩、彭当日亦堪怜。一心征腊摧锋日,
百战擒辽破敌年。煞曜罡星今已矣,谗臣贼相尚依然。早知
鸩毒埋黄壤,学取鸱夷泛钓船。

　　生当鼎食死封侯,男子平生志已酬。铁马夜嘶山月暗,
玄猿秋啸暮云稠。不须出处求真迹,却喜忠良作话头。千古
蓼洼埋玉地,落花啼鸟总关愁。

我们还没有看见演义小说,对皇帝诛杀功臣的事件,不论是明代
甄伟《西汉通俗演义》写汉高祖杀韩信、彭越也好,或清代钱彩
《说岳全传》写宋高宗杀岳飞也好,有过这样的悲愤、沉痛,这样
的三番四复的感慨;就是在史籍和史论的书里也没有见过。这是
什么缘故呢?就因为著者具有亲身体会。李贽在书末评道:"天下
哪有强盗生封侯,而死庙食之理,只是借此发泄不平耳。"著者借
他所写宋徽宗鸩杀宋江、卢俊义故事来发泄什么"不平"呢?那

分明是对明初朱元璋诛杀功臣事件的愤愤不平。看来这位著者，很可能是被杀功臣的后代，或被株连者的后代，所以他才能写出这些前无古人的感慨。也正因为著者有了这种悲痛的真感情，所以他写的鲁智深之死，宋江之死，才能感人，成为百回本《忠义水浒传》后二十九回半中最精彩的部分。李贽的话，真正是一语道破了著者的心事。

著者在百回本《忠义水浒传》后二十九回半中所反映的对朱元璋诛杀功臣的不平，从第七十四回起，到一百回为止，一直贯穿着这一感慨。对我们研究这一问题说来，是一件特大的事。因此，我们要根据这一大事和成书的年代来进行研究。《水浒传》成书于明洪武年间。洪武共三十一年，从洪武十二年起就诛杀功臣。现据《明史·太祖本纪》将朱元璋杀功臣事按年排列于下：

洪武十二年十二月，右丞相汪广洋贬广南，赐死。

洪武十三年正月，诛左丞相胡惟庸及其党御史大夫陈宁、中丞涂节等。

洪武二十三年四月，吉安侯陆仲亨等坐胡惟庸党下狱。乙卯，赐太师韩国公李善长死，陆仲亨等皆坐诛，作《昭示奸党录》，布告天下。

洪武二十五年八月丙子，靖宁侯叶昇坐胡惟庸党诛。

洪武二十六年二月，诛凉国公蓝玉、鹤庆侯张翼、普定侯陈桓、景川侯曹震、舳舻侯朱寿、东莞伯何荣、吏部尚书詹徽等亦皆坐诛。已丑，颁《逆臣录》于天下。三月壬戌，会宁侯张温坐蓝玉党诛。

洪武二十七年十一月，颍国公傅友德坐事诛。十二月，定远侯王弼坐事诛。

洪武二十八年二月，宋国公冯胜坐事诛。

朱元璋这个杀人恶魔，不但诛杀功臣，他还屡兴文字狱诛杀文人。他的禁忌非常广泛，例如他小时因家穷当过和尚，因而"僧"、"秃"、"光"等字对他来说都是犯忌讳的。又如他早年是在农民起义队伍当过小兵的，因而"贼"、"寇"以致和"贼"字相像的"则"字，也都是犯忌讳的。文字狱的著名例子，如浙江府学教授林元亮替海门卫官所作《谢增俸表》中的"作则垂宪"一句话，北平府学训导赵伯宁为都司所作《贺万寿表》中的"垂子孙而作则"一语，福州府学训导林伯璟为按察使作《贺冬至表》的"仪则天下"，桂林府学训导蒋质为布按二使作《正旦贺表》的"建中作则"，澧州学正孟清为本府作《贺冬至表》的"圣德作则"；朱元璋把所有的"则"都念作"贼"。常州府学训导蒋镇为本府作《正旦贺表》，内有"睿性生知"，"生"字被读作"僧"；怀庆府学训导吕睿为本府作《谢赐马表》，有"遥瞻帝扉"，"帝扉"被读作"帝非"；祥符县学教谕贾翥为本县作《正旦贺表》的"取法象魏"，"取法"被读作"去发"；亳州训导林云为本州作《谢东宫赐宴笺》，有"式君父以班爵禄"一语，"式君父"被念成"失君父"，说是咒诅；尉氏县教谕许元为本府作《万寿贺表》，有"体乾法坤，藻饰太平"八字，就更严重了，"法坤"是"法髡"，"藻饰太平"是"早失太平"；德安府训导吴宪为本府作《贺立太孙表》，中有"天下有道，望拜青门"两句，"有道"说是"有盗"，"青门"当然是和尚庙了。下诏把作表笺的人一概处死。甚至陈州州学训导为本州作《贺万寿表》的"寿域千秋"，念不出花样来，还是被杀。① 苏州知府魏观把知府衙门修在张士诚的宫殿遗址上，犯了忌讳，被人告发。朱元璋查看新房子的上梁文有"龙蟠虎踞"四字，大怒，把魏观腰斩。② 翰林院编修高启作《题宫女

---

① 赵翼：《二十二史札记》卷三十二，《明初文字之祸》引《朝野异闻录》。

② 黄玮：《蓬窗类记·国初纪》，顾公燮：《消夏闲记摘钞》下《高青丘》。

图》诗："小犬隔花空吠影，夜深宫禁有谁来？"朱元璋以为是讽刺他的，记在心里。高启退休后住在苏州，魏观案发，朱元璋知道上梁文又是高启的手笔，旧恨新罪一并算，把高启腰斩。①明初有名的文人杨基、张羽、徐贲、王行、孙贲、王蒙、谢肃等都不得好死。②据《明史》记载，朱元璋诛功臣胡惟庸、蓝玉两狱，"株连死者且四万"。诛杀官吏的郭桓案，"击死者数万人"。空印案与郭桓案并称"二狱所诛杀已过当"，所杀人数当相近。③据统计朱元璋杀功臣，杀官吏，兴文字狱，共杀了十几万人。④试问在这样的一个恐怖时代，牵强附会，一字触犯忌讳，就被处死，真正是"杀人如草不闻声"，有谁敢在说书讲史的小说里，大书特书写出"韩、彭功业人难辨，狡兔身亡猎犬烹"，"太平本是将军定，不许将军见太平"的诗句，指桑骂槐，发泄对朱元璋诛杀功臣的不平呢！在明初洪武年间是无人敢写的。朱元璋的儿子明成祖朱棣，《明史》说他"疾诽谤特甚"，"人或言及国事，辄论诽谤，身家破灭"。他也是个杀人恶魔，惨毒的"瓜蔓抄"⑤，就是他干的。在他做皇帝的永乐年间，也不会有人敢这样写的。百回本《忠义水浒传》所连篇累牍地写的对皇帝诛杀功臣的愤愤不平，那是明朝宣德、正统以后的事。

　　在百回本《忠义水浒传》第九十回里，写宋江等破辽回东京，李逵、燕青偷进城去看灯，在一家勾栏里听得一个人说书，说的是《三国志通俗演义》关云长刮骨疗毒的故事。《三国志通俗演

---

　　①　《明史》卷二百八十五，李贤《古穰杂录》，朱彝尊《静志居诗话》。

　　②　据《明史》卷二百八十五。

　　③　《明史》卷九十四。

　　④　见吴晗《朱元璋传》的统计。

　　⑤　《明史》卷一百四十一《景清传》记明成祖诛景清，辗转牵连，如瓜蔓的蔓延，"村里为墟"。梁章钜《称谓录》卷八："永乐族景清，转相支连九族之姻亲，门生之门生，名瓜蔓抄。"

义》到嘉靖年间始刊刻，虽然在刊刻以前，已经以传抄本流传，但从成书到流传开去，以致成为社会上喜闻乐听的故事，而为说书人评讲的资料，那就必须有一段比较长的过程，必在明朝初年以后。这也可见后二十九回半不是明朝初年的人写的。

上面从成书年代看问题，罗贯中《水浒传》成书于明朝初年，其时断无人敢写对皇帝诛杀功臣的感慨的。而百回本《忠义水浒传》后二十六回，却那样沉痛地、深刻地贯穿着对朱元璋诛杀功臣的愤愤不平，可见绝不是罗贯中写的。朱元璋诛功臣，兴文字狱杀文人，是个满手鲜血的杀人恶魔，他的儿子明成祖朱棣也是个杀人不眨眼的恶魔，就是永乐年间也绝对不会有人敢这样写的。可以断言，百回本后二十九回半，是明宣德、正统以后的人续加上的。第九十回写的关云长刮骨疗毒事，也可以作为一条佐证。

五　从前七十回半与后二十九回半 两个不同的主题思想看问题

百回本《忠义水浒传》前七十回半有一个主题思想，后二十九回半又有另一个主题思想，两者是不同的。

前七十回半的主题思想是什么呢？《水浒传引首》就点明全书的内容道：

> 三十六员天罡下临凡世，七十二座地煞降在人间，哄动宋国乾坤，闹遍赵家社稷。

第十回结尾又点明道：

> 蓼儿洼前后摆数千只战舰艨艟，水浒寨中左右列百十个英雄好汉，搅扰得道君皇帝盘龙椅上魂惊，丹凤楼中胆裂。
> 正是说时杀气侵人冷，讲处悲风透骨寒。

第十一回结尾再点明道：

梁山泊内添这个弄风白额大虫，水浒寨中辏几只跳涧金
睛猛兽，直教掀翻天地重扶起，戳破苍穹再补完。

在原本第四十一回有一首道宋江得天之助诗，又点出宋朝将亡，
英雄四起道：

昏朝气运将倾覆，四海英雄起微族，流光垂象在山东，
天罡上应三十六。瑞气盘旋绕郓城，此乡生降宋公明。……
仁义礼智信皆备，兼受九天玄女经。豪杰交游满天下，逢凶
化吉天生成。他年直上梁山泊，替天行道动天兵。

在第七回结语点明梁山泊的队伍道：

有分教：大闹中原，纵横海内。直教：农夫背上添心号，
渔父舟中插认旗。

在五十八回里又借孔亮上梁山的观感，点出梁山泊的宏图大业
道：

孔亮看见三关雄壮，枪刀剑戟如林，心下想道：听说梁
山泊兴旺，不想做下这等大事业。

这是何等大事业呢？梁山泊专管接待四方豪杰的朱贵说："俺这里
兀自要和大宋皇帝做个对头的!"这个大事业，就是要建立起与宋
皇朝对立的政权，推翻宋皇朝，另创新朝。著者在第七十一回前
半回里特地提出梁山泊要创建的平等社会道：

八方共域，异姓一家。天地显罡煞之精，人境合杰灵之
美。千里面朝夕相见，一寸心死生可同。相貌语言，南北东
西虽各别，心情肝胆，忠诚信义并无差。其人则有帝子神孙，
富豪将吏，并三教九流，乃至猎户、渔夫、屠儿、刽子，都
一般儿哥弟称呼，不分贵贱。且又有同胞手足，捉对夫妻，
与叔侄郎舅，以及跟随主仆，争斗冤仇，皆一样的酒筵欢乐，
无间亲疏。或精灵，或粗卤，或村朴，或风流，何尝相碍，
果然识性同居。或笔舌，或刀枪，或奔驰，或偷骗，各有偏

长，真是随才器使。或恨的是假文墨，没奈何着一个圣手书生，聊存风雅。最恼的是大头巾，幸喜得先杀却白衣秀士，洗尽酸悭。地方四五百里，英雄一百八人。昔时常说江湖上闻名，似古楼钟声声传播；今日始知星辰中列姓，如念珠子个个连牵。休言啸聚山林，真可图王霸业。列两副仗义疏财金字幛，竖一面替天行道杏黄旗。

这一篇文，叫做"单道梁山泊的好处"。在记盟誓后，著者又着重总结一句说："看官听说，这里方才是梁山泊大聚义处！"书中对攻打官府、铲平地主村庄的大胜利是热情地歌颂的。如第五十八回歌颂宋江带兵去青州府攻打虐害人民的慕容贵妃兄弟慕容知府道：

五军并进，前后列二十辈英雄；一阵同行，首尾分三千名士卒。……宝纛旗中，簇拥着多智足谋吴学究；碧油幢下，端坐定替天行道宋公明。过去鬼神皆拱手，回来民庶尽歌谣。

如第五十回热情歌颂宋江铲平地主大庄园祝家庄，为民除害，人民扶老携幼，香花灯烛欢送，大军凯歌的盛况道：

云开见日，雾散天清。旱苗得时雨重生，枯树遇春风再活。一鞭喜色，如龙骏马赴梁山，满面笑容，似虎雄兵归大寨，车上满装粮草，军中尽是降兵。风卷旌旗，将将齐敲金镫响。春风宇宙，人人都唱凯歌回。

以上所录，都是著者在关键地方点明他反对什么，要求什么，歌颂什么。一句话是：替天行道救生民"，是要铲除不平，要建立人人平等的社会。

七十回半著者这一个主题思想，在书中是非常突出，非常明确的。

后二十九回半的主题思想又是什么呢？先说后二十九回半著者的立场、观点。前七十回半著者是高歌"且教红巾名姓传千古，青史功勋播万年"①，热情歌颂农民起义的。而他却把山东宋江、淮西王庆、河北田虎、江南方腊四路农民起义军称为"四大寇"、"四凶"②，把平定方腊说是"万民有福，再见太平"③，极端仇恨农民起义。前七十回半著者是"直教掀翻天地重扶起，戳破苍穹再补完"，要推翻封建皇朝的江山，重新创立新天下的。而他却宣扬"自古江山归圣主"④，"神器从来不可干"⑤，竭力维护封建统治。后二十九回半著者的立场、观点，恰恰是和前七十回半著者的立场、观点站在对立面。再说后二十九回半的主题思想。后二十九回半写的是梁山泊英雄受招安，宋江率兵征辽、平方腊，立了大功后，宋江、卢俊义被鸩毒死事。从故事的表面看，是宣扬"忠义"，但深入去探索，却知道是不对的。在上节已经考明百回本《忠义水浒传》从七十四回起直到一百回止，十分突出地表现出著者对皇帝杀戮功臣的感慨，不仅如此，在一百回的结尾还以两首律诗发挥这种沉痛的感慨来结束全书。后二十九回半的主题思想正在这里。书中处处写宋江的"忠义"，不但把他写成君命臣死，臣不敢不死的忠臣，而且写到他知道自己被鸩要死了，为防死后李逵报仇造反，还把李逵叫来给吃鸩酒，使与同死。还写到他死后，又显梦给足智多谋的吴用和神箭手花荣，使来在他的墓前自缢而死。这样给君王绝了后患，把宋江写得尽忠到了这种地步。著者的意图是越把宋江写得忠，就越使人感到他被鸩死的可悲、可痛。著者写宋江冤魂不散，乘宋徽宗到勾栏李师师家的时候，把他的梦魂索到梁山泊，当面诉冤，写宋徽宗见梁山泊会议

---

①　见第十七回结束语。
②　见百回本《忠义水浒传》第七十二回诗句及叙事。
③　见百回本《忠义水浒传》第九十七回写睦州乌龙岭老头的话。
④　见百回本《忠义水浒传》第九十七回诗句。
⑤　见百回本《忠义水浒传》第九十三回诗句。

厅上忠义堂三字点点头。写宋徽宗梦醒后，说要给宋江建立庙宇，敕封烈侯。李师师说"如此加封，显陛下不负功臣之德"，宋徽宗"当夜嗟叹不已"。著者以无尽的沉痛的笔触写出了宋徽宗的认罪。著者借写宋江被鸩死事来发泄他对朱元璋杀戮功臣的不平。他为逃避文网，不得不特地歌颂宋徽宗以为掩饰。我们知道宋徽宗是一个虐民无道的亡国皇帝，为人民所痛恨，连维护封建统治的"正史"《宋史·徽宗本纪》也特著他的罪恶说："狎近奸谀，于是蔡京以狷薄巧佞之资，济其骄奢淫佚之志。溺信虚无，崇饰游观，困竭民力。君臣逸豫，相为诞谩，怠弃国政，日行无稽。"又说"自古人君玩物而丧志，纵欲而败度，鲜不亡者，徽宗甚焉，故特著以为戒"。从来没有一部史书、一篇史论、一本演义小说对他称颂过。"正史"上明明说宋徽宗"狎近奸谀"，是祸国殃民的祸首，可是后二十九回半的著者却把他歌颂为"至圣至明"，把一切罪恶都推给蔡京、童贯、高俅、杨戩，他在第七十一回后半回盗加那一段话里就说道：

　　宋江道："众弟兄听说：今皇上至圣至明，只被奸臣闭塞，暂时昏昧。有日云开见日……赦罪招安……有何不美。"

在七十二回入回诗里称他为"圣主忧民"。同回里又说：宋代东京"果是天下第一国都，繁华富贵，出在道君皇帝之时"。在记东京元宵灯节再说："道君皇帝庆赏元宵，与民同乐。此时国富民安，士农乐业。"在第八十二回里称他为"太平天子"。在第八十五回里说：

　　吴用道："目今宋朝天子至圣至明，果被蔡京、童贯、高俅、杨戩四个奸臣专政，主上听信。"

在第九十回里，征辽后回京，又说"今日班师朝圣主"。到一百回，再着重地说道：

　　且说宋朝元来自太宗传太祖帝位之时，说了誓愿，以至

　　朝代奸佞不清，至今徽宗天子，至圣至明，不期致被奸臣当
　　道，谗佞专权，屈害忠良，深可悯念。当此之时，却是蔡京、
　　童贯、高俅、杨戬四个贼臣，变乱天下，坏国坏家坏民。
著者为什么这样颠倒史实，这样三番四复地歌颂无道昏君为"至
圣至明"，把宋徽宗时民不聊生，到处农民起义，说为东京繁华富
贵，出在他的时期，说那时"国富民安，士农乐业"，称颂他为
"太平天子"呢？我们只要明白他是为逃避文网，就知道这些颠倒
写法，故意歌颂的地方，全都是障眼法。可是，著者最后还是要
宋徽宗梦游梁山泊，要宋江冤魂向他控诉，要他认罪。李贽在第
一百回总评里论著者的手法说：

　　　　真是妙手，临了以梦结局，极有深意，见得从前种种都
　　是说梦。不然，天下哪有强盗生封侯，而死庙食之理，只是
　　借此以发泄不平耳。读者认真，便是痴人说梦。
李贽所说：极有深意"，正在这里。他所说著者借宋江被鸩冤死
事，"以发泄不平"，正是我们以上所考述的对朱元璋杀戮功臣的
不平。李贽因曾经逐字逐句钻研百回本《忠义水浒传》，加以评
语，所以他才能这样清楚地看出了这个著者的意图。
　　在《水浒传》其他版本，如《征四寇》本，百十五回本，百
二十四回本的全书最后，都有两条评语：

　　　　评：公明一腔忠义，宋家以鸩饮报之。昔人云："高鸟
　　尽，良弓藏；狡兔死，走狗烹。"千古名言！
　　　　又评：阅此须阅《南华·齐物》等篇，始浇胸中块垒。①
可见不但李贽看清楚后二十九回半著者是发泄他对朱元璋诛杀功
臣的不平，别的评阅者也是同样看得清楚的。李贽的评语还是用
暗示的说法，而这两条评语，却明说了出来。可知后二十九回半

----

　　①　据胡适《水浒传后考》的校勘。

看来似是宣扬"忠义",而实则宣扬"忠义",只是达到目的的手段,其目的却是为着要发泄他对朱元璋诛杀功臣的不平。这就是后二十九回半的主题思想,只要探索入去,就可拨开障蔽,看得清清楚楚的。

从上面所考,前七十回半的主题思想,是"替天行道救生民",是要铲除不平,要建立一个平等的社会。后二十九回半的主题思想,则是发泄著者对朱元璋诛杀功臣的不平。前者是歌颂农民起义的,后者则是痛恨农民起义的。两者主题思想不同,断不是同一人所写,而是出自两人之手。

六 从七十回半内存在与主题思想 相反的思想看问题

我们在上节指出七十回半的主题思想是"替天行道救生民",是要铲除不平,要建立一个平等的社会。以这个主题思想去检查七十回半,在其中却发现有相反的思想。

宋代农民起义,头扎红巾①,元末韩山童起义,就以红巾为号。罗贯中写的《水浒传》梁山泊英雄便是:"人人都带茜红巾,个个齐穿绯衲袄。"梁山泊的旗帜是:"满地红旗飘火焰,半空赤帜耀霞光。"② 地主大庄院祝家庄却用白旗,曾头市的地主队伍穿戴"青巾白袍"。红、白标帜的不同,显示出农民阶级与地主阶级的对立。《水浒传》著者在第十七回结束语热烈歌颂梁山泊农民起义道:

有分教:郓城县里,引出个仗义英雄,梁山泊中,聚一

① 据《宋史》卷三百七十三《洪皓传》。
② 见六十三回。

伙擎天好汉。直教：红巾名姓传千古，青史功勋播万年。

如果就宋代以来农民起义以头扎红巾为标帜来论，那著者就不单是歌颂梁山泊，而是把以前的农民起义都包括在内的。这是何等分明的立场。可是在这本七十回半内，却极力赞扬那些初时不肯入伙的人，而把踞山寨抗暴的被压迫者说是把清白身家玷污了，把这种抗暴行动叫做"落草"①。在三十六回里写的更加痛贬，记宋江被充军路经梁山泊，刘唐下山要杀那两个押解的差役，夺宋江上山时，宋江道：

> 这个不是你们弟兄抬举宋江，到要陷我于不忠不孝之地，万劫沉埋。

又记晁盖要留宋江在梁山泊，宋江对晁盖说道：

> 小可不争随顺了哥哥，便是上逆天理，下违父教。

宋江不肯违父教留在梁山泊，使他大闹江州，在白龙庙小聚义后才上梁山泊，这是故事的布局，其发展的情况确是这样，但宋江何致把梁山泊好汉留他在山寨，说成是陷他于"上逆天理"，"万劫沉埋"之地！

《水浒传》写山寨好汉把宋徽宗根本不放在眼里，要把他踏在脚底，夺取他的江山。第三十四回记清风寨首领燕顺、王英、郑天寿大喝兵马都监黄信道：

> 便是赵官家驾过，也要三千贯买路钱。

第三十五回记石勇骂酒保要他换座头道：

> 好不识人，欺负老爷独自一人要换座头，便是赵官家，老爷也鳖鸟不换。

---

① 清程穆衡《水浒传注略》落草条注说："落草取弃掷之意。……唐庄宗怒曰：'王衍其能免为人草人乎？'即此意。"又舒新城等编《辞海》落草条说："堕落于下贱之意。碧岩第三则颂古著曰：'自是你落草。'"

接着，又说他天下只让得柴进、宋江两人，"其余的都把来做脚底下的泥"。第三十七回记张横唱道：

> 老爷生长在江边，不怕官司不怕天。

第三十九回记朱贵宣称梁山泊的大事业道：

> 俺这里兀自要和大宋皇帝做个对头的！

第四十一回又记李逵大闹江州后，初上梁山在聚义厅吃庆喜筵席时，跳将起来道：

> 好哥哥，正应着天上的言语。虽然吃了他些苦，黄文炳那贼也吃我杀得快活，放着我们有许多军马，便造反怕怎地！晁盖哥哥便做了大皇帝，宋江哥哥便做了小皇帝。吴先生做个丞相，公孙道士便做个国师。我们都做个将军。杀去东京，夺了鸟位，在那里快活，却不好！——不强似这个鸟水泊里！

在我国古典小说里，是常有骂无道昏君的。但同《水浒传》这样宣布与皇帝对立，要夺取江山，立场这样明确、言词这样痛快锋利，却是绝无的。可是，在其中却有两首忠心报答宋徽宗的渔歌。第十九回记阮小五唱道：

> 打鱼一世蓼儿洼，不种青苗不种麻。酷吏赃官都杀尽，忠心报答赵官家。

又记阮小七唱道：

> 老爷生长石碣村，禀性生来要杀人。先斩何涛巡检官，京师献与赵王君。

《水浒传》一开始记高俅的出身，就点明全书万恶之源，都由于这个纨袴子宋徽宗。第三十三回记在青州横行，残害良民的慕容知府，又点明他"是今上徽宗天子慕容贵妃之兄，倚托妹子的势要"。书中还三番四复地写出被压迫者对宋徽宗的痛恨，要把他踏在地下，"来做脚底的泥"，要"杀去东京，夺了鸟位"。阮家三兄弟，"人称立地太岁"，"村中唤作活阎罗"。他们在蓼儿洼打鱼为生，受尽了官司科差勒索，羡慕着梁山寨"不怕天，不怕地，不怕官司"的抗暴行动，他们正是书中对他们所评的"果然混世魔王"。[①] 这种反抗官府的激烈人物，而要从他们的口中，唱出什么"忠心报答赵官家"，什么"京师献与赵王君"的渔歌来，那是与本书的主题思想相反，也是与人物的性格绝不相侔的。

《水浒传》英雄"撞破天罗归水浒，掀开地网上梁山"[②]，他们"掀翻天地重扶起，戳破苍穹再补完"，他们"图王霸业"，要创立一个"八方共域，异姓一家"的新世界。而在第二十四回记晁盖七人初上梁山，济州府下文书所属州县防备梁山泊事时就说：

> 正是：一纸文书火急催，官司严督势如雷，只因造下迷天罪，何日金鸡放赦回？

第三十二回结末又道：

> 且教大闹了青州，纵横山寨，直使玉屏风上题名字，丹凤门中降赦书。

这种投降主义的思想，与本书的主题思想恰恰是站在完全相反的两极。

《水浒传》在第十八回里，写梁山泊领袖宋江的登场道：

> 年及三旬，有养济万人之度量；身躯六尺，怀扫除四海之心机。

接着又写道：

> 为人仗义疏财……平生只好结识江湖上好汉。……每每排难解纷，只是周全人性命。……济人贫苦，赒人之急，扶人之困。以此山东、河北闻名，都称他做及时雨。却把他比的做天上下的及时雨一般，能救万物。

---

① 见第十五回。
② 第三十七回结束语。

因此，他敢于"担那血海般干系"①，私放那劫生辰纲犯了迷天大罪的晁盖等七人上梁山。其后，经过种种波折，被充军到江州。一天，他在浔阳楼上，独自一个，饮醉了酒，临风触目，感恨伤怀，做了一首《西江月》词调，写在粉壁上道：

> 自幼曾攻经史，长成亦有权谋。恰如猛虎卧荒丘，潜伏爪牙忍受。不幸刺文双颊，那堪配在江州。他年若得报冤仇，血染浔阳江口。

又在《西江月》词后，再写下四句诗道：

> 心在山东身在吴，飘蓬江海谩嗟吁。他时若遂凌云志，敢笑黄巢不丈夫。

宋江自述他怀抱雄才大志，在郓城县做个小吏，"恰如猛虎卧荒丘，潜伏爪牙忍受"。更那堪被刺文了双颊，充军到了江州，使他满腔愤恨。他年若能遂凌云志，他敢笑那领导农民起义打入长安，但却未能取唐朝天下的黄巢。这就是说他一定要夺取宋朝的天下。要大闹江州要上梁山的时候，宋江对各首领说：

> 小可不才，自小学吏。初世为人，便是要结识天下好汉。奈缘力薄才疏，家贫不能接待，以遂平生之愿。②

宋江要遂的"平生之愿"是什么？就是"替天行道救生民"，就是"扫除四海之心"，就是要建立一个"替天行道公平"的社会。其后上了梁山，当了领袖，梁山泊英雄，一个个都"仗义疏财归水泊，报仇雪恨上梁山"，一直到梁山泊大聚义。著者写这个从郓城县小吏出身，以至做了梁山泊领袖的宋江性格的发展是很自然的，著者对他的描写比在《三国志通俗演义》上对刘备描写的线索是更为分明。在全部七十回半里，哪里寻找得到什么环境、什么原

---

① 晁盖说宋江救他七人的话。
② 见第四十一回。

因使宋江会发生投降主义的思想哩！可是，在第三十二回里，记武松要去投二龙山时，宋江就谆谆地劝告他等待朝廷招安道：

> 入伙之后，少戒酒性。如得朝廷招安，你便可撺掇鲁智深、杨志投降了。日后但是去边上一枪一刀，博得个封妻荫子，久后青史上留得一个好名，也不枉为人一世。我自百无一能，虽有忠心，不能得进步。兄弟你如此英雄，决定得做大官，可以记心，听愚兄之言，图个日后相见。

到七十一回记了"这里方才是梁山泊大聚义处"之后，立即写宋江在山寨召开的菊花之会上，乘着酒兴，填的《满江红》词上，就高歌出"望天王降诏，早招安，心方足"的心愿。他向各首领说明道：

> 众弟兄听说，今皇上至圣至明，只被奸臣闭塞，暂时昏昧。有日云开见日，知我等替天行道，不扰良民，赦罪招安，同心报国，竭力施功，有何不美。因此只愿早早招安，别无他意。

我们必须追问到底：这个"怀扫除四海之心机"，"敢笑黄巢不丈夫"的宋江，曾有什么环境，什么原因，什么条件，会使他发生了这种完全相反的念头？

梁山泊会议大事的大厅叫做"聚义厅"。这个"义"，就是"仗义疏财，济困扶危"①，就是"路见不平，拔刀相助"②，就是劫富救贫，夺取"不义之财"③。所谓"聚义"，就是"聚义举事"④，就是"竭力同心，共聚大义"⑤，就是"矢言一德情坚石，

---

① 见第二十七回武松和第三十二回燕顺论宋江的话。
② 见第四十四回戴宗、杨林赞美石秀救杨雄的话。
③ 第十四回刘唐、晁盖说劫取蔡京生辰纲的话。
④ 第十六回吴用说的话。
⑤ 第二十回晁盖说的话。

歃血同心义断金"①，就是："千古高风聚义亭，英雄豪杰尽堪惊"②。一句话，就是同心同德，"替天行道救生民"。所以梁山泊的"聚义"，作为一种道德观念说，便是"江湖义气"，作为一种道德标准说，便是反抗封建地主阶级反动统治的正义行动。这正是贯穿全书的主题思想。可是，到六十回里，晁盖牺牲后，宋江为山寨主，就把聚义厅改为对封建统治尽忠效死的忠义堂。"忠义"和"聚义"是两条根本对立的路线。把标帜梁山泊大事业的聚义厅改为忠义堂，就根本改变了梁山泊农民军的性质。这样根本性的改变，是由于梁山泊有什么根本情况发生了变化呢？没有。或者是宋江个人有什么根本情况发生了变化呢？没有。宋江改名时有没有提出什么理由呢？没有。群众对这至重至大的大事有没有反应呢？没有。而只是用宋江说的"聚义厅今改为忠义堂"一句话就悄悄溜过去。不仅如此，查七十一回上半回总结梁山泊大聚义的诗道："仗义疏财归水泊，报仇雪恨上梁山。"那篇"单道梁山泊的好处"宣言也道："休言啸聚山林，真可图王霸业。列两副仗义疏财金字幡，竖一面替天行道杏黄旗。"却是与作为反抗封建地主阶级反动统治标帜的"聚义厅"完全一致的。假如说梁山泊确是把"聚义厅"改为"忠义堂"，它的性质改变了，那末，这些诗文便都是牛头不对马嘴，"报仇雪恨上梁山"一句，便应该是"避祸待赦上梁山"了！这些情况，说明什么呢？只说明这是盗改才会如此。李贽批这一回道："改聚义厅为忠义堂是梁山泊第一关节，不可草草看过。"正因为是盗改，根本没有情节的变化，所以站在地主阶级立场的李贽，恐怕读者草草看过，就特地加以点醒。我们今天也要敬告读者："这正是后二十九回半作者盗改原本第一

---

① 原本第四十三回记戴宗与饮马川好汉相逢聚义的为证诗句。
② 原本第八回《鹧鸪天》赞美鲁智深词中句。

关节，请不要轻轻放过！"

　　上述七十回半内这五点，都是与主题思想相反的。同一著者断不会这样，而是被续加后二十九回半那个作者所盗改。从全书的整个结构看起来，这些盗改，都是为后二十九回半作伏线的。这个盗改者虽然煞费心机，有些地方却盗改得很疏忽。例如第三十二回记宋江约武松同去清风寨花荣那里：

> 　　武松答道："哥哥，怕不是好情分，带携兄弟投那里去住几时。只是武松做下的罪犯至重，遇赦不宥。因此发心只是投二龙山落草避难。……天可怜见，异日不死，受了招安，那时却来寻哥哥未迟！"宋江道："兄弟既有此心归顺朝廷，皇天必祐。"

武松还正在打算上二龙山，就立意希望他年得到招安，宋江就立即赞赏。后二十九回半招安的事，就远远在此布下了伏线。可是，到七十一回记梁山泊英雄大聚义后，饮庆祝酒时却记道：

> 　　宋江大醉，叫取纸笔来。一时乘酒兴，作《满江红》一词。写毕，令乐和单唱这首词曲。……正唱到"望天王降诏，早招安"，只见武松叫道："今日也要招安，明日也要招安去，冷了弟兄们的心！"

这一大节，也是盗改的。他写武松领头反对招安本来是符合武松的历史和性格的。可是，十分可笑，盗改者太疏忽了，他完全忘记他在三十二回里布置的伏线，正是首先由武松来提出希望得到招安哩！又如第四回结束概括鲁智深历史说"名驰塞北三千里，果证江南第一州"的话，却和下面第五回接着的终身受用，只到"遇江而止"的偈言完全不合（详见下节考证）。这些都是盗改者粗心失漏的地方，也正是给我们抓着他作伪的马脚的地方。

七　续加、盗改的证据

上面第五节从前七十回半与后二十九回半主题思想的相反看问题，得出后二十九回半是另一个著者续加进去的结论。上面第六节从七十回半内存在与主题思想相反的思想看问题，得出系被续加后二十九回半作者所盗改的结论。在本节中，根据明容与堂刻《忠义水浒传》百回本，提出续加、盗改的证据。

先说续加七十回半以后的二十九回半的证据。这个本子第五回记鲁智深大闹五台山之后，智真长老送他上东京大相国寺去，临别时赠他偈言的事：

> 智真长老道："我夜来看了，赠汝四句偈言，你可终身受用，记取今日之言。"智深跪下道："洒家愿听偈言。"长老道："遇林而起，遇山而富，遇水而兴，遇江而止。"

"林"，指林冲，"遇林而起"，指鲁智深到东京大相国寺后结识林冲事。"遇山而富"，指鲁智深夺取二龙山事。"江"，指宋江。"遇水而兴，遇江而止"，指鲁智深三山英雄会合梁山泊英雄攻破青州，见了宋江，同归梁山泊事。这四句偈言，包举了七十回半本鲁智深离五台山后的全部历史，所以智真长老对鲁智深说："你可终身受用，记取今日之言。"这是罗贯中《水浒传》原本所写的鲁智深。鲁智深一生只到归梁山泊英雄大聚义为止。

但是，到了后人加上受招安、征辽、平方腊等部分，这个偈言就不能"终身受用"了。所以，就不得不在九十回记征辽回来，上五台山参见智真长老时再增添新的偈言道：

> 长老说罢，唤过智深近前道："吾弟子此去，与汝前程永别，正果将临也。与汝四句偈去，收取终身受用。"偈曰："逢夏而擒，遇腊而执，听潮而圆，见信而寂。"

这四句偈言是预示鲁智深在万松林追杀夏侯成，生捉方腊，回到杭州六和寺，听闻潮声，坐在禅椅上逝世事。如果《水浒传》原本有招安以后事，当初智真长老送鲁智深去东京大相国寺时赠的终身受用的偈言，就断不会至"遇江而止"了。今从第五回的终身受用的偈言是到遇宋江归梁山泊大聚义为止，而到九十回又不得不增添预示其后事的终身受用的偈言，这是证明罗贯中《水浒传》原本只是到七十回半梁山泊大聚义为止，其后招安、征辽、平方腊等部分，乃是后人续加的铁证。

容与堂刻《忠义水浒传》百回本有《引首》一篇记发生瘟疫要祈祷禳谢事，末道：

> 不因此事，如何教三十六员天罡下临凡世，七十二座地煞降在人间，哄动宋国乾坤，闹遍赵家社稷。有诗为证，诗曰："万姓熙熙化育中，三登之世乐无穷。岂知礼乐笙镛治，变作兵戈剑戟丛。水浒寨中屯节侠，梁山泊内聚英雄。细推治乱兴亡数，尽属阴阳造化功。"

上面那几句，是说天降梁山泊英雄进行反宋朝的惊天动地的斗争。后面的诗，却是隐括宋朝当亡，梁山泊当兴，都是天意。这正与原本第四十一回咏宋江得天之助诗：

> 宋朝运祚将倾覆，四海英雄起寥廓。

原本第七十回咏梁山泊大聚义诗：

> 光耀飞离土窟间，天罡地煞降尘寰。说时豪气侵肌冷，讲处英风透胆寒。仗义疏财归水泊，报仇雪恨下（上）梁山。
> 堂堂一卷天文字，付与诸公仔细看。

前后相呼应。古典小说的引首，具有概括全书的作用。这篇《引首》，概括全书到石碣受天书，梁山泊英雄大聚义为止。假如《水浒传》原本包括到招安、征辽、平方腊的话，那这篇《引首》就断不是这样，而要同第八十一回那首入回诗把所谓《忠义水浒传》

百回本的故事都概括起来那样，诗道：

> 混沌初分气磅礴，人生禀性有愚浊。圣君贤相共裁成，文臣武士登台阁。忠良闻者尽欢忻，邪佞听时俱忿跃。历代相传至宋朝，罡星煞曜离天角。宣和年上乱纵横，梁山泊内如期约。百单八位尽英雄，乘时播乱居山东。替天行道存忠义，三度招安受帝封。二十四阵破辽国，大小诸将皆成功。清溪洞里擒方腊，雁行零落悲秋风。事业集成忠义传，用资谈柄江湖中。

我们两两对照，就更加明白内容不同、思想不同对全书的概括也就必定跟着不同。《水浒传》的《引首》既概括到七十回半石碣受天书、梁山泊英雄大聚义为止，则全书便是到此为止。这又是一条证明百回本的后二十九回半乃是后人续加进去的证据。

全传本、芥子园本第六十七回有一首诗道：

> 玺书招抚是良谋，却把忠言作寇仇。一自老成人去后，梁山军马不能收。[①]

这一首诗是站在客观主义的立场的，原诗是否如此措词可疑，全传本、芥子园本可能也有所改动。但"一自老成人去后，梁山军马不能收"两句，却说明了《水浒传》原本并无水浒寨受招安的事，所以才说自主张招安的赵鼎被罢官后，梁山军马就不能收了。这是与后部矛盾的地方，因此，容与堂刻《忠义水浒传》便把这首诗改为：

> 玺书招抚是良谋，赵鼎名言孰与俦。堪笑蔡京多误国，反疏忠直快私仇。

这两句"一自老成人去后，梁山军马不能收"的诗，也是一条证明百回本后二十九回半为后人续加进去的证据。

---

① 据郑振铎、王利器、吴晓铃《水浒全传》的校勘。

现在来说盗改的证据。百回本《忠义水浒传》第四回结束道:

> 智真长老指着鲁智深,说出这几句言语,去这个去处,有分教:这人笑挥禅杖,战天下英雄好汉,怒掣戒刀,砍世上逆子谗臣。直教:名驰塞北三千里,果证江南第一州。毕竟智真长老与智深说出甚言语来?且听下回分解。

我们就看看智真长老对鲁智深说的话吧。第五回接着记道:

> 话说当日智真长老道:"智深,你此间决不可住了。我有一个师弟,见在东京大相国寺住持,唤做智清禅师。我与你这封书,你投他那里,讨个职事僧做。我夜来看了,赠汝四句偈言,你可终身受用,记取今日之言。"智深跪下道:"洒家愿听偈言。"长老道:"遇林而起,遇山而富,遇水而兴,遇江而止。"

案"名驰塞北三千里",就是指征辽事。"果证江南第一州",就是指鲁智深擒方腊后,回到杭州六和寺,闻潮圆寂事。可是,核对下面智真长老对鲁智深说的四句终身受用的偈言,却只到遇宋江归梁山泊大聚义为止,可见第四回结末这两句话,分明是续加二十九回半的作者盗加的。这是一条盗改原本的铁证。

又查天都外臣序刻本和容与堂刻本《忠义水浒传》第三十三回记青州兵马都监黄信解宋江、花荣去青州事结末道:

> 且教大闹了青州,纵横山寨,直使玉屏风上题名字,丹凤门中降赦书。

案"玉屏风上题名字"是指第七十二回柴进潜入宫内,在睿思殿屏风上,看见宋徽宗题的山东宋江、淮西王庆、河北田虎、江南方腊四大寇姓名事。"丹凤门中降赦书",是指第八十二回宋徽宗亲书丹诏招安梁山泊事。这两件事,都是七十回半后续加的事。
又查袁无涯刻《忠义水浒传》一百二十回本,芥子园刻《忠义水

浒传》一百回本，《贯华堂水浒传》七十回本，上面这一段话
作：

> 正是：生事事生君莫怨，害人人害汝休嗔。

而天都外臣序刻本和容与堂刻本却把这两句话移到下回盗加的入
回诗中去，而将此处盗改为："直使玉屏风上题名字，丹凤门中降
赦书。"这也是一条证明盗改七十回半内容的铁证。

在第四十二回还道村受三卷天书，宋公明遇九天玄女，诗曰：

> 为人当以孝为先，定省须教效圣贤。一念不差方合义，
> 寸心无愧可通天。路通还道非侥幸，神授天书岂偶然。遇宿
> 逢高先降谶，宋江元是大罗仙。

记九天玄女授天书给宋江事道：

> 娘娘法旨道："宋星主，传汝三卷天书，汝可替天行道，
> 为主全忠仗义，为臣辅国安民，去邪归正，他日功成果满，
> 作为上卿。吾有四句天言，汝当记取，终身佩受，勿忘于心，
> 勿泄于世。"宋江再拜："愿受天言，臣不敢轻泄于世人。"娘
> 娘法旨道："遇宿重重喜，逢高不是凶。北幽南至睦，两处见
> 奇功。"宋江听毕，再拜谨受娘娘法旨。

首先要指出：梁山泊的替天行道，是远接汉末黄巾起义的"苍天
已死，黄天当立"的口号，近承元代水浒杂剧的"替天行道救生
民"、"替天行道公平"的宣言，而此处九天玄女教导宋江的替天
行道，却是什么"全忠"、"辅国"、什么"去邪归正"，完全是与
《水浒传》的主题思想和七十一回前半回以前的全部故事对立的。
其次，要指出：这里说的"宿"，是指八十二回捧诏招安梁山泊的
殿前太尉宿元景，"高"，是指七十八回、七十九回领军去打梁山
泊的殿帅府太尉高俅。宿元景是力主招安的，以前曾拦截过他，
借他来华山降香的御香仪从，并金铃吊挂，去赚华州，高俅被活
捉上山放回东京后也不敢再反对招安，所以说："遇宿重重喜，逢

高不是凶"。"北幽南至睦"，就是指北到幽州征辽，南到睦州平方腊。这些"法旨"和"天言"所预示的未来事，都是七十回半以后所写的事。后二十九回半的续加者为着前后呼应就不得不对前面这种关键性地方加以盗改。八十二回记梁山泊受招安进东京时，在路上"前面打著两旗，一面上书顺天二字，一面上书护国二字"，正与此处九天玄女教导的替天行道的"天言"前后互相呼应。这又是一条续加者盗改七十回半内容的铁证。

以上是从翻阅《水浒传》看出的续加后二十九回半和盗改七十回半内容的证据。

八　明代万历年间编纂的文献记载了与水浒真义相符的本子

明朝嘉靖万历时人王圻《稗史汇编》卷一百三《文史门·尺牍类·院本》条记有读罗贯中《水浒传》的内容道：

> 文至院本、说书，其变极矣。然非绝世轶材，自不妄作。如宗秀罗贯中，国初葛可久，皆有志图王者。乃遇真主，而葛寄神医工，罗传神稗史。今读罗《水浒传》，从空中放出许多罡煞，又从梦里收拾一场怪诞，其与王实甫《西厢记》始以蒲东遭会，终以草桥扬灵，是二梦语，殆同机局。总之，惟虚故活耳。第入调笑，辄紧处着慢，多多愈善，才征筹绝处逢生，种种易穷，岂直不堪犄角中原，较是更输扶余一着。而志西湖者，遂曰罗后三世患哑，谓其导人以贼云。噫！无人非贼，惟贼有人；吾儒中顾安得有是贼子哉！此《水浒》之所为作也。

案王圻，明嘉靖四十四年（1565年）进士。他编有一部巨著《续文献通考》。清乾隆敕撰的《续文献通考》，即据他这部书改编。

论者评此书"收集史料甚多，明代部分尤称丰富"①。《稗史汇编》便是《续文献通考》的姊妹篇。王圻是一个博览的人，《稗史汇编》全书采群书七百余种，而所收明代史料尤为丰富，他在自序里说："我朝诸君子所著小史诸书，有足阐发经传、总领风教者，虽片言只语，兼收并蓄。"他又是一个严谨的人，他在自序里说："凡繁芜之厌人耳目，诡异之荡人心志者，悉皆芟去勿录。"他这部书，在自序里说明是为"羽翼正史"而作。论者也称"广也赅，详而有体"，"经史、文学之总括"，"稗官而券正史之义"。②所以，从著者编著的目的、态度、方法来看，他这一条记载是很可信的。

王圻记罗贯中是个"有志图王者"，只因碰到真命天子朱元璋，便同隋末的虬髯客那样，不敢与争天下，不得不放弃宏图去写稗史以寄志。他用的虽是寥寥数语，却把罗贯中一生最重要的历史，及其转折的经过都记了出来。他当是根据记载来写的。他记"志西湖者，遂曰罗后三世患哑，谓其导人以贼云"，是据自田汝成《西湖游览志余》。至所记《水浒传》内容及对其评论，从"今读罗《水浒传》"一语看来，知是他本人亲自阅读后的观感。前两者已阐述于第三节内，现在专来探讨王圻叙述的《水浒传》内容。

他说"《水浒传》从空中放出许多罡煞，又从梦里收拾一场怪诞"，就是说《水浒传》从洪太尉在江西信州龙虎山上清寺打开伏魔殿，放出三十六员天罡下临凡世，七十二座地煞降在人间，扰乱宋朝江山开始，又从梁山泊英雄大聚义，石碣受天文，排座次那一夜，惊恶梦收拾了这"一场怪诞"。他说《水浒传》这种结局，与王实甫《西厢记》始以张生和崔莺莺在蒲东普救寺相遇，

① 见《辞海》"纟"部《续文献通考》条评语。
② 《张九德序》。

终以张生上京，在十里长亭与崔莺莺别后，当夜在草桥店惊梦结局，两书都同样用惊梦来结束全书。梦是虚的，正因为虚，才使读者感到不尽的意会。所以他说，"是二梦语，殆同机局。总之，惟虚故活耳"。后人论《水浒传》这种结局说："以梁山泊一梦结局，不添蛇足，深得剪裁之妙。"① 又有人论说："语云'神龙见首不见尾'，龙非无尾，一使人见，则失其神矣，读小说者不可不知。"② 还有人认为"此作文之秘诀也，我国小说名家能通此旨者，如《水浒记》……非残缺也，残缺其章回，正以完全其精神也"，与王实甫《西厢记》、孔尚任《桃花扇》，同是"深得此中三昧"③，都是同样的体会。在我们看来，水浒故事发展到梁山泊英雄大聚义，已到了故事的顶点，就此作为小说的结束，按现实主义的创作方法来说，正是现实发展的正确反映。文学创作与历史著作不同，文学不仅反映现实，而且寓有著者高远的理想，历史著作则必须忠实于历史，写宋江就必须照《宋史》所记写到因副首领被俘为救其命而降的事。如果《水浒传》这样写，便把全书的主题与著者的高远理想都付诸东流，那就不是写文学了，只有平庸的作者才会如此。

王圻《稗史汇编》关于罗贯中《水浒传》内容的记载，是一条明代文献，分明是《水浒传》结局只至梁山泊英雄惊恶梦为止，并无受招安事的重要文献证据。

有人认为百回本《忠义水浒传》是用宋徽宗一梦来结束的，王圻的话，也可能是指宋徽宗的梦说的。案王圻分明说"从梦里收拾一场怪诞"，就是说从这一个恶梦里把梁山泊英雄都一网打尽

① 明末清初人刘廷玑《在园杂志》卷二。
② 清延月草堂主人《题抄本〈水浒〉卷首》，录自马蹄疾编《水浒资料汇编》。
③ 黄人：《小说小话》，见清光绪三十三年出版《小说林》第一卷，录自马蹄疾编《水浒资料汇编》。

了。但这只是一个梦，不是真实。所以王圻说《水浒传》这种结束，与《西厢记》以草桥店惊梦结束，"是二梦语，殆同机局。总之，惟虚故活耳"。百回本《忠义水浒传》第一百回写的"宋公明神聚蓼儿洼，徽宗帝梦游梁山泊"则完全不同。据该书所写，在宋徽宗梦游梁山泊时，宋江、卢俊义都已被御赐毒酒毒死，李逵又给宋江把御酒给他吃毒死，吴用、花荣也在宋江坟旁缢死。梁山泊英雄一百零八员，在征方腊时，阵亡的五十九员，于路病死的十员，鲁智深在杭州六和寺坐化，关胜回京任职后，因大醉落马得病而亡，戴宗辞官出家后几个月又无疾而终，连宋江等五人合计，总共已死去七十七员。那七十七员梁山泊英雄早已死去，宋徽宗这一梦，哪里能说得是"从梦里收拾一场怪诞"呢？当宋徽宗梦游梁山泊时，梁山泊英雄健存的还有三十一员：计在京做官的有呼延灼、凌振、安道全、皇甫端、金大坚、萧让、乐和七人，在外为官的有朱仝、黄信、孙立、孙新、顾大嫂五人，辞官回家做富豪的有柴进、李应、杜兴三人，辞官回家为民的有宋清、阮小七、蔡庆、蒋敬、穆春五人，辞官回山的有邹润、裴宣、杨林三人，纳还官诰隐姓埋名的有燕青一人，做道士的有公孙胜、武松、朱武、樊瑞四人（武松到八十善终），去海外建国立业的有李俊、童威、童猛三人。尤其要着重指出在这班健全的人中，呼延灼等十二人都是给宋皇朝做官的，呼延灼任御营指挥使，每日随驾操备，后领大军破金兀术，出军杀至淮西阵亡，金大坚在内府御宝监为官，安道全在太医院做金紫医官，皇甫端做御马监大使，凌振授火药局御营任用，萧让在蔡太师府授职，乐和在驸马王都尉府中为门客，黄信仍任青州军官，孙立、孙新、顾大嫂也仍任登州军官，朱仝在保定府管军有功，后随刘光世破金军，做到太平军节度使。宋徽宗这一梦，又如何能说是"从梦里收拾一场怪诞"呢？至于宋徽宗的梦，是见宋江向他诉枉死的冤。对百回本《忠义水浒传》说来，无这一梦，全书同样可以结束，有这一梦，不过只是使宋江的"忠义"取得宋徽宗的承认罢了，如何说得和《西厢记》那样，"殆同机局"呢？宋江、卢俊义、李逵、吴用、花荣都已经冤死了，那些所谓"没于王事"的七十二员将佐都已早死了，宋徽宗梦见烟雾中拜伏在忠义堂下许多诉冤的阴魂，都是既成的事实。而且，他梦中见了忠义堂的牌额，点了头，表示承认宋江等"忠义"，醒来后就给宋江建立庙宇，敕封烈侯，又都是实事，更如何能说是"惟虚故活"呢？可知王圻所记所论的《水浒传》，断断不是有受招安后事的百回本《忠义水浒传》。

又有人说嘉靖年间已有郭勋《忠义水浒传》百回本，王圻说的《水浒传》就只能指这一本，而不能指其他本。其实不然。考嘉靖人高儒把一百卷的《忠义水浒传》称为"钱塘施耐庵的本"，可知当时便有"的本"之争，而仍有其他的传本，自不待言。又考汪道昆于明万历十七年（1589年）作《水浒传序》说郭勋重刻《水浒传》，削去致语，独存本传。"近有好事者，憾致语不能复收，乃求善本校之，一从其旧，而以付梓"。又李贽《复焦弱侯》说："闻有《水浒传》，无念欲之，幸寄与之，虽非原本亦可；然非原本，真不中用矣。"[1] 可证当时确是有各种不同的《水浒传》的本子流传。所以，不能说有了郭勋《忠义水浒传》百回本，就断定王圻说的《水浒传》只能指郭勋百回本，而不能指其他本，从而否定王圻看的《水浒传》不是以"梁山泊英雄惊恶梦"为结局的七十回的本子。我们还可以提出"单道梁山泊的好处"那篇重要文章的校勘说明问题。罗贯中《水浒传》在最后一回记梁山伯英雄大聚义有一篇"单道梁山泊的好处"文，具有总结全书的意义，是一篇极重要的文章。这篇文章，天都外臣（汪道昆）序

---

① 李贽：《李温陵集》卷四《复焦弱侯》。

《忠义水浒传》一百回本和明容与堂刻《忠义水浒传》百回本作：

> 山分八寨，旗列五方。交情浑似股肱，义气真同骨肉。断金亭上，高悬石绿之碑。忠义堂前，特扁金书之额。总兵主将，山东豪杰宋公明。协赞军权，河北英雄卢俊义。施谋运计，吴加亮号智多星。唤雨呼风，入云龙是公孙胜。五虎将英雄猛烈，八骠骑悍勇当先。马步将军，弓箭枪刀遮路。水军将校，艨艟战舰相连。八寨军兵，守护山头港泊。四方酒肆，招邀远路来宾。掌管钱粮，廉干李应、柴进。总驰飞报，太保神行戴宗。飞符走檄，萧让是圣手书生。定赏行刑，裴宣为铁面孔目。神算须还蒋敬，造船原有孟康。金大坚置印信兵符，通臂猿造衣袍铠甲。皇甫端专攻医兽。安道全惟务救人。打军器须是汤隆，造炮石全凭凌振。修葺房舍，李云善布碧瓦朱甍。屠宰猪羊，曹正惯习挑筋剔骨，宋清安排筵宴，朱富酝造香醪。陶宗旺筑补城垣，郁保四护持旌节。人人戮力，个个同心。休言啸聚山林，真可图王霸① 业。列两副仗义疏财金字幛，竖一面替天行道杏黄旗。

袁无涯刻《忠义水浒全传》一百二十回本、芥子园刻《忠义水浒传》一百回本却作：

> 八方共域，异姓一家。天地显罡煞之精，人境合杰灵之美。千里面朝夕相见，一寸心死生可同。相貌语言，南北东西虽各别，心情肝胆，忠诚信义并无差。其人则有帝子神孙，富豪将吏，并三教九流，乃至猎户渔人，屠儿刽子，都一般儿哥弟称呼，不分贵贱。且又有同胞手足，捉对夫妻，与叔侄郎舅，以及跟随主仆，争斗冤仇，皆一样的酒筵欢乐，无问亲疏。或精灵，或粗卤，或村朴，或风流，何尝相碍，果

_____
① 容与堂本"霸"误作"伯"。

然识性同居。或笔舌，或刀枪，或奔驰，或偷骗，各有偏长，真是随才器使。可恨的是假文墨，没奈何着一个圣手书生，聊存风雅。最恼的是大头巾，幸喜得先杀却白衣秀士，洗尽酸悭。地方四五百里，英雄一百八人。昔时常说江湖上闻名，似古楼钟声传播；今日始知星辰中列姓，如念珠子个个连牵。在晁盖恐托胆称王，归天及早；惟宋江肯呼群保义，把寨为头。休言啸聚山林，早已瞻依廊庙。①

先研究天都外臣序刻本和明容与堂刻本那篇。这个本子，从"山分八寨，旗列五方"句起，到"人人戮力，个个同心"句止，共294字，作为概括梁山泊大事业的文章看，是很不相称的，甚至以"屠宰猪羊，曹正惯习挑筋剔骨，宋清安排筵宴，朱富酝造香醪"来代表梁山泊的好处，更是不成话。把梁山泊好汉排起队来描写，是后二十九回半著者的写法。将这篇描写人物的词句，与后二十九回半描写的词句对照起来看，虽然场合不同，但用词竟是相同的，请看下面对照表：

"单道梁山泊的好处"	后二十九回半
总兵主将，山东豪杰宋公明	丝缰玉勒，山东豪杰宋公明（八十二回）
协赞军权，河北英雄卢俊义	画鞯珊鞍，河北英雄卢俊义（同上）
唤雨呼风，入云龙是公孙胜	呼风唤雨，役使鬼神，行法真师入云龙公孙胜（七十六回）
总驰飞报，太保神行戴宗	神行太保戴宗，手执鹅黄令字绣旗，专管大军中往来飞报军情（同上）
萧让是圣手书生	圣手书生萧让（同上）
裴宣为铁面孔目	铁面孔目裴宣（同上）

又其中有"忠义堂前"一语，也是后二十九回半著者的用词，可

---

① 据郑振铎、王利器、吴晓铃《水浒全传》校勘。

知这294字，不是罗贯中的原文。惟文末"休言啸聚山林，真可图王霸业。列两副仗义疏财金字幛，竖一面替天行道杏黄旗"两句，却与前七十回半的主题思想相合，应该是罗贯中原文。再来研究袁无涯刻本和芥子园刻本那篇。这个本子，从"八方共域，异姓一家"句起，到"今日始知星辰中列姓，如念珠子个个连牵"句止，共267字，概括了梁山泊英雄大聚义的历史，提出了水浒寨要创建的理想宏图，充分体现了《水浒传》的主题思想，毫无疑问是罗贯中的原文。惟最末"在晁盖恐托胆称王，归天及早；惟宋江肯呼群保义，把寨为头。休言啸聚山林，早已瞻依廊庙"两句，却是投降主义的思想，是一百二十回本所盗改的。这样，原文前面应该是袁无涯刻本和芥子园刻本那篇前面267字，后面应该是天都外臣序刻本和明容与堂刻本最后两句。现在试把它们拼合，全文如下：

八方共域，异姓一家。天地显罡煞之精，人境合杰灵之美。千里面朝夕相见，一寸心死生可同。相貌语言，南北东西虽各别，心情肝胆，忠诚信义并无差。其人则有帝子神孙，富豪将吏，并三教九流，乃至猎户渔人，屠儿刽子，都一般儿哥弟称呼，不分贵贱。且又有同胞手足，捉对夫妻，与叔侄郎舅，以及跟随主仆，争斗冤仇，皆一样的酒筵欢乐，无问亲疏。或精灵，或粗卤，或村朴，或风流，何尝相碍，果然识性同居。或笔舌，或刀枪，或奔驰，或偷骗，各有偏长，真是随才器使。可恨的是假文墨，没奈何着一个圣手书生，聊存风雅。最恼的是大头巾，幸喜得先杀却白衣秀士，洗尽酸悭。地方四五百里，英雄一百八人。昔时常说江湖上闻名，似古楼钟声声传播；今日始知星辰中列姓，如念珠子个个连牵。休言啸聚山林，真可图王霸业。列两副仗义疏财金字幛，竖一面替天行道杏黄旗。

我们读起来，全篇形式与内容都臻美好，是一篇难得的骈体文。这才配得上说是"单道梁山泊的好处"的大文章，才是罗贯中《水浒传》总结全书的原文。据上面校勘上看，天都外臣序刻本和明容与堂刻本都将原文前面267字全部改掉，而保留后面32字。袁无涯刻本和芥子园刻本则保留前面267字，而改掉后面32字。这不是版本上个别字句的不同，而是对原文大幅度不同的取舍，说明了必有原本流传才能如此。

在这里，还要说一下金圣叹《贯华堂水浒传》本子问题。郑振铎断定金圣叹"强造了一部七十回本的《水浒传》"，又说金圣叹"腰斩"了《水浒传》。他根据什么作出此结论呢？他说：

> 金氏口口声声说七十回本是古本，然就所发见的观之，却没有一本是七十回的。又在许多本的《水浒传》本子中，也没有一种是具有"梁山泊英雄惊恶梦"的一小段文字的。金氏所称古本，许多人至此乃始恍然知其实为一百回《水浒传》的前七十一回（金氏将原本第一回移作楔子，第二回移作第一回，故仅有七十回）。而最后的一小段卢俊义的梦，却是金氏自己的手笔。①

郑振铎否定金圣叹《贯华堂水浒传》的根据，是从发现的《水浒传》的版本里没有一本是七十回的，也没有一种有"梁山泊英雄惊恶梦"的来作断案。现在，我们已经考出了《水浒传》原本，确实是"从空中放出许多罡煞"为开始，"又从梦里收拾一场怪诞"为结束，其全书结构，与《西厢记》以草桥店惊梦收场，同一手法，则郑振铎用作断案的根据便站不住脚了。但是，金圣叹是否真得到这部古本呢？鲁迅《中国小说史略》论七十回本《水浒传》道：

---

① 郑振铎：《中国文学论集》上册《水浒传的演化》。

为金人瑞字圣叹所传，自云得古本，止七十回，于宋江
受天书之后，即以卢俊义梦全伙被缚于嵇叔夜终。……其书
与百二十回本之前七十回无甚异，惟刊去骈语特多；百二十
回本发凡有"旧本去诗词之繁累"语，颇似圣叹真得古本。
然文中有因删去诗词，而语气遂稍参差者，则所据殆仍是百
回本耳。

鲁迅的论述对我们是有提示的。我们也认为金圣叹是否确实得到
一部古本有可疑之处，是应该深入探索的。但是，必须指出：古
本《水浒传》是存在的，他断不是"强造了一部七十回本的《水
浒传》出来"，"腰斩"了《水浒传》。今天我们考出古本《水浒
传》与贯华堂本的起讫相同，这一事实说明金圣叹就是没有得到
古本，也一定深知古本是什么样子才会这样的。不过，我们也要
指出：贯华堂本的"东都施耐庵序"，却是金圣叹伪撰的。又贯华
堂本七十回最后写的"却有一个牌额，大书'天下太平'四个青
字"，和全书最后"太平天子当中坐，清慎官员四海分"，"子建高
才空号虎，庄生放达以为牛"两首律诗，正是金圣叹本人的立场
和思想的表现，也是他伪撰的。

九 结束语

我们稽考到此，可以总结起来了。我们是从"水浒"的词源
提出问题的，经过和各方面有关问题的勘对和考核，考明《水浒
传》的书名取义与之完全相符。我们又从百回本《忠义水浒传》
里面，指出了续加后二十九回半和盗改七十回原本的内证。我们
还看到一部明朝有名的文献王圻《稗史汇编》，分明记下了著者得
以亲读的这部《水浒传》原本，其内容和与书名取义完全相符。

本来，《水浒传》原本，据记载早在明代中叶时便存在"的

本"、"非的本"的问题了。到金圣叹于明崇祯十四年（1641年）刊刻七十回《贯华堂水浒传》时，宣称他所刊行的本子为古本，指百回本为狗尾续貂，提出了原本与续加的问题。但近人却认为是金圣叹"腰斩"了《水浒传》，近六十年来已成为定案。

今天我们是在前人研究积累的成果上进行探索的。我们十分尊敬前人辛勤的钻研，十分尊敬前人所作的不同的结论。但是，有三件无可否认的事实：第一件，《水浒传》以"水浒"为书名，借周朝在岐山开基建国的典故，表明梁山泊与宋皇朝对立，建树新政权，全书内容不会有招安以后的故事。第二件，据鲁智深终身受用的偈言只到梁山泊大聚义为止，后部不得不再来一个终身受用的偈言以为弥缝，可知七十回半是原本，后二十九回半是续加，是先有七十回本，而后有百回本。第三件，成书于明洪武年间的罗贯中《水浒传》，断不可能有以发泄对朱元璋诛杀功臣的不平为主题思想的后二十九回半。

现在，据我们稽考所见，试作出如下的结论：罗贯中《水浒传》原本，只到梁山泊英雄大聚义为止，以惊恶梦结局，是一部热烈歌颂农民起义，反抗官府到底的小说。百回本《忠义水浒传》后二十九回半，却是明朝宣德、正统后，对朱元璋诛杀功臣愤愤不平的人所续加的。此人把罗贯中原本最后的惊梦删掉，续加受招安、征辽国、平方腊部分，为照应和弥缝所加故事，并对原本有所盗改。他借宋江立大功后，与卢俊义同被宋徽宗毒死的故事，来发泄对朱元璋诛杀功臣的不平。现存百回本《忠义水浒传》前七十回半与后二十九回半，表现出两种显著不同的主题思想，分明是两个立场不同、时代不同、处境不同、怀着不同的目的的人各自写成的。这是一件斑斑可考，证据俱在的事实。

《水浒传》的著者及其成书年代

一 《水浒传》著者的署名和明朝人的说法

《水浒传》原本今未见。据现存《水浒传》各种本子著者署名，多署"施耐庵集撰，罗贯中纂修"的，如明嘉靖间郭勋家刻一百回《忠义水浒传》残本、明万历十七年（1589年）天都外臣序一百回《忠义水浒传》、明万历三十八年（1610年）容与堂刻一百回《忠义水浒传》、明万历四十二年（1614年）衰无涯刻一百二十回《忠义水浒全书》都是。也有只署施耐庵的，如明崇祯末年二刻《三国水浒全传英雄谱》署"钱塘施耐庵编辑"；只署罗贯中的，如《京本水浒志传评林》署"中原贯中罗道本卿父编集"。

明嘉靖后人记载《水浒传》著者不少。高儒《百川书志》卷六《史部·野史》里说：

《忠义水浒传》一百卷，钱塘施耐庵的本，罗贯中编次。

郎瑛《七修类稿》卷二十三《辩证类·三国宋江演义》说：

《三国》、《宋江》二书，乃杭人罗本贯中所编。予意旧必有本，故曰编。《宋江》又曰钱塘施耐庵的本。

田汝成《西湖游览志余》卷二十五说：

> 钱塘罗贯中本者，南宋时人，编撰小说数十种，而《水浒传》叙宋江等事，奸盗脱骗机械甚详。然变诈百端，坏人心术，其子孙三代皆哑，天道好还之报如此。

王圻《续文献通考》卷一百七十七《经籍考·传记类》说：

> 《水浒传》罗贯著，贯字贯中，杭州人。

明万历己丑十七年（1589 年）天都外臣（汪道昆）[1]《水浒传序》说：

> 小说之兴……其书无虑数百十家，而《水浒传》称为行中第一。故老传闻，洪武初，越人罗氏，诙诡多智，为此书共一百回。

明容与堂刻《忠义水浒传》第一回李贽评[2]说：

> 《水浒传》事节都是假的，说来却似逼真，所以为妙。常见近来文集，乃有真事说做假者，真钝汉也，何堪与施耐庵、罗贯中作奴！

胡应麟《少室山房笔丛》卷四十一《庄岳委谈下》说：

> 今世传街谈巷语，有所谓演义者，盖尤在传奇杂剧下。然元人武林施某所编《水浒传》，特为盛行；世率以其凿空无据，要不尽尔也。余偶阅一小说序，称施某尝入市肆，绅阅

---

① 明沈德符《野获编》说："武定侯郭勋，在世宗朝，号好文多艺。今新安所刻《水浒传》善本，即其家所传，前有汪太函序，托名天都外臣者。"案汪太函即汪道昆，明嘉靖二十六年（1547 年）进士，著有《太函集》一百二十卷。《明史》有传。

② 明人钱希言《戏瑕》卷三《赝籍》说叶昼伪托李贽名，"刻画摹仿"，批点《水浒传》等数种传奇。今人有据钱说认容与堂《忠义水浒传》李贽评为叶昼伪托的。案李贽《与焦弱侯》信说"《水浒传》批点得甚快活人"（见《续焚书》卷一），是李贽确有批点《水浒传》的事。而容与堂本批，与李贽思想、作风、文笔吻合，叶昼"刻画摹仿"，哪能神合至此？钱说不应随便置信。陈洪《〈水浒传〉李卓吾评本真伪一辨》（载《南开》1981 年第 3 期）、龚兆吉《〈容本〉李评为叶昼伪作说质疑》（载《水浒争鸣》第 2 辑），都对此进行了考证，提出证据，认为钱说不可信。

故书，于散楮中得宋张叔夜禽贼招语一通，备悉其一百八人
所由起，因润饰成此编。其门人罗本亦效之为《三国志演
义》，绝浅陋可嗤也。

他在《庄岳委谈下》又论《水浒传》及施耐庵事说：

郎谓此书及《三国》并罗贯中撰，大谬。二书浅深工拙，
若霄壤之悬，讵有出一手理？世传施号耐庵，名字竟不可考。
友人王承父尝戏谓是编《南华》、《太史》合成；余以非猾胥
之魁，则剧盗之靡耳。

明朝人说法，纷纭如此。哪一些真，哪一些假，是必须审核的。

二　《水浒传》著者署名之一施耐庵无征可信

据上面查出《水浒传》著者署名和明朝人说法，著者只有施
耐庵、罗贯中两人。但究竟是施还是罗？先来考查施耐庵。

把《水浒传》原本七十回定为施耐庵著，七十回后为罗贯中
续，那是明朝末年人金圣叹的臆说。他砍掉续加部分，改编为
《贯华堂水浒传》七十回，题"东都施耐庵撰"，又伪造施耐庵序
一篇，自称为"古本"，妄说七十回以下为罗贯中"横添狗尾"。
金圣叹的作伪，当时就有人指斥。周亮工《因树屋书影》卷一说：

《水浒传》相传为洪武初越人罗贯中作，又传为元人施
耐庵作，田叔禾《西湖游览志》又云此书出宋人笔。近金圣
叹自七十回之后，断为罗所续，因极口诋罗，复伪为施序于
前，此书遂为施有矣。予谓世安有为此等书人，当时敢露其
姓名者，阙疑可也。定为耐庵作，不知何据。

周亮工与金圣叹同时人，他不相信《水浒传》的著者为施耐庵，
提出"定为耐庵作，不知何据"的质问。可是，因为后来《贯华
堂水浒传》本流行最广，果然不出他所料："此书遂为施有矣"，

使人们认为施耐庵所著。而考其由来，实出于金圣叹的作伪。

　　到本世纪40年代修的《兴化县续志》忽载有明朝人王道生《施耐庵墓志》。50年代中，南京大学教授陈中凡考其伪，断为好事者的捏造，说："最近《兴化县续志》所载淮安王道生《施耐庵墓志》，妄称他名'子安，生于元贞丙申岁，至顺辛未进士。曾官钱塘二载'。著有《志余》、《三国演义》、《隋唐志传》、《三遂平妖传》、《江湖豪客传》等书。考诸《元史》八十一《选举志》天历三年，元统癸酉，各举行廷试一次，中间至顺二年并未开科。又查《钱塘县志》，过去的知县亦无施氏其人，所撰各书，更属无稽。墓志文字庸俗，不合碑志体例，知其出于好事者的捏造。"①经确查，这个虚捏，最早见于1928年11月8日上海《新闻报》副刊《快活林》上的胡瑞亭《施耐庵世籍考》，为胡瑞亭伪造。后来在汪伪兴化县长李恭简任"总修"的《兴化县续志》又在胡瑞亭伪造的《施耐庵墓志》的基础上，再增加一些新伪造的东西。②

　　近年又有《处士施公廷佐墓志铭》的出土，和1918年抄本《施氏家簿谱》发现。这些文物，曾由中国社会科学院文学研究所在北京召集古典文学、历史学、文物学等方面的专家学者及新闻、出版界人士五十多人开座谈会讨论。据报道："多数人认为施彦端就是施耐庵的结论尚难成立。"（见1982年8月27日《光明日报》报道。同年11月22日《光明日报》又报道说："中国社会科学院文学研究所副研究员刘世德，最近发表长篇学术论文——尔纲案此文发表于《中国社会科学》1982年第6期，认为苏北施彦端并非《水浒传》作者施耐庵。"又说："在同一期《中国社会科学》

　　①　陈中凡：《试论水浒传的著者及其创作时代》，见《南京大学学报》1956年1月号。

　　②　章培恒：《〈施耐庵墓志〉辨伪及其他》，见《中华文史论丛》1982年第4期。

上，还报道了中国社会科学院文学研究所于 8 月 21 日至 23 日在
北京召开的首都学术界讨论施耐庵文物史料问题座谈会的情况。
这则消息从"关于文物史料中几个具体问题的鉴定"、"关于这些
材料的总体研究"、"关于研究方法的一些问题"等三个方面，整
理了与会者的意见。其中启功、周绍良、张政烺、史树青、蔡美
彪、吴组缃、王利器、吴晓铃、傅璇琮等同志都认为，不能肯定
施彦端就是《水浒传》作者施耐庵。也有少数同志持肯定观点。）

　　研究《水浒传》的专家曾对近人吴梅《顾曲尘谈》所说"《幽
闺记》为施君美作，君美名惠，即作《水浒传》之耐庵居士也"
的话，进行过探索。① 我看吴梅大约是据自明代戏曲家徐复祚。徐
复祚《三家村老委谈》中《宋江》条谈到一百八英雄时说：

　　　　施君美（或云罗贯中）《水浒传》所载。
考曹寅刊元钟嗣成《录鬼簿》记知友施惠事并制《凌波仙》曲吊
他道：

　　　　施惠（一云姓沈），惠字君美，杭州人，居吴山城隍庙
　　前，以坐贾为业。公巨目美髯，好谈笑。余尝与赵君卿、陈
　　彦实、颜君常至其家，每承接款，多有高论。诗酒之暇，惟
　　以填词、和曲为事。有《古今砌话》，亦成一集，其好事也如
　　此。

　　　　道心清净绝无尘，和气雍容自有春，吴山风月收拾尽！
　　一篇篇，字字新，但思君，赋尽《停云》。三生梦，百岁身，
　　到头来，衰草荒坟。
这篇小传和吊曲虽简短，但却把施君美生平重要事迹都记到。他
是个"以坐贾为业"的商人。为人"和气雍容"，好风月，"吴山
风月收拾尽"，"诗酒之暇，惟以填词、和曲为事"。并把他的著作

　　① 何心（陆澹安）：《水浒研究》。

《古今砌话》也都记了出来。此人断不是这部以歌颂农民起义为内容，书中包含着高远的政治理想和丰富的军事知识的《水浒传》著者。看来这位闻名的戏曲家徐复祚是因为见了"施耐庵的本，罗贯中编次"的《水浒传》署名，他相信施耐庵的本为主，罗贯中编次为从，但他不知施耐庵为何许人，却熟悉元朝有个撰著《幽闺记》的戏曲作家施君美，就把《水浒传》的著者说为"施君美（或云罗贯中）"。徐复祚这种出自"想当然"的说法，与胡应麟所说"世传施号耐庵，名字竟不可考"的话，说明了明朝人所知的施耐庵都是一些追风捕影之谈，并没有什么真实的历史。所以周亮工对金圣叹才能提出"定为耐庵作，不知何据"那样严厉的指责来。

以上今存关于施耐庵的记载、传说，以至近今发现的墓志、簿谱等等，都于史无征，有的已查明了出自伪造。

三　从《三遂平妖传》等书与《水浒传》对勘
　证实了著者为罗贯中

有关罗贯中的记载虽少，但研究一个作家最主要的是他的著作。对研究《水浒传》说来，他却留下《赵（宋）太祖龙虎风云会》、《三国志通俗演义》、《三遂平妖传》等可供与《水浒传》对勘的重要著作。

首先把明容与堂刻百回本《忠义水浒传》与罗贯中著《三遂平妖传》二十回原本对勘，得出两件事实：第一，从赞词对勘，叙事对勘，对待人民大众的态度对勘三项结果，对勘出《水浒传》和《三遂平妖传》两书都同是罗贯中一人所著。第二，《三遂平妖传》全书仅有赞词二十二篇，竟把十三篇移用于《水浒传》中十五处去，全部在明容与堂刻百回本《忠义水浒传》第七十一回前半回"梁山泊英雄排座次"以前。以罗贯中这样喜爱自己写的赞词，如果七十一回以后也是他所著，他断不会把这十三篇赞词全部集中插在七十一回前半回以前，七十一回后半回以后一篇都没有的。这个事实又清楚地表明罗贯中所著《水浒传》原本并无百回本中的后二十九回半，其受招安、征辽、平方腊决非原本所有，是后人续加的。对勘情况，详见《从罗贯中〈三遂平妖传〉看〈水浒传〉著者和原本问题》一文，已于 1984 年秋发表。① 学术界评论说："如果不能否认《三遂平妖传》是罗贯中的作品，那也难以否认《水浒传》的真正作者也是这一个罗贯中。"②

其次，把《水浒传》与罗贯中著《赵（宋）太祖龙虎风云会》杂剧对勘。虽然两书一为小说，一为戏剧，而且杂剧篇幅太短，用词不多，但对勘结果，仍可查出其相同的地方有五处：

（一）《赵（宋）太祖龙虎风云会》第一折苗训白："臣相人多矣。主公乃九朝八帝班头，四百年开基帝主。"《水浒传·引首》云："那天子扫清寰宇，荡静中原，国号大宋，建都汴梁，九朝八帝班头，四百年开基帝主。""九朝八帝"两句，彼此相同，一字不易。

（二）《赵（宋）太祖龙虎风云会》第三折赵匡胤唱《滚绣球》曲："常言道表壮不如里壮，妻若贤，夫免灾殃。"《水浒传》第二十四回武松道："常言道表壮不如里壮，嫂嫂把得家定，我哥哥烦恼做甚么？"引用成语，彼此相同。

（三）《赵（宋）太祖龙虎风云会》第一折石守信曰："为我累建大功，升授马步亲军指挥使，统领着八十万禁军，得专征伐。"

---

① 刊于《学术月刊》1984 年第 10 月号。
② 《〈水浒传〉研究的新成果——介绍罗尔纲《从罗贯中〈三遂平妖传〉看〈水浒传〉的著者和原本问题》，《古籍整理出版情况简报》1985 年 9 月 1 日第 145 期。

《水浒传》第二回记王进事说："八十万禁军教头王进，半月之前，已有病状在官，患病未痊。"第七回记林冲事又说："这官人是八十万禁军枪棒教头林武师名唤林冲。"

（四）《赵（宋）太祖龙虎风云会》第一折赵匡胤唱《醉扶归》曲："敢把征鞍跨，兵器惯曾拿，甲马营中是俺家。"《水浒传·引首》云："后来感的天道循环，向甲马营中生下太祖武德皇帝来。"赵匡胤生于甲马营中，两书说法相同。

（五）《赵（宋）太祖龙虎风云会》第三折赵匡胤白："寡人扮作白衣秀士私行，径投丞相府里，商量下江南，收川、广之策。"《水浒传》第十一回记在梁山泊"扎寨为头的唤做白衣秀士王伦"。据程穆衡《水浒传注略》王开沃补《白衣秀士王伦》条说王伦号黄衣秀士，宋朝庆历时人，虎翼军士卒，在山东起义，转战淮南。《水浒传》改他为宣和时人，"不及第的秀才"，在梁山泊为首领。因宋时应试者，率用白衣，礼部知贡举诗，有"三百俊才衣似雪"之句，故易黄衣为白衣。今两书都称秀才为白衣秀士，知同为一人所作。[①]

以上五处相同，都不是偶然巧合。《赵（宋）太祖龙虎风云会》为罗贯中所撰，那么，《水浒传》也是罗贯中的著作。

又把《水浒传》与罗贯中《三国志通俗演义》对勘。关于用《三国志通俗演义》与《水浒传》对勘，早有学者考虑过，认为《三国志通俗演义》"乃是半文言半白话的历史小说，所用词语，

---

① 《水浒传》与《赵（宋）太祖龙虎风云会》两书对勘，系用何心（陆澹安）《水浒研究》成果，特记明于此，并此致谢。他所释第四处相同说："大约罗贯中用惯了'八十万禁军'五个字，所以不知不觉也用到石守信头上去了。"案《赵（宋）太祖龙虎风云会》撰著在先，《水浒传》撰著在后，何心的说法是把先后倒置了。第五处解释白衣秀士为"不第士人"之故，也对王伦事失考。这两处本书都改正，

与《水浒传》完全不同", 不能用来对勘。① 这话是有道理的。不过, 我对勘起来还是可以查出一些相同的地方的。请看下列对勘表:

《水浒传》与罗贯中《三国志通俗演义》对勘表

《水浒传》	《三国志通俗演义》
只见那个道童笑吟吟地骑着黄牛, 横吹着那管铁笛, 正过山来。洪太尉见了, 便唤那个道童:"你从哪里来, 认得我么?"道童不睬, 只顾吹笛。太尉连问数声。道童呵呵大笑, 拿着铁笛, 指着洪太尉说道:"你来此间, 莫非要见天师么?"太尉大惊, 便道:"你是牧童, 如何得知?"道童笑道:"我早间在草庵中伏侍天师, 听得天师说道:'朝中今上仁宗天子, 差个洪太尉, 赍擎丹诏御香, 到来山中, 宣我往东京做三千六百分罗天大醮, 祈禳天下瘟疫, 我如今乘鹤驾云去也。'这早晚想是去了, 不在庵中。"(第一回)	玄德渡溪之后……正行之间, 见一牧童跨于牛背之上, 口吹短笛而来。玄德叹曰:"吾不如也!"遂立马观之。小童亦停牛罢笛, 熟视玄德曰:"将军莫非破黄巾的刘玄德否?"玄德大惊, 问曰:"汝乃村僻小童, 安得知吾姓字耶?"小童曰:"俺本不知, 因常侍侍师傅, 有客到日, 多曾说有一刘玄德, 身长七尺五寸, 垂手过膝, 目能自顾其耳, 乃当世之英雄。今观将军如此模样, 想必是也。"(卷七第九回《刘玄德遇司马徽》)
不求同日生, 只愿同日死。(第二回)	不求同年同月同日生, 只愿同年同月同日死。(卷一第一回《祭天地桃园结义》)
那官人生的豹头环眼, 燕颔虎须, 八尺长短身材。(第七回)	见其人身长八尺, 豹头环眼, 燕颔虎须。(卷一第一回《祭天地桃园结义》)

---

① 见何心《水浒研究》二《水浒传》的作者。

续表

《水浒传》	《三国志通俗演义》
高廉见连折二将，便去背上掣出那口太阿宝剑来，口中念念有词，喝声道："疾！"只见高廉队中卷起一道黑气。那道气散至半空里，飞沙走石，撼地摇天，刮起怪风，径扫过对阵来。（第五十二回）	张宝就马上披发仗剑作法，风雨大作，黑气冲天，无限人马自天而降。（卷一第三回《安喜张飞鞭督邮》）
高廉见回了风，急取铜牌，把剑敲动，向那神兵队里卷一阵黄沙，就中军走出一群猛兽。但见……高廉铜牌响处，一群怪兽毒虫直冲过来。（第五十二回）	张宝作法，平地风雨大作，飞砂走石，一道黑气，自军中起，滚滚人马，自天而降。（卷一第三回《安喜张飞鞭督邮》）
高廉在马上见了大怒，急去马鞍前鞒，取下那面聚兽铜牌，把剑击之。那里敲得三下，只见神兵队里卷起一阵黄砂来，罩的天昏地暗，日色无光。喊声起处，豺狼虎豹，怪兽毒虫，就这黄砂内卷将出来。（第五十四回）	只见木鹿大王口中不知念甚咒语，手摇蒂钟。忽然狂风大作，飞沙走石，如同骤雨；呜呜闻画角之声，只见虎豹豺狼，毒蛇猛兽乘风而出，张牙舞爪，冲将过来。（卷十八第九回《诸葛亮六擒孟获》）
高廉在马上作起妖法，却早黑气冲天，狂风大作，飞砂走石，播土扬尘。（第五十四回）	
吴用道："小生凭三寸不烂之舌……直往北京，说卢俊义上山。（第六十一回）	孔明笑曰："亮借一风帆，直到江东，凭三寸不烂之舌，说南北两军互相吞并，吾则无事矣。"（卷九第四回《刘玄德败走夏口》） 孔明对玄德曰："今马超正在狐疑不决之际，亮凭三寸不烂之舌，亲往超寨，说马超来降主公。"（卷十三第九回《葭萌张飞战马超》）

续表

《水浒传》	《三国志通俗演义》
张清阵内，门旗影里，右边闪出这①个中箭虎丁得孙。（第七十回）	门旗影里，马超纵骑持枪而出。（卷十三第九回）《葭萌张飞战马超》)
休言啸聚山林，真可图王霸②业。（第七十一回前半回）	图王霸业浑如梦，枉害伤心吐血劳！（卷七第三回《袁谭袁尚争冀州》)

从上表对勘看，《水浒传》与《三国志通俗演义》的选词、造语完全相同，可证同为一人的作品。

《水浒传》与《三国志通俗演义》的选词、造语相同，而从结构、内容、理想等等方面来看也有许多主要地方相同。《三国志通俗演义》有个桃园结义，《水浒传》就有个梁山泊大聚义。《三国志通俗演义》有个古城聚义，《水浒传》就有个白龙庙英雄小聚义。清代著名史学家章学诚见《三国志通俗演义》把刘备、关羽、张飞、诸葛亮都写成山寨聚义，诸葛亮直似吴用军师，张飞简直是黑旋风李逵，他不知两书同出一人之手，以为《三国志通俗演义》是模仿《水浒传》。③ 清末哥老会中著名人物陶成章论天地会洪门结义，取自《三国志通俗演义》和《水浒传》。④ 我近年研究太平天国军师负责制，也考出其渊源于《三国志通俗演义》和《水浒传》。⑤ 明末农民起义领袖张献忠凡埋伏攻袭都学《三国志通俗演义》和《水浒传》。⑥ 在广西与太平天国作战的清朝钦差大臣

---

① 容与堂本"这"误作"口"，此处据天都外臣序刻本改正。
② 容与堂本"霸"误作"伯"，此处据天都外臣序刻本改正。
③ 章学诚：《丙辰札记》。
④ 陶成章：《教会源流考》。我编的《天地会文献录》收有此文。
⑤ 见拙著《太平天国史》卷二十六《政体志》。
⑥ 据清人刘銮《五石瓠·〈水浒〉小说之为祸》。

赛尚阿大营翼长姚莹复胡林翼信论太平天国用兵说："熟于《三国
演义》、《水浒传》，用兵颇有纪律，诡计百出。"① 曾国藩情报机关
编纂的《贼情汇纂》总论太平天国用兵的战略、战术说："其取裁
《三国演义》、《水浒传》为尤多。"② 曾在过太平军中的人，还记出
他亲见"其司兵权者常读《三国演义》、《水浒传》"③。这些地方，
也同是证明两书同出一手的证据。此外，《三国志通俗演义》和
《水浒传》所记的解良地名，都用春秋时解梁的古称，并都改
"梁"作"良"，这也是一条证明二书同出一人之手的证据。④

　　总括上面的对勘来说，主要是与《三遂平妖传》的对勘，证
实《水浒传》原来确为罗贯中的著作，《梁山泊英雄排座次》后，
招安、征辽、平方腊则为后人所续加。现在，再加上了与《赵
（宋）太祖龙虎风云会》、《三国志通俗演义》两书的对勘，我们可
以断定《水浒传》的著者实为罗贯中。

四　罗贯中的生平

　　考罗贯中的生平有一篇重要的记载，那就是他的"忘年交"
贾仲明写的小传。此传见贾仲明《录鬼簿续编》⑤，记说：

　　　　罗贯中，太原人，号湖海散人。与人寡合。乐府、隐语，
　　极为清新。与余为忘年交，遭时多故，各天一方。至正甲辰
　　复会。别来又六十余年，竟不知其所终。

---

　　① 姚莹：《中复堂遗稿》卷五《复贵州黎平府胡》。
　　② 张德坚总纂：《贼情汇纂》卷五。
　　③ 刘贵曾：《余生纪略》，中国社会科学院近代史研究所藏抄本。
　　④ 这一条证据，是周维衍《水浒传》的成书年代和作者问题》（见《学术月刊》
1984 年 7 月号）考出的。
　　⑤ 案这部《录鬼簿续编》，附在天一阁藏的明写本钟嗣成《录鬼簿》后，无著者
姓名，从全书考察，此人即为钟嗣成《录鬼簿》补撰吊曲的贾仲明。

《风云会》(《赵(宋)太祖龙虎风云会》)

《连环谏》(《忠正孝子连环谏》)

《蜚虎子》(《三平章死哭蜚虎子》))①

我们上面根据贾仲明著录罗贯中《赵(宋)太祖龙虎风云会》与《水浒传》对勘,证明了贾仲明所说这个乐府、隐语极为清新的杂剧作家罗贯中,就是这部《水浒传》的著者,反过来这也证明了贾仲明这篇传记的可信性,使我们放心根据去进行探索罗贯中的生平。

钟嗣成《录鬼簿》有贾仲明《书录鬼簿后》一篇,末署年月题记道:"永乐二十年壬寅中秋淄川八十云水翁贾仲明书于怡和养素轩。"至正甲辰为元至正二十四年甲辰(1364年),明永乐二十年壬寅(1422年),相距58年。元至正二十四年,贾仲明22岁。此时他与罗贯中"复会"。他们交游在这年以前。一个人相识后,一定要经过一段时间相处才能成为好朋友,假定贾仲明与罗贯中相识时是15岁,罗贯中比他大20岁,一个35岁的中年人与15岁童子认识,成为好朋友,大可以称忘年交了。相处两三年分别,隔了四年复会,其时为元至正二十四年(1364年)贾仲明22岁,罗贯中42岁。明洪武元年(1368年)贾仲明26岁,罗贯中46岁,明永乐元年(1403年)贾仲明61岁,罗贯中81岁,假定罗贯中终于明永乐十年(1412年)寿90岁,贾仲明70岁。

贾仲明山东淄川人。罗贯中籍贯有几种说法:贾仲明说太原人。明万历刊本《隋唐两朝志传》②、万历刊本《三国志传》、《三遂平妖传》二十回古本、一百十五回本《忠义水浒传》、一百二十

---

① 据上海古籍出版社出版的元钟嗣成著《录鬼簿》附明贾仲明《录鬼簿续编》著录。

② 日本尊经阁文库藏,据《说唐》陈汝衡《前言》。

四回本《忠义水浒传》都署东原罗贯中。明弘治甲寅七年（1494年）庸愚子《三国志通俗演义序》也说东原罗贯中。明朝人田汝成、郎瑛、王圻、天都外臣（汪道昆）等都说杭州人。从书的署题看，不但《水浒传》有两个本子署东原，而另三种著作《隋唐两朝志传》、《三国志通俗演义》、《三遂平妖传》也都同署东原。考《书经·禹贡》"东原底平"句，宋人蔡沈集传说："东原，汉之东平国，今之郓州也。"明朝为山东东平州地。罗贯中当是山东东平州人，他用古地名署籍贯。与他为忘年交的贾仲明便是山东淄川人。据清康熙丁未六年（1667年）山东寿张县令曹玉珂亲往调查，他记录父老口碑说祝家庄在寿张县西的祝口，李应庄在寿张县关门口。郓城有曾头市。武松打虎的景阳岗在阳谷县。①罗贯中当是东平人，所以才熟悉这些小地方。又近人董遵章《元明清白话著作中山东方言例释》一书共录《水浒传》用山东方言59个。其中有些如婆娘、耳房、证见、日头等在其他地方也有说，难以确定是不是山东方言，但大部分确是山东方言，与《金瓶梅》、《醒世姻缘传》、《蒲松龄集》都相同。"《水浒传》在写山东的人和事中，使用了大量的山东方言土语。例如自我称'俺'，称女青年是'妮子'（第五十一回）。据清朝翟灏《通俗编》说：'今山左目婢曰小妮子'。山左，即山东。阮氏兄弟和李逵等人的口头语'鸟'，浙江读音屌，山东不少地方，特别是郓城县，今天仍然使用这个口头语。第五十六回写时迁到徐宁家盗雁翎甲时，用了山东谚语：'热鏊子上的蚂蚁，走投无路。'""第三十二回写武松离开十字坡，走到青州地面的土冈上，进得一家酒店，大呼：'主人家你真个没东西卖！你便自家吃的肉食，也回些与我吃了，一发还你银子。''也回些与我吃了，一发还你银子'，这是多么生动的

---

① 据清康熙《寿张县志》卷八《艺文志》曹玉珂《过梁山记》。

山东土话。"① 山东方言，外省人看都看不懂；如果罗贯中不是山东东平人，哪能生动地运用这么多的山东方言？"书中写潘金莲靠街大门口挂帘子，郓城、阳谷一带至今有这种习惯。""第六十一回所写的太平车子，是一种四轮无盖大车，可套几头牛拖拉，行走缓慢、安适，所以叫太平车。解放以后，鲁西南及北方平原地方，还使用这种交通工具。"书中写有一些山东的风俗。第二十四回写王婆请潘金莲做寿衣，王婆对潘金莲说："老身十病九痛，怕有些山高水低，头先要制办些送终衣服。……又撞着如今闰月，趁这两日要做，又被那裁缝勒指，只推生活忙，不肯来做。"闰月做寿衣，山东至今还有这个风俗。"第三十二回写山东人年例，腊月初八上坟，山东人确有这个风俗。"② 如果罗贯中不是山东东平人，又哪能熟悉山东的事物风俗习惯细微至此？根据这些情况，罗贯中也应该是山东东平人。《录鬼簿续编》记他为太原人，也许太原是罗贯中的祖贯；《录鬼簿续编》是一部辗转传抄的本子，也说不定是抄误。至于杭州人一说，据田汝成说罗贯中子孙三代皆哑。汪道昆《水浒传序》说田汝成与罗贯中同邑，其言可据。罗贯中当是最后住在杭州，故杭州有他的子孙，明朝人便认为他是杭州人。

　　贾仲明说他与罗贯中"为忘年交，遭时多故，各天一方。至正甲辰复会，别来又六十余年，竟不知其所终"。罗贯中是个高才的文人。文人在元代备受压迫。他又是个有政治理想的人，天地会据《水浒传》"八方共域，异姓一家"的理想来创立一个拜天地

---

　　① 这两条述《水浒传》大量用山东方言的话，采自山东《大众日报》李永先《〈水浒传〉与山东》，见《水浒争鸣》第4辑，谨此致谢。

　　② 上面这四条论述《水浒传》记山东事物风俗习惯，也是录自李永先《〈水浒传〉与山东》一文。第三条记王婆请潘金莲做寿衣，因对原文换了语气，又原文说："闰年闰月"，夏历只有闰月，无闰年，把闰年删掉，所以这一条不加引号。谨此注明。

作父母、结异姓为兄弟的"洪家兄弟四海通"的秘密大结社。太平天国据《三国志通俗演义》和《水浒传》两书写的掌握权力的军师来创立军师负责制的政体。从张献忠以至太平天国都采用这两书写的战略、战术，如果是纸上谈兵，哪能施之实战而有效？据这种种情况看来，罗贯中生当这个农民大起义时代，不应无所行动。但是，核以《录鬼簿续编》，罗贯中、贾仲明订交约在元至正十八年（1358 年），在此以前，罗贯中似不能有何异动，否则如何能安居山东交游？他与贾仲明相别，假定为元至正二十年（1360 年），到元至正二十四年（1364 年）复会。贾仲明未记复会在何处。考《录鬼簿续编》记汪元亨说："至正间，与余交于吴门。"记郏仲谊说："交余甚深，日相游览湖光山色于苏堤林墓间。"记陆进之说："与余在武林会于酒边花下。"他与罗贯中复会当在苏州或杭州。他们的复会是偶然的相见，旋即分别。其时朱元璋自立为吴王。前一年，陈友谅已给朱元璋打败，战死于鄱阳湖。后三年，张士诚给朱元璋攻破，被俘死。再过一年，朱元璋称帝，为明洪武元年（1368 年）。这年八月，明军攻元大都，元朝亡，中国大定。罗贯中参加革命，当在这年以前。《明史》称朱元璋建国，首罗贤才，吴元年（1364 年）设文武二科取士之令。洪武三年（1370 年）八月特设科举。其时中国初定，令各行省连试三年，且以官多缺员，举人俱免会试，赴京听选。① 如果罗贯中不是参加过与朱元璋为敌的农民起义，这正是封建时代读书人千载难逢的机会，何至反深闭固藏起来，连忘年交的贾仲明时经 58 年竟不知道他的生死下落？贾仲明是明成祖朱棣在燕邸时的文学侍从，甚为宠爱。罗贯中与他断绝音问，也说明了彼此所走是绝然相反的道路。我认为王圻说他"有志图王"因为碰到朱元璋才罢手，

---

① 据《明史》卷七十，志第四十六，《选举》二。

又有传说他曾经"客霸府张士诚"①，都不能说是没有根据的。

五　罗贯中撰著《水浒传》的年代

贾仲明所撰罗贯中小传，说他乐府、隐语（即谜语），极为清新，还著录了他著的杂剧三种，却没有说到他著有小说，但是，我们却不能据此说那时罗贯中还没有撰著小说。有同志指出《三国志通俗演义》有些小字注中，注明三国时这些地方为"今时"何地，除了偶有误用宋代地名外，都系元代地名②，可知罗贯中在元末就撰著了小说。

现在要考罗贯中撰著《水浒传》在什么时候？最权威的说法是明万历乙丑十七年（1589 年）天都外臣（汪道昆）《〈水浒传〉序》说："故老传闻，洪武初，越人罗氏，诙诡多智为此书。"汪道昆明嘉靖二十六年（1547 年）进士，与王世贞齐名。他又是徽州人，熟悉印书情况。他的说法，从明以来一直为众所信取。但是到今天，经我们考实，是要改正了。

1985 年夏，我寄拙著《从罗贯中〈三遂平妖传〉看〈水浒传〉著者和原本问题》请陈毓黑教授指教，承陈教授复书指示。其中关于《三遂平妖传》著作年代的考证说：

廿回本《平妖传》第六回正文中云："正值大尹在厅上断事，地方里甲人等，解客人跪下，备说本人在刁通判府中，将不识姓名女子赶下八角井里去了。"又第十二回正文中云："做公的与当坊里甲一齐来捉这和尚，那和尚望人丛里一躲便

---

① 顾苓：《塔影园集》卷四《跋〈水浒图〉》。

② 见 1980 年上海古籍出版社刊印的罗贯中《三国志通俗演义》章培恒、马美信《前言》。

不见了。

　　按明初的里甲制度是和黄册制度同时出现的，从某种意义而言，里甲制度之建立是由于推行使用黄册来管理户口和征调赋役之需要。其事在洪武十四年（1381 年）。《明书》卷六十八《赋役志》载："（洪武）十四年，诏天下府、州、县编赋役黄册。以一百一十户为里，推丁粮多者十户为长，余百户为十甲。甲十户，名全图。其不能十户，或四五户若六七户，名半图。城中曰坊，近城曰厢，乡都曰里。里各编一册，册首为总图。"自此之后，"里甲"一词才被人经常使用，或称赋役，或指里甲之组织，或指里甲组织之首，即董理一里一甲之事者，除负责输役纳税外，还维持地方治安。《平妖传》是取后一义，即指里甲之首。

　　由此观之，廿回本《平妖》应创作于洪武十四年（1381年）之后

查《水浒传》第四十六回也记有"里甲"奉委检验尸首事说：

　　知府随即取了供词，行下公文，委当坊里甲带了仵作行人，押了邻舍、王公一干人等下来，检验尸首，明白回报。

陈毓罴教授对《三遂平妖传》成书年代的考证是铁定不移的。《水浒传》也用"里甲"一词，其成书年代，也必定在明洪武十四年后。陈毓罴教授发现"里甲"这条证据，给罗贯中《水浒传》成书年代，作出了不拔的定案。

　　现在还要考查《三遂平妖传》、《水浒传》两书的著作时间，哪一部在先，哪一部在后？关于这个问题，明冯梦龙用张无咎的假名给他自己增补的《平妖全传》作序①，认为《水浒传》著作在

_____

①　张无咎是冯梦龙的假名，为袁行云考出，徐朔方加以补充，见徐朔方《〈平妖传〉的版本以及〈水浒传〉原本七十回说辨正》，载《浙江学刊》1986 年第 3 期。

先,《三遂平妖传》在后,说:

> 王缑山先生每称罗贯中《三遂平妖传》堪与《水浒》颉
> 颃,余昔见武林旧刻本止二十回,开卷即胡员外逢画,突如
> 其来,圣姑姑不知何物;而张鸾、弹子和尚、胡永儿及任、
> 吴、张等,后来全无施设;方诸《水浒》,未免强弩之末。

所谓"强弩之末",是用《三国志》诸葛亮说"强弩之末,势不能
穿鲁缟"的话,就是说罗贯中先写《水浒传》,用尽了全力,到写
《三遂平妖传》时就不行了。因此,对这个问题不能不先加考查。
我近撰《关于从罗贯中〈三遂平妖传〉对勘出〈水浒传〉著者和
原本的问题》看出《水浒传》从《三遂平妖传》移用这些赞词过
来时有十一种情况:有全部照录的,有删掉多余的词句的,有根
据不同场合而删削的,有为说明人物的历史而增加的,有为使与
本书情节结合而增加的,有修改欠妥的词语的,有为使更妥切、
更工整、更典雅而改的,有为使符合人物的身份而改的,有为区
别仙凡的不同人物而改的,有据人物不同的境遇而改的,有为使
与本书思想、立场、情节符合而改的。全部情况,都说明了罗贯
中移用时或照录,或删,或增,或改,和怎样删,怎样改,都经
过一番细心的斟酌,进行了慎重的处理的,所以才得如此妥切,
如此允当。只有罗贯中本人改动自己的著作才能如此,别人是不
可能的。冯梦龙增补《三遂平妖传》,就把原本的赞词,有的改成
不通,有的把原意改错,有的认错了描写的对象,弄得牛头不对
马嘴等等。这也就说明了罗贯中著《三遂平妖传》在前,《水浒
传》在后。冯梦龙的说法,恰恰是把事实颠倒了的。

据上所考,《三遂平妖传》的成书年代肯定在洪武十四年颁布
里甲制度之后。《水浒传》成书又在《三遂平妖传》后。那末,
《水浒传》成书年代的下限究竟在什么时候呢?

近年同志们提出"南京建康"这一地名来讨论《水浒传》的

成书年代。① 《水浒传》第四十一回说马麟"祖贯是南京建康人氏"。第四十四回说石秀"祖贯是金陵建康府人氏"。第六十五回说张顺母患背疾，"得建康府安道全手到病除"。考三国吴孙权建都建业（今江苏省南京市），晋改名建康。隋改置丹阳郡江宁县。五代吴武义二年（920年）改设金陵府，南唐昇元元年（937年）改名江宁府，南宋建炎三年（1129年）又改为建康府，元至元中为建康路，天历二年（1329年）改名集庆路。② 元至正丙申十六年（1356年）朱元璋攻取集庆路，改为应天府。明洪武元年（1368年），朱元璋称帝，在这里建都，称为南京。初有意徙都于北宋故都开封，洪武十一年（1378年）正月，放弃迁都打算，改南京为京师。永乐元年（1403年）正月，明成祖朱棣建北京于顺天府（今北京市），又改南方的京师为南京。永乐十九年（1421年）正月，改北京为京师，南京称号仍旧不变。③ 明代洪武、永乐间曾二次改称南宋建康府为南京。上面已经考明《三遂平妖传》撰著于洪武十四年（1381年）后，《水浒传》又撰著于《三遂平妖传》之后，则《水浒传》称南宋建康府为南京，罗贯中断不是在洪武十一年前写，也不是在洪武十一年正月改称京师后写，而是在永乐元年正月再称南京后写的。这里边提出一个问题，就是为什么四十一回作"南京建康"，四十四回又作"金陵建康府"呢？建康府之上，本来是毋须加什么隶属的地名的，只同六十五回那样称建康府便得了。而这两回一用今地名，一用古地名加于其上，为什么会有如此不统一的呢？我想有两种可能：一种情况

---

① 见张国光《〈水浒〉祖本探考》、《〈水浒〉祖本非元末明初作品续辨》（均见张国光《文史研究论文选》）、李永祜《〈水浒〉中的地名证明了什么？》（见《水浒争鸣》第4辑）、周维衍《〈水浒传〉的成书年代和作者问题》等论文。

② 以上建康的建置沿革，据周维衍《〈水浒传〉的成书年代和作者问题》。

③ 据《明史》卷四十《地理》之《京师》、《南京》、《应天府》三条记载。

是永乐元年前罗贯中已经把《水浒传》写成了，当时两处都同作金陵建康，后来永乐元年改地名了，由于老年人记忆遗忘，他只记得写马麟这一处，而忘记了写石秀那一处，所以只改了一处，而漏了另一处。但也不排除另一种情况，就是罗贯中写到四十一回时正是永乐元年，他见改了地名，就用新地名写了，但他还是古地名熟，而且这不是一个有忌讳的名称，意识上不存在警惕，所以在四十四回里，不觉又写上古地名了。如果是后面这种情况，永乐元年罗贯中写《水浒传》写到四十一回，全书还有三十回未写（照百回本回数计算）。据上考年岁计算，他这年是 81 岁。古今来常有耄年的作家、学者，"莫道桑榆晚，余霞尚满天"，奋笔耕耘不停的。罗贯中便是到八十五六岁才完成他的这部杰作《水浒传》，也不是不可能的。

现在，我们对罗贯中《水浒传》成书年代，可以作出初步结论，改正汪道昆成书于明洪武初之说，为成书于明洪武二十年后至永乐初，约当 1387—1407 年这段时间。

《水浒传》与天地会

　　天地会拜天地为父母，结异姓为兄弟，创立一个四海一家的革命团体。其思想来源出自罗贯中《水浒传》。《水浒传》最后一回有一篇《单道梁山泊好处》的宣言道：

　　八方共域，异姓一家。天地显罡煞之精，人境合杰灵之美。千里面朝夕相见，一寸心死生可同。相貌语言，南北东西虽各别，心情肝胆，忠诚信义并无差。其人则有帝子神孙，富豪将吏，并三教九流，乃至猎户、渔人、屠儿、刽子，都一般儿哥弟称呼，不分贵贱。且又有同胞手足，捉对夫妻，与叔侄郎舅，以及跟随主仆，争斗冤仇，皆一样的酒筵欢乐，无问亲疏。或精灵，或粗卤，或村朴，或风流，何尝相碍，果然识性同居。或笔舌，或刀枪，或奔驰，或偷骗，各有偏长，真是随才器使。可恨的是假文墨，没奈何着一个圣手书生，聊存风雅；最恼的是大头巾，幸喜得先杀却白衣秀士，洗尽酸悭。地方四五百里，英雄一百八人。昔时常说江湖上闻名，似古楼钟声声传播；今日始知星辰中列姓，如念珠子个个连牵。休言啸聚山林，真可图王霸业。列两副仗义疏财金字障，竖一面替天行道杏黄旗。①

在这篇《单道梁山泊好处》的宣言之后，著者又特地着重提到
"看官听说，这里方才是梁山泊大聚义处"，这就是向读者说明一
部《水浒传》的中心思想所在。这个中心思想，是著者所要创造
的理想社会。这个理想社会，是要求四海皆兄弟的，故"八方共
域，异姓一家"。这个理想社会，是铲除阶级的区分的，故不论
"帝子神孙，富豪将吏，并三教九流，乃至猎户、渔人、屠儿、刽
子，都一般儿哥弟称呼，不分贵贱"。这个理想社会，是泯除亲疏
畛域，冤家仇恨的，故不论"同胞手足，捉对夫妻，与叔侄郎舅，
以及跟随主仆，争斗冤仇，皆一样的酒筵欢乐，无问亲疏"。这个
理想社会，是打破天赋的不均与教养的不齐的，故不论"或精灵，
或粗卤，或村朴，或风流，或笔舌，或刀枪，或奔驰，或偷骗，
各有偏长，真是随才器使"。这个理想社会，是"一寸心死生可
同"，"心情肝胆，忠诚信义并无差"的。

现在来看天地会是怎样根据《水浒传》这个理想社会来创立
的。

先考天地会名称取义的由来。洪门② 拜会的歌词道：

一、拜天为父，

二、拜地为母，

---

① 这篇《单道梁山泊好处》宣言，从"八方共域，异姓一家"句起，至"如念
珠子个个连牵"句止共 267 字，见袁无涯刻本和芥子园刻本，其下"休言啸聚山林，
真可图王霸业"32 字，则见天都外臣作序本和容与堂刻本。据我考前者改了原本后面
32 字，后者则改了原本前面 267 字。考证见我考订的《水浒传原本》一书中《水浒传
考证》第十章。

② 天地会是一个反清复明的会党。陶成章《教会源流考》解释洪门的名称道：
"何谓洪门？因明太祖年号洪武，故取以为名。"又说："凡同盟者均曰洪门，门，家门
也，故又号曰洪家。"陶成章《教会源流考》原为章太炎等合组今语杂志社印行，我据
中山大学语言历史研究所重印本编入《天地会文献录》一书内。

　　三、拜日为兄，

　　四、拜月为嫂，

　　五、拜五祖，

　　六、拜万云龙大哥，

　　七、拜陈近南先生，

　　八、拜兄弟和顺。①

据此，知天地会的名称乃是取自"拜天为父，拜地为母"的意义。拜天地为父母者，所以泯除家族的畛域，而合异姓为一家，共图大事业。贵县地窖发现这份天地会文件，卷端就署"与天同姓国梁抄"，入了天地会的会员就不再是一姓的人，而是与天同姓的四海一家的洪门一分子了。这种思想出自《水浒传》。金圣叹《贯华堂水浒传》记宋江等一百八人拈香已罢，一齐跪在堂上，宋江为首誓曰：

　　窃念江等昔分异国，今聚一堂，准星辰为弟兄，指天地

----

① 见《贵县修志局发现的天地会文件》。这份文件，是1933年广西贵县修志局长龚政"躬访邑中遗老，一再研求，既许以重金，又保障其不受牵累，乃于县西覃塘塘附近发掘地窖，始获此天地会文献"（龚政《天地会文献录序》）。文件系用一种很厚的毛边纸抄的，藏在贮人骨用的瓮内，瓮外周围覆盖以石灰，年代久远，已变成深灰黄色，给石灰侵染透了。收藏的人是天地会中人，他对龚政说是清光绪二十四年（1898年）广西天地会首领李立廷在郁林起义，贵县天地会响应，从瓮内取出来拜会的。到李立廷失败后，又埋回地下去。上手是清同治三年（1864年）贵县天地会黄鼎凤牺牲后埋起来的。至于再上手的事，他只知起义时开地窖取出，每一次失败后，就赶紧埋藏起来。从收藏人的陈述、地窖的现场情况及抄本给石灰侵染透而变成了深灰黄的颜色来看，可见这是一部年代久远的天地会抄本。又从内容看来，所述火烧少林寺故事，情节简要，结构清楚，它没有关于郑君达的多余神话。那些神话只是在不列顛博物院藏的《西鲁序》抄本中才出现的。这说明此抄本接近于原始抄本，是至今发现的天地会抄本中最早的一部抄本。当时我任贵县修志局特约编纂，抄了一份，初刊于《北平图书馆刊》1934年第八卷第4期。后专刊于《天地会文献录》一书。现收入《困学丛书》内，已由广西人民出版社出版。所记创会传说、碑碣、诗篇、拜会互答、对联及其他等等，全面扼要，向为中外研究天地会学者所重视。近年台湾省学者即据以证实天地会创立的时间、地点、人物。本文以下所引天地会文件都出此册，不再注。

作父母。

天地会的取名，正是从《贯华堂水浒传》上梁山泊大聚义的誓词而来。

狗尾续貂的《忠义水浒传》把梁山泊英雄会议大事的"聚义厅"盗改为"忠义堂"，要改变反抗封建统治的路线而为效忠于封建统治的路线。天地会取了这个忠义堂的名目，但其内容则与地主阶级所宣扬的忠义有绝然相反的意义。天地会的忠义堂前贴的对联道：

> 忠义堂前无大小，
>
> 不欺富贵不欺贫。

这副对联，标明天地会是一个平等的政治组织。《洪门总诗》中有两句道：

> 忠义堂前兄弟在，
>
> 城中点将百万兵。

这两句诗，则是宣扬天地会革命势力的强大。清咸丰元年（1851年）七月乙巳，咸丰谕军机大臣说天地会"所居之处，有忠义堂名号"[①]，就是指此。

《水浒传》的理想社会是"八方共域，异姓一家"。天地会的组织，正是根据这个理想。故洪门诗篇歌咏道：

> 佛祖古城在路中，
>
> 洪家兄弟四海通；
>
> 万望义兄放我过，
>
> 百万兄弟俱姓洪。
>
> 乌云盖月映长沙，
>
> 洪姓同来共一家；

---

① 王先谦：《咸丰朝东华续录》卷十。

　　　　路上相逢通名姓，

　　　　风云至正雨开花。

《水浒传》的理想，到了天地会成立居然造成一个"洪家兄弟四海通"、"百万兄弟俱姓洪"、"洪姓同来共一家"的洪门组织了。

　　《水浒传》在17世纪20年代明末农民大起义时已经发生了影响。起义军高揭"奉天倡义"的旗帜。领袖们的绰号叫做九条龙、关索、顺天王等也模仿《水浒传》。明崇祯十五年（1642年）明朝统治者就通令严禁《水浒传》，查出并原板烧毁。①

　　清顺治元年（1644年），清兵入关，留发不留头，肆行民族高压政策。汉族反抗被镇压了。那班领导反抗者知道公开反抗已不可能，于是有的乃著为文字来诏示后人，如王夫之的《读通鉴论》，黄宗羲的《明夷待访录》，鼓吹民族思想与民权思想。有的或落发为僧，或出入僧寺，借方外做他们反清的机关，如熊开元、汝应元、阎尔梅等便是其中最著名的人物。阎尔梅破万金家产，出入僧寺，密图反清，从他那首《真空寺饯别》诗里可见他们的活动。诗道：

　　　　柳巷垂青旆，芦沟涨紫尘，几多亡国士，私送死心人。

　　　　琨、逖双图晋，荆、高再击秦。临风徒握手，不觉泪沾巾。

　　　　崔、卢争仕宦，燕、赵寝悲歌。故国沦如此，新亭泣奈何！暂投夸父杖，迟待鲁阳戈。试看长陵气，青松朴樕多！②

我们看此诗，可知在那柳巷芦沟掩映的僧寺里，当时有多少人在做那"私送死心人"的光复事业。他们都看得很清楚，到了那"崔、卢争仕宦，燕、赵寝悲歌"的时候，那班为了争取富贵而匍

----

①　据明崇祯十五年六月二十三日兵部咨文，见东北图书馆编《明清内阁大库史料》上册。

②　《阎古古全集》卷三。

匍于清朝统治者宝座之下的士大夫们已经无望，他们的光复事业只有到民间去活动。民间有的是伟大的群众力量，这种力量是不曾为清朝统治者所认识所利用的。所以他们虽然感慨"故国沦如此，新亭泣奈何"，但是，他们目前不过只是"暂投夸父杖，迟待鲁阳戈"，他们却乐观地高歌"试看长陵气，青松朴樕多"，把光复的希望都寄托在他们的新事业上。天地会传说中的军师陈近南先生当是此中人。

天地会结会的宗旨，开宗明义是"反清复明"。《贵县修志局发现的天地会文件》载《反清复明诗》道：

新造木杨城①，

惊动众洪英，

干戈重重起，

反清又复明。

《三点革命诗》又道：

三点暗藏革命宗，

入我洪门莫通风。

养成锐势复仇日，

誓灭清朝一扫空。

天地会创立的年代，洪门文献记载始自清康熙十三年甲寅（1674年）。《贵县修志局发现的天地会文件·反清复明根苗第一》说：

大清康熙年间，甲寅年七月二十五日，洪家结拜之期。

案清康熙十三年上距顺治元年（1644年）清军入关三十年，顺治十八年（1661年）明永历帝被执，抗清战争全部失败仅十三年，正是那班抗清者转入地下，出入僧寺，潜到民间去活动的年月。

---

① 木杨城是天地会拜会时的一项形式，"以竹插地，糊纸作门，名曰木杨城"（据清光绪二年十一月己巳刘坤一奏，见朱寿朋《光绪朝东华续录》卷十三）。

又案康熙十二年（1673年）十二月杨起隆诈称朱三太子起事于北京。同月，吴三桂在云南反清，称天下都招讨兵马大元帅，以明年甲寅为周王元年。天地会就是乘着这个时势成立的。其后康熙四十七年（1708年）张念一起义之役，也奉朱三太子起事，称大明天德年号，后来咸丰初天地会起义也称天德年号。又杨起隆、张念一两次起义所称的朱三太子，都与天地会传说中的太子朱洪英同一类型人物。我们在官书记载中还可以看见天地会创立的蛛丝马迹。温雄飞《南洋华侨通史》论述天地会的起源道："其起源之时代，自当以康熙甲寅年为可信。查康熙甲寅即康熙十三年，上距其入踞北京之年，共三十一年，其酝酿时代，未必有三十一年之久。满虏入据北京时，南都新立，人心未死，义声一播，前仆后继，志士遗民，未必舍目前有可复仇之机而不复，反从事于秘密结社，以待百数十年后之中兴。此殆当时各路义师失败净尽之后，一筹莫展，后死者不甘虚生，一息尚存，仍思奋斗，乃汲汲为秘密会社之组织，以待来哲。查当时系海内人望者，惟永历帝与郑成功二人，二人均于清康熙元年死，光复之业，失其重心，有识者知事不可为，权隐草泽，物色英豪，以待时机。大抵天地会者酝酿于永历帝及郑成功既死之后，即康熙元年，而成立于康熙十三年者也。"案温雄飞是致公堂洪门中人[1]，他认为天地会当酝酿于康熙元年各路抗清义军全部失败之后，而成立于康熙十三年，与我们的理解是一致的，但他还忽略了天地会成立前一年十二月杨起隆诈称朱三太子起义于北京，同月吴三桂在云南反清这一个成立的背景。又考与清季会党有交往，被称为对其"情伪纤悉尽知"的日本人平山周[2]，在所著的《中国秘密社会史》里也说

---

①　据温雄飞《我的回忆》，见《近代史资料》1983年第1期。

②　据章炳麟撰平山周《中国秘密社会史序》。

"成立在康熙十三年"。

关于天地会起源是一个有争论的问题。中国人民大学清史研究所、中国第一历史档案馆合编的《天地会·前言）说："这个问题，多年来国内外研究者一直众说纷纭。有人认为天地会是明末遗臣于清初创立的。有人根据《西鲁序》认为天地会是福建少林寺僧，于康熙甲寅年或雍正甲寅年创立的。也有人根据《钦定平定台湾纪略》所载两广总督孙士毅奏折内所引天地会创于乾隆三十二年。还有一种说法，根据嘉庆初年闽浙总督汪志伊的《敬陈治化漳泉风俗疏》，认为天地会创于乾隆二十六年。"这个问题，不仅是天地会成立的年代问题，尤其是关系到创会的宗旨问题。因此，有必要进行探索。

天地会拜会的仪式是歃血订盟焚表结拜弟兄。拜会后，就同生同死，为反清复明的宗旨而奋斗。考中国异姓结拜兄弟，世称"金兰谱"，是中国社会上一种风俗，由来已久，梁山泊结义的传说已起于南宋。但查《元史·刑法志》大恶条只有"诸妖言惑众，啸聚为乱，为首者及同谋者处死，没入其家。为所诱惑相连而起者杖一百七"[1]。禁令条只有"诸以白衣善友为名，聚众结社者禁之"[2]。明律造妖书妖言条也只有"凡造谶纬妖书妖言及传用惑众者斩。若私有妖言隐藏不送官杖一百，徒三年"[3]。元、明也都没有禁止异姓结拜弟兄的律例。中国刑法上有严禁异姓结拜弟兄的法律，实始自清初。雍正朝《大清会典》卷一九四《刑部·奸徒结盟》说：

国初定凡异姓人结拜弟兄者，鞭一百。顺治十八年定凡

---

① 《元史》卷一百四。
② 《元史》卷一百五。
③ 《明律集解附例》卷十八。

歃血盟誓焚表结拜弟兄者，著即正法。康熙七年复准，歃血盟誓焚表结拜弟兄应正法者，改为秋后处决。其止结拜弟兄，无歃血焚表等事者，仍照例鞭一百。十年题准，歃血结拜弟兄者，不分人之多寡，照谋叛未行律，为首者拟绞监候，秋后处决，为从者杖一百，流三千里。其止结拜弟兄，无歃血焚表等事者，为首杖一百，徒三年，为从杖一百。

中国古代没有禁止异姓结拜弟兄的法律，而清朝顺治年间却定有凡异姓人结拜弟兄的法律，可知当时异姓结拜弟兄的行为必与古代有不同。康熙三年三月刑部题准的有关歃血结盟焚表结拜弟兄的条款，还编归杂犯内，附在赌博后，并没有把它作为政治犯罪，康熙八年十月刑部续题的新律仍如此。①据上引雍正朝《大清会典》所记，到康熙十年刑部题准的新律始认定属于"谋叛"性质，照"谋叛未行律"定罪。清政府到这时候才认识到这种行为就是对它进行推翻的活动，才把这条禁律由杂犯改为"谋叛"罪。天地会正是在这种带有鲜明政治色彩行为的斗争中步步发展的基础上产生的。从上述清律例有关歃血结盟条款在顺治十八年到康熙十年间所发生的本质变化，恰恰反映出天地会从康熙元年后酝酿这一事实，有力地证明了天地会成立于康熙十三年甲寅。②上面这条记载，是记清顺治十八年至康熙十年（1661—1671年）十年间禁止异姓结拜弟兄法律的发展。在《大清律例》康熙年间现行律里则定有专条：

凡异姓人但有歃血订盟焚表结拜弟兄者，照谋叛未行律，为首者拟绞监候，为从减一等；若聚众至二十人以上，为首

①　据《大清律三十卷附新颁律例二卷》。
②　上引《大清律三十卷附新颁律例二卷》和雍正朝《大清会典》史料都是赫治清同志抄给我的，谨此致谢！

者拟绞立决，为从者发云贵两广极边烟瘴充军。其无歃血盟
誓焚表事情，止序齿结拜弟兄，聚众至四十人以上，为首者
拟绞监候，为从减一等；若年少居首，并非依齿序列，即属
匪党渠魁，首犯拟绞立决，为从发云贵两广极边烟瘴充军；
如序齿结拜在四十人以下，二十二以上，为首者杖一百，流
三千里，不及二十人者，杖一百，枷号两个月，为从各减一
等。①

乾隆二十九年（1764 年）续订的律例便说明是专对福建省的，而
且以结会树党来与结拜弟兄并说。其条例如下：

闽省民人除歃血订盟焚表结拜弟兄仍照定例拟以绞
候，其有抗官拒捕持械格斗等情，无论人数多寡，审实各按本罪
分别首从，拟以斩绞外。若有结会树党，阴作记认，鱼肉乡
民，陵弱暴寡者，亦不论人数多寡。审实将为首者照凶恶棍
徒例发云贵两广极边烟瘴充军；为从减一等；被诱入伙者杖
一百，枷号两个月；各衙门兵丁胥役入伙者照为省例问拟；
乡保地方明知不首，或借端诬告者，照例分别治罪；该管文
武各官失于觉察，及捕获之后有心开脱，均照例参处，若止
系乡民酬社赛神，偶然洽比，事竣即散者，不在此例。②

这条律例对证明天地会创立的地点确在福建省很有关系。到乾隆
五十七年（1792 年）清律例中又定有专对"复兴天地会"的条
例。其条例如下：

台湾不法匪徒，潜谋纠结复兴天地会名目，抢劫拒捕者，
首犯与曾经纠人及情愿入伙希图抢劫之犯，俱拟斩立决。其
并未转纠党羽或听诱被胁而素非良善者，俱拟绞立决。俟数

① 《大清律例》卷二十三。
② 同上。

年后，此风渐息，仍照旧例办理。①

这条律例中最可注意的是天地会名之上冠以"复兴"两字。会名而冠以"复兴"字样，可见天地会结会由来的久远。上引清律例，都证明了天地会确成立于康熙十三年甲寅（1674年）。又考在清代疆吏对天地会案件的奏报里，也有可以确凿考出天地会创立年代的文献。如道光元年（1821年）正月壬戌广西巡抚赵慎畛奏说：

> 广西自嘉庆十二年广东惩办洋匪后，内河土盗潜至西省，与依山附岭种地之各省游民，结伙抢劫，勾引本地愚民，或拜兄弟，或拜添弟，或数人，或数十人，或有会簿腰凭，称为大哥师傅，传授口号，俱系抄袭百余年前旧本，情形不同，其名则一。现严饬访拿，获盗犯会匪一千二百余名。②

康熙共61年。道光元年（1821年）上距康熙六十一年（1722年）为99年，上距康熙十三年甲寅（1674年）为147年。据赵慎畛奏报，当时广西各地天地会拜会用的"会簿"，"俱系抄袭百余年前旧本"，即康熙年间的旧本。赵慎畛所奏这一件事实，是捕获了一千二百余名天地会党，从他们的"会簿"得来，是极可据信的。这是一条说明康熙年间已有天地会的铁证，证实了我们上面从律例上考察所作天地会创立于康熙十三年甲寅的论断。

有同志认为天地会成立于明末清初。从天地会创会宗旨为反清复明看，必定是明朝已亡才说"复明"，如果在明末创立那就不会说"复明"了。至于天地会所采取的歃血盟誓结拜弟兄的仪式，系来自《水浒传》。清初顺治四年（1647年）定的律例就有禁异姓结拜的条例，当是明末人民已有采取此种仪式进行活动的。但

---

① 《大清律例》卷二十三。
② 《清宣宗皇帝实录》卷十二。

天地会的酝酿却必在康熙元年（1662年）各路义军都失败之后，不会在明末清初时。故论天地会成立于明末清初是与历史事实不符的。

提出天地会起于雍正甲寅年（1734年）的为萧一山。他的根据是伦敦不列颠博物院所藏抄本《西鲁叙事》说"时雍正甲寅年七月二十五日丑时歃血立誓"的话。[①] 但他见此说"与一般之传说异"[②]，他又看了别人的考证和论述，认为"是有道理的"，"如此看来，康熙年间，已有此种秘密会社，起于雍正甲寅之说，又有些靠不住了"。"不过说'起'者，正是'复兴'或'改立'的意思，未必就起源于此时罢了"。他还举出天地会传说"雍正十二年万大哥故后，又有桃必达联盟五虎大将，改立天地日月分派"为证说："所谓又有桃必达联盟五虎大将改立天地等事，已可见天地会有改组的事实，并非一气呵成的。乾隆《大清律例》有'复兴天地会'字样，洪门传说中有'后五房'（吴天成、洪太岁、李识弟、桃必达、林永昭）的继起。就知道我的推论是不错的。大约天地会在康熙时已经有了，不过没有像后来那样紧严的组织，有之，则是从雍正末年起就像十三年国民党的改组一样。"[③] 萧一山实际是放弃了他所提出的成立于雍正甲寅年一说了。前些天，我与赫治清同志谈及此事。赫同志说还有一条更直接的证据，就在萧一山自己编的《近代秘密社会史料》卷四，口白第七，（一）问答书内。他指出那条证据全文如下：

> 天地有己（几）会？大小有二会。大会在何处？大会出在天本。有何为证？有诗为证。

---

① 萧一山：《天地会起源考》，见他编的《近代秘密社会史料》。
② 萧一山：《西鲁叙事跋》，见上书卷二。
③ 萧一山：《天地会起源考》。

小会三河大会天，皆因出在甲寅年。五人结拜心如铁，
流下高溪万古传。

小会出在何处？小会出在地本。有何为证？有诗为证。

地本出在三基河，结义联盟兄弟多，他朝若得团圆日，
众兄同唱太平歌。

赫同志说天地会成立于康熙甲寅年（1674年），到雍正甲寅年
（1734年），甲子重逢，开会纪念，故《西鲁叙事》有雍正甲寅歃
血立誓之说。天地会实有过大小二会，大会（即成立会）在康熙
甲寅年，小会（即纪念会）在雍正甲寅年。故天地会问答有"小
会三河大会天，皆因出在甲寅年"的诗篇。我完全同意赫同志的
论证。这条论证不但解决了《西鲁叙事》与天地会其他文件及
"一般之传说异"的矛盾，在天地会文献的本身，也进一步证明了
天地会确成立于康熙十三年甲寅。鄙见认为天地会成立于雍正甲
寅岁之说，提出人萧一山既自动放弃于前，今天，赫治清同志又
举出重要证据予以澄清，今后这一说可以取消了。

至于认为天地会创于乾隆二十六年（1761年）和认为创于乾
隆三十二年（1767年）两说，前者距离顺治元年（1644年）为
117年，后者为123年，当年抗清的汉族士大夫已到了曾孙玄孙
的时代。他们已世代做了清朝的顺民，哪会有到民间去创立天地
会来反清的事。这个以反清复明为宗旨的天地会只有出自康熙初
抗清的明朝遗民志士之手。章炳麟《中国秘密社会史序》论天地
会的起源说："明之亡，子遗黄发，谋所以光复者，是时郑成功在
台湾，闽海之滨，声气相应，熊开元、汝应元皆以明室遗臣，祝
发入道，故天地会自福建来。"章炳麟的看法，和我们也一致。这
点且不必说。现在举出一条天地会早在乾隆初已在福建活动的证
据来说。乾隆十九年（1754年）福建布政使德舒在《收辑技勇
疏》里向清廷奏陈福建民间"往往创立会名，联合声势……刊伪

印，散伪劄，妄悖猖狂，蛊惑人心"[①]。案陶成章《教会源流考》述清代"有反对政府之二大秘密团体，具有左右全国之势力者，是何也？一曰白莲教，即红巾也。一曰天地会，即洪门也。凡所谓闻香教、八卦教，一名天理教、在礼教等，以及种种之诸教，要皆为白莲教之分系。凡所谓三合会、三点会、哥老会等，以及种种之诸会，亦无一非天地之支派"。陶成章是清末会党中人。平山周《中国秘密社会史》记他与沈英、张恭等倡议于杭州、集浙江、福建、江苏、江西、安徽五省哥老会的头目开一大会，打作一团，名龙华会。他与三合、哥老二会有深切的关系，故所述清代教会源流至为详确。可知德舒所奏当时福建民间"往往创立会名"，既曰"会"，不曰"教"，则不论取何会名，都为天地会的支派可以断定。又德舒所说的"刊伪印，散伪劄"是天地会的行动，所说"联合声势"，是天地会各山堂间的交通和彼此的支持。德舒是管理福建全省民政的长官，他向皇帝报告当时福建民间情况的奏报，是我们今天考当时福建民情最重要的根据。据德舒所奏乾隆十九年，福建民间已经往往有天地会的组织，而且，各山堂之间，"联合声势"，"刊伪印，散伪劄，妄悖猖狂，蛊惑人心"，进行起义活动了。那末，认为天地会创于乾隆二十六年和认为创于乾隆三十二年两说，其为不符历史事实，是不待说的了。

从以上所考，我们认为天地会成立年份，应以康熙十三年甲寅为是。清朝镇压天地会的法律是很严厉的。康熙年间还只照"谋叛未行律"治罪（按谋叛未行律，法止绞决而止）。乾隆二十九年（1764 年）续订则加为"斩绞"。到乾隆五十七年（1792 年）更加至不问首从都"斩立决"[②]。但是，清朝统治者虽定有这种严

---

① 《皇朝经世文编》卷七十一。

② 《大清律例》卷二十三。

刑峻法，而天地会"洪家兄弟四海通"的口号，最是投合社会贫苦群众的心理，尤其是流落江湖无家可归的人们所欢迎。加以康熙以后，兼并愈烈，人口日增，民间失业的人也因而加多，又给天地会制造了会众的来源。于是天地会就一天天地兴盛起来，成为当时中国除白莲教外最大的一个反清会党，从清初以后不断的起义，以至光绪末年加入兴中会，给推翻清朝统治起巨大的作用。孙中山在《建国方略》中《有志竟成》论述天地会说：

> 洪门者，创设于明朝遗老，起于康熙时代。盖康熙以前，明朝之忠臣烈士，多欲力图恢复，誓不臣清，舍生赴义，屡起屡蹶，与虏拼命；然卒不救明朝之亡。迫至康熙之世，清势已盛，而明朝之忠烈亦死亡殆尽。二三遗老，见大势已去，无可挽回，乃欲以民族主义之根苗流传后代，故以反清复明之宗旨，结为团体，以待后起者可借为资助也。此殆洪门创立之本意也。然其事必当极为秘密，乃可防政府之察觉也。夫政府之爪牙为官吏，而官吏之耳目为士绅，故凡所谓士大夫之类皆所当忌而须严为杜绝者，然后其根株乃能保存，而潜滋暗长于异族专制政府之下。以此条件而立会，将以何道而后可？必也以合群众心理之事迹，而传民族国家之思想。故洪门之拜会，则以演戏为之，盖此最易动群众之视听也。其传布思想，则以不平之心，复仇之事导之，此最易发常人之感情也。其口号暗语则以鄙俚粗俗之言以表之，此最易使士大夫闻而生厌远之者也。其固结团体，则以博爱施之，使彼此手足相顾，患难相扶，此最合江湖旅客无家游子之需要也。而最终乃传以民族主义，以期达其反清复明之目的焉。

孙中山以领导兴中会的领袖，对天地会这一段论述，十分重要。他把天地会创立于清初康熙年间的背景，创立的宗旨，和为传播民族思想，以达到反清复明的目的而采取的迎合群众的思想和组织方法等等，都作了极扼要、极透彻的说明，对我们今天研究天地会的起源和其目的，是具有启示的作用的。

关于天地会成立年代，创始人物，建会地点等问题，台湾省学者进行了研究。首先郭廷以于1954年出版的《台湾史事概说》一书中，根据《台湾外记》、《小腆纪年》论述当郑成功决定起义师时，约同志结盟歃血，有张礼、郭义、蔡禄等也来参加同盟，他们以万人合心，以万为姓，改姓名为万礼、万义、万禄，依照行次，有万大、万二、万七之称，后来的天地会，则为其组织的扩大。翁同文受了郭廷以这段话的启发，又在天地会文件各种形式的"腰凭"（即会员证）中，都见"结万为记"与"共洪和合"成对的记号，而天地会文件称始祖万云龙为长林寺僧达宗，与《台湾外记》所载当时闽南长林寺僧万五道宗只有一字之异，疑道宗为达宗之误，因提出天地会即万五所创，其人在"以万为姓"集团为万五，在"结万为记"的天地会则成为大哥万云龙这一个假设。他先检阅闽南方志，找到同安金门明末清初有个达宗和尚，与该地卢若腾为友。卢若腾明崇祯十三年（1640年）进士，明唐王隆武时任浙江巡抚，后依郑成功居金门，清康熙三年（1664年）东渡台湾，至澎湖卒。旋在《台湾先贤集》与台湾省文献委员会印行的《台湾诗录》二书，找到了卢若腾《赠达宗上人》一诗，诗前有序，说明达宗上人为长林寺僧，是"以万为姓"集团首领万礼之弟，与《台湾外记》和天地会文件互相印证，知其于康熙十四年仍然生存着，必为同一人，《台湾外纪》的作道宗，必为达宗之误。天地会文件记结会缘起，说当清康熙十三年甲寅，有少林寺焚余五僧（五祖）与长林寺僧达宗（始祖）遇合，遂结盟反清复明。今虽知其始祖长林寺僧达宗确有其人，且为"以万为姓"集团成员之一，但少林寺被焚与五僧逃出遇达宗结盟等等，仍不可解。于是他去查《清圣祖实录》，在康熙十三年甲寅四月戊午记事里查出河南总兵蔡禄谋叛响应吴三桂，事泄，与部下为清军捕杀。据此知所谓少林寺僧兵退敌立功，清帝负义遣兵放火焚寺，乃隐喻蔡禄率部降清，又与其部下的河南（少林寺所在地）被杀；所谓少林寺焚余五僧逃出与长林寺僧遇合结盟，即指蔡禄部下残余分子脱逃回闽与万五相会。他作出三点结论：一、始祖万云龙即"以万为姓"的万五；二、少林寺五僧隐喻从河南逃回闽南的万七部下；三、万七部下劫余分子与万五重聚建立天地会。他于 1975 年 11 月写成了《康熙初叶"以万为姓"集团建立天地会》。翁同文认为要证实他的结论还需要在天地会文件取得坚实的证明。为此，他以细致的工夫对现存天地会"创会缘起"抄本的源流系统进行了研究，他把此类抄本分为三系以定源流的先后，考明了《贵县修志局发现的天地会文件》确为最早接近原稿之早期抄本，其"创会缘起"所记时间、人名、地名等项要点，可以考明天地会起源实况。他把研究结果在《东吴文史学报》上发表了一篇《今存天地会"创会缘起"抄本的源流系统》。1983 年夏，他就根据这部《贵县修志局发现的天地会文件》所提供的万云龙原型及解决问题的基础，撰著成一篇《天地会创始人万云龙的原型》，于同年 9 月在东京举行的第卅一届亚洲人文科学会议宣读，证实了他的结论。翁同文的结论，也完全证实了我们上面所考的天地会创始于清康熙十三年甲寅（1674 年）的结论。

二　水浒传与天地会的政体

清末革命党人陶成章在《教会源流考》里论白莲教"政体尚专制，大主教为最尊，主教次之……主香司篆又次之。凡教徒不得与闻司篆之事，司篆不得与闻主教之事，主教不得与闻大主教之事"。天地会却不同，"洪门借刘、关、张以结义，故曰桃园义气。欲借山寨以聚众，故曰梁山泊巢穴。欲豫期圣天子之出世而辅之以奏扩清之功，故曰瓦岗寨威风。盖组织此会者，缘迎合中国之下等社会之人心，取《三国演义》、《水浒传》、《说唐》三书而贯通之也。……会员之宗旨，专崇义气，取法刘、关、张。既崇义气，力求平等主义，故彼此皆称兄弟，政体主共和，同盟者一体看待，多得与闻秘密之事，故党势最易扩张。其职员之升迁亦易，故分会之成立亦易。值是之故，起义者常连络不绝。……职员之组织法，全系军国民制度，为白莲教之所不能望其肩背，其法制固甚美也"。天地会力求平等主张，政体主共和，便是从《水浒传》不分贵贱，无问亲疏，并且打破天赋不均与教养不齐的社会组织理想而来的。《水浒传》对天地会政体影响的重大，陶成章这段叙述已经概括地说明了。

在《三国志通俗演义》和《水浒传》两书中有一共同政治理想为天地会所采取，还不曾为陶成章所知道。这两部名著撰著于元末农民大起义后，反映出一种我国古来哲人主张限制君主权力和农民民主的政治思想。这两部书的著者罗贯中，明朝人王圻《稗史汇编》说他是一个"有志图王"的人物。[①] 据说他曾帮助过张士诚[②]。他抱负未能实现，只好寄托在这两部说书讲史的小说中。《三国志通俗演义》卷十五刘备进位汉中王事说：

> 　　许靖、法正请玄德登坛，进冠冕玺绶讫，面南而坐，受文武官员拜贺为汉中王。子刘禅立为太子，封许靖为太傅，法正为尚书令，诸葛亮为军师，总理军马一应事务。

《水浒传》第二十回记梁山泊义士立晁盖"为山寨之主"后，推吴用为军师事道：

　　① 《稗史汇编》卷一百三《文史门·尺牍·院本》。
　　② 据顾苓《跋水浒图》，见《塔影园集》卷四。

　　众人扶晁天王去正中第一位交椅上坐定，中间焚起一炉香来。林冲向前道："小可林冲只是个粗卤匹夫，不过只会些枪棒而已；无学无才，无智无术。今日山寨天幸得众豪杰相聚，大义既明，非比往日苟且。学究先生在此，便请做军师，执掌兵权，调用将校，须坐第二位。"吴用答道："吴某村中学究，胸次又无经纶济世之才，虽曾读些孙吴兵法，未曾有半粒微功，岂可占上！"林冲道："事已到头，不必谦让。"吴用只得坐了第二位。

　　《三国志通俗演义》把历史上给刘备设谋定策的诸葛亮，改造为小说上的蜀汉军师诸葛亮，并把他描写成智慧的化身，预见未来的象征，作者显有寄托。在《水浒传》里，不把梁山泊的权力交给那四海驰名"智勇足备"为"山寨之主"的"托塔天王"晁盖，而交给这个"村中学究"的"加亮先生"吴用执掌，加亮者，加诸葛亮一等也，其用意更为明显。蜀汉军师诸葛亮和梁山泊军师吴用都可说是作者的化身，也可说是作者政治理想的反映。

　　在《三国志通俗演义》和《水浒传》成书将近三百年创立的以力求平等主张、政体主共和的天地会就采取了这两部书的这种政治理想。《贵县修志局发现的天地会文件》在《反清复明的根苗第一》里，就有高溪庙起义时，拜朱洪英为盟主，拜陈近南为军师的传说。在《破龟图论》里特地说："主子在上护军师。"《军师点将诗》道：

　　　　军师点将在手边，能保朱家数万年。汈（清）朝不幸乾坤转，腹中锦绣伴君前。[①]

伦敦不列颠博物院藏有一卷天地会人物绘像（编号为 Oriental

---

　　① 据伦敦不列颠博物院所藏诗句抄本［Oriental 8207B（2）］录，见萧一山《近代秘密社会史料》卷五。

8207D），把这个传说形象地绘了出来。这一卷绘像，绘的都是天地会传说上的人物。第一副是《朱洪竹小主绘像》。第二幅便是《明主朱洪竹和军师陈近南先生绘像》。其他人物都是分幅绘于后（陈近南也另有一幅在白鹤洞修道绘像列于后）。从整部绘像来看，明主朱洪竹绘像列第一幅，其他人物则分幅列于后，这表明"主"为最高领袖。而明主朱洪竹和军师陈近南合绘列第二幅，则意味着"主"和"军师"为一体，也意味着天地会打算建立的政权是要采用以"主"和"军师"构成的政体。再从第二幅看，明主朱洪竹和军师陈近南并站在一起，明主表现出一幅至高无上的尊严，军师面向明主，表现出承命的表情，而令旗则执在他的手中，这表明了"主"为元首，是第一位，"军师"是第二位，但实权却由"军师"执掌。天地会这一幅绘像，把《三国志通俗演义》和《水浒传》通过蜀汉军师诸葛亮和梁山泊军师吴用而表现出来的以"主"和"军师"构成的政体的政治理想活现在纸上。太平天国的军师负责制① 也同天地会一样取自这两部书这个政治理想。天地会起义规模小，时间短，还不曾同太平天国那样建立得起整套的政体。但是，从现存史料看来，在 19 世纪四五十年代起义的天地会都照他们的传说和理想设立军师。在湖南新宁起义的李沅发称王，以陈珆洗、李绍书为军师②，在湖南起义的湘粤桂天地会起义

---

① 考证见拙著《太平天国政体考》（刊于《历史学》第 2 期），《太平天国政体考再稿》（刊于《太平天国史丛考甲集》），《太平天国的军师负责制》（刊于广东太平天国史研究会、广西太平天国史研究会编的《太平天国史论文集》内），并在拙著《太平天国史》内，撰为《政体志》一卷，见卷二十六。

② 据《李沅发自述》，中国第一历史档案馆藏。案《李沅发自述》说："兴立把子会，结拜弟兄，可以邀约多人劫富济贫。"俗称结拜兄弟为"拜把"，把子会即兄弟会，也就是天地会。

军以焦玉晶为军师①，在广西起义的天地会大成国建章王黄鼎风以周竹歧为军师② 等等都是。

天地会传说上明主朱洪竹军师陈近南先生绘像

三　《水浒传》与天地会起义及对抗革命的 《荡寇志》之出笼

天地会根据《水浒传》的理想来创立，它还用《水浒传》来

①　据清咸丰六年二月二十四日骆秉章《永明江华克复南路肃清折》，见《骆文忠公奏议》卷六。

②　据清同治三年四月二十七日刘坤一《禀张中丞》，见《刘坤一遗集》第四册，《书牍》卷之二。

发动起义。

有一个署名半月老人的反革命者，在清同治年间，写的《荡寇志续序》里论《水浒传》说：

> 此书流传，凡斯世之敢行悖逆者，无不借梁山之鸱张跋扈为词，反自以为任侠而无所忌惮。其害人心术，以流毒于乡国天下者，殊非浅鲜。近世以来，盗贼蜂起，朝廷征讨不息，草野奔走流离，其由来已非一日，非由于拜盟结党之徒，托诸《水浒》一百八人以酿成之耶。

这一段话，是反革命者对清代同治（1862 年）以前，天地会用《水浒传》发动起义事件得出的总结。

在清咸丰的谕旨里，有一道叙述天地会用《水浒传》发动起义的详细谕旨。咸丰元年（1851 年）七月乙巳谕军机大臣等道：

> 有人奏湖南衡永宝三府、郴桂两州以及长沙府之安化、湘潭、浏阳等县教匪充斥，有红簿教、黑簿教、结草教、斩草教、捆柴教等名目。每教分温、良、恭、俭、让五字号，每号总领数百人至数千人。又有斋匪，名曰青教，皆以四川峨眉山会首万云龙为总头目。所居之处，有忠义堂名号。其传徒皆用度牒，盖以图记，声势联络，往来各处，皆供给银钱饭食。每月按三、六、九期赴会。头目乘轿骑马，动辄数百人，抢夺淫掠，无所不至，地方官不敢撄其锋。遇有呈报会匪字样，偪令更换呈词，或改盗为窃，反将事主收押陵虐，遂致匪炎愈炽。……又据片奏该匪传教惑人有《性命圭旨》及《水浒传》两书，湖南各处坊肆皆刊刻售卖，蛊惑愚民，莫此为甚。并着该督抚督饬地方官严行查禁，将书板尽行销毁。①

---

① 王先谦：《咸丰朝东华续录》卷十。

案这道上谕，因不明秘密结社情况，把白莲教系统的斋教与天地会混而为一。所说的万云龙是天地会传说上所崇奉的大哥，忠义堂是天地会会议处的名称，"会匪"也是指天地会。但《性命圭旨》是斋教宣传书，而《水浒传》则是天地会宣传书，也混为一谈。我们应该把它分别清楚。据此，知道天地会用《水浒传》作发动起义的情况。

在这些天地会用《水浒传》发动起义的事件里面，我们举出两次事件来说说：一次是清嘉庆中广东琼州黎民起义，另一次是清道光初广东连县农民起义。俞龘《荡寇志续序》记其兄俞万春撰《荡寇志》的缘起说：

> 弱冠侍先大夫游于粤，嘉庆中叶，黎民滋事，先大夫奉檄驰办，兵不及发，挺身前往。至珠崖城下，时已昏黑，黎众执火持械，如烛龙万丈，由山谷间蜿蜒而下，城内外居民，哭声不绝。先大夫下令曰："毋恐，尽出尔炮械烛炬，张施于女墙上下。"霎时，星斗灿陈，雷霆骤至，震耳骇目，而火光之蜿蜒于山谷间者，屹然而止。乃敛得实情，激于营弁之苛索，遣人谕之曰："大兵至矣，深知尔辈苦情，不忍遽加以戮，其听我谕。"单骑入贼，贼不敢动。执二人归，讯之皆汉人。以《水浒》传奇煽惑于众，适有苛索之事，遂成斯变。于是歼厥渠魁，而以岁歉饥民鼓噪具报，乃寝其事。

> 道光初叶，先大夫权篆桂阳（尔纲案即广东连县），有赦囚罗喜密报曰："土棍梁得宽，结会万余人，推生员罗国瑞为宋大哥，将起事焉。"……盖桂阳与楚南毗连，杂出于瑶排之间，梁得宽啸聚两省愚民，约期起事。先大夫于其未集之先，调所部兵目及三江协标下弁兵，会猎于鹿鸣关外之猿臂寨，从间道出，获首要百余人，起出叛逆歌词，及入会姓名籍贯伪册等件，约有万人，多系无知良民，被其逼胁入会。先大

夫炽火于庭，焚其伪册，众皆愕然。梁得宽大声疾呼曰："狱
上必尽发乃止。"立毙杖下，毁其器械，夷其巢穴，锄其强
梗，而民心始定……

是书之作，始于道光六年，与兄夜坐，约三更后，星光
如筛，尽下西北隅，少顷，一大星复起，众星随之，兄曰：
"太白侵斗，乱将作矣。"孰知罗贯中之害至于此极耶！晓白
诸庭，先大夫命兄作是书。

为着对付人民起义，清朝统治者早已严禁和烧毁《水浒传》①
了。这个跟随父亲去镇压过天地会用《水浒传》发动广东琼州黎民起
义和广东连县农民起义的反对革命者俞万春，当时看到了大革命
的风暴要到来，认为有必要再干反《水浒》的勾当，于是父子
同谋来着手写这部对抗革命的《荡寇志》。

关于这部反革命的《荡寇志》内容和写作目的，半月老人
《荡寇志续序》有扼要的说明：

仲华（俞万春号）先生……著《荡寇志》一书，由七十
一回起，直接《水浒》，又名之曰《结水浒传》，以著《水浒》
中之一百单八英雄到结束处，无一能逃斧钺。俾世之敢于跳
梁，借《水浒》为词者，知忠义之不可伪托，而盗贼之终不
可为，其有功于世道人心，为不小也。

据其子俞龙光说，写作起于清道光六年丙戌（1826 年），至道光
二十七年丁未（1847 年），经二十一年始成草稿，未及修改，旋
病死②。过三年，金田起义。清咸丰元年（1851 年）五月，江苏

---

① 据清乾隆十八年七月壬午谕内阁（见《清高宗纯皇帝实录》卷四百四十三）、
乾隆十九年三月二十六日旨准吏部严禁《水浒传》毁其书板题本（见江西按察司衙门
刊《定例汇编》卷三）。
② 见清咸丰二年徐佩珂原刊本《荡寇志》回目末附俞龙光识。

反动统治者就赶急在苏州刊刻，咸丰二年（1852 年）秋印成出笼[1]，在长江南北城市乡间到处散播[2]。咸丰七年（1857 年），又有反革命者，另刻袖珍本，以便传布[3]。在广东方面，当咸丰三年（1853 年）天地会大起义的时候，清朝统治者图谋对抗，也"急以袖珍本，刻播是书于乡邑间"[4]。

革命与反革命在思想战线上的斗争，也正同在战场上肉搏战一样地激烈。《荡寇志》的书板藏在苏州。太平天国庚申十年（1860 年）夏克复苏州，就把它搜出烧毁[5]，而对《水浒传》，在茶室内由说书艺人大讲，与人民同听[6]，压倒了反革命的嚣张，为革命扬眉吐气。

四　结束语

从以上各节考述，可见天地会的创立是取自《水浒传》的理想社会的。它建立了一个"百万兄弟俱姓洪"、"洪家兄弟四海通"的洪门组织，实行了平等共和的体制，当发动起义时，还用《水浒传》来鼓动。而清朝统治者和反对革命者则用禁毁《水浒传》和反《水浒传》的《荡寇志》来对抗天地会的起义，可见《水浒传》对天地会的关系是至深至大的。

----

① 据徐佩珂《荡寇志序》、陈奂《荡寇志序》。
② 据钱湘《续刻荡寇志序》。
③ 据东篱山人《重刻荡寇志序》。
④ 据钱湘《续刻荡寇志序》。
⑤ 据俞龘《荡寇志续序》、钱湘《续刻荡寇志序》。
⑥ 据常熟汤氏辑《鲰闻日记》。

《金石萃编》唐碑补订

——读艺风堂拓本杂记之一

一 万年宫铭 仁 题名考证

《金石萃编》卷五十唐十《万年宫铭》碑阴题名录文有"左领军将军臣 仁 "一条题名，王昶跋说：

> 薛仁贵在从官之列，（纲按《薛仁贵传》载永徽五年高宗幸万年宫，甲夜山水猥至，冲突元武门后。开耀元年复召见，谓曰："往九成宫遭水，无卿已为鱼矣。"薛仁贵此次在山水暴涨中救唐高宗出险，故王氏云仁贵在从官之列也。）今碑阴有左领军将军臣 仁 ，当即其人。稽之本传，则其时仁贵官右领军中郎将，与碑少异耳。

王昶的话是错的。检艺风堂拓本此条题名"仁"字上下两字，虽少有剥泐，但其字体还可以一目了然，题名者乃"金仁开"，而不是"薛仁贵"。考《大唐平百济国碑》文中所叙的将帅，有与苏定方同领军平百济的"副大总管左领军将军金仁开"，其人名，官衔，时代都与《万年宫铭》碑阴题名同，即其人。（按《金石萃编》卷五十三亦有《平百济国碑》录文，而所录"副大总管左领军将军金"，已泐其名，未知王昶是否未及细辨碑文，或者所见拓本不如艺风堂的精工呢?

二　信法寺碑缺下截

《金石萃编》卷六十五唐二十五《信法寺碑》目下注说:"每行五十六字",故其录文在第一行第五十三字下残缺处仅空白三格,第二行第五十一字下残缺处空白五格,其余各行残缺处或留五字、六字以至九字、十字不等。按王昶所见拓本实缺下半截,检艺风堂拓本此碑行实七十七字,下半截中间虽剥落一大幅,但近土处行还存十字左右,并且末三行还完整无缺。王昶未见原碑,仅据未全拓的拓本遽定其字数,那是错了。

三　识法师颂卢公清德文的书碑人

《金石萃编》卷六十八唐二十八《识法师颂卢公清德文》一碑,其书碑人,王昶疑为即书《云居寺山顶石浮图后记》的王守泰,他跋道:

> 按碑题瑯琊王守　书,泐其名一字。《金石文字记》载《云居寺山顶石浮图后记》开元二十八年莫州吏部常选王守泰行书。此碑下距书《云居寺碑》计三十三年,疑即王守泰壮年所书,故不署官位也。

今检艺风堂此碑拓本,其姓名完整不泐,书人乃"王守哲",而不是"王守泰",王昶疑为即书《云居寺碑》的王守泰,这是错的。

四　邛州刺史狄公碑主姓名考

《金石萃编》卷六十九唐二十九《邛州刺史狄公碑》,王昶跋说：

右《邛州刺史狄公碑》，诸家未有发明。文中有"嫡子故中书令尚书右仆射赠司空梁国文惠"知为仁杰之父无疑。梁公一代伟人，而《新唐书》已不能谱其世系，碑又复断阙不全，邛州君之名已亡，可见者"曾祖叔湛，魏平西将军邑子"又曰"绪唐行军总管大将军金紫光禄大夫尚书左丞使持节汴州诸军事"，又曰"临颍公之第五子也，起家以国子明经，擢第补东宫内直，州司兵参军，兼郑王府兵曹参军，梁州都督府录事参军。俄除越州剡县令，华州郑县令，又除夔州都督府长史，卒赠使持节邛州刺史。《旧唐书·狄仁杰传》载祖孝绪贞观中尚书左丞，父知逊夔州长史，而不载叔湛。《宰相世系表》则云狄氏为"孔子弟子狄黑裔孙汉博士山，世居天水。后秦乐平侯伯支裔孙恭，居太原，生湛，东魏帐内正都督、临邑子。孙孝绪。"此碑云叔湛，表脱"叔"字，而碑于"邑子"上泐一字，乃"临"字也。惟叔湛历官表与碑不同，叔湛孙孝绪，碑尚存"绪"字，泐其上一字，乃"孝"字也。仁杰传称孝绪为祖，知逊为父，则孝绪为知逊之父，此碑所称邛州刺史，即知逊也。

王昶说，"叔湛逊孝绪，碑尚存'绪'字，泐其上一字，乃'孝'字也。仁杰传称孝绪为祖，知逊为父，则孝绪为知逊之父，此碑所称邛州刺史，即知逊也"。按《金石萃编》此碑目傍王氏注云："碑仅存上截"，又云："字数无考"。今检艺风堂拓本此碑乃全拓者，下截的中部虽剥泐一大片，但碑下近土处，还行存字自十字至二三字不等。行字可考实六十二字。王昶拓本所缺的"孝"字，乃在此拓本第七行最后一字发现，且"孝"字之上，"父"字亦俨然完整。我们读了艺风堂这份拓本，则可确证此碑实为狄仁杰父狄知逊碑无疑，王昶的考证可以成为定论了。

五 虞乡县令刘君幡竿铭碑主名考

《金石萃编》卷七十唐三十《刘君幡竿铭》，王昶跋说：

> 按碑题虞乡县令刘君，而文中不著其名。文云："敬树幡
> 竿于柏梯山寺之西南岑也。"《山西通志》虞乡县山川条载柏
> 梯山在柏梯村，即檀山半也。峦巘悬绝，连木乃陟，百梯方
> 降，凿石辟蹊，凭崖标阁。下引刘行忠幡竿铭数语，与此碑
> 文合，是县令为刘行忠矣。

今检艺风堂拓本，此碑在首行标题"大唐蒲州虞乡县令刘君幡竿
铭并序"之下，复题"朝议郎行虞乡县令刘行忠碑"十二字，则
碑主为刘行忠，碑文中已明白书出。王昶跋此碑说"碑题虞乡县
令而文中不著其名"，因引《山西通志》以证此碑主为刘行忠。大
概王氏所见拓本未拓此十二字，或过录时误遗此十二字，所以王
氏便致费了一番考证工夫才考出此碑主为谁，真是枉费气力了。
而《艺风堂金石文字目》的编者缪荃孙，他自己收藏有这样精工
的拓本，当他编目的时候，不曾细读碑文，便把碑主定为撰碑人，
他在此碑标题旁注道："刘行忠撰"，见《艺风堂金石文字目》卷
五页三，又未免失之粗心了。

六 姚彝神道碑题名补正

《金石萃编》卷七十一唐三十一，《姚彝神道碑》撰人、书人
题名，王昶录文作：

朝议郎检校秘书少监　　　撰

正议　　　　　　　　　书

检艺风堂拓本，此碑撰人·书人题名乃为：

朝议郎检校秘书少监博陵崔沔撰

正议大夫行将作少匠上柱国东海徐峤之书

考此碑撰人、书人题名残阙当已久，赵明诚《金石录》已云撰人姓名残阙，但艺风堂这份拓本拓工殊精，崔沔姓名虽漫漶，而尚可辨。徐峤之姓虽漫漶，而峤之书三字则还可认，且正议之下，"大夫行将作少匠上柱国东海"十二字都可以一目了然。艺风堂这份拓本，不但不是王昶所见的拓本所能企及，且远胜于宋朝赵明诚所见的拓本了。

又王氏云此碑行仅四十九字，按艺风堂拓本行五十三字。

七　其他

《金石萃编》卷七十唐三十《醴泉寺志公碑》标题旁注道：

文从装本录出，碑之高广尺寸行字数皆无考。

检艺风堂拓本，此碑高五尺一寸，广三尺三寸，三十七行，行五十四字。

《金石萃编》卷七十一唐三十一《叶有道碑》标题旁也注道：

装本，高广行字俱无考。

检艺风堂拓本，此碑高六尺四寸，广二尺四寸，二十二行，行五十六字。

《金石萃编》卷八十七唐四十七《窦居士碑》标题旁注称此碑"额失拓"。今检艺风堂拓本，此碑额题"大唐故窦居士神道碑"九字，分书。

张敦仁《金石萃编校补》跋

　　清张敦仁《金石萃编校补》一卷，张氏本校补于所藏《金石萃编》原书上，卷首盖有"阳城张氏省训堂经籍记"图记，其校字处写在原字旁，其补阙或评论处写在书眉，都是硃笔行书，字体雄道。我在北京琉璃厂书店访得，始逐条著录，编辑成卷。原书则送归北京大学研究院文科研究所考古室收藏。

　　敦仁字古愚，一作古余，山西阳城人，清乾隆四十年（1775年）进士，历官至云南盐法道，因病退休，寄寓南京，道光十四年（1834年）卒，年八十一。敦仁博学精考订，公暇即事著述，《清史列传》本传称其"生平实事求是"，所刻书多称善本，是清代乾嘉间大校勘家①。张氏以校勘专家而从事《金石萃编》的校补，所以精密过人。张氏死后，遗书多散佚，这部校补得以保存，百年后为我访得，保藏于研究所，也算是件幸事了。

　　张氏校补除校碑文外，并校及跋文释文，且间兼有评论跋文的是非。计全书校补及评论共三十六通，可分为六类：其校碑文

---

　　① 张敦仁事迹，据《清史列传》、《清史稿》本传。其卒年《清史稿》作八十二，此处据《清史列传》。

的廿二通，属汉碑的三通，曰《甘泉山汉刻残字》、《华岳庙残碑阴》、《闻熹长韩仁铭碑李献能题记》，属于魏碑的一通，曰《上尊号碑》，属唐碑的十八通，曰《孔子庙堂之碑》、《斐镜民碑》、《温彦博碑》、《皇甫诞碑》、《张琮碑》、《姜行本碑》、《伊阙佛龛碑》、《段志玄碑》、《盖文达碑》、《房玄龄碑》、《张允碑》、《李靖碑》、《尉迟恭碑》、《纪功颂》，《兰陵公主碑》、《岱岳观碑》、《李勣碑》、《裴光庭碑阴》。其校跋文的九通，属于汉碑跋文的七通，曰《泰山都尉孔宙碑跋》、《李翕西狭颂跋》、《博陵太守孔彪碑跋》、《豫州从事尹宙碑跋》、《校官碑跋》、《郃阳令曹全碑跋》、《武氏石室祥瑞图题字跋》，属于吴碑跋的一通，曰《禅国山碑跋》，属于唐碑跋的一通，曰《盐池灵庆公碑跋》。其校释文的一通，曰汉《碧落碑》释文。其校碑并校跋文的一通，曰汉《韩勅造孔庙礼器碑》。其评论跋文的二通，曰汉《李翕析里桥郙阁颂跋》、北魏《张猛龙清颂碑跋》。其校碑跋文并评论其文的一通，曰汉《石经残字跋》。此六类中，自以第一类校补碑文的为最重要，因为它是校补碑文的本身。但其他各类，如评论《李翕析里桥郙阁颂跋》指《两汉金石记》称据碑考汉熹平元年（172 年）二月为丙戌朔以补《通鉴目录》的未备为蛇足，《张猛龙清颂碑》论猛龙名"回"字当为"图"字别体，以及对各跋文一点一画的订正，也都处处可见其不苟的精神，《清史列传》本传称为实事求是，确是的评。

关于校勘跋文释文以及评论跋文各部分，在张氏校补中属次要工作，此处不再具论，兹将其重要的即校碑文部分一说其价值。我们细读其碑文校补，不仅深佩张氏校勘的缜密，尤使我们惊异其拓本的精良。王昶《金石萃编》成书于清嘉庆十年（1805 年），后人要校其书，自非有乾嘉前的佳本不可，案《金石萃编》校补，如当时人张叔未（廷济）校本，近人罗振玉《金石萃编校字记》

等，虽各有所补订，但都不如敦仁所校的精博，因为敦仁所见的拓本是较他人所见远为佳胜。我们试举一些例子以见其一斑。如《皇甫诞碑》赵崡《石墨镌华》记明万历二十四年丙申（1596年）覆碑的亭圮，压碑中断，当时仅剥二十余字，其后渐剥至五十余字。案《石墨镌华》自叙于明万历四十六年戊午（1618年），其时碑已亡至五十余字了。故此碑至清乾隆时，据钱大昕所见拓本，剥落漫漶的已至一百九十余字之多①。王昶《金石萃编》所据拓本剥落八十三字已为佳本。今检张氏所校共补阙五十四字（另订讹的二字不算在内），全碑仅阙二十九字而已，可见张氏所据以校补《金石萃编》的拓本，必为明万历二十四年丙申碑初中断时的拓本。如《伊阙佛龛碑》建碑年代，清代诸家题跋都未见碑文，只据《集古录》、《宝刻类编》所记以考碑阙，而张氏所校却尚存"□□□十五年岁次辛丑十一月下缺"数字。又如《尉迟恭碑》，张氏校本除校《金石萃编》所录碑文外，并校及所录以补碑阙的《文苑英华》文，因此碑泐上半，见《金石华》曾录其全文，故《金石萃编》取以补碑阙。初以为张氏《文苑英萃编》转钞有误书，故复据《文苑英华》来校对。及取《文苑英华》对校（据明隆庆元年福建刻本），则张氏所校与《文苑英华》原文不同。如"用□调芳"、"广庑云浮"，□箭共拟金递奏"两句，《金石萃编》及《文苑英华》均无此空格，惟张氏始校出此阙字。又如"未经霜露"句，"未"字《金石萃编》及《文苑英华》均作"来"，"故人怀惠"句，《金石萃编》及《文苑英华》都作"故怀斯惠"而。《金石萃编》所录与明隆庆本《文苑英华》原文则仅有一两字不同，这是因《金石萃编》所据版本不同。案《文苑英华》编于宋初，是则张氏所据以校《金石萃编》及所录《文苑英华》文的。

---

① 钱大昕：《潜研堂金石文跋尾》。

大概是此碑唐时的拓本吧？我们举此三例，可见张氏拓本的珍贵。
有此珍贵的拓本，遇此一代校勘大家，故其所校补才不是他人所
可及。且张氏所校补以唐碑为最多，其中多唐代开国功臣碑如段
志玄、房玄龄、李靖、尉迟恭、李勣诸碑，校补的地方都多有关
史阙，其有裨于考史可知了。

1936 年 10 月 15 日罗尔纲谨跋于
北京大学研究院文科研究所考古室

作者著作目录

《太平天国史纲》 商务印书馆 1937 年版。

《湘军新志》 商务印书馆 1939 年版。

《湘军兵志》(改写本) 中华书局 1984 年版。

《捻军的运动战》 商务印书馆 1939 年版;商务印书馆 1950 年再版;商务印书馆 1955 年修订版,更名为《太平天国新军的运动战》。

《洪秀全金田起义前年谱》(与陈婉芬合著) 正中书局 1943 年版。

《太平天国史丛考》 正中书局 1943 年版。

《天地会文献录》 正中书局 1943 年版。

《洪秀全》 重庆胜利出版社

1944 年版。

《师门辱教记》 桂林建设书店 1944 年版;1958 年胡适改书名为《师门五年记》,出资重印,作赠送朋友之用。

《师门五年记·胡适琐记》 三联(香港)书店 1994 年版;三联(北京)书店 1995 年版(文字稍有增加);三联(北京)书店 1998 年版(增补本)。

《绿营兵志》 商务印书馆 1945 年版;中华书局 1984 年版(修改本)。

《太平天国金石录》 正中书局 1948 年版。

《太平天国史考证集》 独立出版社 1948 年版。

《太平天国广西首义志》 六艺

书局 1948 年版。

《太平天国的理想国》　商务印书馆 1950 年版。

《太平天国史辨伪集》　商务印书馆 1950 年版。

《太平天国史稿》　开明书店 1951 年版；中华书局 1955 年版（改写本）；中华书局 1957 年版（增订本）。

《太平天国史》　中华书局 1991 年版。

《李秀成自传原稿笺证》　开明书店 1951 年版；中华书局 1954 年版（修改本）；中华书局 1957 年版（增订本）。

《李秀成自述原稿注》　中华书局 1982 年版；中国社会科学出版社 1995 年版（增补本）。

《忠王李秀成传》　江苏人民出版社 1954 年版。

《清代乾嘉道咸同光六朝人口统计》（附刊于经济研究所编的《中国近代经济史统计资料选辑》一书内）科学出版社 1955 年版。

《太平天国史记载订谬集》（《太平天国史论文集》第一集）　三联书店 1955 年版；三联书店 1985 年第二版。

《太平天国史事考》（《太平天国史论文集》第二集）　三联书店 1955 年版；三联书店 1979 年第二版；三联书店 1985 年第三版（修改本）。

《太平天国史料辨伪集》（《太平天国史论文集》第三集）　三联书店 1955 年版；三联书店 1985 年第二版。

《天历考及天历与夏历公历对照表》（《太平天国史论文集》第四集）　三联书店 1955 年版。

《太平天国史料考释集》（《太平天国史论文集》第五集）　三联书店 1956 年版。

《太平天国文物图释》（《太平天国史论文集》第六集）　三联书店 1956 年版；三联书店 1985 年第二版。

《太平天国史迹调查集》（《太平天国史论文集》第七集）　三联书店 1958 年版；三联书店 1979 年再版。

《太平天国史丛考甲集》（《太平天国史论文集》第八集）　三联书店 1981 年版；三联书店 1985 年第二版。

《太平天国史丛考乙集》（《太平天国史论文集》第九集）　三联书店 1995 年版。

《太平天国史丛考丙集》（《太平天国史论文集》第十集）　三联书店1995年版。

《太平天国史画》（《罗尔纲先生设计和指导，由南京大学美术系于1950年和1952年绘制，后经南京市文物管理委员会美术组和江苏人民出版社美术编辑室改绘一部分》江苏人民出版社1956年版。

《太平天国文选》　上海人民出版社1956年版。

《忠王自传原稿考证与论考据》科学出版社1958年版。

《太平天国诗文选》　中华书局上海编辑所1960年版。

《困学集》　中华书局1986年版。

《困学丛书》　广西人民出版社1989年版。

《水浒传原本》　贵州人民出版社1989年版。

《生涯六记》　贵州人民出版社1991年版。

《生涯再忆》　山西人民出版社1997年版。

《我童年的教育·抗病记》　贵州人民出版社1991年版。

《四季诗》　贵州人民出版社1991年版。

《水浒传原本和著者研究》　江苏古籍出版社1992年版。

《太平天国散佚文献勾沉录》贵州人民出版社1993年版。

《晚清兵志》（内包括《淮军志》、《甲癸练兵志》、《陆军志》、《海军志》、《军事教育志》、《兵工厂志》系列著作）　中华书局1997年至1999年出版。

作者生平年表

1901年　1月29日生于广西贵县（今贵港市）。

1908—1914年　入私塾读书，同时自学家藏所有约5000册文史书籍，为日后从事文史工作打下基础。

1915年　入贵县高等小学堂。

1921年　考入贵县旧制中学，在广西革命先驱校长陈勉恕等教育下，接受五四运动新风气、新思想的熏陶，奠定了他一生向往光明、追求真理和辨伪求真的思想基础。

1925年　到上海、入浦东中学高中附设特别科补习。时发生"五卅"惨案，他连日去参加示威游行，反对帝国主义。

1926年　秋，考取上海大学社会学系三年级，受到马克思主义的启蒙教育。在校期间，每天课后，他买两个面包，就到附近的东方图书馆去博览群书，至晚9时闭馆方离去，是为他一生读书最多的一个时期。入学不久，他便在《民国日报》副刊《觉悟》上连续发表歌颂革命、鞭挞黑暗，反帝反封建的文章。其中一篇《石达开故居》是他研究太平天国史的处女作。

1927年　寒假到澳门结婚。尚未返校，发生蒋介石反革命政变，上海大学被查封。

1928年　转入上海中国公学文学系。校长是胡适。这是当时惟一敢违抗国民党政府禁收上海大学转学生通令的一所学校。他选了胡适的文化课。

1929年　以全校成绩最优的前五名，获中国公学首次颁发的奖学金。

1930年　夏，毕业于中国公学。随即到胡适家当学徒，并辅导他两个儿子的功课。

1931年　在北平胡适家抄录整理其父《胡铁花遗集》。并协助胡适做考证《醒世姻缘传》，通过这一工作他对胡适的考证方法得到启示。

9月中旬，因嗣母生病，回故乡探视。是年开始在《李秀成供》上作注。

1932—1933年　因贵县中学校长族兄罗尔棻坚留，在贵中教书两年。1932年秋，他偶然从《光绪贵县志》上看到一篇张嘉祥传，发现与薛福成所记《张忠武公逸事》相悖，遂引起他对太平天国史料的怀疑，于是便从考证该传入手，走上研究太平天国史的道路。他利用兼任贵县修志局特约编纂的机会，遍读广西各县方志和采访册，同时参以官书私乘，用了两年工夫，写了一部《太平天国起义史》和十几篇辨伪札记。

1934年　再至北平从胡适学做考证。是年发表了《贼情汇纂订误》和《读〈太平天国诗文钞〉》两篇辨伪文章，这也是太平天国史研究上最早的两篇辨伪文章。前者提出太平天国无天德王洪大全其人其事，遂在史坛上引起了长达40多年的争论。又发表了两篇专题考证。其中《水浒传与天地会》一文引起学术界的注意，当时陈望道主编的《太白》特予转载。几十年来，为研究天地会和《水浒传》的学者所引用。

5月，参加吴晗、汤象龙、梁方仲发起的"史学研究会"，会员还有谷霁光、朱庆永、夏鼐、孙毓棠、刘隽、罗玉东、张荫麟等。汤象龙任总务，吴晗、罗尔纲等先后任编辑，谷霁光任文书。该会主办天津《益世报》和南京《中央日报》的《史学》副刊，至侵华日军占领南京为止，共刊出100多期。

10月，经胡适介绍到北京大学北大研究院文科研究所考古室作整理艺风堂金石拓本的工作。在此整整工作了三年，受到乾嘉学派治学方法的锻炼。

1936年　在清华大学《社会科学》上发表《洪大泉考》。此前俞大纲引故宫文献馆所藏《洪大泉供》为证，不同意他所论无天德王其人其事，发表了一篇《读罗尔纲贼情汇纂订误后论洪大全事迹》。当读了《洪大泉考》后，他则表示完全赞同罗尔纲的看法。

集他于 1936 年前所写的太平天国史考证文章，编成《太平天国史丛考》。吴晗为该书作序，形象地介绍他的考证方法为"剥笋"法。

1937 年 《太平天国史纲》在上海商务印书馆出版。这是最早系统介绍太平天国革命的专书，并揭示出太平天国的革命性质是贫农革命。当时，《书人杂志》评为中国最新十部佳著之一。胡适却申斥说此书的毛病在于"时髦"。

1938 年 赴长沙人陶孟和主持的中央研究院社会研究所研究清代兵制。

读了毛泽东《论持久战》一书，受到启示，决定研究捻军所采取的运动战，居然能以弱制强，以劣势胜优势取得成功之道，以坚定我们抗战必胜的信心。

1939 年 《湘军新志》和《捻军的运动战》在商务印书馆出版。是年升为副研究员。

1940 年 在昆明落索坡村写成《绿营兵志》初稿。交商务印书馆，不幸书稿遗失。旋重撰，至 1945 年方在重庆出版。

1941 年 在四川宜宾李庄撰《晚清兵志》。

在宜宾遇考古专家董作宾，向他请教天历和学习历法的基本知识。此后与董作宾通信讨论天历问题长达三年。

1942 年 春，提出研究太平天国史的计划。因昔年在平蒐集的史料均存贵县家中，陶孟和乃命回桂工作，并作实地考查金田各地遗迹。

11 月，应简又文之邀，由贵县同往桂平金田村考查。此行参观了太平军的营盘遗址、犀牛潭、韦昌辉祠、洪秀全住过的石头脚陈宅等处，采访了在紫荆山接待过冯云山的后代。还访得《韦氏族谱》。其后简又文著有《金田之游》、他著有《金田采访记》记其事。

1943 年 因鉴于天地会在中国民族革命史上的作用，遂将贵县修志局发现之天地会文献，并收《守先阁藏天地会文件》及有关研究文章编成《天地会文献录》印行。被会党史专家评为："对于保存天地会文献，促进天地会研究，其功实不可泯。"

撰《师门辱教记》，记述 1930 年至 1936 年期间跟胡适做学问的故事。次年桂林建设书店出版。1958 年胡适在台湾改书名为《师门五年记》，出资重印，作赠送朋友之用。1962 年，他送给了从国外到台湾参加院士会议的吴大猷、吴健雄、袁家骝、刘大中四位科学家。

1944年　4月，广西通志馆向社会所借调他至该馆研究《李秀成自述原稿》。9月，日军侵入广西，他入川返社会所。

10月，撰《太平天国广西英雄传》。此后他以此为基础陆续增添用纪传史体裁写成《太平天国史稿》。

秋，从《诗经》上发现了"水浒"书名的辞源，从而确立了《水浒传》是要建立与宋皇朝对立的新政权的思想内容的假设。

1946年　撰成《太平天国革命前的人口压迫问题》。该文较系统地从清代人口增长的实际情况所引起的各种社会、政治、经济变化，分析人口问题何以成为太平天国革命的因素。又据社会所整理的清代户部每年汇造各省民数谷数黄册编成《清代乾嘉道咸同光六朝人口统计表》。该表发表于《中国近代经济史统计资料选辑》，后续有发现，增补入内，又加撰说明，使应用者对清代造报人口的变迁和清代历朝各时期人口发展的状况，有个扼要的概念。收入《困学丛书》。

秋，因患疟疾经年不愈，并引发眩晕诸旧症，遂请长假回家乡治疗。

是年在《太平天国史稿》上添加表、志两部分。

1947年　写成《彭玉麟画梅本事考》，他认为本文是运用本证方法进行考证的最好例证。后改题为《本证举例》发表。

是年升为研究员。

1948年　返南京治病。秋，兼任中央大学历史系教授，讲授太平天国考证方法。

1949年　12月，广西贵县县城解放，他被邀参加贵县各界人民代表大会筹备工作。后当选第一届人民代表。

1950年　8月，返南京社会所。

12月1日，南京市成立太平天国起义百周年纪念筹委会，他被推选为筹备委员。会上通过四项纪念办法：一、举办展览；二、在天朝宫殿遗址前树立"太平天国起义百年纪念碑"；"三、建立太平天国历史博物馆；四、编纂太平天国文献和资料。会后他即积极投身到以上各项工作中去，并长年在南京工作，直至四项任务全部完成。

1951年　1月11日，《人民日报》发表《纪念太平天国革命百周年》社论和他撰写的《太平天国起义百周年纪念日期考证》。

1月，开明书店出版他撰著的《太平天国史稿》和《忠王李秀成自传原稿笺证》两书。

8月，南京"太平天国起义百周年纪念展览会"闭幕，另组成了以陈山、罗尔纲、胡小石、郑鹤声、朱偰、贺昌群、关吉垩等参加的南京市太平天国起义百年纪念史料编纂委员会。由陈山、王可风先后任主任委员，罗尔纲主持编纂太平天国史料工作。同时在南京市文管会领导下进行太平天国文物、史迹的调查、文献史料的发掘，为筹建太平天国纪念馆准备物质基础。

1952年 1月11日，太平天国起义百年纪念碑在南京天朝宫殿遗址前揭幕。碑名为中国科学院院长郭沫若亲笔题写。碑阴刻碑记是罗尔纲起草。

12月，他会同南京博物院曾昭燏等鉴定南京堂子街72号和74号房子为太平天国某王府遗址，其内的壁画为太平天国壁画。经华东行政委员会批准收购，作纪念性遗址和太平天国文物史料陈列之用。

1953年 中央文化部社会事业管理局请他负责太平天国纪念馆筹建事宜。

6月，前往苏州鉴定太平天国文物和调查忠王府。9月，前往扬州筹办展览并进行搜访。11月，参加华东文物工作队浙江组赴绍兴调查太平天国壁画。

1954年 他应北京三联书店之约，改写解放前所撰考据论文并加上新撰的论文，共编成《太平天国史论文集》7集。他在第七集《太平天国史迹调查集》上撰写跋文，总结两年多来在运用马克思主义的立场、观点、方法从事考据工作得到的收获。这套论文集1955年后陆续出版。不久，日本《骏台史学》即刊出学者专评，认为他没有一般考证家犯的局限于局部史料考证的通病，而是经常站在全局的史观上来论述问题。

3月，由经济史所调任近代史所研究员。

4月1日，在南京图书馆颐和路分馆和龙蟠里书库进行太平天国史料摸底工作。为时半年多，共搜集得1655种、15274册。

1955年 在全国政协举办的中国近代史讲座作太平天国史报告。

与南京市文管会历时五年，经过多次反复考证，最后结合深入群众调查，使用人证的方法，彻底否定南京市民魏伯和等要求保护所谓洪秀全元妃在普渡庵为尼的史迹。

因工作劳累，是年多次发眩晕病昏倒，需要休养。

1956年　华东师大学报发表了年子敏《评罗著忠王李秀成自传原稿笺证》。该文以司法部法医研究所对李秀成笔迹鉴定为据，作出《李秀成自传原稿》为曾国藩伪造的结论，遂引起史学界对《原稿》真伪的一次争论。他经过几个月艰苦的探索，终于找到以书家八法的理论去解决这一问题的途径，写了《〈忠王李秀成谕李昭寿书〉笔迹的鉴定》，再次确定为李秀成真迹，取得书法专家和史学家的赞同。

10月1日，南京太平天国纪念馆正式成立，他坚辞馆长一职，仍协助该馆业务工作。

《太平天国文选》在上海人民出版社出版。被蔡尚思推为最能代表中国文化的二十种书之一。

是年被评为一级研究员。

1957年　在北京治病。12月，《太平天国史稿》增订本出版。此版在卷端加了一卷《序论》，为针对旧纪传体"大纲要领，观者茫然"的缺点而作，这是他变通旧式正史体裁最主要的一个地方。范文澜对他

的做法，给予鼓励，使他增强了信心，对这种体裁继续向前探索。

1958年　6月，应江苏省委邀约返宁继续工作。是年同时开始重新撰著《太平天国史》、《李秀成自述注》等书。

1959年　编成影印本《太平天国印书》、《太平天国艺术》、《太平天国文书》和《太平天国文物》，是为集太平天国正面文献大成之作。《艺术》、《印书》先后于1959年、1961年在江苏人民出版社出版。《文书》和《文物》经补充后于1991年和1992年出版。

1961年　1月11日，太平天国纪念馆扩建成太平天国历史博物馆。

《太平天国史料丛编简辑》在中华书局上海编辑所出版。该辑系从已编成800万字的《太平天国资料汇编》中，选出那些未刊的和少见的重要资料编成。他撰写的序言以《太平天国资料的发掘、编纂与出版》为题在《人民日报》发表。其中总结在南京图书馆发掘太平天国史料的经验，学者赞称之为"摸底经验"。

1963年　《历史研究》第4期发表戚本禹《评李秀成自述》，与罗尔纲等商榷。同时发表罗文《关于

我写李秀成自述考证的几点说明》，阐述他提出伪降假设的根据，表明他与戚文的分歧。接着他又根据历年来补充入《李秀成自述笺证》的材料，写了《李秀成苦肉缓兵计》，准备参加讨论。

1964年　审阅中央档案馆寄去选出的700万字太平天国资料，并与《剿平粤匪方略》及时人集子对勘，指出编辑出版这部档案资料的必要性和重要性，写了《编纂中央档案馆太平天国史料的一些意见》，供该馆整理之参考。

4月，结束在南京的工作，返北京近代史研究所。

7月27日，《忠王李秀成的苦肉缓兵计》在《人民日报》发表。8月，全国报刊即开展对他的李秀成研究大批判。

1971年　7月1日，开始到中华书局参加《清史稿》校点工作。负责《本纪》、《表》和《兵志》三部分，至1976年工作结束。

从1964年至1975年继继续续对《太平天国史》进行过两次修改。

1976年　8月1日，唐山地震波及北京，露宿淋雨发烧，到南京养病，住太平天国历史博物馆。在南京一年期间，重核并扩编《太平天国资料汇编》旧稿为1000万字。又编成《太平天国文书汇编》。

1977年　开始撰"水浒真义"。

1978年　开始作《太平天国政体考》，至1981年第四次撰写，定名为《太平天国的军师负责制》。这是太平天国政体研究中的创见。

被聘为北京太平天国历史研究会顾问。

1979年　编撰成《太平天国史丛考甲集》，其后又编了乙集和丙集。此为继50年代三联书店出版的《太平天国史论文集》七集后的续集，共成十集。

1980年　5月8日，编注完《李秀成自述原稿注》。本书比《笺证》版更完善。采训诂与事实考证并重的体例，版本调整为1962年曾家后人在台湾世界书局影印的《李秀成亲供手迹》。此书从开始作注，一版再版，不断修订、补充、长达半个世纪。他说"回首初注时，已四十九年。古人说，皓首穷经。我注《李秀成自述》，也从青春注到白首了。"[1]

---

① 《李秀成自述注》前言，见该书第11页，中华书局1982年第1版。

秋，撰成《李秀成伪降考》。此文是他受大批判后仍持原看法的再研究，又作为考证工作运用假设的例证。

11 月 1 日，改写成《绿营兵志》和《湘军兵志》。作《清代兵志题记》，叙其研究清代兵制的来龙去脉，和研究的主旨和方法的异同。上两书学者论其"主要结论，已为近代军制史的研究者普遍接受"①。

被聘为广西太平天国史研究会、广西历史学会顾问。

1981 年　3 月 13 日，撰成《水浒真义考》。此文用发现问题、提出问题，试图解决问题的考据方法进行研究，所有断案证据主要为"内证"，作出结论《水浒传》原本为70 回，其主题思想为建立与宋皇朝对立的新政权。其后 29 回，乃明朝宣德、正统后人为发泄对朱元璋诛杀功臣的不平而续加的，并非罗贯中原本。

1982 年　三联书店决定重印《太平天国史论文集》（1—8 集）。他以几个月时间，补充新发现的史料，并论述有关问题的进展，置于每集的题记中。

冬，国务院古籍规划小组委任他和王庆成主编《太平天国资料丛刊续编》。

1983 年　《水浒真义考》在《文史》发表。他请周扬指教。周扬复函说："您经过考证，认定罗贯中《水浒传》原本和百回本《忠义水浒传》有原则意义上的不同，以及这种不同的原因何在，借以恢复罗著的真面目，这是一大功劳，我读后感到高兴。当然，这是学术问题，希望您的观点得到重视，并引起进一步的研究和讨论。"

任北京太平天国史研究会会刊《太平天国学刊》顾问。

1984 年　在《安徽史学》第 4 期发表《对旧著〈太平天国史稿·科举志〉举行考试始自永安州时说法订误》。欢迎与人为善的批评，为人民负责承认错误，为百家争鸣提倡一种好风气。受到学术界的赞扬。

被聘为南京太平天国学会名誉会长。

1985 年　《太平天国史》书稿，经过 20 年来五次修改，今年从

① 沈渭滨、夏林根、朱学成：《中国近代军事史研究述评》，《历史研究》1987 年第 2 期。

头核阅一遍付印。

《关于太平天国不准绘人物的问题》在《文物》第 7 期刊出。该文为回答根本否定太平天国有不准绘人物规定的意见而作。文物编辑部来函说:"于学术研究追求真理的精神及以诚待人的态度,见于字里行间,十分令人钦佩。"

1986 年 《困学集》在中华书局出版。他编选的目的是要人知道他是怎样做考据工作的。

《太平天国学刊》第五辑刊出庆祝他从事学术活动 60 年专辑。海内外学者出版《罗尔纲与太平天国史》志庆。广西和南京也举行了庆祝会。

被聘为《广西通志》顾问。

1987 年 1934 年所撰《〈水浒传〉与天地会》一文,据近年海内外学者研究的新成果重撰,在《会党史研究》上发表。

1988 年 为祝贺《文史》复刊十周年撰写的《庆祝的感想》,在《书品》上发表。本文回顾他在工作中所受到的社会影响。

1989 年 《困学丛书》在广西人民出版社出版,作为向广西壮族自治区成立 30 年的献礼,所得稿酬送家乡图书馆。本书收入几种旧著,前加题记,交待新的研究成果。还

收入《治学篇》、《记序文存》等,是他治学经验的总结。

《水浒传原本》由贵州人民出版社出版。该书是他据近十年来,在《文史》、《学术月刊》等刊物上发表考证《水浒传》有关问题的结论整理考订而成。中央电台广播了出版短讯。

1990 年 修改《淮军志》毕。撰《晚清兵志叙例》述其大旨有二:一则欲保存晚清兵制的章制;一则欲述其制度的运用和演变的踪迹,起到通典、通考一类著作的作用,而又补其体例的缺陷。

任贵州人民出版社《古代名著全译》丛书编委。

《太平天国资料丛刊续编》已编成约 300 余万字。

1991 年 1 月,中国史学会、北京史学会、北京太平天国史研究会和社科院近代史所联合举办纪念太平天国起义 140 周年暨罗尔纲 90 华诞学术座谈会。《座谈纪要》发表于《近代史研究》第 3 期。

《太平天国史》在中华书局出版。该书共 150 余万言,历时 40 载,不仅是他个人毕生心血的结晶,也是新中国太平天国史研究的总结。1999 年荣获首届郭沫若中国历史学

一等奖。

《生涯六记》在贵州人民出版社出版。这是他对自己的生平从六个方面进行的总结。

《四季诗》在贵州人民出版社出版。该书采谢枋得《千家诗》以四季编排的优点，又另辟蹊径，故取名《四季诗》，其主要目的为少年编选。

1992年 是年因血小板减少症，住协和医院治疗。

《水浒传原本和著者研究》在江苏古籍出版社出版。本书汇编他《水浒传》考证论文8篇，是他60年来研究《水浒传》的结晶。

1993年 《太平天国散佚文献勾沉录》在贵州人民出版社出版。此书系积累数十年来，凡见到有关记载太平天国文献的片言只语都辑录出来，共得370余种。

1994年 《师门五年记》与新撰的《胡适琐记》合成一册，由三联（香港）书店出版。

1995年 《太平天国史丛考》（丙集）在三联书店出版。他在序中指出：《太平天国的土地政策》、《太平天国是个什么性质的政权?》、《〈资政新篇〉在太平天国史上的地位和意义》、《太平天国兴亡管窥》和《太平天国的军师负责制》是他对太平天国革命总的看法。

1996年 审核完毕《晚清兵志》各卷。

1997年 继续撰写和编选《胡适琐记续编》，书稿未及完成，被送进医院。1998年三联书店将其并入《师门五年记·胡适琐记》，作增订本出版。

5月25日，病逝于协和医院。

他逝世后，广西各界召开了纪念座谈会，各报刊也陆续发表了有关悼念文章，后收入广西社会科学院历史研究所编的《罗尔纲纪念文集》和中国太平天国史研究会等编的《纪念罗尔纲教授文集》内，为研究他的生平和学术著作提供了可贵的资料。在他逝世两周年时，南京太平天国历史博物馆在馆内又特别建立了"罗尔纲史学馆"，以为纪念和研究之用。